François Mitterrand
ou
la tentation de l'histoire

Du même auteur

AUX MÊMES ÉDITIONS

Monsieur Adrien
roman, 1982

Jacques Chirac
1987

Le Président
1990

Franz-Olivier Giesbert

François Mitterrand
ou
la tentation de l'histoire

Éditions du Seuil

TEXTE INTÉGRAL

EN COUVERTURE : photo droits réservés.

ISBN : 2-02-012109-3
(ISBN 1re publication : 2-02-004591-5)

« Je suis déjà haut, mais je puis et je dois monter plus haut encore [...]. Je n'ai pas encore atteint le faîte de ma grandeur ; et si jamais je l'atteins, je veux m'y tenir ferme et non vaciller. »

Goethe.

« Il n'est pas de force au monde, ni de force philosophique, religieuse, d'État, d'argent, de capital, à l'égard de laquelle je ne sois tout à fait libre. Et si j'avais un orgueil à tirer de ma vie, ce serait celui-là. »

François Mitterrand.

Remerciements

François Mitterrand, qui m'a reçu à de nombreuses reprises, a toujours répondu en détail à mes questions. Il m'a ouvert ses archives. Sans son aide, ce livre n'aurait pu voir le jour. Qu'il en soit remercié.

Je tiens aussi à exprimer ma gratitude envers ceux, amis ou adversaires de Mitterrand, qui ont accepté de me recevoir longuement, notamment :

Les proches du premier secrétaire du PS : Danielle Mitterrand, sa femme ; Geneviève Delachenal, sa sœur ; Robert Mitterrand et le général Jacques Mitterrand, ses frères ; Georges Dayan et François de Grossouvre, ses deux amis.

Les anciens présidents du Conseil : Edgar Faure, Pierre Mendès France, Guy Mollet, René Pleven.

Les anciens ministres : André Bettencourt, Eugène Claudius-Petit, Gaston Defferre, Philippe Dechartre, Roger Duveau, Christian Fouchet, Raymond Marcellin, Alexandre Sanguinetti.

Les responsables du parti socialiste : Claude Estier, Charles Hernu, Gérard Jaquet, Pierre Joxe, Pierre Mauroy, Louis Mermaz, Alain Savary.

Les compagnons d'université, de Résistance ou de combat politique de François Mitterrand : Robert Badinter, Georges Beauchamp, François Dalle, Marguerite Duras, Pierre Guillain de Bénouville, Robert Paumier, Patrice Pelat.

Il me faut également remercier Jacques Julliard, Jean Lacouture, Lucien Rioux, ainsi que Nicolas Brimo et Marcelle Padovani qui m'ont prodigué, tout au long de ma tâche, leurs conseils avisés.

Je sais gré, enfin, à Hector de Galard, Jean-Francis Held, Claude Roy et Paul Declercq de m'avoir fait part de leurs précieux avis, au terme de mon travail.

Prologue

Cet homme est un mystère : habité par mille personnages, du tacticien sceptique au socialiste saisi par la férveur, François Mitterrand déconcerte ou inquiète. Sans doute l'image qu'ont de lui les Français s'est-elle, l'âge aidant, apurée. Il est même devenu populaire. Mais il reste toujours entre eux et lui comme une ombre diffuse.

A cette vague défiance, il y a des raisons objectives qui ne tiennent pas à Mitterrand lui-même. L'inconscient collectif des Français se met en garde, spontanément, devant les hommes de gauche. Attitude logique. La droite qui se donne pour tâche de gérer l'ordre socio-économique rassure par essence. Pas la gauche. Et la rumeur publique est toujours prompte à colporter sur les chefs du PS ou du PC les calomnies les plus extravagantes. Il faut se souvenir, à ce sujet, de la « vaisselle d'or » de Léon Blum.

Pour comprendre cette relative méfiance, une autre explication vient à l'esprit, qui concerne davantage Mitterrand. Comparé tour à tour à Machiavel, Laurent de Médicis, Kerensky ou Gamelin, François Mitterrand s'est entendu traiter de tout : politicien bourgeois pour les gauchistes, réactionnaire et « ultra » du colonialisme pour les communistes, rebut de la IVe et ex-vichyste pour les gaullistes, crypto-communiste et bradeur des colonies pour l'extrême droite. Décriez et diffamez, il en restera toujours quelque chose.

Mais c'est l'homme lui-même qui favorise surtout les soupçons. On a beaucoup dit et écrit que François Mitterrand était insaisissable. Il n'est simple ni à déchiffrer ni à défricher. A la fois personnage authentique et artiste en représentation, Mitterrand n'a sans doute qu'une seule existence et une seule vérité. Encore faut-il les trouver.

On croit parfois cerner François Mitterrand. On jette alors une touche sur l'ébauche. Mais on doit aussitôt la compléter par une autre, contrastée. Avec Mitterrand, on est condamné au tachisme. Il n'est pas toujours facile de démêler le vrai du faux Mitterrand : sa personnalité recèle trop de trompe-l'œil.

On pourrait dire que François Mitterrand a suivi les conseils que donne Mme de Mortsauf — ou Balzac — à Félix de Vandenesse, pour la conquête de Paris : « Si vous vous liez avec quelques hommes plus intimement qu'avec d'autres, soyez toujours réservé comme si vous deviez les avoir un jour pour compétiteurs, pour adversaires ou pour ennemis. » De fait, Mitterrand paraît aimer la solitude, il n'encourage guère l'amitié, il tutoie peu et tout au long de sa carrière politique, notamment depuis 1965, il n'a pas eu pour habitude de déléguer ses responsabilités. Comme s'il se suffisait et qu'il ne faisait confiance qu'à lui-même...

Mais on pourrait dire aussi le contraire, que Mitterrand a accumulé les amitiés à chaque étape de sa vie, et qu'il est d'une fidélité à toute épreuve. « Pour ses compagnons, dira Pierre Mendès France, il peut remuer ciel et terre. » Un trait entre cent : en 1954, alors qu'il est ministre de l'Intérieur, Pierre Merli, un de ses anciens camarades de Résistance qui n'est pas le plus proche de ses amis, loin de là, est atteint d'un infiltrat, c'est-à-dire d'un commencement de tuberculose, et s'en va en cure en Lozère. Tous les jours, ou presque, il recevra un livre ou une lettre de Mitterrand. Ces trésors de dévouement contredisent son égotisme farouche.

Autre exemple. On pourrait prétendre, non sans quelques arguments, que François Mitterrand se comporte souvent comme un dynaste à la tête de sa cour. C'est le lot de tous les hommes politiques, à commencer par le secrétaire général du PCF, d'avoir autour d'eux une volée de muscadins affamés de puissance. Mitterrand en a. Et il a même des favoris, comme n'importe quel praticien du pouvoir : tour à tour Louis Mermaz, Pierre Joxe, Jacques Attali, etc.

Mais on pourrait soutenir la thèse inverse, que François

Mitterrand est le contraire d'un homme de clan, de coterie. La meilleure preuve en est que, sous la IVe République, Pierre Nicolaÿ, l'homme clé de ses cabinets ministériels, n'était ni un ami ni un féal, mais un haut fonctionnaire hors pair déniché au Conseil d'État.

René Paira, préfet, qui fit ses classes dans les cabinets de Briand et de Tardieu, sous la IIIe, et qui était secrétaire général du ministère de l'Intérieur quand Mitterrand y fut nommé par Mendès France, en 1954, témoigne : « Je m'attendais à trouver un rigolo. C'était un homme d'État. » Et René Paira rappelle l'une de ses premières conversations avec son nouveau ministre qui lui avait dit, en substance : « Dans mon cabinet, il y a deux types de gens. D'un côté, les politiques qui vous demanderont des choses tordues et que vous pouvez envoyer paître sans problème. De l'autre, Pierre Nicolaÿ qui, ici, représente l'État. »

Bref, il est clair que François Mitterrand est un homme ambivalent, misanthrope et sociable, naïf et calculateur, sincère et dissimulateur. Comme tout le monde ? Non, Mitterrand est plus ambivalent que la moyenne. C'est peu de dire qu'on ne résume pas facilement cet homme bardé de contradictions. On risque de le trahir si, après lui avoir accolé un adjectif, on oublie d'ajouter aussitôt son contraire.

Pour le saisir, le meilleur moyen est encore de le dépeindre à tous les chapitres de sa vie. Mais ses portraits successifs se juxtaposent sans se superposer. Quoi de commun entre le résistant casse-cou de 1943 avec sa volonté d'héroïsme, et le ministre anodin, vaguement chattemite, des années 1950 ? Quoi de commun entre le Florentin habile de la IVe qui réussit à déloger René Pleven de la présidence de l'UDSR[1], et l'homme qui combat, imperturbablement, pour l'union de la gauche depuis l'aube de la Ve ? Rien à première vue, sinon que c'est la même personne qui a roulé sa meule sur la politique française, et imprimé sa marque sur la gauche.

Le plus étrange n'est pas que François Mitterrand, né

1. Union démocratique et socialiste de la Résistance.

bourgeois et longtemps extérieur au mouvement ouvrier, ait eu l'intuition unitaire et qu'il ait su la mettre en œuvre. C'est que ce libéral, si rebelle à l'idolâtrie marxiste, ait dialogué et fraternisé avec les communistes. Ils avaient besoin de lui, pour sortir du ghetto ; il avait besoin d'eux, pour prendre son envol. Mais ils se méfient de lui, parce qu'il les phagocyte, et il se méfie d'eux, parce qu'il connaît l'histoire du communisme. (« On me dit qu'ils ont la CGT, dira-t-il. Moi, j'aurai les Français. ») Et pourtant, malgré ses doutes, Mitterrand, fondateur de l'Union de la gauche, la poursuit et la développe encore et toujours.

Social-démocrate *mais* unitaire, artiste de la politique *mais* aussi gestionnaire, François Mitterrand est un puzzle. L'objet, ici, est de le reconstituer. C'est aussi de mettre à nu, à travers chaque événement de la vie de Mitterrand, le fil de ce destin changeant. C'est encore de découvrir comment l'enfant pieux, le d'Artagnan de la Résistance, le ministre pragmatique et l'écrivain refoulé ont pu se conjuguer pour donner le jour au personnage historique qui a rebâti le PS ; bref, de découvrir comment Mitterrand est devenu Mitterrand.

PREMIÈRE PARTIE

Provinciales

1. Jarnac

De tous les lieux communs sur François Mitterrand, c'est peut-être le moins injuste : cet homme-là ressemble à son terroir. De Jacques Chardonne à Eugène Fromentin, la Charente est toujours ondoyante, insaisissable. Tout au long de sa carrière, le député de la Nièvre a eu droit aux mêmes adjectifs. A croire qu'il s'est imprégné de sa province jusqu'à en devenir le portrait.

Le portrait ? Pas tout à fait, cependant. Mitterrand n'a ni l'innocence ni la mollesse de la Charente, telle que la voient les écrivains. Il se surveille constamment, excellant à pratiquer ce que Baudelaire appelle la « double conscience ». Cet homme, qui a découvert le socialisme après quelques années d'errance et d'aventures, n'est donc pas exactement le reflet d'une enfance ou d'un site.

En fait, rien ne prédestinait ce Charentais à devenir un jour le porte-voix du socialisme français. Il aurait pu rester blotti comme ses ancêtres, comme sa mère et son père, dans la France modérée, catholique et silencieuse. Mais non. Peu à peu, au fur et à mesure qu'il modelait son personnage, Mitterrand a paru s'éloigner de son milieu.

Il s'en est éloigné sans entrain, avec un rien de nonchalance, comme à contrecœur. Aujourd'hui encore, il garde dans la tête quelques souvenirs immuables, des images, des odeurs et des bruits. Quand il parle de son enfance, François Mitterrand devient bucolique : « Les bruits de la politique mouraient à notre seuil, assourdis par le moteur poussif de la batteuse au moment des moissons, par les pluies de l'automne ou par l'épaisseur de ce silence, occupé qu'il est par le vent, les oiseaux, la basse-cour, les volets mal fermés, les grillons, les crapauds et ces rumeurs qui viennent d'on ne sait où[1]. » Sa biographie commence comme un poème de Francis Jammes, dans les prairies et dans les bois. Là, dans ce décor de province, il va apprendre à savourer la vie, loin des rumeurs du monde.

26 octobre 1916 : dans la maison familiale, 22, rue Abel-Guy, une grande bâtisse de pierres blanches, à Jarnac, François-Maurice-Adrien-Marie Mitterrand vient au monde. Cette année-là, la bataille de Verdun coûte 336 000 hommes à l'Allemagne et 362 000 à la France. Tous les bourgs ou presque ont quelques « jeunes gens tombés au Champ d'honneur », et les tables sont moins bien garnies qu'autrefois : la ration de sucre est réduite à 1 kilogramme par mois et par personne : elle oscille, pour le pain, de 200 à 600 grammes par jour, selon le consommateur.

Mitterrand naît dans une bonne famille bourgeoise d'origine berrichonne où se mêlent quelques paysans et de petits aristocrates. Ce ne sont pas des bourgeois à la Balzac, les Mitterrand, mais des chrétiens austères et scrupuleux avec des ancêtres prévôts de Bourges au Moyen Age, des provinciaux sans histoires qui aiment lire, ne font pas de politique mais beaucoup d'enfants. L'excentricité n'est pas leur fort.

Leur nom vient du Berri, et il sent le terroir. Pour les uns, le mitterrand était un « mesureur » de grains, métier qui se pratiquait autrefois dans les foires. Pour les autres, c'était un homme qui appartenait aux classes moyennes. Pour quelques-uns, enfin, le mot signifie « le milieu des terres ». N'importe. Quelle que soit la bonne explication, ce nom n'évoque pas les grands espaces. Il fleure bon les prés. Il sied d'ailleurs bien aux Mitterrand qui sont des gens simples et réservés.

François est leur cinquième enfant. Décidément, Yvonne Mitterrand, la mère, n'est pas raisonnable. Quand elle s'est mariée, le médecin de famille avait dit : « Avec votre maladie de cœur, il faut que vous évitiez d'avoir des enfants. Vous ne le supporteriez pas. » Elle en aura encore

1. *Ma part de vérité,* Fayard.

trois autres. Et elle mourra quinquagénaire, d'une crise cardiaque, en 1936.

Yvonne Mitterrand est une femme aux paupières lourdes et aux lèvres charnues. Elle a l'air d'être sortie d'un roman de François Mauriac. C'est une catholique dont l'existence est ordonnée par des impératifs d'une grande rigueur. D'abord, lever à six heures. Ensuite, messe. Puis, ménage à la maison et travaux pour « les pauvres ». Quelques chapelets, un peu de méditation, les lectures, et voilà, la journée est finie. Yvonne Mitterrand n'a pas toujours le temps de reprendre son souffle. Mais après tout, n'est-ce pas, la vie n'est pas une partie de plaisir.

Pas revêche ni despote, Yvonne Mitterrand n'oblige pas les siens à suivre son exemple. Pieuse et ascète — pour elle-même, mais pas pour les autres —, elle propose et les enfants disposent. Nul doute qu'elle a tout de même laissé quelques empreintes sur sa couvée, et notamment sur François. Ainsi le député de la Nièvre a sans doute reçu d'elle cette inclination qu'il a pour la littérature. Elle a longtemps tenu un journal. Et elle a beaucoup lu. Des œuvres classiques ou romantiques. Le soir, sous sa lampe à pétrole, elle lit Balzac, Chateaubriand, Lamartine et Barrès, surtout Barrès, qu'elle connaît par cœur. Pas Rimbaud ni Zola.

Elle a contribué à modeler François. Mais moins sans doute que le père. Cet homme grave au regard énigmatique et à la moustache drue a longtemps vécu loin du giron familial. Après avoir passé son baccalauréat, il était entré aux Chemins de fer du PO (Paris-Orléans). Il fit une belle carrière. Après avoir poussé des wagonnets sur les quais, il poinçonna des tickets et revint, enfin, chef de gare à Angoulême.

Quand il venait en Charente retrouver sa famille, pour les vacances, ses enfants ne parvenaient pas à nouer contact avec lui. Ce misanthrope aimait par-dessus tout les longues promenades solitaires et méditatives. A défaut de connaître ce ténébreux, François l'a admiré et il a façonné lui-même un portrait sans doute pas si éloigné que ça de son modèle : « C'est une des personnes les plus intelligentes que j'aie jamais rencontrées, dit-il. C'était un grand esprit. »

Grand esprit ? Sans doute, mais Joseph Mitterrand ne tient pas spécialement à le faire savoir. Il va doucement son chemin. Sans éclats. Lorsque le grand-père maternel de François tombe gravement malade et doit abandonner sa vinaigrerie à Jarnac, il prend sa suite. Ce travail ne l'intéresse pas. Il ne va jamais voir les clients. Il ne réussit pas mal pourtant, et devient bientôt président national du Syndicat des vinaigriers de France.

Politiquement, intellectuellement, Joseph Mitterrand n'est pas un conservateur. Évidemment, il vénère Dieu et l'ordre : dans la famille, c'est la tradition. Mais s'il avait fait de la politique, ç'aurait sans doute été dans l'aile avancée de la démocratie chrétienne. Le soir, à table, il lui arrivait souvent de s'insurger contre ce qu'on allait appeler bientôt, les « deux cents familles ».

Comme sa femme, Joseph Mitterrand est un littéraire et il lit beaucoup. Dans les dernières années de sa vie, il consigna ses réflexions sur des cahiers d'écolier qu'il empilait dans une armoire. Un jour, elle brûla avec sa chambre. Il mourut quelques mois plus tard.

Les Mitterrand prirent soin d'assaisonner leur vie d'un rien de romanesque. Chez ces dévots lettrés, l'existence était mi-rêvée, mi-vécue. Aussi, l'enfance de François ne fut guère monotone. D'autant que son grand-père maternel, M. Lorrain, était un homme gai et facétieux. Il séduisit son petit-fils qui, aujourd'hui, le décrit comme un « esprit fort aimant la vie, libre et moqueur, votant radical ». « Un pur produit de la bourgeoisie louis-philipparde », ajoute le frère de François, le général Jacques Mitterrand.

Ce vieillard, la bourgeoisie de Jarnac le considérait avec méfiance. C'était logique. D'abord, il avait été « rouge » dans sa jeunesse. Ensuite, il s'était prononcé pour le Cartel des gauches en 1924. Il emmenait souvent ses employés en voyage avec lui. Quelle audace ! Dans une famille qui vénérait l'ordre et la soutane, cet original trancha donc. Pas jusqu'au bout, il est vrai. Un jour, révélation, après la mort de son fils Robert — ami de François Mauriac et fondateur du « Sillon » avec Marc Sangnier —, cet agnostique devint un catholique fervent.

François Mitterrand a ainsi grandi dans un milieu chrétien. Qu'on ne s'étonne pas alors de retrouver maintenant, chez le député de la Nièvre, trois des vertus théologales des adultes qui l'ont élevé. Un milieu familial si homogène devait forcément influer sur lui : c'est sans doute de ces années qu'il a retenu son amour de la solitude, son aptitude au lyrisme, son goût de l'absolu qui en font, après de Gaulle, le plus insaisissable, le plus mystérieux des hommes politiques.

Si le catholicisme familial a imprégné François Mitterrand, le modérantisme politique qui baigna son enfance a laissé aussi quelques traces, encore perceptibles. A Jarnac, on célébrait Raymond Poincaré, « sauveur » du Franc et chantre de la France entière aussi bien que le « socialiste » (autoritaire, il est vrai) Alexandre Millerand. Les Mitterrand étaient avant tout des républicains tempérés — et les traditions ne les portaient pas à gauche.

Un de leurs ancêtres passa d'ailleurs du socialisme au conservatisme le plus obtus. Léon Faucher, arrière-grand-oncle de François, avait été ministre de l'Intérieur sous la IIe République. Pour Victor Hugo, il était « à la fois absolu et médiocre ». Les méchants disaient de lui : « Il n'est pas tranchant comme un sabre, mais comme un couteau de cuisine. » Le 14 mai 1849, il dut démissionner parce qu'il était accusé par la gauche d'avoir télégraphié aux préfets la liste des députés hostiles au gouvernement. Dans les vestiaires de l'Assemblée, après que les députés eurent voté un blâme contre lui, Faucher gesticulait : « Quel vote abominable ! Et dire que je tiens les départements dans ma main et que, si je voulais, dans les élections, le feu serait mis aux quatre coins de la France. » Un pompier assistait à la scène. Hugo se tourna vers lui et dit : « Mon ami, jetez un seau d'eau sur ce ministre. »

La famille Mitterrand menait une vie paisible au sens bourgeois du mot, loin des confrontations politiques. Et son ouverture d'esprit n'allait pas jusqu'à la remise en question des idées acquises. Que lisait-on à Jarnac ? *La Liberté du Sud-Ouest,* journal régional catholique et libéral, mais aussi *La Revue des deux mondes* et *L'Illustration,* deux publications conformistes et officielles.

Ils étaient donc bien-pensants, les Mitterrand. Mais pas bornés ni satisfaits. D'abord, ils cherchaient à sortir du nationalisme dominant : en recevant des étrangers et en envoyant, par exemple, leurs enfants passer leurs vacances en Angleterre — ce que François ne prisait guère. Ensuite, s'ils avaient la vie facile, très facile, ils ne tiraient pas gloire, comme tant d'autres, de leur fortune.

Ainsi n'avaient-ils pas l'arrogance des classes possédantes qui d'ordinaire ne songent qu'à arrondir (ou à protéger) le capital. A Jarnac, Joseph Mitterrand était l'un des piliers de la conférence Saint-Vincent-de-Paul, mouvement catholique qui secourt les pauvres. Régulièrement, quelques hommes du bourg se réunissaient dans la maison familiale et, après la prière, ils se répartissaient les visites et les secours aux nécessiteux de la région.

L'injustice sociale a, par la force des choses, sauté aux yeux de François. Elle ne l'a pas révolté. Il n'a pas, d'emblée, mis en question l'ordre social qu'on ne mettait pas en question autour de lui. Mais comment l'aurait-il pu, du haut de ses huit ans? Il eut tout de même assez rapidement quelques bonnes intuitions.

Un exemple. Chaque année, la tribu Mitterrand passe quelques semaines à Touvent, sa résidence d'été, à quelques kilomètres d'Aubeterre. C'est une propriété d'une centaine d'hectares avec trois familles de métayers, traversée par la Dronne, « belle et souple rivière [1] », affluent de la Dordogne. A la table familiale, il y a souvent deux curés et ils se chicanent. L'un, le curé de Pillac, est royaliste. L'autre, celui de La Prade, est démocrate. François a une prédilection pour le dernier.

François a maintenant neuf ans. Il a un regard entre deux eaux, comme tous les timides, et il se tient bien droit, comme tous les anxieux. Ses parents l'envoient en pension

1. *Ma part de vérité.*

au collège Saint-Paul à Angoulême, tenu par un de leurs amis. C'est une grande bâtisse grise protégée par de hauts murs. Ici, il faut servir Dieu et la patrie. Le régime est strict : tous les matins, lever à six heures un quart... Les prêtres diocésains qui gèrent l'établissement ne badinent pas avec l'article. Mais, nuance, ils ne s'amusent pas non plus à persécuter leurs ouailles. « Ils avaient des principes, dit Mitterrand, mais ils n'en rajoutaient pas. C'étaient de solides paysans. Ils ne cherchaient pas à nous inculquer des idées toutes faites, ils préféraient nous laisser trouver nous-mêmes notre vérité. »

De ces années où il fut livré à lui-même, Mitterrand garde un bon souvenir. Pas une seconde il ne lui serait venu à l'idée de se révolter contre ses professeurs ou contre l'école. Pourquoi se serait-il rebellé, d'ailleurs ? Le petit garçon au front haut qu'il était ne demandait qu'une chose : qu'on le laisse seul. Et, à Saint-Paul, il n'est pas interdit aux élèves de rester à l'écart de la vie collective. Ainsi, François ne fit jamais partie d'une association de jeunesse catholique — pas même des scouts. Ce sauvageon n'acceptait de sortir de lui-même que pour jouer au football, comme gardien de but.

Pourquoi cette misanthropie précoce ? Sans doute parce qu'il est fondamentalement, et pathologiquement, timide. Dès qu'il parle en petit comité, il bafouille. L'oral des examens est pour lui un supplice — il échoua d'ailleurs à l'oral de son premier bac. Puisque le contact avec les autres ne lui est pas facile, Mitterrand se jette dans la lecture. Un surveillant l'initie à Gide, Valéry, Claudel et Drieu La Rochelle. Et il lit chaque mois la dernière livraison de *La Nouvelle Revue française.*

La politique ne le passionne pas du tout. Claude Roy, autre enfant de Jarnac — qui va, lui, à l'école publique et avec lequel François prend souvent le train d'Angoulême —, se souvient de leurs longs tête-à-tête : « J'étais royaliste à l'époque. C'est moi qui abordais les problèmes politiques. Lui préférait parler littérature. » Lorsqu'il atterrit à Saint-Paul, Pierre Guillain de Bénouville, camelot du roi, déjà renvoyé (pour indiscipline) de quelques établissements scolaires, lia tout de suite sympathie avec

Mitterrand : « C'était un méditatif, dit-il. Nous avions un goût commun : Montherlant que nous avons découvert ensemble. »

Quand il revient à Jarnac, François s'enferme dans sa chambre qu'il appelle « la chambre aux oiseaux » parce qu'elle est tendue de tissu représentant des passereaux rouge et vert. Et, tandis que la famille devise, il lit. Sans répit. « Son appétit de lecture était colossal, dit son frère Robert. A tel point que, très souvent, je l'ai vu ouvrir un livre qui traînait sur une table ou un buffet, s'accouder et le lire ainsi d'une seule traite. Deux, trois heures plus tard, il se tenait toujours dans la même position. Jusqu'à ce qu'il ait terminé son ouvrage. »

Son goût pour les livres explique en partie ses fréquentes absences à l'école. A cause de son teint pâle, il a la réputation d'avoir une santé fragile : alors, il ingurgite chaque jour du jus de carotte, une ration d'huile de foie de morue et, pour un petit rien, on lui fait garder la chambre. Souvent, très souvent François tombe malade. Ce dont, à l'évidence, il s'accommode fort bien.

Ce ne sont finalement pas ses études mais ses lectures qui apaisent sa faim de connaissances : « Je fais de la philosophie, écrit-il un jour. Pas trop. Je ne me sens pas l'âme d'un philosophe. J'aime mieux lire Vigny, Pascal, Brunetière et les symbolistes, c'est plus intéressant. J'ai lu aussi *La Vie de sainte Thérèse de l'Enfant Jésus,* d'Hellman, c'est épatant » (lettre à sa sœur Geneviève, le 21 mars 1934).

Ce garçon, sur la photo de son livret scolaire, à la mèche docile et la bouche prête à l'attaque, fait cependant d'honnêtes études secondaires. En classe de seconde, le « prof » principal, le très sévère M. Duplessis, note pour le français : « A fait des progrès ; écrit avec assez d'aisance et de goût ; pourrait arriver au passable » (à ce jugement un peu dur, il faut quand même apporter ce correctif : en composition française, François est premier de sa classe au deuxième trimestre et second au troisième). Le même M. Duplessis ajoute pour le latin : « Un peu faible ; est capable de donner davantage avec du travail et de l'application. » En mathématiques et en physique, Mitterrand est franchement médiocre.

Le jeune François ne peut, à l'évidence, en rester là. A mesure qu'il se rapproche du bachot, son ambition s'aiguise : c'est qu'il a appris que pour avoir une chance d'exister, il faut des diplômes. Résultat : en classe de philo, il s'impose partout. Une petite restriction, pourtant : après avoir souligné qu'il est « intelligent, travailleur et régulier », son professeur de lettres observe qu'il « demeure cependant parfois obscur dans ses dissertations ».

Qu'est-il resté de la Charente, des balades au bord de la Dronne ou dans les rues d'Angoulême, chez le Mitterrand d'aujourd'hui ? Quelques bouffées de nostalgie, sans doute. Mais François Mitterrand n'est pas l'homme d'un seul paysage. Ses week-ends, il les passe dans le Morvan, dans sa circonscription électorale ; ses émerveillements, il se les offre devant la cathédrale de Vézelay, en Bourgogne ; ses vacances, il les prend dans les Landes, à quelques pas de l'océan, au milieu des pins. Il a délaissé son terroir natal pour s'en fabriquer d'autres, ailleurs.

Qu'est-il resté en lui du petit garçon silencieux de Jarnac ? Là, à coup sûr, davantage que de la nostalgie. On retrouve chez cet enfant pâle, un peu farouche et très discret, tous les grands traits du Mitterrand d'aujourd'hui. Dans ses *Mémoires d'outre-tombe,* Chateaubriand daube, à juste titre, sur un type très répandu de biographes pour qui les « enfants prédestinés » sont le plus souvent « des enfants tristes, qui ne partagent point les jeux de leurs compagnons, qui rêvent à l'écart et sont déjà poursuivis du nom qui les menace ». En ce qui concerne Mitterrand et au risque de passer pour un nigaud, on peut difficilement en parler autrement. C'est qu'il était alors comme ça — et il l'est toujours.

Ce qui frappe plus que tout chez le jeune Mitterrand (comme chez le Mitterrand d'aujourd'hui), c'est la volonté. Sa sœur Geneviève, celle dont il est le plus proche, le résume ainsi : « Un obstiné. » On ne saurait mieux dire : durant sa carrière politique, Mitterrand s'est accroché avec ténacité à quelques convictions — à pas mal de fonctions aussi.

Le petit François était aussi un garçon très déterminé, entêté même. Là-dessus, les exemples abondent. A dix ans, il tenait tête à sa grand-mère qui était plutôt sévère : quand elle l'envoyait au lit avec un croûton de pain, il rappliquait invariablement quelques minutes plus tard. Ce récalcitrant refusait toujours ses punitions. Qui plus est, il supportait sans broncher, à ce qu'on dit, la douleur physique : ainsi ne l'entendit-on jamais gémir lors de la péritonite qui l'immobilisa quelques mois. Bref, il avait déjà du caractère — un petit côté spartiate aussi.

Reste à savoir si le jeune François était un socialiste en puissance. A lire les ouvrages ou les interviews de Mitterrand, on croirait que son évolution politique fut naturelle, logique. Sa thèse : s'il s'est dirigé vers la gauche, c'est que tout l'environnement de son enfance, à commencer par sa famille, l'y invitait. Chez les Mitterrand, écrit-il, on « tenait les hiérarchies fondées sur l'argent pour le pire désordre. Que l'argent pût primer les valeurs qui lui servaient naturellement de référence : la patrie, la religion, la liberté, la dignité, révoltait les miens. C'était l'ennemi, le corrupteur avec lequel on ne traite pas[1] ».

L'explication n'est pas convaincante. Pourquoi ? Parce qu'une branche de la droite française, christianonationaliste, a toujours nourri une vieille répugnance pour tout ce qui touche à l'argent. Or, il ne serait pas absurde, loin de là, de classer dans cette catégorie la famille Mitterrand pour qui l'accomplissement, par exemple, était l'entrée d'un fils à Saint-Cyr — ce qui lui arriva avec l'aîné, Jacques, futur général. On ne peut dire qu'elle ait transmis à François le moindre penchant pour le sabre. Mais pour le goupillon...

Il est clair que le christianisme ardent de ses parents a laissé quelques traces durables sur François Mitterrand. Difficile de ne pas être hanté, même un peu, par Dieu quand son père a été brancardier à Lourdes et président des écoles libres de la Charente ; difficile, quand on se faisait poursuivre et traiter de « calotin » par ses petits

1. *Ma part de vérité.*

camarades protestants, à la sortie de l'école communale de Jarnac ; difficile, enfin, quand à quatorze ans encore on prétendait avoir la « vocation » et que l'on songeait même à entrer au séminaire.

Il aurait pu en rester là. Mais non. En 1937, à vingt et un ans, c'est-à-dire à un âge où l'on est à peu près maître de ses choix, François Mitterrand est même un des militants catholiques de la conférence Saint-Vincent-de-Paul. Dans un article que publie une revue étudiante, il n'hésite pas à célébrer la conférence, « une de ces vieilles dames dont on parle sans respect mais avec vénération ». Écoutons-le :

« Si je vous parlais en pharisien, je vous dirais nos mérites, nos actes valeureux, nos succès. Si je vous parlais en publicain, je vous dirais nos défauts, nos difficultés, nos négligences. Mais c'est le publicain qui aurait tort. D'ailleurs, il ne faut jamais être publicain — c'est une fonction difficile à remplir. Et le publicain qui a lu l'Évangile doit avoir du mal à rester à genoux. » Plus loin, parlant de « ceux qui, en échange de nos faibles dons, nous ont offert le spectacle de leur pauvreté », notre jeune apôtre écrit : « A nous qui venions leur porter secours avec, au fond du cœur, la sensation d'un beau sacrifice à faire chaque semaine, ils nous ont appris que le sacrifice n'est que le contraire de la pénitence[1]. »

A cette époque, Mitterrand priait tous les soirs, avant de s'endormir. Mais aujourd'hui ? Il a d'évidence pris ses distances avec l'Église et quand on lui demande s'il croit toujours en Dieu, il répond : « Enfant, j'étais croyant. Maintenant, franchement, je ne sais pas. Disons que, devant l'absence d'explication du monde, j'ai tendance à être déiste. Je ne fais pas partie de ceux pour qui tout n'est que hasard et nécessité. Au contraire, j'incline à penser qu'il y a une inspiration, derrière l'univers. Peut-être parce que mon esprit n'est pas très scientifique ; peut-être parce que le christianisme a modelé toute ma jeunesse[2]. »

Et l'Église ? A Pierre Desgraupes qui lui demande dans une interview du *Point* s'il est catholique, il répond :

1. *Revue Montalembert*, octobre 1937.
2. Entretien avec l'auteur, février 1974.

« Je suis né chrétien et mourrai sans doute en cet état. Mais dans l'intervalle, hum ! l'explication chrétienne est si riche en résonances. Mais j'ai aussi un contentieux inconciliable avec une certaine attitude de l'Église complice à travers les siècles d'un ordre établi que j'abhorre. Et je crois que le malheur de notre génération est d'avoir oublié la primauté de la raison[1]. »

1. 15 janvier 1973.

2. Le guetteur mélancolique

Paris, 1934. Les hommes du colonel de La Rocque se heurtent souvent aux troupes de choc du parti communiste. C'est un grand tohu-bohu, politique et littéraire que découvre François Mitterrand quand il arrive dans la capitale, pour faire son droit. Il a dix-sept ans. Il rougit facilement. Il porte des chaussettes blanches et des knickerbockers, comme Tintin. Il n'a toujours pas de convictions très précises.

Rastignac ? Il y a de ça. C'est que, comme le héros de Balzac, Mitterrand débarque d'Angoulême. C'est que, très vite, il cherche à prendre place dans le Paris des arts et des lettres. Il faut qu'il sorte du rang. C'est, pour lui, un besoin pathologique. Même quand il joue au ping-pong, comme il le fait souvent, il tient toujours à être le meilleur — il n'est d'ailleurs pas mauvais du tout. « Il aimait gagner », note un de ses amis d'alors, le journaliste Jacques Marot, qui ajoute : « Quand il arrivait le dernier à une conférence, il fallait tout de même qu'il se mette au premier rang. » D'après Marot, ses camarades ont tout de suite décelé en lui « un jeune homme qui fera son chemin ». Il sait trop plaire, il est trop volontaire, il est trop mauvais perdant pour rester longtemps incognito.

Dans le foyer d'étudiants, au 104 rue de Vaugirard, où ses parents l'ont placé, François apparaît tout de suite comme une personnalité forte. Il est vrai que, d'une certaine façon, il est là chez lui. La maison est tenue par des prêtres maristes. Un de ses oncles, Robert Lorrain, jeune propagandiste et grand ami de François Mauriac, y avait vécu avant de mourir foudroyé par une phtisie. Lorrain avait noué amitié avec le supérieur, le père Plazenet, qui, bien sûr, accueille particulièrement bien le petit neveu.

Le « 104 », comme disent les étudiants, ressemble davantage à une auberge qu'à un pensionnat. Théoriquement, les élèves doivent être rentrés pour dix heures du soir. Quand ils sortent tard, ils doivent simplement prévenir la direction. Mais François n'abuse pas du libéralisme de la maison : il n'est pas noctambule. Le père Plazenet, qui est de la race des prêtres libéraux, n'oblige par ses ouailles à aller à la messe. Mais Mitterrand n'en manque jamais une, le dimanche.

François est donc sage, très sage. Est-il conformiste ? Trop profondément chrétien pour se permettre la moindre incontinence ou la plus petite extravagance, il a la jeunesse paisible de n'importe quel provincial introverti à Paris. Claude Roy, alors royaliste, tente, en 1934, de le faire adhérer à l'Action française. En vain. « C'était avant tout un littéraire imprégné de la culture petite-bourgeoise catholique du moment qui allait de Maurras à Sangnier, dit Claude Roy. Mais il avait une prédilection pour Sangnier. Il était donc plus à gauche que je pouvais l'être mais, comme moi, il était en état de recherche. »

Pendant quatre ans, Mitterrand écoute. Il regarde, il musarde. C'est qu'il en a le temps. Il ne bûche guère car il croit qu'il n'a pas, lui, à se battre les flancs pour réussir. Au bout de trois mois, il ne se rend plus aux cours. Comme la plupart des étudiants, il se contente de feuilleter ses polycopiés. Il ne commence à travailler qu'aux alentours de Pâques et, chaque année, il est reçu facilement à ses examens. Jusqu'au diplôme de Sciences-po et la licence de droit, en 1938.

Que fait-il de ses journées ? Quand on lui pose la question aujourd'hui, Mitterrand répond : « J'étais badaud », ou bien : « J'étais au spectacle. » Avec la petite somme qu'il reçoit chaque mois de Jarnac, il flâne, avec ses amis d'alors qui sont comme lui de jeunes bourgeois très peu politisés : François Dalle, futur PDG de L'Oréal (cosmétiques), André Bettencourt et Joseph Fontanet qui seront tous deux ministres du général de Gaulle. La petite bande fréquente assidûment les cafés du quartier Latin : on la voit souvent au « Biarritz », boulevard Saint-Germain, devant un demi de bière. Elle raffole aussi de cinéma, de théâtre et de jazz. Mais, avec sa maigre bourse, François Mitterrand doit se rationner. Il ne voit qu'un ou deux films par mois, pas plus. Un de ses coups de foudre : Marlène Dietrich dans *L'Ange bleu* de Sternberg.

Mitterrand lit aussi beaucoup. Notamment Giraudoux, Benda et Bernanos. Il écrit également quelques nouvelles pour des revues éphémères. Durant ces années d'insouciance étudiante, en fait, c'est l'esthète qui prend forme : l'homme qui aime la lecture, connaît des passages entiers de l'œuvre de Stendhal ou de Pascal et qui écrit amoureusement des phrases bien tournées. C'est aussi le méditatif.

Le ton des lettres, qu'il adresse à sa sœur Geneviève est, à cet égard, éclairant. Avec une grandiloquence mal contenue, François y aligne des réflexions qui ne sont pas celles d'un dandy frivole. Le 5 mars 1938, il note ainsi : « J'ai l'impression que j'ai présentement besoin de me concentrer pour ne pas perdre le fil et être le jeu de l'extérieur. » C'est, on le verra, une des préoccupations constantes de Mitterrand qui cherche, chaque fois qu'il le peut, à échapper au charivari parisien pour faire retour sur lui-même. Ne nous méprenons pas. Il ne fuit pas les autres. Ses retraites périodiques lui permettent simplement de prendre sa respiration avant de replonger dans le monde. Le jeune François, d'ailleurs, est assoiffé d'action. Dans la même lettre, il laisse le Rastignac qui sommeille en lui pointer le bout de son nez : « Tout se ramène à ceci : gagner ou perdre. On ne reste jamais stationnaire. Car ne pas bouger, c'est commencer à perdre. »

Le 29 mars suivant, il écrit encore à Geneviève : « Toute la morale repose sur la valeur de chaque acte. Tout est grand qui nécessite un effort : seulement, cet effort est dur — qui peut nous aider à le produire ? L'amour seul. Hors de cette base et de ce soutien, autant aller scier du bois sans scie. Sans doute l'amour se cache. Mais comment montrerait-il sa force s'il était toujours présent ? » Il a d'évidence dit lui aussi : « A nous deux Paris », sur une des hauteurs de la capitale. Et le 4 décembre, à sa sœur qu'il trouve trop méfiante à l'égard des autres, trop réservée aussi, il soumet ce conseil qui le résume, alors, mieux que tout :

« Ou l'on vit dans le monde ou l'on vit hors de lui. Si l'on ne le rejette pas, il faut savoir l'accepter. Il faut vouloir le conquérir. En lui coexistent le bien et le mal. Mais tu connais la parabole : " A vouloir l'ivraie, on saccage le blé. " »

Mal comprise, la morale peut être un moyen d'échapper à la politique. François Mitterrand, qui médite et philosophe beaucoup, ces années-là, s'en tient au niveau des grands principes et l'histoire passe à côté de lui. Même si ses sympathies vont généralement à gauche, il reste prudemment à l'écart des bouillonnements politiques.

C'est difficile pourtant. Surtout, au quartier Latin : ici, l'extrême droite fait régner sa loi. Quand on vend *L'Humanité* ou *L'Étudiant socialiste* sur le boulevard Saint-Germain, on risque à tout moment d'être assailli par les hommes de main de l'Action française. Leur arme favorite : les siphons à pression, pleins d'eau de Seltz, que l'on trouve sur toutes les tables de café. On vous les jette entre les jambes et ils explosent comme des grenades. Quand il croise ces « voyous », comme il dit alors, Mitterrand serre les poings. Mais il passe son chemin.

François est avant tout individualiste. Il a lu et relu, comme tout le monde, *Les Nourritures terrestres* d'André Gide. Ce n'est pas son bréviaire ; d'ailleurs, il n'en a pas. Mais il pousse jusqu'au bout le principe gidien de la disponibilité : « Nathanaël, que chaque attente, en toi, ne soit même pas un désir, mais simplement une disposition à l'accueil. Attends tout ce qui vient à toi, mais ne désire que ce qui vient à toi. » Comme il répugne à l'adhésion, il ne s'inscrit à aucune organisation — sauf, on l'a vu, à la conférence Saint-Vincent-de-Paul — et se rend à toutes les réunions politiques, de droite comme de gauche.

Dans la *Revue Montalembert,* journal du « 104 », il lui arrive d'ailleurs d'exprimer, non sans verve, un scepticisme à la Voltaire (un petit Voltaire). Ainsi cet article inconnu[1] où le Mitterrand d'avant Mitterrand — il a dix-neuf ans — révèle un esprit acide et polémique :

« Le grand homme est un gibier rare et naturellement

1. *Revue Montalembert,* avril 1936.

recherché. Il est de vrais grands hommes, classés et consacrés comme tels : s'il en faut une preuve, il suffit d'ouvrir l'encyclopédie à la lettre G[1]. A côté des vrais grands hommes existent ceux qui croient l'être, innombrables, perchés à chaque étage de l'échelle des grandeurs. Se sachant destinés à quelque rôle magistral, ils se parent des plumes de majuscules paons : chacun s'attribue ce qu'il n'a pas et vaticine selon l'influence qu'il s'accorde. Le génie est un sceptre qu'ils portent la tête en bas. A ceux-ci, les admirateurs ne manquent pas. Le crédit repose sur la confiance et la confiance est faite pour être trompée. Il est toujours quelques charbons d'encens à brûler par les idoles creuses.

» Le grand homme, vrai ou faux, est chose nécessaire. Une doctrine ne peut s'en passer ou, plus justement, le grand homme fait passer la doctrine. A chaque boutique, son enseigne : plus l'enseigne est lumineuse, plus la boutique est habitée. »

Ce texte malhabile met en évidence que François Mitterrand n'entendait pas se laisser éblouir, comme une partie de sa génération, par Marx, Lénine ou Maurras ; bref, qu'il rejetait en bloc les « maîtres à penser ».

« L'étal des partis, poursuit-il, exhibe des têtes-manchettes, la langue pendante parce qu'elles n'ont plus rien à dire ; on a seulement redoré les cornes — pour faire plus riche. Du côté gauche, parmi d'autres, nous trouvons Romain Rolland, tout étonné de se voir soudainement apprécié, spécialement, et pour cause, de ceux qui n'ont jamais feuilleté ses écrits ; André Gide qui, sachant la porte étroite, a choisi le neuvième passage, celui qui donne sur Moscou. Oh ! Nathanaël te voilà naturalisé. " Camarades, camarades, tous mes désirs ont été des soifs étanchées " ; Jules Romains, en quête d'hommes qui seraient, enfin, de bonne volonté [...]. Du côté droit... s'il faut écouter leurs programmes, il vaut mieux se boucher les oreilles, car ils parlent tous ensemble. Et si l'on rencontre sur les murs la

1. A la lettre « G », on trouvera, entre autres, les noms de Galilée, Gambetta, Gay-Lussac, Gladstone, Goethe et Gutenberg *(note de l'auteur)*.

tache inepte de noms tels que Jean Renaud ou Jean Hennessy, on peut estimer inutile d'aller plus loin. »

Est-il myope, ce jeune homme qui se permet d'égratigner avec tant d'impertinence quelques-unes des « valeurs » culturelles de son temps ? Que non. Mais il abhorre la fatuité des « mamelouks » de la Sorbonne ou de la NRF. Il ne supporte pas non plus les bouffées de suffisance qui émanent, parfois, des propos de ses camarades à la « Réunion des étudiants », 104, rue de Vaugirard. Il les rappelle parfois à l'ordre, en quelques sarcasmes brefs. L'industriel François Dalle, son meilleur ami à cette époque, note une trentaine d'années plus tard : « Il détestait par-dessus tout la bêtise sentencieuse et établie, le pontifiant et les mots ronflants. » Il lui arrivait même, ajoutent ses anciens compagnons du « 104 », d'être alors cruel. En faisant rire aux dépens du pédant. Par exemple : à table, il prononcera très mal un mot anglais. A dessein, pour qu'un prétentieux le reprenne sur un ton doctoral. Aussitôt, bien sûr, rire dans la tablée. On s'amuse de peu, au « 104 ».

Voilà comment il se comporte avec les fats de son entourage. Quant aux « mandarins » de l'Université, dont il ne fréquente guère les amphithéâtres poussiéreux, rue d'Assas ou rue des Écoles, il les brocarde carrément, parfois avec violence. Il faut se reporter, à ce sujet, à son compte rendu [1] très grinçant d'une conférence donnée à la Sorbonne, en 1935, à l'occasion du cinquantenaire de la mort de Victor Hugo :

« J'entre dans l'amphithéâtre. Je remarque avec autant de plaisir que d'étonnement qu'il est plein ou presque. Le professeur est déjà installé ; il commence. Première constatation : la douce modulation de ses intonations entraîne l'esprit dans un rêve où la contemplation des problèmes éternels rejoint un nirvâna plein de béatitude. Seconde constatation : le charme se rompt brusquement. Explica-

1. *Revue Montalembert,* janvier 1936.

tion : le professeur lit des vers, des vers philosophiques et des vers de Hugo. Je ne vous les redirai pas : vous les connaissez certainement. Et voici les commentaires qui suivent : “ Hugo poète incomparable ! Réceptacle de toutes les harmonies, écho sonore de tous les chants, de tous les bruits et de tous les vacarmes, je veux aujourd'hui célébrer ta louange ! Mais plus encore, je veux interpréter ta pensée, Hugo, penseur ! Père de nos raisonnements, grand-père de nos systèmes, aïeul de nos intelligences... Hugo prophète et philosophe ! O toi odieusement vilipendé alors que, tels les enfants du pélican, tous les disciples de l'esprit se nourrissent de ta substance... ”

» Je n'ai pu saisir ensuite que cette phrase : “ Aura-t-il donc fallu attendre jusqu'à moi pour comprendre vraiment Hugo le philosophe ? Le destin a créé de ces affinités que je ne puis qualifier autrement qu'extraordinaires... ”

» Maintenant que, dans le calme, je puis juger impartialement, je me demande en résumant : “ Jusqu'où, ô Hugo, juchera-t-on ton nom ? ”... »

Plutôt qu'un contestataire, le jeune Mitterrand est un réfractaire qui manie volontiers l'ironie. En politique, comme en littérature, il accepte bon gré mal gré de se laisser séduire, mais pas de se laisser fasciner. C'est pourquoi ses convictions politiques — il en a — sont difficiles à mettre au jour.

Jacques Doriot, exclu du PCF et virant au fascisme, l'intéresse. C'est une figure mirobolante qui a du coffre et du bagou. Le socialiste Léon Blum aussi l'attire un peu ; son parti, la SFIO, beaucoup moins. Dès 1935, François Mitterrand paraît pencher à gauche. C'est un habitué des meetings antinazis de la Mutualité où il applaudit Gide, Malraux et Benda, surtout Benda. « Avec une allure de gros chat angora, a-t-il écrit [1], sa façon d'être et de s'exprimer n'éveillait ni sympathie ni chaleur. Mais l'exigence intellectuelle, l'absence de tout effet, de tout accent, le refus d'entraîner l'adhésion autrement que par la rigueur intérieure du discours, créaient une sorte d'envoûtement. »

Ce qui l'attire le plus chez Julien Benda, c'est sans doute

1. Bloc-notes de *L'Unité,* 27 mars 1975.

l'esprit libre : « Bien qu'homme de gauche, engagé politiquement aux côtés des marxistes, note Mitterrand, [Benda] n'hésitait pas à condamner la dialectique matérialiste. » Mieux, il pourfendait le communisme.

En fait, malgré ses inclinations, Mitterrand s'obstine à refuser de choisir la gauche contre la droite : ce petit frère de Nathanaël voudrait être inclassable. Antifasciste, il n'a pas le moindre penchant pour l'Union soviétique ou pour le marxisme dont une partie de l'intelligentsia chante les gloires alternées. Admirateur de Benda qui est la rigueur incarnée, il raffole de Drieu La Rochelle, importateur en France d'une mythologie de la virilité.

Mais François Mitterrand a beau répugner à l'engagement, il a parfois des réflexes révélateurs. Ainsi, lors de l'affaire Jèze. Elle éclate en 1935 quand l'Italie envahit l'Éthiopie. L'opération de Mussolini bénéficie en France du soutien d'un grand nombre d'intellectuels catholiques comme Thierry Maulnier ou Gabriel Marcel. Toute l'extrême droite française ou presque est derrière le « duce ».

Gaston Jèze, professeur de finances publiques à la faculté de droit, est conseiller du Négus dont il plaide la cause contre l'Italie à la cour de La Haye. Aussitôt, il devient la cible de l'extrême droite qui le prend à partie dans ses cours comme dans la rue. Sa protection est, alors, assurée par les étudiants socialistes qui l'accompagnent partout. A la fac, bien entendu, c'est le grand schisme : tout le monde prend parti pour ou contre Jèze. Mitterrand le soutient, avec force. C'est à cette occasion qu'il rencontre Georges Beauchamp, secrétaire des Étudiants socialistes, qui, quelques années plus tard, deviendra son ami.

Son attitude lors de l'affaire Jèze, voilà un premier indice de son inclination, jamais clairement formulée, pour la gauche. Il y en a encore quelques autres. Ce littéraire nonchalant ne peut s'empêcher de chercher querelle aux adeptes de l'extrême droite qu'il rencontrait. François Dalle se souvient de ses controverses à perte de vue avec J.-B. Biaggi, le chef des royalistes à la fac de droit. Chez les Mitterrand, ses altercations avec le colonel Moreau, fidèle de l'AF et ami de la famille, sont restées célèbres : « Sortez immédiatement, François, et que je ne vous revoie plus, rugit l'autre chaque fois, pour clore le débat.

Autre indice, non moins probant. Durant la guerre d'Espagne, Mitterrand ne milite certes pas, il ne distribue pas de tracts, il ne colle pas d'affiches, mais il suit assidûment à l'Union pour la vérité les conférences de Georges Bernanos qui s'est fait, en France, avec Malraux, le meilleur avocat des « républicains ».

Sur son attitude lors du Front populaire, en revanche, il est plus difficile de savoir à quoi s'en tenir. Dans *Ma part de vérité,* François Mitterrand écrit qu'il se sentit concerné par l'arrivée de la gauche au pouvoir, en 1936 : « Je me souviens de la nuit des élections dans les rues de Paris, de l'allégresse des " ça ira ". Je retrouvais dans cette liesse les élans des courses à perdre haleine d'autrefois, je découvrais qu'il y avait encore des causes à vivre et à mourir. J'aimais que mes vingt ans fussent au commencement d'un monde dont la délivrance m'exaltait sans que j'eusse approché ses douleurs. » On peut s'interroger sur la réalité de son engouement. La plupart de ses amis d'alors, François Dalle en tête, ne se souviennent pas qu'il ait participé à une seule manifestation — et elles étaient nombreuses, cette année-là. Ils se rappellent qu'il les regardait simplement passer quand elles se trouvaient sur son chemin. Ils rapportent aussi qu'il observait le mouvement de loin, « de sa fenêtre », avec une vague sympathie. Ce n'est pas là le comportement d'un enthousiaste.

Il faut attendre, en fait, le danger nazi pour que Mitterrand n'arbore plus le détachement qu'il affichait, en 1936 encore, avec quelque ostentation. Avec la montée d'Hitler, sa « distanciation » prend vraiment fin. Devant les persécutions nazies contre les juifs ou la volonté expansionniste du IIIe Reich, comment rester sans réagir ? Le ton, chez Mitterrand, n'est plus au pacifisme. Après l'*Anschluss,* dans son premier texte proprement politique, paru en avril 1938, Mitterrand développe — à vingt-deux ans — quelques vues pénétrantes[1] :

« Le renoncement volontaire, cette offrande de la joue droite après le coup sur la joue gauche, est inconnu des peuples, et risque de le demeurer fort longtemps. Cependant, comme les hommes se targuent de principes, même s'ils n'y croient pas, ils ont remplacé le renoncement par la modération, l'absolu par le juste milieu. Le juste milieu ! Comme si l'on pouvait tracer une ligne de partage entre le bon et le mauvais, le juste et le faux, et danser sur cette corde raide ! Le juste milieu devient le leitmotiv des peuples faibles. L'équilibre, le droit acquis, la nature des choses, proposent de confortables abris. Pourquoi ne pas y sommeiller ? Oublieux de cet axiome que le juste doit être plus fort que le fort s'il veut s'occuper des affaires du monde, les pays vainqueurs de la Grande Guerre se sont contentés du succès de leurs armées ; puis ils se sont endormis derrière la forteresse de carton dressée par les traités. Et, chaque fois que le vaincu d'hier abattait, écrasait ou brûlait une tour, excipant des nécessités vitales, et de ses bonnes intentions du dedans, on lui criait : “ Jusqu'ici, oui, mais pas plus loin. ” »

Dénonçant la IIIe République, fourbue, qui dérive, et le gouvernement poltron de Chamberlain, Mitterrand clame avec véhémence :

« Dans la vie des peuples aussi bien que dans la vie des individus, tout recul est une bataille perdue. Un recul stratégique masque toujours une défaite ; et les explications tendant à diminuer la faute, à définir les causes, à rejeter les responsabilités, ne changent rien à ce fait que l'homme dès sa première chute prononce sa propre condamnation. Qu'est-ce que la pureté si, une fois, elle défaille ? Qu'est-ce que la volonté si elle plie ? Qu'est-ce que la liberté si elle cède ? »

Un appel à la guerre ? Pas tout à fait. Quand on est un jeune homme chrétien et humaniste comme lui, impossible de demander comme ça l'ouverture des hostilités : « Il est peut-être vrai, écrit-il, que la France serait folle de tenter

1. *Revue Montalembert.*

une guerre pour sauver une paix perdue, la mort d'un homme est sans doute plus grave que la destruction d'un État. » Mais François Mitterrand ne se nourrit pas d'illusions. Et c'est la conclusion, incantatoire et sombrement prophétique :

« Devant la venue triomphale du dieu de Bayreuth sur le sol de Mozart, je sais quel sacrilège se prépare et, malgré moi, j'éprouve une sorte de honte, comme si je m'en reconnaissais responsable. »

3. « Allons enfants... »

Cet esthète gentiment subversif ne peut accepter d'être embrigadé. Comme tous les étudiants, Mitterrand voit venir d'un mauvais œil le moment du service militaire. Il n'est pas antimilitariste : dans sa famille, il est bien vu de porter képi et galons. Il ne se sent simplement pas la vocation pour la caserne.

Le voici qui atterrit, en septembre 1938, au 23e régiment d'infanterie coloniale, au fort d'Ivry, où il retrouve Georges Dayan, un de ses compagnons de faculté. Comme il sort de l'Université, il doit normalement être affecté au peloton des élèves-officiers. Mais il refuse. Aussitôt, drame dans la caserne. Le colonel le convoque. Mitterrand lui dit qu'il n'a pas envie d'être officier, et c'est tout. Alors, il est incorporé au peloton des élèves-sous-officiers. Il ne lui reste plus qu'à laisser passer le temps.

C'est dur. A la « coloniale », la vie n'est pas facile. Mais Mitterrand s'arrange. Les appelés sont bouclés dans la caserne pendant une semaine : cela ne l'empêche pas de sortir, le deuxième soir, en cachette, pour retrouver ses amis à Paris. D'emblée, il ne s'embarrasse pas des règlements.

Une année s'est déjà écoulée quand, le 1er septembre 1939, les armées allemandes envahissent la Pologne. Le 3, le gouvernement britannique déclare la guerre à l'Allemagne. Six heures plus tard, le gouvernement français fait de même.

Ce jour-là, Mitterrand ne signe pas la paix avec l'armée. Il va rester, comme avant, un mauvais esprit. Avant le départ pour le front, il n'est pas au grand rassemblement. Tout bonnement parce qu'il n'est pas revenu de permission. Quand il arrive à la caserne, avec quelques heures de retard, les troupes se sont déjà mises en branle. Il a juste le temps de faire son ballot. Premier cas d'indiscipline grave. Ce ne sera pas le dernier.

Le voici, promu sergent-chef, en route pour la ligne Maginot que son régiment va couvrir. Georges Dayan, observateur de bataillon, est avec lui. Les deux jeunes gens n'ont pas la foi et font grise mine. Trois jours de marche et ils arrivent aux avant-postes. La « drôle de guerre » est commencée. Pendant quelques semaines, ils font sentinelle en prévision de l'attaque d'Hitler. En vain : les Allemands n'arrivent jamais quand on les attend.

En décembre, séparation du tandem : Dayan part pour la Sarthe et Mitterrand pour les Ardennes. L'hiver 1939-1940 est terrible. Dans les cantonnements, le contingent se casse les dents sur la nourriture : le riz est gelé, le vin aussi. Le petit sergent-chef creuse des fossés antichars, « travaux qui ressemblent aux châtiments que l'on inflige aux criminels et aux saboteurs de l'ordre social », écrit-il à Dayan. Son ressentiment contre l'armée s'aggrave au fil des jours.

Épisode révélateur : une algarade avec un capitaine. « Quand on est sous mes ordres, il faut cirer ses chaussures », lui dit l'officier. Réponse cinglante de Mitterrand : « Ma différence avec vous, c'est que moi, j'ai souvent l'occasion de me les salir. » Quand l'autre décide de le punir, il refuse de signer son ordre de sanction. Cela pourrait le mener loin. Il s'en moque. Ici, il ne se contrôle plus et frôle l'insoumission : « Ces officiers pleins de morgue qui jouaient aux cartes toute la journée nous mettaient hors de nous », m'a-t-il expliqué en juillet 1972.

A sa sœur Geneviève, il écrit du front : « Il ne faut pas que la guerre prenne une figure extraordinaire, épouvantable. C'est un événement plus remarquable que les autres parce que plus bruyant, plus généreux de cataclysmes, d'histoires de morts et de souffrances. Il ne doit pas être subi ou accepté à la légère. Mais qu'il ne devienne pas un moloch ! Qu'il ne tue pas le passé ! Demeurons nous-mêmes [...]. Je rage contre les journaux qui s'attristent. Comme si la civilisation méritait tant de regrets ! [...] Les chefs, les premiers de par leur rang, ne sont pas à la hauteur de leur tâche. Ils ne sont qu'une énième représentation de l'aristocratie sur sa fin, avec l'élégance en moins. »

Son idée-force : la guerre est un événement exceptionnel, pas un « phénomène magique ». Il faut la démythifier. Sa thèse, Mitterrand la développe encore avec une ironie noire dans une lettre à Édith, la fiancée de son frère Robert : « La guerre n'est qu'une autre manière d'en finir ou de risquer d'en finir ; la souffrance est un peu longue ; l'incertitude un peu plus dure... Cela ne mérite pas plus de cris et de crêpes, de voiles et de solennité que le reste... Il faut vous marier... Il faudrait aller au bal, manger des gâteaux, acheter des robes. »

Le vrai Mitterrand est là. Grave et caustique, tranchant et paradoxal, il déploie quelques vues ténébreuses avant d'aller brusquement, presque incidemment, à l'essentiel. Et le voilà qui tout à coup dévoile ses tourments : « Ce qui m'ennuierait, c'est de mourir pour des valeurs (antivaleurs) auxquelles je ne crois pas. Alors, je m'arrange avec moi-même. Je décide de vivre, si Dieu le veut. Je décide que le froid et la boue doivent être supportés ; et le reste à l'avenant. Je décide qu'il faut payer une dette. »

Et c'est la conclusion, amère : « Le soleil est faible et la boue lèche les chemins. Je me porte bien, mais pas tout à fait. Car un uniforme blesse qui aime la vie » (5 novembre 1939).

Le jeune bourgeois modéré de Jarnac se rebiffe encore. Contre l'armée, d'abord, contre le pouvoir en place aussi, mais surtout contre le monde des adultes. Maintenant qu'il est sorti de son petit univers familial paisible et pensant bien, maintenant qu'il a quitté le monde étudiant et ses frondes sans conséquence, l'injustice et l'arbitraire lui crèvent les yeux. Révolte spontanée qui pourrait déboucher aussi bien sur la Révolution nationale que sur le socialisme. Les lettres qu'il écrit à Georges Dayan deviennent de plus en plus violentes. Elles révèlent un tempérament brûlant, impatient. Écoutons-le : « Je m'irrite de ces débordements d'injustice, d'habitudes derrière lesquels je discerne les forces occultes, sûres d'elles, qui nous mènent. Mais il nous reste encore le goût d'une liberté que nous croyons nécessaire comme l'air aux hommes. »

Il faut prêter l'oreille à la conclusion grinçante de cette même lettre. Elle montre à quel point sa rage est grande : « Nous fait-on subir les " épreuves " d'où sortiront nos qualités de résistance, d'agression, de vitalité ? Comme si l'on nous disait : " Voilà une guerre pour vous. On vous observe. Les plus forts — ceux qui survivront — nous leur ouvrirons nos portes. Ils seront nos successeurs. Mais faites vos preuves ! " Ou bien tout cela n'est-il qu'un hasard, un mélange de vies, de faits, de rencontres ? » (11 mars 1940.)

A Stenay, à plusieurs kilomètres de Verdun, où il a la charge du dépôt de munitions, Mitterrand broie donc du noir. Le 10 mai 1940, les chars allemands dévalent les collines de Sedan, et s'enfoncent dans le pays. Quelques jours plus tard, voici Mitterrand devant Verdun avec sa compagnie sur une petite hauteur baptisée cote 304. Les troupes allemandes couvrent la plaine. Les soldats du IIIe Reich entonnent des chants hitlériens. Soudain, l'artillerie crache des deux côtés. Dans le combat, le sergent-chef Mitterrand reçoit un éclat d'obus dans les côtes.

Mitterrand passe deux jours, la poitrine en sang, couché sur une carriole à deux roues traînée par un camarade. Face à lui, le ciel. Mais il lui arrive quand même de jeter des regards de côté. A mesure qu'il avance, il se rend compte que c'est la défaite. Et, à vingt-trois ans, sur cette route, il apprend la peur. « Plusieurs fois, m'a-t-il raconté, les avions de la Luftwaffe ont piqué sur notre colonne. Aussitôt, tout le monde allait se cacher sur les bas-côtés, dans les fourrés. Et je me retrouvais seul, cloué sur ma voiture et le sang figé, au milieu des vaches et des chevaux que notre convoi emmenait. »

Après avoir transité dans six hôpitaux, Mitterrand est débarqué à Vittel. C'est le grand centre sanitaire français. Une ville-hôpital ? Non : une station thermale où affluent les blessés de toutes les armées françaises en déroute. Les hôtels sont bondés. Non de curistes, mais d'éclopés et de moribonds. Dans les chambres, il y a du sang partout, par terre et sur les murs.

Au fil des jours, les positions françaises s'effondrent. Le 14 juin, les Allemands entrent dans Paris. Le 16, ils atteignent la vallée du Rhône. Pour Hitler, le déroulement de la campagne est un « véritable miracle ». Que peut bien penser Mitterrand ? D'abord, bien sûr, que le régime et l'état-major sont des incapables, mais son analyse s'arrête là. Il ne sait pas encore par quoi il faut remplacer ce système vermoulu.

Reste que le sergent-chef Mitterrand n'a pas vécu l'expérience du feu avec le détachement de Fabrice. Il s'est livré à quelques révisions déchirantes. Notamment sur l'Église. Elle aurait dû, estime-t-il, s'engager davantage : « Je ne distinguais pas les forces en présence. Je ne possédais pas de clef. Mais sans en comprendre les raisons, je croyais distinguer de quel côté étaient le droit et la justice. Cela suffit à me mettre en retrait du conformisme ambiant où l'Église, dont j'avais continué d'observer les préceptes, avait enfermé les siens. Puisqu'elle n'était pas dans le camp de la souffrance et de l'espoir[1]. »

Après sa « drôle de guerre », Mitterrand n'est donc plus un personnage de théâtre bourgeois rangé et nostalgique. C'est un sous-officier révolté que les armées allemandes font prisonnier. Ce sergent-chef a un éclat de *Minenwerfer* dans les côtes — il s'y trouve encore — et une citation à l'ordre de la division — il en recevra deux autres en 1944 — et il a faim d'action. Mais il ne voit pas encore bien à quoi se raccrocher. Même si, quelques heures avant son départ pour l'Allemagne, un ami canadien lui glisse : « Tu sais, à Londres, un général français a dit à la radio qu'il allait organiser la résistance. » Il est intéressé, sans plus : Londres, c'est trop loin. Et il ne connaît même pas le nom de ce général quand, ce jour-là, il est embarqué dans un train. Destination : le stalag 9 A, à quelques kilomètres de Cassel, en Hesse.

Dix-huit mois de captivité. C'est l'épisode le moins connu et pourtant l'un des plus décisifs de la vie de François Mitterrand. Ici, il va faire front, avec sang-froid, et prendre très vite de l'ascendant sur ses compagnons. Les hommes

1. *Ma part de vérité.*

qui ont alors vécu avec lui se rappellent avoir été frappés par sa témérité et son autorité.

Quand il arrive au stalag 9 A, rien n'est organisé. Ni les repas : les Allemands ne servent qu'une soupe par jour (choux, orge ou rutabaga) dans de grandes bassines qu'ils posent côte à côte. Ni les abris : il faut dormir à la belle étoile. Alors, c'est la loi du plus fort. « A chaque distribution, au début, dit Mitterrand, il y avait des bagarres. Celui qui avait un couteau était le roi. »

En quelques jours, un petit groupe d'hommes — dont il fait partie — réussit à mettre les choses en ordre. Les 40 000 prisonniers du stalag 9 A se disciplinent. Plus de bousculades pour le ravitaillement. Et pour dormir, il y a bientôt des tentes, puis des baraquements. Mitterrand aime dire qu'il a pratiqué ici le « contrat social » de Rousseau.

Expérience forte. La captivité est d'ailleurs intellectuellement féconde pour Mitterrand. Il se remet au grec. Il prépare un livre qui se serait appelé *Les Sept Collines de Paris* et écrit quelques textes sur des petits bouts de papier qu'il a chipés aux Allemands. Ainsi, cette note désabusée qu'il a conservée : « De tout cela, on sort avec les muscles bien trempés et le cœur durci. Mais où sont les rêves ? A force de vivre en foule, on connaît mieux sa solitude. »

Ce n'est pas tout. En captivité, Mitterrand apprend la misère. Révélation capitale pour un fils de petits-bourgeois charentais. Le voici transféré au stalag 9 C, tout près de Weimar. Il est affecté au commando 1515. C'est un commando dit « intellectuel » de 250 personnes, juifs, curés ou instituteurs, qui trie des fruits et pave les routes de Thuringe. « Quand on traversait une ville, dit Mitterrand, on n'avait pas le droit de marcher sur les trottoirs qui étaient réservés aux Allemands. Au passage, quelques-uns fouillaient les poubelles ou se précipitaient sur les mégots que nous lançaient les habitants. »

Épreuves saisissantes quand on est, comme lui, un chrétien humaniste. Politiquement, pourtant, ce jeune homme avide de liberté ne se durcit pas d'un pouce. Sa révolte est totale, mais elle reste apolitique — ce qui n'est d'ailleurs pas incompatible. Pourquoi tarde-t-il à franchir le pas, à militer quelque part, à choisir entre Pétain et de Gaulle ?

A cette question, Mitterrand répond ainsi : « Nous disposions de très peu d'informations. Vus des camps, Pétain et de Gaulle, c'était la même chose. Ils étaient tous les deux les représentants d'une France officielle engagée dans la bataille. Pétain était pour moi, comme pour la plupart de mes compagnons, un vieux maréchal qui était là pour panser les plaies. Quant à de Gaulle, je ne savais pratiquement rien de lui[1]. »

D'emblée, cependant, Mitterrand se méfie du Maréchal. Dans les camps de prisonniers, les cercles Pétain prolifèrent. Ce sont des petits clubs où viennent discuter les adeptes de la Révolution nationale. Les idées corporatistes de Vichy l'inquiètent et il note que ces comités sont, pour la plupart, du dernier bien avec les Allemands. Il n'en fait donc pas partie.

Ses traditions familiales, son univers culturel, son propre itinéraire de jeune homme ambitieux et « en disponibilité » devraient logiquement le porter, comme une partie de sa génération, vers Vichy. Eh bien, non. Instinctivement, Mitterrand répugne à se ranger sous la bannière du vieux Maréchal de France qui a fait « don de sa personne » au pays[2]. Pétain est pourtant, parmi les officiers supérieurs, un de ceux qui ont la réputation de ne pas être trop liés à l'extrême droite ; Léon Blum a même dit de lui, quelques mois avant la guerre, qu'il était « le soldat le plus noble et le plus humain » de France[3].

Pourquoi, alors, Mitterrand se tient-il sur ses gardes ? Sûrement pas parce qu'il soupçonne Vichy de trahir : les nouvelles qui lui parviennent de France sont trop fragmentaires pour qu'il puisse se faire une opinion. S'il est sur la réserve, en fait, c'est sans doute parce que la contestation le tenaille, tout bonnement. Une contestation dévastatrice qui vise tous les hommes qui ont mené la France et la IIIe République à la ruine.

A ce moment-là, déjà l'esprit de résistance est en lui. Il

1. Entretien avec l'auteur, octobre 1973.
2. Discours radiodiffusé du 17 juin 1940.
3. Cité par Robert O. Paxton dans *La France de Vichy,* Le Seuil.

lui arrive d'ailleurs parfois de laisser échapper quelques mots vengeurs. Un homme s'en souvient : Patrice Pelat, personnage haut en couleur qui reviendra souvent dans la vie de Mitterrand. Au stalag 9 C, Pelat préside aux séances d'épouillage, séances que Mitterrand honnit, comme tout le monde, et auxquelles il ne se livre pas sans mauvaise grâce. Le système : les habits sont placés dans une étuve et les hommes — nus — disposés sous un rang de douches par groupe de vingt et pendant trois minutes.

Très vite, Mitterrand et Pelat sympathisent. Logiquement, pourtant, leurs lignes géopolitiques ne devraient pas converger. Qui est Pelat, en effet ? Pas un fils de bourgeois provinciaux : un gavroche athlétique et futé qui a perdu ses illusions et quitté le parti communiste. Il a déjà eu une vie bien remplie, lui. A treize ans, il a commencé à travailler. Et il a fait tous les métiers : aide-magasinier, chanteur de rue, apprenti boucher, peintre en bâtiment, garçon de café, ouvrier chez Renault. A dix-huit ans, il s'est jeté dans la guerre d'Espagne. Ensuite il s'est battu contre les Allemands sur le front et dans les corps francs. Il fut l'un de ceux qu'on appelait « les poitrines de béton ».

Chaque fois qu'ils se retrouvent, Mitterrand et Pelat devisent longuement. Mais ce dernier reste toujours sur sa faim : « François était très froid et très réfléchi, trop. » Et voilà qu'un jour Mitterrand s'ouvre à son compagnon. Celui-ci rapporte ainsi le monologue qu'il entendit alors :

« Il faut qu'on mette sur pied quelque chose, disait Mitterrand. Les prisonniers, s'ils se réunissaient dans une même organisation pourraient constituer une force formidable. Nous avons tous été formés à la rude vie des camps, nous sommes décidés à nous battre jusqu'au bout. Notre mouvement préparerait les évasions et coordonnerait le sabotage à tous les échelons. Quand on se sera évadé, on organisera ça, n'est-ce pas. » C'était en novembre 1940.

4. Capitaine Fracasse

Dans les stalags, c'est le règne du non-être, de la fatalité, du macabre, du dérisoire. Mitterrand, hanté par la mort qui le guette et qui frappe parfois l'un de ses compagnons, écrit sur le coup des pages d'où se dégage un pessimisme lugubre. Ainsi ces vers rédigés à la hâte après l'enterrement d'un camarade :

> Qui es-tu, jeune mort ?
> Ta face, humble trésor
> Se défait à mesure
> Qu'on gagne une encolure
> Sur le chemin si long
> Que tes trois compagnons
> Ne pensent plus déjà
> Qu'au tranquille au-delà
> Qui les ramènera
> Au royaume des rats [...].
>
> Un cheval fatigué
> Tant il a traîné
> Conduit ton lent cortège
> Comme on tourne au manège
> Ou aux enterrements
> On ne rit ni ne ment
> On pense à autre chose
> Parmi toutes les choses
> Qui bercent et reposent
> Du désespoir des choses [...].
>
> Dans les sables trop fins
> Couleur d'ambre et de lin

Tu finiras le temps
L'automne et le printemps
Et l'hiver et l'été
Que l'on t'avait prêtés
Un prêt vite repris
Un don vite dédit
Un vol vite interdit
Vivant vite maudit [...].

Bergère et bergerie
Reconnaîtront leur bien
Parmi les assassins
Des nocturnes prairies.
Mais la source est tarie
De tes joies et de tes peines.
Inutile qu'on vienne
Dans le sable trop fin.
Il serait bien malin
Celui dont le chemin
Pourrait croiser le tien.

Relu aujourd'hui, ce poème quelque peu solennel (l'auteur a vingt-cinq ans et il l'a écrit sur le vif) annonce un grand tournant intellectuel de Mitterrand : à ce moment-là, de toute évidence, il n'a plus la foi qui l'habitait encore quelques mois auparavant. Dans ces vers aucune référence à Dieu. Mitterrand ne l'a pas rencontré dans les camps. Le matricule 21716 — c'est son numéro — a été, c'est sûr, saisi par le doute.

Le Mitterrand des stalags n'est pourtant pas abattu. Il cherche, comme d'autres, à s'évader du néant dans lequel la vie des camps l'a englouti. En 1945, dans un opuscule intitulé : *Les Prisonniers de guerre devant la politique*[1], il racontera, avec un lyrisme nostalgique et heurté, sa découverte d'une espérance dont la dimension n'est ni métaphysique ni religieuse mais tout simplement politique : « Dix-huit cent mille hommes de France découvraient ensemble et soudain la force de leur espoir... Qu'importe la menace

1. Éditions du Rond-Point.

affichée sur toutes les baraques le soir du 13 juillet. A minuit, le chant s'élève, sourd puis immense, sans limites. Tous debout dans leurs guenilles, avec au-dessus de leur tête, les sacs, les musettes, les hardes suspendues, tous debout dans l'ombre clignotante, dans l'obscure misère de leur solitude et de leur dépouillement, les Français chantent *La Marseillaise.* Les disputes, les rancœurs, les mesquineries se dissipent. Il n'y a plus qu'un peuple réuni pour célébrer sa gloire et ses splendeurs et qui jette à son vainqueur un défi. Les sentinelles peuvent arpenter nerveusement les allées ; les officiers prussiens peuvent donner des ordres brefs afin de rétablir le silence ; *La Marseillaise* qui monte ainsi, porte en elle-même les libérations futures. »

Et voici venir le moment d'agir. Mitterrand marche, sans souffler mot. A quoi songe-t-il, pendant ses longues méditations ? A partir. La résignation n'est pas son fort. Jusqu'à l'automne de 1940, son épuisement physique, provoqué par sa blessure de Verdun, l'a contraint à repousser l'échéance. Maintenant, il se sent prêt. Et il ne songe plus qu'à s'évader.

Mais il sait que la plupart des évasions échouent par manque de préparation. Il trouve un compagnon de route, l'abbé Leclerc. Ensemble et en secret, ils étudient leur opération dans les moindres détails. Leur camp se trouve à 600 kilomètres de la Suisse. Or c'est, dit-on, la frontière la plus facile à franchir. Voilà donc leur objectif. Ils reconstituent par petits bouts la carte d'Allemagne, font des provisions et, un jour de mars 1941, au petit matin, ils s'échappent.

Ils marchent vingt-deux nuits, dans la neige et dans la boue, et dorment le jour, dans les bois, avec une couverture pour deux. Ils évitent systématiquement les villages ou les habitations, ne parlent à personne, se rasent quand même pour ne pas être pris, de loin, pour des vagabonds. Leur ordinaire : douze biscuits et deux morceaux de sucre. Parfois une pomme de terre ou du thé qu'ils font chauffer sur un réchaud à méthane.

Et c'est la frontière. Au terme de cette odyssée de 600 kilomètres, Mitterrand et Leclerc titubent de fièvre et d'épuisement. A 4 kilomètres seulement de la Suisse, ils commettent leur première erreur. Elle est fatale. Ils débouchent sur un village, Egesheim, alors que la nuit n'est pas tombée. Et, au lieu de faire demi-tour, ils le traversent. Ils sont arrêtés et réexpédiés au stalag 9 C, dans un commando disciplinaire.

En novembre, nouvel essai. Mitterrand est alors au stalag 9 A. C'est devenu un camp pilote d'où il est très difficile de s'échapper. Les barbelés ont 4 mètres de haut et ils sont balayés par un faisceau de lumière. Une nuit, entre les rondes des sentinelles, il tente de s'évader avec deux camarades. Aussitôt, c'est l'alerte. L'un d'eux est repris. Pas Mitterrand, il prend seul le train et, un soir, arrive à Metz. Il se croit tiré d'affaire et, comme il est épuisé, prend une chambre à l'hôtel « Cecilia ». Faute grave. A l'aube, il est arrêté : la réceptionniste l'a dénoncé.

Le sergent-chef épinglé piaffe maintenant d'amertume. Le voici en sabots, avec un pantalon de zouave, dans un camp de triage pour évadés, pas loin de Boulay, avant de partir pour la Pologne où les Allemands apprennent à vivre aux casse-cou comme lui. C'est là que se révèle une nouvelle face de Mitterrand. Jusqu'alors il méditait, mûrissait, pesait longuement le pour et le contre avant de se décider. Cette fois, il se lance à corps perdu. Le 10 décembre 1941, en Lorraine, François Mitterrand tente le premier coup de poker de sa vie. Le responsable français du camp lui a soufflé qu'à l'entrée du bourg, il y a un bar-tabac où il peut être caché s'il s'enfuit. Mais il l'a aussi prévenu : ici, les gardiens tirent à vue. A sept heures du matin, dans la nuit, Mitterrand se précipite pieds nus sur la grande porte du camp, l'escalade, saute et court. Il court à perdre haleine, tandis que les balles sifflent, pendant 7 kilomètres.

Et voilà le bar-tabac. Les Allemands sont à 400 mètres derrière lui. Mitterrand arrive juste au moment où une femme ouvre le rideau de fer. Elle le cache aussitôt dans un placard et retourne vaquer à ses occupations. Quelques minutes plus tard, une patrouille entre dans le café, examine les lieux et ressort. Mitterrand reste deux jours dans ce cagibi, gavé de tartes aux quetsches que lui apportent deux vieilles demoiselles, avant d'être conduit à

Metz, où il est pris en charge par la filière de sœur Hélène.

Une filière remarquablement bien organisée. A Metz, Mitterrand est en Allemagne : depuis 1940, la Lorraine fait partie du IIIe Reich. Et le réseau de sœur Hélène fait justement passer les évadés en France, dans la zone occupée. Un soir, avec quelques hommes, François Mitterrand est conduit à la gare. Ils prennent un omnibus qui longe la frontière et, à quelques kilomètres de Marineichen, ils sautent en marche les uns après les autres. Dans la nuit et sous une pluie de givre, ils mettent le cap sur la ligne de démarcation. La France est à quelques pas. Seulement voilà : leur guide ne parvient pas à retrouver son chemin. Les voici qui se perdent. Au loin, ils entendent les patrouilles allemandes qui passent. Alors, brusquement, n'y tenant plus, Mitterrand décide de tenter sa chance tout seul.

Une fois de plus, Mitterrand joue son va-tout. Et gagne. Un des traits particuliers de son caractère apparaît ici : sa facilité à jouer quitte ou double, à taquiner la providence. C'est un méditatif, certes : il rêvasse, rumine, spécule avant d'entreprendre une action. Mais c'est aussi un homme capable, en une seconde, d'échapper à lui-même, de balayer ses hésitations et de se lancer dans l'aventure.

A la fac, il ne s'est pas seulement emballé pour Paul Valéry. Mais aussi pour Drieu La Rochelle. Ce n'est pas pour rien. A le contempler ici dans son combat pour la liberté — ce n'est encore rien d'autre —, sa folle témérité saute souvent aux yeux. L'histoire de son évasion est une succession de défis relevés. Méthodique et précautionneux, Mitterrand peut tout à coup risquer le tout pour le tout. Là est son mystère. A vingt-cinq ans, Mitterrand est déjà imprévisible et joueur.

Le voici maintenant qui suit une voie ferrée et débouche sur une gare. Soudain, il aperçoit des douaniers dans une guérite. Ce sont des Français. Ils le mettent dans un autocar, lui donnent des adresses. Et, quelques heures plus tard, le voilà pris en main par les cheminots. Dès le début de l'Occupation, ce corps professionnel est entré dans une résistance sans merci. Beaucoup de cheminots sont communistes. C'est donc une rencontre capitale : François

Mitterrand découvre ici le monde discipliné mais fraternel de la Résistance communiste. Il est tout de suite fasciné. Pas séduit comme l'ont été des hommes qui, comme Claude Roy, avaient grandi dans le même environnement culturel que lui. Mais le sens de l'organisation et la chaleur des rapports humains au Parti l'impressionnent. Quand un chrétien rencontre une autre Église...

Le 24 décembre, au soir, il retrouve la table familiale de Jarnac. Alors, Mitterrand aime déjà passer les grandes fêtes, surtout Noël, avec quelques proches. Il n'a pas encore un clan, mais une famille. Pour la retrouver ce soir-là, il a pris des risques. Chose étrange, il retrouve la maison familiale sans rien avoir à raconter. Comme s'il l'avait juste quittée quelques heures. Comme si rien ne s'était passé depuis son départ. Et, au cours du dîner, il ne rapporte aucun épisode de sa « guerre » à sa tribu qui le scrute et le questionne. Avec ses intimes — et à plus forte raison avec les autres —, François Mitterrand répugne à parler de ce qui, pour lui, est important, c'est-à-dire de ce qui le touche.

La Charente est en zone occupée où règne la loi martiale. Il peut être repris à tout moment et fusillé. Il faut donc partir. Et Mitterrand arrive, quelques jours plus tard, à Lons-le-Saunier, dans le Jura. C'est la zone libre. Il obtient des papiers d'identité, des vrais, et reçoit une petite prime d'évasion (60 francs 1977 environ). La Révolution nationale cherchait en accueillant ainsi les évadés à se faire de nouveaux adeptes parmi les jeunes gens, avides d'action, qui affluaient d'Allemagne. Peine perdue avec Mitterrand. Il n'y a pas, dans ses premiers mois en zone libre, un seul signe montrant qu'il ait été séduit, comme on l'a dit, par Vichy. Il suffit d'observer ses faits et gestes d'alors.

5. Vichy

Janvier 1942 : Mitterrand critique Vichy, ses précautions, ses capitulations. Mais, pour lui, le Maréchal n'est pas un ennemi. Pas encore... Cette attitude est répandue, à l'époque. Avec sa logorrhée nationale, la Révolution nationale a semé la confusion dans les esprits : être contre les Allemands, ce n'est pas nécessairement être anti-pétainiste. Mitterrand n'est pas, à proprement parler, anti-pétainiste.

Mitterrand n'est pas non plus résistant. S'il ne s'est pas jeté sur-le-champ dans la Résistance, dès son retour des camps, c'est qu'elle n'a pas encore pris forme. Il faut d'abord la trouver, et ce n'est pas facile. Quand il atterrit en zone libre, c'est le moment où, un an et demi après l'appel de Charles de Gaulle, l'« armée des ombres », comme on l'appellera, commence juste à se lever, en France. En état de dissidence intellectuelle contre les pouvoirs établis, François Mitterrand épouse tout de suite le parti de De Gaulle : « Le romantisme de la passion, a-t-il écrit, était du côté du général rebelle[1]. » Oui, mais comment continuer la guerre avec l'homme de Londres ? Il cherche...

Mitterrand passe d'abord quelques semaines chez Jean Despat, héros varois de la Résistance, dans sa villa de Saint-Tropez. Et, en mars 1942, il débarque à Vichy pour travailler : un ami de sa mère, le colonel Le Corbeiller, lui a trouvé un emploi. C'est un poste de contractuel avec une solde d'environ 2 100 francs par mois. Le voici entré dans le système. Mais par la petite porte.

1. *Ma part de vérité.*

Faut-il aujourd'hui lui faire grief d'avoir travaillé durant quelques mois pour l'« État français » ? Ce serait injuste. Après tout, des gaullistes de marque surent tirer parti du régime, à ses débuts, et cela ne leur fut jamais reproché : ainsi Maurice Couve de Murville, directeur du Commerce extérieur au ministère des Finances jusqu'au début de 1943. C'est un exemple. Il y en a beaucoup d'autres.

Employé par un service officiel, Mitterrand pourrait collaborer. A le regarder sur les photos d'époque, avec son buste raide, sa lèvre orgueilleuse, son regard sombre, décidé, sa maigreur de loup, on se dit tout de suite qu'une intense ambition doit habiter ce jeune homme. De toute évidence, il veut percer. Mais pas n'importe comment. Il ne cherche pas à gravir les échelons de l'État français ; non : il combat l'occupant avec les moyens du bord.

Maurice Pinot, le commissaire général aux Prisonniers de guerre, est acquis à la Résistance. Alors, il laisse faire. Et ses services constituent une sorte d'organisation subversive qui aide les prisonniers à s'évader d'Allemagne. Les colis que le commissariat envoie dans les camps sont bourrés de renseignements, de cartes d'état-major, d'outillage pour faciliter la tâche des candidats à l'évasion. Spécialité de Mitterrand : les faux papiers. Il est très doué. Il avait fait son apprentissage en captivité en sculptant dans des pommes de terre les caractères des laissez-passer qu'il confectionnait pour lui ou pour ses camarades. Ces fausses cartes d'identité sont le plus souvent camouflées dans les cadres des portraits de Philippe Pétain expédiés aux prisonniers.

Les activités de François Mitterrand ne s'arrêtent pas à ces contrefaçons semi-officielles. Il fournit en état civil quelques mouvements de Résistance et noue contact avec des hommes comme le général Pfister qui, avec d'autres, met sur pied l'Organisation de résistance de l'armée (ORA). Bref, il s'insère dans la Résistance.

Une insertion lente et malaisée. Le jeune homme qui, en ce printemps de 1942, s'en va retrouver son ami François Dalle à Paris, ne sait pas encore comment et où il doit combattre. Ce solitaire redoute sans doute confusément l'action collective et, au surplus, il n'a pas trouvé l'organisation qui lui sied. En marchant avec son camarade de faculté rue du Faubourg-Saint-Honoré, jusqu'au palais de l'Élysée, Mitterrand explique cependant, avec une belle ardeur, pourquoi il faut s'insurger.

François Dalle résume ainsi leur conversation d'alors : « Pour lui, Pétain et Vichy, c'était le passé. Cela n'existait pas. Comme moi, il pensait que, de toute façon, Hitler perdrait la guerre. Intuition obscure ; en 1942 ce n'était bien sûr pas évident. A ce moment-là, plus que jamais, j'eus le sentiment que François se sentait marqué par un destin. Oh ! il ne le confiait pas. Il était bien trop réservé pour cela. Mais il parlait comme quelqu'un qui se voyait diriger ou, en tout cas, influencer la politique. »

Mitterrand rage et enrage à son commissariat général. Il songe à entrer ouvertement dans la Résistance. Le 15 août 1942, il fait le premier pas. Ce jour-là, quelques hommes se réunissent au château de Montmaur, dans les Hautes-Alpes. Tous des prisonniers de guerre, pour la plupart évadés d'Allemagne. Mitterrand est là. Objectif du petit groupe : la mise sur pied d'un Mouvement de résistance des prisonniers de guerre. Pour « retrouver les évadés, organiser pour eux des filières de dépannage, les regrouper en unités de combat afin de les faire participer à toutes les formes de la lutte contre l'ennemi [1] ». Un comité directeur est désigné. Ses membres : Antoine Mauduit, officier de la Légion étrangère, et Maurice Barrois, agent d'assurances qui, quelques mois plus tard, mourront en déportation ; Jacques de Montjoye, industriel lyonnais, Étienne Gagnaire, syndicaliste des métaux et futur député-maire (SFIO puis réformateur) de Villeurbanne ; le docteur Guy Fric qui sera, vingt ans plus tard, député UNR, et enfin François Mitterrand.

Très vite, le mouvement essaime à Clermont-Ferrand, à Valence, à Nice. Bientôt, des bataillons déjà organisés viennent s'agglomérer à cette petite armée qui étend son influence en zone libre. Désertant de plus en plus souvent Vichy pour donner des consignes ou établir de nouveaux

1. François Mitterrand, *Les Prisonniers de guerre devant la politique.*

contacts, Mitterrand est maintenant engagé dans une stratégie qui, à la première occasion, le conduira à rompre avec le système.

Et l'occasion, la voilà. C'est l'occupation de la zone libre, le 11 novembre 1942. Aussitôt après la reprise en main allemande, Maurice Pinot est limogé et remplacé par un « collaborateur », André Masson. Mitterrand démissionne. Avec quelques amis, il met au jour un Centre d'entraide aux prisonniers dont il occupe la vice-présidence. Une association que le gouvernement tolère et d'où va sortir, quelques mois plus tard, le Mouvement national des prisonniers de guerre et déportés, son réseau.

Ce 11 novembre-là, Mitterrand s'est jeté, tête baissée, dans la Résistance. Mais parce qu'il a tardé pour cela, des doutes se sont levés, depuis, sur son comportement sous Vichy. Que lui reproche-t-on, donc ?

On a d'abord critiqué son attentisme durant les quelques mois passés au commissariat général aux Prisonniers. De tous les procès qui lui ont été intentés sur son attitude pendant l'Occupation, c'est l'un des plus modérés. Or, jusqu'à preuve du contraire, il est contredit par les faits : il soufflait sur le commissariat l'esprit de la Résistance et il n'épargna point, on l'a vu, François Mitterrand, tout prédisposé à la révolte après ses dix-huit mois de stalag.

Autre grief, plus sérieux celui-là : Mitterrand aurait été vaguement séduit par les thèses de la Révolution nationale. Tous ses amis de l'Occupation, de Patrice Pelat à Georges Beauchamp, disent le contraire. Mais un homme comme Eugène Claudius-Petit, par exemple, soutient qu'il n'était pas résolument antivichyste ; pis : qu'il défendait volontiers certains aspects, et non les plus ragoûtants, de l'État français.

Fin 1942, Claudius, personnage sombre et entier, rencontra longuement François Mitterrand à Lyon, sur les quais du Rhône, pour le compte des Mouvements unis de la Résistance (MUR), en cours de constitution. Ce ne fut pas un coup de foudre. Il se souvient avoir entendu Mitterrand lui dire : « Les lois sur le corporatisme sont tout à fait intéressantes. Elles sont à l'avantage du nouveau régime. »

Il assure s'être alors exclamé : « Vous ne voyez pas que c'est ça le fascisme ! »

L'anecdote, peut-être exacte, n'est pas concluante : après tout, Mitterrand pouvait suspecter Eugène Claudius-Petit d'être un agent provocateur. Ce qui est sûr, en tout cas, c'est que Claude Bourdet, l'un des chefs de file du mouvement « Combat », envoyé quelques semaines plus tard par les mêmes MUR à une réunion du Centre d'entraide de Mitterrand, remit à son organisation un rapport très favorable : « l'orientation générale était bonne », dit-il. Ce qui est sûr aussi, c'est qu'Emmanuel d'Astier de La Vigerie, qui rencontra Mitterrand à la même époque, le trouva, au dire même de Claudius, bien orienté.

Il est possible que Mitterrand ait trouvé quelques mérites à l'État français. Ce serait la marque d'un esprit ambivalent qui a toujours tendance à accorder des vertus à ses adversaires — en privé, du moins. Mais de là à faire de Mitterrand un « collaborateur »... Beaucoup l'ont fait, pourtant : la légende d'un Mitterrand jouant sur les deux tableaux (apportant chichement sa participation à la Résistance et quêtant misérablement ses décorations à Vichy) a la vie dure. D'autant plus qu'il n'a jamais cru nécessaire d'élucider — c'eût pourtant été facile et sans risque — les obscurités qui pèsent sur sa conduite sous Vichy.

D'abord, il est un mystère sur lequel il faut faire la lumière : l'article d'un style quelque peu démodé qu'il publia dans la revue *France*[1], publication officielle qui ouvrait, en ce mois de décembre-là, sur « un ordre du jour adressé aux armées de terre, de mer et de l'air » du maréchal Pétain. Mitterrand ne se contente pas seulement de laisser son nom figurer en compagnie de celui de Pétain, il développe aussi quelques thèmes chers à la Révolution nationale.

Mais faut-il lui jeter l'anathème parce que, comme le Maréchal, Mitterrand condamnait la IIIe République ? De

1. Numéro de décembre 1941.

Gaulle, après tout, la vilipendait aussi. Ce que Mitterrand écrit alors, en fait, c'est l'opinion moyenne d'une génération qui venait de connaître la défaite et les humiliations. Des méditations qu'il laisse courir en contemplant les paysages de Thuringe, on retient avant tout une amertume et un désarroi :

« La France, en nourrissant l'Europe de ses ambitions fraternelles, en imposant son ardeur guerrière, en répandant son sang hors de ses frontières et pour d'impossibles frontières s'était épuisée ; et je pensais que nous, les héritiers de cent cinquante années d'erreurs, nous n'étions guère responsables. J'en voulais à cette histoire triomphale et qui précédait imparablement cette marche lente d'une génération dans des wagons à bestiaux. Je discernai la logique des événements et me demandai s'il était juste que notre misère fût le paiement de gloires mal comprises, ou plus exactement s'il était juste que notre déchéance nous fût imputée parce que, si nous avions abandonné nos armes, tout le reste nous avait été antérieurement soustrait. Je songeai au jugement qui condamnera notre débâcle ; on incriminera le régime affaissé, les hommes nuls, les institutions vidées de substance et l'on aura raison. Condamnera-t-on les erreurs glorieuses ? Je voyais dans cette rencontre de la splendeur et de la misère françaises, au cœur de l'Allemagne, les deux boucles d'un même cycle et qui devaient fatalement se rejoindre. »

La forme est obscure, la pensée anodine. Mais il est impossible de déceler dans ces lignes une quelconque adhésion aux idées de Vichy. Dans un autre texte qu'il a rédigé à la même époque, Mitterrand manifeste ce goût du terroir que cultive alors l'État français.

Ainsi, racontant son retour en France après son évasion, il écrit :

« Des oiseaux voletaient, filaient au ras du sol et se posaient, tête dressée ; un chien, mufle haletant, pistait d'un bord à l'autre de la route des traces incertaines. Les champs s'étalaient, gras et vides, mûrissant sous les haleines de l'hiver des naissances secrètes. Des villages blancs et gris séparaient les chemins et les hommes, nonchalamment, sciaient leur bois devant les portes, s'interpellaient en quête des nouvelles de la nuit, poussaient en douceur sur les pédales des bicyclettes.

» Je n'étais pas fâché de la retrouver ainsi, ma France presque oubliée. J'avais imaginé je ne sais quels orages et jusqu'à la teinte des nuages changée. Mais les fumées, les toits, les croisées, mais les terres quadrillées, les haies rectangulaires et les horizons purs, mais les hommes incurieux et froids, c'étaient bien ceux que j'avais quittés. »

Et pour préciser sa dévotion à la terre de France, leitmotiv de la théologie vichyssoise, Mitterrand poursuit :

« Voici que je retournais dans mon clos exigu, parmi les hommes simples et bruts. Mais les barrières n'étaient plus là où je les avais crues. Les coteaux ondulés de mon pays natal ne bornaient plus mon univers. Loin d'eux, j'avais appris à déceler les richesses enserrées dans leurs lignes précises... Cette facilité conquise après tant d'errements me fournissait la dernière preuve : je devenais un homme libre sitôt ma liberté remise à la réalité charnelle de mon sol. »

Il est vrai que l'on retrouve ici, sur un ton de dissertation, quelques mots clés de l'idéologie de la Révolution nationale. Voyez son clos. Il est « exigu ». Quant à son sol, il a une « réalité charnelle ». On ne peut manquer de relever avec perplexité la phraséologie de Mitterrand. Une phraséologie qui relève du nationalisme ambiant, à la fois mystique et enraciné.

Mais il est inutile d'aller plus loin. Car enfin, rien dans cette laborieuse élégie à la nature ne dévoile une inclination au fascisme. L'esprit est plus proche de Barrès que de Drieu La Rochelle. Mitterrand, en somme, se contente simplement de chanter à sa façon les valeurs de la terre qu'à ce moment-là, justement, la France de Pétain célébrait aussi. Coïncidence qui serait choquante s'il venait de découvrir les vertus du terroir. Or, depuis sa plus petite enfance, c'est à la campagne, dans les champs et dans les bois, qu'il a cherché à apaiser sa faim d'absolu. Cette religion de la nature, il la pratiquera d'ailleurs encore un quart de siècle plus tard.

Ici, Mitterrand a levé le voile sur un de ses traits les plus forts : cette passion de la terre qui l'habite et que complète un panthéisme latent : « Désormais, écrit-il dans ce texte, j'allais pouvoir mêler mon souffle en une cadence égale à la toute-puissance des souffles originels. » Il ajoute : « Par une pente naturelle, je commençais à rêver à cette splendeur où, sans effort ni transfiguration, la condition humaine allait de pair avec le Dieu caché des choses. » Et voilà que tout s'éclaire : ses descriptions onctueuses et bucoliques que n'eût pas désavouées un Henry Bordeaux, romancier officiel de Vichy, c'était pour en venir, enfin, à cette profession de foi panthéiste. Une profession de foi dans laquelle il serait vain de chercher un emprunt au catéchisme de Vichy : elle prend racine dans le particulier — le terroir — mais s'échappe aussitôt dans l'universel ; elle peut conduire partout. Sauf au nationalisme étriqué de Pétain.

Après cela, dans le procès qui lui est intenté à cause de son attitude sous Vichy, Mitterrand n'est pas encore, loin de là, lavé de tout soupçon. Pourquoi ? Parce qu'il y a la Francisque. Une petite décoration dont il se serait bien passé et qu'il traîne aujourd'hui comme une croix. C'est la pièce à charge de tous ses procureurs.

A première vue, l'affaire est troublante. Pour recevoir cette décoration, deux conditions sont requises : d'abord, « avant la guerre, avoir pratiqué une action nationale et sociale conforme aux principes de la Révolution nationale » ; ensuite, « manifester depuis la guerre un attachement vif à l'œuvre et à la personne du Maréchal ». François Mitterrand les aurait donc remplies puisque deux hommes de Vichy se sont portés garants de lui.

L'un, Simon Arbellot, est limousin et connaît une partie de sa famille. L'autre, Gabriel Jeantet (« un rêveur maurrassien », dit Mitterrand) avait été lié à l'un de ses beaux-frères, officier de carrière dans la cavalerie au Sahara. Il anime des mouvements de jeunesse. A Vichy, il rencontre François deux ou trois fois. Un jour, au détour d'une phrase, il se propose de lui faire décerner la Francisque. Mitterrand ne dit pas non :

« Pour des gens comme moi, engagés de l'autre côté,

c'était une couverture merveilleuse, qui complétait celle du Centre d'entraide. Nous avons tous dit : “ La Francisque, mais oui. ”[1] »

En ne refusant pas explicitement la Francisque, Mitterrand n'a fait qu'obéir aux consignes de la France libre. Au printemps de 1943, Jean Pierre-Bloch, l'un des adjoints du colonel Passy au BCRA (Bureau central de renseignements et d'action), les services secrets de Londres, avait demandé aux hommes de la Résistance intérieure avec lesquels il était en liaison, d'accepter les décorations que Vichy distribuait, alors, abondamment, pour amadouer les mauvaises têtes. « Rejeter une décoration, dit Pierre-Bloch, c'était se faire repérer. » Ses instructions étaient simples : « Ne vous démasquez pas, soyez complices, jouez le jeu. »

A l'automne de 1943, Mitterrand a donc reçu la Francisque n° 2202. « Sans avoir rien fait pour », comme dit le colonel Passy[2]. En le décorant avec les autres responsables du Centre d'entraide, l'État français montrait ainsi l'intérêt qu'il portait aux prisonniers. Mais la distinction arrivait trop tard : au moment où elle lui fut accordée, François était déjà entré dans la clandestinité, et il se trouvait à Londres. Ironie du sort : la Francisque qui devait le « couvrir » et qui, plus tard, lui sera tant reprochée, ne lui rendra même pas service.

Bien au contraire, quelques années plus tard, ce sera l'arme privilégiée de ses censeurs pour le taxer d'infamie. Tout au long de sa carrière, François Mitterrand sera pris à partie avec cette Francisque. Quand il est nommé secrétaire d'État à l'Information, *L'Humanité-Dimanche,* hebdomadaire du parti communiste, écrit, le 14 novembre 1948 : « Ce sous-ministre fut l'un des premiers vichystes de France, ce qui lui valut de figurer sur les listes des dignitaires de la Francisque. » Le 27 novembre 1958, la SFIO embraye : « De la Francisque à l'extrême gauche, buvant le calice jusqu'à la lie, “ Mitterrand le déloyal ” va au

1. Interview à Roger Priouret dans *L'Expansion,* juillet-août 1972.
2. Entretien avec l'auteur, 22 janvier 1974.

comble de l'abjection. La légende est détruite, mais cet homme reste dangereux[1]. »

Voilà pour la gauche qui a, depuis, rengainé ses apostrophes. Mais la droite n'a, elle, jamais cessé de relancer la controverse. A l'Assemblée nationale, le 3 décembre 1954, Raymond Dronne, député gaulliste de la Sarthe, n'hésitait pas à tancer ainsi Mitterrand, ministre de l'Intérieur de Mendès France :

« Le grand républicain que vous prétendez être a un passé trop fluctuant pour pouvoir inspirer ce sentiment qui ne se commande pas, qui est en quelque sorte un élan instinctif et qui s'appelle la confiance. Je ne vous reproche pas d'avoir arboré successivement la fleur de lys et la Francisque d'honneur. »

Mitterrand : « Tout cela est faux ! »

Dronne : « Tout cela est vrai et vous le savez bien (mouvements divers). Je constate vos variations toujours habilement réalisées. Vous avez toujours su orienter votre voile pour profiter des vents dominants. Je suis convaincu que vous vous intéressez beaucoup moins à la France qu'à la carrière de monsieur Mitterrand. »

Qu'importent les faits : périodiquement, la calomnie resurgit. En 1972, des parlementaires UDR qui ont appartenu à la France libre vont jusqu'à publier ce petit communiqué : François Mitterrand fut, selon eux, « associé pendant la période d'occupation nazie à l'action du gouvernement de Vichy. Honoré au point de recevoir la Francisque d'honneur, hochet suprême accordé en reconnaissance de ses services éminents, il lui sera toujours dénié par les Français libres le droit de porter la moindre appréciation sur eux ». Ces élus gaullistes avaient sans doute oublié le brevet de Résistance que le Général a donné à Mitterrand dans ses *Mémoires de guerre* (« Les rapports qui nous sont faits par nos chargés de mission allant et venant entre Alger et la métropole : Guillain de Bénouville, Bourgès-Maunoury [...], Gaston Defferre,

1. *Le Progrès social du Centre,* organe de la fédération socialiste de la Nièvre qui, aux législatives de 1958, faisait campagne pour le docteur Benoist, futur député-maire socialiste de Nevers, contre François Mitterrand.

Émile Laffon, François Mitterrand, mon neveu Michel Cailliau, etc., nous tiennent à mesure au courant. »)

François Mitterrand répugne à faire état de cette citation. Devant les attaques sur sa prétendue collaboration, il est toujours silencieux. Pas impassible : les attaques personnelles laissent toujours sur lui des plaies cuisantes. Mais à quoi bon répondre ? se dit-il. S'il se hasardait à remettre les choses au point, il risquerait de nourrir une polémique qui n'a pas besoin de lui pour se perpétuer. Il estime aussi, à bon droit, qu'il n'a pas de comptes à rendre à ses détracteurs. Son passé ne serait pas sans tache ? Qu'ils le prouvent.

Ce mutisme un peu hautain, Pierre Guillain de Bénouville, son camarade de classe puis de Résistance, avant de devenir député UDR, l'explique ainsi : « François Mitterrand a été un des grands résistants français. Mais l'histoire a été injuste avec lui. N'importe ! Il a toujours su mesurer l'importance des choses. Il n'a pas confondu cette injustice avec la peine qu'il en avait. Alors, il n'a pas cherché à prouver ou à réfuter. Il a laissé dire. »

Quoi qu'il en soit, le récit de l'épopée de Morland — son nom de Résistance —, dans laquelle éclate un refus de la fatalité nazie et une volonté d'héroïsme, restitue à Mitterrand la petite part de légende à laquelle il a droit, comme des milliers d'autres, et qui lui a été confisquée. Au long de ses aventures, c'est une nouvelle dimension du personnage qui apparaît : cabré contre le nazisme, le Mitterrand de la Résistance a cherché à satisfaire son goût de l'absolu dans le combat collectif ; ce solitaire a découvert la fraternité ; cet esthète est presque devenu un militant.

Émile, Lucien, François Mitterrand; mon neveu Michel Caillou, etc., dans [illegible] à chacune ses opinions, etc.

François Mitterrand répugne à se défendre de cette dis- tion. Devant les attaques sur sa [illegible] collaboration, il [illegible] toujours silencieux. Pas impressionné [illegible] les attaques [illegible] sonnelles [illegible] plus [illegible] Mais [illegible] pourquoi ? Se dit-il. S'il se [illegible] les causes au point [illegible] de montrer [illegible] qu'il a [illegible] de la [illegible] à son attente [illegible] de [illegible] des [illegible] son passé ne serait pas [illegible] ? On ne [illegible].

[illegible] Pierre Guillain de Bénouville, son camarade de [illegible] Résistance [illegible] rand a été l'un des grands résistants français [illegible] a été [illegible] avec lui. N'importe [illegible] l'importance des choses [illegible] confondu [illegible] [illegible] qu'il en avait [illegible] prouver ou à réfuter [illegible] fausse idée.

C'est [illegible] à propos de Mitterrand [illegible] la Résistance [illegible] une volonté [illegible] de la petite part [illegible] et à [illegible] des [illegible] d'autres [illegible] ses aventures, c'est une [illegible] qui apparaît [illegible] comme [illegible] Résistance [illegible] le soin [illegible] solitaire [illegible] qui [illegible] est presque [illegible] un [illegible]

6. Morland

Le 10 juillet 1943, Pierre Laval, président du Conseil, et André Masson, commissaire général aux Prisonniers de guerre, ont organisé un grand meeting, salle Wagram. Les mouvements de prisonniers ont été convoqués. Et les participants triés sur le volet. Pas très bien, il est vrai... François Mitterrand s'est glissé dans l'assistance avec l'invitation d'un de ses amis et, tout de suite, il hume dans l'assistance un relent de contestation.

L'air est lourd. Dans les rues avoisinantes, la police casquée fait les cent pas. Les gros bras du Service d'ordre prisonniers surveillent la salle qui — sait-on jamais — a été divisée militairement en secteurs. Sur l'estrade, autour de Masson, trônent quelques princes de l'État français comme Pierre Cathala, ministre des Finances, et Max Bonnefous, ministre de l'Agriculture.

Au début de la matinée, pas d'incidents. Soudain, à onze heures, alors que Masson vient de stigmatiser « la trahison de De Gaulle et la félonie de Giraud », un homme se lève et proteste : « La France n'est pas derrière vous ! Qui représentez-vous ? Personne ! Vous n'avez pas le droit de parler en notre nom ! » Ce perturbateur, c'est François Mitterrand.

Après un moment de confusion, il poursuit sa harangue : « Nous n'acceptons pas le honteux marché que vous appelez la relève et qui se sert de nos camarades restés là-bas comme d'un moyen de chantage pour justifier la déportation des Français. Le retour d'un prisonnier en échange du départ de trois ouvriers français, quelle dérision ! » Masson, hors de lui, se saisit du micro et crie qu'il fera convoquer son contradicteur par « le maréchal Pétain et le président Laval ». Rires de la salle. Et alors que la police s'approche de sa place, Mitterrand profite de la cohue pour prendre la tangente.

Le 12 janvier 1944, Maurice Schumann, porte-parole de la France combattante, rapportera ainsi l'événement au micro de la BBC : « L'immense majorité des trois mille Français prit fait et cause pour le vaillant patriote contre le ministre de l'anti-France [...]. L'esprit dont était animé ce garçon qui — en plein cœur de Paris — lança ce défi public à la trahison, c'est le véritable esprit prisonnier. Je veux dire que c'est l'une des formes essentielles de l'esprit combattant. »

Des bravades périlleuses comme celle-ci, la Résistance de François Mitterrand en est jalonnée. Pour éclairer l'intrépidité dont il fait preuve pendant l'Occupation, on peut évidemment avancer toutes sortes d'explications. Il en est, d'abord, une, sentimentale. Si elle n'est pas déterminante, il ne faut pas la négliger.

Voici les faits. Avant de partir au service militaire, François avait fait la connaissance de Marie-Louise Terrasse. Une jeune fille très belle et très rieuse. Elle allait s'appeler Catherine Langeais et devenir l'une des têtes d'affiche de la télévision française. Marie-Louise suivait alors des cours au lycée Fénelon et habitait à quelques pas de la « Réunion des étudiants », rue de Vaugirard, où séjournait François. Il y eut entre eux quelques mois d'amour fou, ils se fiancèrent, et ce fut la guerre. Il était prisonnier. Les mois passaient. En attendant son retour, elle écrivait des contes assez bien tournés, paraît-il. Et elle parlait de lui, avec passion. Un résistant qu'elle rencontra alors se souvient l'avoir entendue parler ainsi de Mitterrand : « Mon fiancé [...] est un être exceptionnel. Il exige de moi autant que de lui. Il n'est pas religieux, il est mystique. Le sens qu'il a de Dieu, de la mission de chacun d'entre nous, le met hors du commun. Il s'évadera parce que rien ne pourra jamais le tenir loin de moi, de l'action, du devenir[1]. »

Tout le monde n'a pas la patience de Pénélope. En 1941, Marie-Louise finit par ne plus attendre François. Elle décida de vivre sa vie. Alors, des stalags où il se morfondait, Mitterrand envoya de belles lettres chevaleresques. Pour dire qu'elle avait « raison », pour dire qu'il « comprenait ».

Il n'empêche que François Mitterrand revint des camps meurtri et abattu. Sa plaie mit, semble-t-il, longtemps à cicatriser. Analyse de la plupart de ses proches : « Si François a joué si souvent sa vie et avec tant de témérité, c'est sans doute parce qu'il s'imaginait qu'il n'avait plus rien à perdre. » Après tout, pourquoi pas ? Il y a des précédents...

Mais voilà : François Mitterrand n'a pas atterri dans la Résistance comme un guérillero suicidaire pour qui la vie n'a plus de goût. Et quand son cœur s'enflamme une nouvelle fois, il ne renonce pas à son engagement. Après s'être épris, un jour d'avril 1944, d'une lycéenne qui s'appelait Danielle Gouze — et qui deviendra sa femme —, il continue à se battre avec la même audace.

Un de ses compagnons de Résistance, l'éditeur Robert Antelme, parle de son « fabuleux self-control ». La romancière Marguerite Duras, qui prêta la main au réseau de Mitterrand, dit, elle : « François était comme insoucieux. Avec parfois une pointe d'inconscience. »

Insouciance ? Inconscience ? Chez Mitterrand, l'étourderie est le plus souvent un faux-semblant. Ses fantaisies, ses retards, ses oublis, il les fera toujours mettre au compte de son inattention. Elle a bon dos. Car était-il imprévoyant ou ne cherchait-il pas plutôt à taquiner le destin quand, à son retour de Londres, en mars 1944, il laissait partout sur son chemin des indices qui montraient qu'il rentrait de Grande-Bretagne ? Provoquer est comme une nécessité pour cet homme qui aime le défi.

Deux témoignages édifiants. Celui de Pierre Guillain de Bénouville d'abord : « A Londres, il s'était fait faire un costume bleu ciel. Et quand je l'ai retrouvé à Paris, du côté

1. Pierre Ordioni, *Tout commence à Alger*, Stock.

de la Montagne Sainte-Geneviève, il se promenait avec. Le meilleur moyen de se faire repérer ! »

Le témoignage de Marguerite Duras : « Nous nous étions réunis à quelques amis. Il y avait là François Mitterrand que je connaissais à peine. Soudain, je sens une odeur de tabac blond. Je m'approche de lui : “ Mais c'est une cigarette anglaise ! ” Il l'a immédiatement jetée dans le feu de la cheminée, et m'a soufflé à l'oreille : “ Ne le dites jamais ! ” »

François Mitterrand n'est pas tête en l'air. C'est l'une des constantes du personnage que de chercher à savoir, en toute circonstance, si la chance l'aime toujours. Il courait des dangers ? Oui, et il en rajoutait. On peut parier sans crainte que, durant l'Occupation, le côtoiement de la mort, loin de l'effrayer, lui convenait assez. Aujourd'hui, Mitterrand a appris la prudence. Mais si les temps sont moins aventureux, il n'a pas changé. Pas fondamentalement. Il est resté joueur. Il s'arrange toujours pour laisser une marge de risque jusque dans les petites choses de la vie. Par exemple, il part généralement au tout dernier moment attraper ses trains ou ses avions. Une petite façon de continuer à interroger le sort...

Mitterrand, qui a trouvé, avec la Résistance, un répertoire à sa mesure, n'entend pas en être un figurant. Il s'appelle maintenant Morland — c'est le nom d'une station de métro — et il recrute d'anciens prisonniers et déportés. Son réseau, son influence s'étendent. Et bientôt, tout naturellement, les chefs officiels de la Résistance (d'Astier de La Vigerie, Frenay) nouent contact avec lui. Pour prodiguer à son mouvement des consignes, des subsides. Il leur plaît.

Jacques Baumel, secrétaire des Mouvements unis de la Résistance (MUR), fait sa connaissance en janvier 1943 à Lyon, sur les quais de Saône. Il le résume en deux mots : « ténébreux, mais efficace ». La silhouette de Mitterrand est en effet, comme le dit Philippe Dechartre qui deviendra en 1944 un des piliers de son réseau, « furieusement romantique ». En hiver, Morland est ceint d'un immense manteau noir, son cou est lobé dans un grand foulard en poil de chameau, et sa tête couverte d'un chapeau ou bien d'un vaste béret basque. Il a déjà le sens de la mise en scène, comme Chateaubriand, son maître d'écriture. Une mise en scène périlleuse.

Il est clair que Mitterrand se régale d'action et d'aventure. Il lui plaît de sentir le vent du boulet l'effleurer et de se colleter à chaque coin de rue avec la Fortune. Le goût du jeu... Or, comme le dit Robert Mitterrand, son frère aîné, « François a la baraka ». Morland passe, miraculeusement, à travers tous les pièges. De quoi donner, plus tard, confiance en soi. Il faut citer, à ce sujet, deux anecdotes significatives.

Un jour, en 1942, il franchit la ligne de démarcation. Avec de faux papiers, comme d'habitude. C'est à Moulins, à la gare de la Madeleine. Le garde de service feuillette consciencieusement le registre qui comprend la liste des hommes à appréhender sur-le-champ s'ils se hasardaient à passer la frontière entre la zone Sud et la zone Nord, terre d'occupation. Mitterrand, sur le qui-vive, le regarde tourner les pages. Soudain il aperçoit sa photo. Que faire ? Il choisit d'attendre. C'était la meilleure solution. L'homme n'a rien remarqué : « Vous pouvez passer. »

Quelques mois plus tard, à la gare Montparnasse, en descendant du train qui le ramenait d'Angers, il est arrêté : « Contrôle économique ! Ouvrez votre valise ! » Il s'exécute. Dans son bagage, il y a un imperméable et, dessous, un revolver, une fiole d'alcool et une petite boîte avec une boule de cyanure (pour le cas où). Un instant, Mitterrand hésite. Il a le temps de prendre l'arme, de tirer. Il peut aussi courir tout de suite et se fondre dans la foule. Mais dès qu'il voit le contenu de la valise, l'inspecteur du contrôle économique lui glisse à l'oreille : « Allez, ça va, vous pouvez partir. Moi, je ne m'occupe que de la répression du marché noir. »

On pourrait multiplier les exemples comme ceux-ci. Mais à quoi bon ? Ils montrent tous, avec plus ou moins d'éclat, que Mitterrand avait de la chance et que, comme tant d'autres résistants, il se sortait toujours des situations les plus difficiles. Mais tout le monde, autour de lui, n'avait pas sa bonne veine. Dix-sept hommes de son équipe de direction et encore plus de militants ont disparu, sous l'Occupation. Pas mal d'amis aussi : Antoine Mauduit est mort au camp de Bergen-Belsen et Marcel Barrois dans le convoi qui l'emmenait à Dachau. Mitterrand, lui, n'était jamais là où le cherchait la Gestapo...

Fut-il un bon organisateur ? Il est sûr que sa désinvolture, feinte ou non devant le danger, était compensée par son habileté. Mitterrand apparaît, dès ce moment, comme un stratège qui sait bâtir un appareil. Son réseau, que l'on appelle alors le « groupe Pine-Mitte » (Maurice Pinot y joue un rôle non négligeable), commence à prendre une place de plus en plus importante dans la Résistance. Il essaime partout en France, retrouve les évadés, organise pour eux des filières de dépannage et les rassemble aussi en unités de combat pour le compte de la France combattante. Les informations qu'il apporte, dès 1943, à la direction de la Résistance, sont de premier ordre. Pierre Guillain de Bénouville, un des hommes clés du mouvement « Combat » en témoigne :

« François Mitterrand avait réussi à mettre sur pied un véritable réseau de renseignements dans les camps, en Allemagne. Grâce aux prisonniers de guerre, nous avons pu prendre connaissance d'informations, parfois décisives, sur ce qui se passait derrière les frontières. » Philippe Dechartre prétend même que le Mouvement des prisonniers avait signalé, « début 1944, l'existence des camps de concentration d'Auschwitz et de Buchenwald ».

Peut-être. Une chose est sûre, en tout cas : très vite, la France libre et les services alliés de renseignements entretiennent des relations suivies avec le « groupe Pine-Mitte ». Le Mouvement des prisonniers a même un délégué à Genève, chargé d'étancher la soif de nouvelles, jamais assouvie, d'Allan Dulles, officiellement conseiller à l'ambassade des États-Unis en Suisse, en fait chef de l'OSS (Office of Strategic Services), les services secrets américains en Europe. Ce délégué, c'est André Bettencourt.

Ce n'est pas un hasard si le choix de Mitterrand s'est porté, en accord avec le Conseil national de la Résistance, sur André Bettencourt. Ce n'est pas un hasard non plus si Georges Beauchamp est chargé par lui de lutter contre le STO (Service du travail obligatoire), c'est-à-dire la déportation des jeunes travailleurs vers les usines du IIIe Reich. Une tâche importante.

Un de ses compagnons de Résistance, Pierre Bugeaud, communiste, dit assez sévèrement : « François avait tendance à donner des responsabilités aux gens en fonction de leur fidélité à son égard, plutôt que de leurs capacités propres. » C'est qu'un des traits dominants de l'homme politique Mitterrand est de toujours préférer travailler avec des amis. Et les amitiés, il les accumule. A chaque étape de sa vie, s'agglutinent des fidélités qui le suivent, ensuite, tout au long de sa carrière. Il y a les copains de faculté (Georges Dayan, François Dalle, André Bettencourt), les confidents de stalag (Patrice Pelat), les camarades de Résistance (Georges Beauchamp, Pierre Merli, Étienne Gagnaire, etc.), les compagnons de l'UDSR (Louis Mermaz, Roland Dumas, etc.), les amis de la Convention des institutions républicaines (Charles Hernu, Claude Estier, Georges Fillioud, François de Grossouvre, etc.). Des années plus tard, ils sont toujours là, presque tous, fidèles au poste. Comme tous les anxieux, Mitterrand a besoin de fidélité. Un besoin pathologique. Il est même prêt à s'accommoder de médiocres, pourvu qu'ils lui soient fidèles. Bref, il a l'esprit de clan. Un esprit qu'il lui arrive de transgresser. Déjà, à la tête du PS, il avait souvent tendance à placer ses anciens équipiers de la Convention des institutions républicaines aux postes de commande. Sous la IVe République, il trouvait avantage à dominer seul, avec sa petite « bande », un groupuscule hybride, l'UDSR, plutôt que d'aller se risquer dans un parti de masse. Sous l'Occupation, même chose. Il répugnait à quitter son nid pour s'associer avec d'autres.

Au printemps de 1943, le capitaine Henri Frenay, l'une des grandes figures de la Résistance, organisateur de l'Armée secrète et chef d'action militaire dans la zone Sud, lui demande de fondre son Mouvement dans celui que dirige Michel Cailliau, dit « Charette », neveu du général de Gaulle. Réponse de Mitterrand, tranchante : « Non. » C'est son premier refus aux chefs de la Résistance. Il va le conduire loin, à Londres, puis à Alger, jusqu'à de Gaulle.

7. La rencontre

Une nuit de novembre 1943, près d'Angers, François Mitterrand s'envole dans un petit Lysander qu'il a attendu longtemps dans la boue, sous la pluie. Il part pour Londres où il compte s'expliquer et faire reconnaître son réseau par les patrons de la Résistance. Une affaire de quinze jours, s'est-il dit.

Il lui faut vite déchanter. Le voici qui est convoqué au QG de la France libre où un fonctionnaire un peu bourru lui dit : « Bon, vous aurez un grade de capitaine et une solde mais, avant, il faut que vous me signiez ça. » Mitterrand demande à quoi on veut le faire adhérer : « Eh bien, à la France libre », lui répond l'autre.

Morland, qui vient de France où l'on se bat et où l'on meurt, juge qu'il n'y a pas lieu d'adhérer à un mouvement siégeant à Londres pour avoir le droit de faire partie de la Résistance. Et il le dit. S'il refuse de signer le papier qu'on lui tend, ce n'est pas parce qu'il répugne, comme à la fac, autrefois, à inscrire son nom sur le registre d'une organisation ; c'est parce qu'il rejette la « bureaucratie ». « Or d'une certaine manière, dit-il, ce goût de la paperasse me rappelait Vichy. »

Comme il refuse d'adhérer à la France libre, celle-ci se venge. Il est logé dans une petite pièce sans fenêtre. Il n'a pas d'habits de rechange et, bien sûr, pas un sou. Quelques jours plus tard, Mitterrand finira par entendre raison. Aussitôt, il sera installé dans une chambre avec trois officiers de l'ORA, l'Organisation de résistance de l'armée.

A Londres, il n'a vu qu'un reflet de ce qui a pour nom la

France libre et dont le centre de gravité se trouve maintenant à Alger. Morland doit y aller s'il veut être reconnu : c'est à Alger, où de Gaulle dévore Giraud tranche par tranche, qu'il faut se faire adouber.

Et le voilà qui s'envole de Bristol dans un avion anglais pour aller chercher les sacrements dans la capitale de la France libre.

Là, pendant quelques jours, il va plaider sa cause auprès de ses pairs. Il rencontre d'abord Henri Frenay. Le créateur du premier mouvement de Résistance en France tracera, une trentaine d'années plus tard, ce portrait acidulé de Mitterrand :

« Un homme intelligent et cultivé. Mince, élégamment vêtu, l'œil vif, son sourire m'inquiète car il me rappelle celui de D'Astier [...] Malgré son caractère secret, il ne m'avait pas été difficile de déceler sa froide ambition, mais je n'avais pas discerné son habileté manœuvrière dont sa carrière politique donnera par la suite de remarquables exemples[1]. »

Cette silhouette n'est pas tout à fait celle que Frenay avait en face de lui, ce mois de décembre-là. Il l'a ébauchée après une brouille tardive et cela se sent un peu. A cette époque, entre Mitterrand et le chef du mouvement « Combat », le courant passe. A Frenay qui lui demande de fusionner avec le mouvement de Michel Cailliau, Morland dit maintenant qu'il est d'accord sur le principe d'une union. Pas à n'importe quelle condition.

Mais Michel Cailliau a déjà mis en place son artillerie. Dans une lettre adressée au général de Gaulle, son oncle, et signée Chambre, l'un de ses pseudonymes (avec Charette), il est parti à l'attaque. Jean Pierre-Bloch, un des chefs du BCRA qui l'a lue avant de la transmettre à de Gaulle, en donne le ton :

« Après avoir analysé la situation du Mouvement prisonnier, affirmant que Mitterrand ne représentait rien et que lui représentait tout, il affirmait un peu plus loin que pour Mitterrand, *alias* Morland, il fallait donner l'ordre de le garder en Afrique ou en Angleterre dans un bon régiment

1. Henri Frenay, *La nuit finira,* Robert Laffont, p. 281 et 400.

par mesure de sécurité, pour qu'il ne s'occupe plus de problèmes de prisonniers[1]. »

Témoin difficile à récuser — sa position clé au BCRA le mettait en mesure de juger de l'exactitude des propos de Cailliau —, Pierre-Bloch conclut que cette missive n'était qu'un « tissu de racontars et de mensonges ». Comment le neveu du général de Gaulle en est-il arrivé là ? Un homme qui l'a rencontré au stalag II B et qui a fondé ensuite avec lui son réseau de prisonniers, éclaire son comportement lorsqu'il dit de Cailliau-Charette : « C'était un militaire jacobin et mystique » (Philippe Dechartre).

Michel Cailliau est en effet un de ces visionnaires péremptoires que la Résistance a mis au jour. Le rapport inédit intitulé *Essai de prise de conscience objective de l'opinion française sans préjudice d'opinion personnelle,* qu'il a adressé à la France libre, le 1er février 1944, lève le voile sur son état d'esprit. Pour lui, la propagande vichyssoise a réussi à dégoûter le pays des juifs et des francs-maçons. Que veut la France ? Pour Michel Cailliau, c'est simple :

a) L'éloignement de Marty, Pierre Cot, Thorez, Mendès France ;

b) La mise au second plan de tous les juifs, francs-maçons, comme des anciens généraux et des anciens politiciens de gauche ou de droite responsables de la défaite ;

c) L'épuration de tous les collaborateurs et vichystes, et le passage à la guillotine de quelques grands coupables, sans obéir pour cela au communisme ou au Front populaire et sans unilatéralisme dans le nettoyage ;

d) Un régime nouveau qui condamne le genre de débat de la Chambre des députés et le système des commissions et sous-commissions à l'infini, où l'exécutif est oublié, etc.

Gardons-nous de mettre la sottise de Cailliau au crédit de François Mitterrand. Car enfin, si Morland est si

1. Jean Pierre-Bloch, *De Gaulle ou le temps des méprises,* La Table ronde, p. 214.

réticent à la fusion, c'est avant tout parce qu'il entend rester le maître — et le seul — de son mouvement; accessoirement parce qu'il répugne à s'associer avec cet « illuminé » de Charette.

Mais le général de Gaulle a le sens de la famille. Le 2 décembre, il convoque François Mitterrand dans sa villa des « Glycines ». Henri Frenay fait les présentations. Le face-à-face va durer trois quarts d'heure. Ce qui s'y est dit vraiment ? Le fil de cet entretien entre les deux hommes qui, dès le premier échange, s'irritèrent réciproquement, c'est bien sûr la fusion des réseaux Cailliau et Morland. Reconstituons-le. Pas littéralement, bien sûr. Mais en confrontant le récit de François Mitterrand aujourd'hui, celui qu'il fit à l'époque à Pierre Bugeaud, son compagnon de Résistance, et plusieurs évocations de Charles de Gaulle, quelques grands traits du dialogue apparaissent :

De Gaulle : « Alors, Mitterrand, il paraît que vous vous déplacez sur des avions britanniques… »

Mitterrand : « Je n'avais pas songé à regarder la marque avant de m'embarquer. »

De Gaulle : « Vous avez fait du bon travail, Mitterrand, mais je veux qu'on mette de l'ordre dans tout ça. Pourquoi un mouvement de prisonniers de guerre, d'ailleurs ? Cela ne signifie rien. Pendant qu'on y est, on pourrait faire aussi des mouvements de Résistance de Bretons, d'épiciers ou de charcutiers, hein ? »

Mitterrand : « La Résistance, c'est toutes les provinces et tous les métiers, toutes les classes sociales et toutes les philosophies. Cette France-là forme à elle seule un front de guerre… »

De Gaulle : « Oui, mais il faut coordonner son action. Il faut au moins, par exemple, unifier les mouvements de prisonniers : les réseaux de M. Charette, du Front national et le vôtre doivent se fondre dans une même organisation. »

Mitterrand : « Dans l'absolu, je ne suis pas contre, mon général, mais il faudra, avant de décider quoi que ce soit, consulter mes camarades qui sont en France. »

De Gaulle : « Vous êtes donc d'accord ? »

Mitterrand : « Pas tout à fait, car je vois des inconvénients à une éventuelle fusion. »

De Gaulle : « Lesquels ? »

Mitterrand : « Ces mouvements dont vous m'avez parlé, mon général, on ne les connaît pas bien en France. J'ai bien eu quelques contacts avec le réseau de M. Charette mais, jusqu'à présent, je n'avais jamais entendu parler d'une organisation de prisonniers du Front national. Comprenez que je sois circonspect. Nous devons nous garder des provocateurs et des mouchards. Avant de fusionner, il nous faut des garanties et des informations sur eux. »

De Gaulle : « J'ai donné des ordres, Mitterrand. Il faut de la discipline. Vous n'aurez ni argent ni armement si vous ne consentez pas à fusionner avec les autres mouvements. Je crois, d'autre part, que M. Charette est le mieux qualifié pour prendre la tête de cet ensemble. »

Mitterrand : « Il serait surprenant, vous me comprendrez, que nous soyons d'accord sur ce point. »

Tout se ramène-t-il à ce dialogue déconcertant ? Sûrement pas. Lorsque Mitterrand est introduit dans le bureau du grand homme, il y a déjà du scepticisme en lui. Les vices d'Alger où fourmillent complots et machinations de toutes sortes entre partisans de Giraud et de De Gaulle n'ont pas échappé à Morland. Et même si de Gaulle prend soin de recouvrir de son drapé les grouillements d'ambitions autour de lui, d'emblée, son visiteur ne paraît pas disposé à se laisser séduire. Pour une raison toute simple : Mitterrand est, à tout prendre, plus giraudiste que gaulliste. Peut-être parce que le général Giraud, homme de droite sans finesse mais d'une grande droiture, est comme lui un ancien prisonnier de guerre. Sans doute parce que Morland compte quelques relations à l'état-major du général auquel il a rendu une de ses premières visites, dès son arrivée à Alger.

Jacques Mitterrand, frère aîné de François, alors lieutenant dans une unité de bombardement équipée de matériel américain et basée au Maroc, passe à ce moment-là quelques jours avec lui. Il remarque tout de suite la faute : « Le point d'appui de François à Alger, c'était le général Giraud. L'erreur à ne pas commettre ! Surtout au moment où de Gaulle avait très nettement pris le dessus. Pour le

Tout-Alger, François était donc un giraudiste. Sur le coup, il ne se rendit pas compte de sa bourde. L'innocent ne savait pas qu'Alger était, à ce point, une bousculade de brigues et d'intrigues. Je crois que c'est son " giraudisme " présumé qui a cabré le général de Gaulle contre lui. »

N'importe comment, l'insolence de Morland et le ton impérieux du chef de la France libre ont achevé de casser les fils. De cette rencontre datent, en fait, les premières réticences de Mitterrand à l'égard du général de Gaulle. Des réticences qu'il ne cacha point à ses camarades, à son retour, et qui allaient bientôt se transformer en hostilité politique.

A la différence de la plupart des hommes de gauche français, il n'aura ainsi jamais été magnétisé par le chef de la France libre. Il était, à l'origine, « a-gaulliste », comme on dit apatride. La scène d'Alger permet donc d'expliquer pourquoi, plus tard, dans l'élan de la Libération et lors de l'envol de la Ve République, il ne se laissa jamais envoûter par le charisme de Charles de Gaulle, qui faisait frissonner tant de socialistes.

Au contraire, Mitterrand n'aura de cesse qu'il n'ait jeté la statue de son socle, ricanant du « couplet rituel sur l'esprit divinateur du général de Gaulle, sur son aptitude à pressentir les déroulements de l'Histoire », et lui retirant ses bottes de sept lieues pour chausser « le grand homme à sa juste pointure, celle d'un Giraud cynique ou d'un Juin subtil, et voilà tout[1] » — jugement un peu sommaire.

Ce mauvais contact avec de Gaulle a-t-il précipité l'évolution à gauche de Mitterrand ? Certains le croient. Ainsi André Bettencourt : « Le François Mitterrand que j'ai connu n'était ni bolchevik ni même socialiste. Il était vaguement de gauche, c'est tout. Il aurait donc pu être gaulliste. Imaginez que cette malheureuse affaire Cailliau n'ait pas existé. Je ne crois pas qu'il y aurait eu alors ce gouffre qui ne devait cesser de s'élargir entre de Gaulle et lui[2]. »

Mitterrand-de Gaulle... Un jeunot aux dents pointues

1. François Mitterrand, *Le Coup d'État permanent,* Plon.
2. Entretien d'André Bettencourt avec l'auteur, janvier 1974.

face à un officier grognon. La rencontre ne devait-elle pas forcément mal tourner ? Après les coups de dents de la villa des « Glycines », en tout cas, les voici maintenant aux prises. Entre le général et le fluet capitaine, les armes sont bien sûr inégales. C'est Morland qui subira les assauts.

D'abord, les services du commissariat de l'Intérieur, dirigés par d'Astier de La Vigerie et Pierre-Bloch, reçoivent l'ordre d'empêcher Mitterrand de retourner en France occupée. La France libre lui propose donc de siéger à l'Assemblée consultative. Mais pour cela, lui dit-on, il faut rester à Alger. Alors, il refuse. Ensuite, il apprend que les avions en partance pour Londres lui sont interdits et qu'il pourrait être affecté au front d'Italie. Trente ans plus tard, pour expliquer cette étrange conspiration, il avance cette analyse :

« De Gaulle a mené une action personnelle qui présupposait l'élimination des têtes de ce qu'on appelait la Résistance intérieure. Elle recelait en effet dans ses rangs des hommes susceptibles d'acquérir une aura plus large que la sienne. Or il voulait par-dessus tout empêcher l'émergence d'un Tito sur le terrain. Alors, dès qu'il estimait que quelqu'un risquait d'exercer une influence en France sans être un de ses féaux, eh bien, il le captait à Alger, en le nommant commissaire du gouvernement provisoire ou bien à l'Assemblée consultative [1]. »

Ce jeune homme qui ne s'est pas mis au garde-à-vous, de Gaulle ne le récompensera donc pas, après la guerre, lorsqu'il accordera aux plus grands résistants le titre de compagnon de la Libération. Il barrera même le nom de Mitterrand qui était — et ce n'était pas rien — le premier sur la liste qu'avait proposée Henri Frenay. Bénouville qui a, lui, été admis sur le livre d'or, s'exclame : « Et pourtant ! Il méritait la décoration plus que tant d'autres ! » Pierre-Bloch précise : « L'injustice était d'autant plus criante que, parmi les compagnons de la Libération, il y a des héros qui ne sont jamais sortis de leur bureau de Londres. »

Mais Mitterrand n'avait pas déployé ses talents de séduction en direction du général de Gaulle et de son

1. Entretien avec l'auteur, octobre 1973.

entourage ; pis, il ne s'était pas laissé fléchir par eux. Le chef de la France libre ne pouvait, ensuite, lui dresser des autels. Car rien n'était « plus dangereux à ses yeux que le patriotisme non estampillé d'une croix de Lorraine ». Attitude manichéenne qui en a meurtri d'autres que lui et sur laquelle Mitterrand porte, dans *Ma part de vérité,* ce jugement cinglant :

« Le dictionnaire gaulliste, imitant en cela le dictionnaire stalinien, a regratté les pages qui racontaient la véritable histoire de la lutte contre l'ennemi et identifié les services rendus au général de Gaulle aux services rendus à la France tandis que les services rendus à la France sans avoir contribué à la gloire du général de Gaulle ont été tenus pour négligeables sinon suspects[1]. »

A partir de ce 2 décembre 1943, il est resté entre Mitterrand et de Gaulle une forte cloison opaque. Le Mitterrand de De Gaulle était un jeune homme sans vergogne, comme Julien Sorel, à l'ambition dévorante, comme Rastignac, et mal élevé de surcroît. Ce portrait n'a guère varié, semble-t-il, au fil des ans. Il explique notamment le dédain manifeste du Général pour Mitterrand lors de l'élection présidentielle de 1965.

Pour discréditer ce petit indocile, le général de Gaulle n'hésite pas à recourir à la mauvaise foi, et à assener les contre-vérités les plus criantes. En 1946, le Général souffla à l'oreille de Pierre Mendès France et de quelques autres : « Méfiez-vous de ce Mitterrand. Au fond, c'est un communiste. »

Quant au de Gaulle de Mitterrand, il n'est pas non plus très ressemblant. D'emblée, il était pour Mitterrand un militaire maurrassien et politiquement dangereux. Pierre Guillain de Bénouville sursauta quand le capitaine Morland lui déclara tout à trac, à son retour en France, en 1944 : « De Gaulle n'est pas un républicain. »

Le Général au pouvoir, après 1958, le portrait que Mitterrand tira de lui devint féroce. Quand on attache comme lui tant d'importance au style, on n'aime pas s'embarrasser de trop de nuances : ça surcharge. Écoutons-le brocarder le Général, en 1964 :

1. *Ma part de vérité,* p. 23.

« De Gaulle serait-il un dictateur ? Je ne cherche pas à l'abaisser en le plaçant dans une rubrique où ma génération s'est habituée à ranger pêle-mêle Hitler et Mussolini, Franco et Salazar, Staline et Pilsudski. Mais si de Gaulle n'imite personne, ne ressemble à personne sinon, à la rigueur, à Louis-Napoléon Bonaparte qu'habiteraient les vertus bourgeoises de Louis-Philippe Ier, ce qui serait plutôt rassurant, le gaullisme, lui, porte des stigmates qui ne trompent pas. Son évolution évoque, avec une totale absence d'originalité, aussi bien les velléités des plus plates, des plus ternes, des plus molles dictatures, telle celle qu'à Vichy, sous couleur d'ordre moral, le maréchal Pétain infligea aux Français, que l'implacable volonté de puissance des consuls d'Occident qui, pour donner le change, s'érigent en défenseurs de la civilisation chrétienne[1]. »

Bigre, Mitterrand perd-il son sang-froid ? On le dirait. Mais il lui arrive comme à d'autres de se fourvoyer — cette analyse du gaullisme n'est pas précisément pénétrante, il s'en faut —, l'homme politique Mitterrand ne peut s'empêcher d'ajouter quelques petites retouches à sa caricature. Même dans les pires moments, il a des éclairs de lucidité. Dans *Le Coup d'État permanent,* son meilleur livre, parce qu'il est le plus achevé, mais très mauvaise dissertation politique, parce qu'elle est trop véhémente, Mitterrand trouve quand même le moyen de se demander à quoi peut songer de Gaulle, à l'heure de son triomphe :

« Aux tempêtes vaillamment supportées par le chef d'une France pauvre et fière, enclose dans quatre appartements silencieux de Londres ? A la gloire de la France délivrée, recluse autour de ses chagrins et de ses espérances, et qui l'acclamait, lui qui parlait pour elle alors qu'on étouffait ses cris[2] ? »

Pour Mitterrand, nous le verrons, un adversaire a souvent des qualités. D'ailleurs, dès que l'homme qu'il combat tombe de son piédestal, il range sa cravache. Parce qu'il est inutile de chercher à désarçonner quelqu'un qui est

1. *Le Coup d'État permanent,* p. 84.
2. *Ibid.,* p. 69.

déjà à terre ? Peut-être. Pourtant, en politique, la mort n'existe pas et il n'est pas vain, pour empêcher sa résurrection, de forcer le perdant dans ses derniers retranchements. Mais Mitterrand n'aime pas jeter la pierre aux vaincus. Sitôt Charles de Gaulle écarté du pouvoir, il change de ton. Il devient un témoin sans hargne.

Ne feignons pas de croire qu'il ait modéré son jugement sur Charles de Gaulle pour capter une partie de son électorat. N'a-t-il pas abandonné sa partialité dès le 27 avril 1969, jour du départ du Général à Colombey, alors que l'héritage gaullien, déjà conquis par Georges Pompidou, n'était pas encore en déshérence ? Très vite, alors que ses préjugés s'évanouissaient, il a laissé percer une fascination étrange pour ce général qui l'avait maltraité à Alger.

Ses yeux s'ouvrent, brusquement, devant le grand homme devenu pathétique. Écoutons-le, en 1969 :

« Il avait eu l'honneur du premier refus, du premier cri d'espoir. Il avait arraché la France aux ambitions et aux dédains de ses alliés anglo-saxons. Il lui avait rendu ses chances et sa foi en elle-même. Grâce à lui, pour une large part, elle était vivante au jour de la victoire[1]. »

Autre trait. En 1971, il évoque avec une pointe d'emphase l'homme qui en 1940 « se jette au travers de la fatalité, la saisit aux naseaux, l'oblige à changer de route et crée par la vertu de son pressentiment et de sa volonté un cours nouveau des choses ». Peut-être la péroraison qui suit donne-t-elle la clé de l'élan, qui, malgré tout, le porte vers le général de Gaulle. Car, enfin, leurs lignes historico-politiques sont parallèles : ils sont, chacun à leur manière, deux traîtres à leur classe.

« Soldat méditatif, patriote intransigeant, de Gaulle a osé démentir par un acte initial d'indiscipline sa classe sociale qui, dans l'embarras de la défaite, avait pris, comme souvent, le parti de ses intérêts en traitant avec le vainqueur [...]. De Gaulle a vu pleurer sa mère au souvenir de 1870 et ne s'est à son tour guéri de cette peine qu'en rompant, le 18 juin 1940, avec l'ordre établi, celui de sa

1. *Ma part de vérité,* p. 24.

mère et le sien, dès lors que cet ordre établi trahissait[1]. »

En 1973, alors que le pompidolisme, fourbu, se consume, Mitterrand va plus loin. Il n'hésite pas à admettre une sorte d'antinomie entre la droite et le gaullisme. Le voici qui proclame :

« Si une certaine idée de la France doit se perpétuer et certaines vertus inspirer le comportement des Français, idée, vertus que Charles de Gaulle porta haut, comment imaginer que la droite pourrait jamais s'y conformer ? Les notables de 1940 n'ont pas dans leur ensemble hésité lorsqu'il s'est agi de choisir entre leur patrie et leur classe. »

Et c'est la période finale frémissante de cruauté :

« Le délicieux 13 mai n'a pas effacé dans la mémoire bourgeoise la mauvaise manière du 18 juin 1940. Cela, de Gaulle le savait. Rappelez-vous son regard et sa voix lors de sa dernière apparition à la télévision, la veille du référendum fatal. Valéry Giscard d'Estaing, en estoquant le vieil homme lassé, ne fit qu'exécuter le verdict prononcé jadis à Vichy avec, cette fois, circonstances atténuantes[2]. »

Ce qui sépare surtout (et dès Alger) de Gaulle et Mitterrand, c'est que celui-ci demandait à voix haute où le Général était bien allé dénicher cette légitimité dont il se targuait pour, parfois, en abuser. D'entrée de jeu, le capitaine Morland se refuse à suivre, les yeux fermés, les ordres du chef de la France libre. Alors que toute une génération de la Résistance est, dans les années 1940, hypnotisée par l'homme du 18 Juin, il n'a pas choisi le Général comme maître d'aventure (en eut-il jamais ?) et ne s'en laisse pas conter par lui.

Résultat : Mitterrand, ulcéré, doit attendre quelques semaines avant de pouvoir quitter l'Afrique du Nord. Il implore d'Astier de La Vigerie et le général Giraud, mais rien n'y fait : pas moyen de trouver une place d'avion pour

1. Extrait d'un article de François Mitterrand dans *Le Monde*, le 23 septembre 1971, qui était consacré au tome II d'*Histoire de la république gaullienne* de Pierre Viansson-Ponté. Fayard.

2. Bloc-notes de *L'Unité*, 19 octobre 1973.

lui. Pierre-Bloch et quelques autres lui font savoir qu'il est urgent pour lui de s'éloigner très vite de ce théâtre d'ombres qu'est Alger. Dans la casbah, il y a parfois des balles perdues. Alors, il part pour le Maroc où il passe quelques jours dans la maison de Joséphine Baker à Marrakech. Et il attend une occasion de prendre le large. Jusqu'au jour où le général Montgomery lui offre un siège dans son avion qui part pour Londres. Après avoir fait, une nouvelle fois, le tour des chefs de la France libre pour faire connaître son réseau, il embarque, dans la nuit du 23 février 1944, sur un « MTB », une petite vedette anglaise, qui le déposera sur la côte bretonne, à quelques kilomètres de Roscoff.

Et voilà notre capitaine Morland, traumatisé à Londres, mortifié à Alger et réfractaire à Charles de Gaulle, qui s'en va à la conquête des mouvements de prisonniers dans lesquels on voulait qu'il se noie. Après l'âge de l'aventure, voici venu le moment de s'établir.

DEUXIÈME PARTIE

Profession : ministre

1. Danielle

Une photo sur un piano. Sur cette photo, une jeune fille. Un sourire entier, intense, un peu aérien, éclaire son visage. Elle porte des chaussettes de laine et elle s'appelle Danielle Gouze.

Tout à coup, le regard de Morland s'arrête et s'immobilise sur cette image. Nous sommes en février 1944. François Mitterrand, qui revient de Londres, se trouve dans l'appartement de Christine Gouze, sœur de Danielle et fonctionnaire à l'Office du cinéma. Elle fait office de « boîte à lettres » au MNPGD[1].

Avec son air volontaire, Christine a tout de suite plu à François. Ce soir-là, parce que le lieu prévu pour la réunion des instances du mouvement est « brûlé » — la Gestapo surveille —, il a été décidé que tout le monde se retrouverait chez elle. Après les délibérations, Mitterrand fait avec elle, tout en devisant, le tour de l'appartement.

Et voilà que, soudain, son œil s'est ancré sur le portrait de Danielle. Il désigne du doigt la photo. S'ouvre alors une conversation dont il faut citer les grands traits :

« Qui est-ce ? demande-t-il.

— Ma sœur.

— Quel âge a-t-elle ?

— Dix-huit ans sur la photo, dix-neuf maintenant.

— Et que fait-elle ?

— Elle prépare son bac philo en Bourgogne. »

Alors, Mitterrand :

« Elle me plaît, je l'épouse. »

1. Mouvement national des prisonniers de guerre et déportés.

Même Daphné du Maurier n'aurait peut-être pas osé imaginer une telle histoire. Et pourtant l'anecdote est exacte. Quand il a dit cela, Mitterrand a-t-il plaisanté ? Pas forcément. Christine Gouze, en tout cas, prend suffisamment la chose au sérieux pour écrire à sa sœur de venir à Paris aux vacances de Pâques (« Je t'ai trouvé un fiancé », dit-elle).

Sur le coup, Danielle hausse les épaules. Mais par coquetterie. A dix-neuf ans, elle est ravie qu'un homme lui porte intérêt. Et, un jour d'avril 1944, la voici qui débarque à Paris. Christine a arrangé une rencontre pour le soir même avec François : un dîner dans un petit bistrot du boulevard Saint-Germain. Elle demande à Danielle de lui indiquer par un signe, dès que le capitaine Morland apparaîtra, si elle le trouve séduisant. Quand il arrive — en retard, déjà —, celle-ci hausse les épaules. Non, il ne lui plaît vraiment pas du tout.

Écoutons Danielle : « Il avait un imperméable mastic, des moustaches et un énorme chapeau qui lui descendait sur le nez. Avec un côté pas net. Bref, le genre de type en face duquel on n'aimerait pas se trouver seule au coin d'un bois. »

Mais voilà : avec son port spontané et vaporeux — qu'elle a gardé —, ses petits rires étouffés et son regard ennuagé, Danielle Gouze a tout de suite conquis Morland. Elle est belle, sans faire parade. Elle est pétillante, pétulante, tout en restant discrète. Mitterrand la séduit en quelques heures.

Que veut donc Mitterrand, que cherche-t-il chez cette jeune fille aux yeux très grands, qui a huit ans de moins que lui et dont tant de choses le séparent ? Issue d'un milieu placé sous le double signe du socialisme (un socialisme pratiqué comme une ascèse) et de l'athéisme (celui de la franc-maçonnerie), elle défend intuitivement, mais avec force, des convictions qui sont exactement à l'opposé de celles que soutenait la bourgeoisie charentaise où il a grandi. Toujours ce goût de la rupture.

Rupture ? L'opposition entre leurs environnements

culturels saute aux yeux. Qui sont les Gouze, en effet ? Des militants laïques, des SFIO, aguerris et un tantinet austères. Antoine Gouze, résistant, principal au collège de Villefranche-sur-Saône, a été révoqué par Vichy. Avec sa famille, il s'est réfugié dans sa petite maison de vacances à Cluny. Il donne des leçons particulières et héberge quelques chefs de la Résistance.

C'est à Cluny qu'habitera pendant quelques semaines M. Tavernier, un homme au profil tranchant, qui arrive chez eux, en février 1943. Il s'appelle en réalité Henri Frenay. Plus tard, il évoquera ainsi Antoine Gouze : « De taille moyenne, presque maigre, cheveux poivre et sel, regard de myope derrière ses lunettes. Il appartient à ces générations de professeurs formés avant la Première Guerre mondiale, exerçant leur métier comme un sacerdoce, fermes dans leurs convictions républicaines et laïques[1]. »

A Cluny, une femme se joindra bientôt à M. Tavernier. C'est Bertie Albrecht. Un des piliers du mouvement « Combat ». Avec sa silhouette raide, très volontaire, cette mystique qui pense haut — si haut que, « brûlée » dans le secteur de Lyon, elle continue de s'y battre avec la même audace — fascine Danielle. Le 26 mai 1943, en l'absence d'Henri Frenay, elle est appelée à un rendez-vous à Mâcon, à l'Hôtel de Bourgogne.

« Bizarre, dit-elle à Danielle, je viens de rêver qu'on m'arrêtait. » Elle se rend quand même à la convocation. Un piège. Quelques heures plus tard, les hommes de la Gestapo débarquent chez les Gouze :

« Laissant mes hôtes dans une seule pièce, raconte Henri Frenay, ils se sont précipités dans toute la maison et dans l'aile attenante. Ils ont fait main basse sur mes affaires et sur celles de Bertie : ma machine à écrire, mes vêtements, tout a été emporté.

» Pendant cette longue perquisition, Mme Gouze a réussi à faire disparaître le stencil d'un petit journal que nous allions lancer, *La Voix du maquis*, dont Bertie et moi avions [...] rédigé le premier numéro. Il était sur le piano

1. *La nuit finira*, p. 295.

entre deux partitions. Sa découverte leur aurait été fatale. Miracle ! Ils ne seront pas arrêtés. »

Et Henri Frenay conclut : « Longuement interrogés, séparément puis ensemble, les Gouze jouent l'innocence. Ils ont loué deux pièces de leur maison car la révocation du chef de famille les a plongés dans une gêne proche de la misère. M. Tavernier et sa secrétaire sont des gens calmes qui écrivaient beaucoup : ils étaient très polis, mais peu communicatifs.

» " Savez-vous, madame, qui vous aviez dans votre maison, à qui vous avez donné asile ?... Au chef de la Résistance française ! Votre Tavernier, c'était lui[1]. " »

Le 1er juin, après avoir été longtemps torturée, Bertie Albrecht mourra, sans que l'on sache si elle a été fusillée, ou si elle s'est pendue. Danielle conservera toujours précieusement la broche et le coffret qu'elle lui avait offerts. Elle gardera aussi en tête le souvenir de cette noble et stoïque guerrière qui, dit-elle, a ébloui ses dix-neuf ans.

Quand on admire intensément quelqu'un, c'est parce qu'on voudrait s'identifier à lui ou bien qu'on lui ressemble déjà un peu. Il y a en effet chez Danielle, outre une éclatante fraîcheur, des reflets de l'intransigeance de Bertie Albrecht.

Avec sa force d'âme, la Danielle de 1944 devait, logiquement, participer à la Résistance. Ce qu'elle fit spontanément, comme ça, à la suite d'un événement qui l'a fortement marquée.

A cause d'une mauvaise interprétation d'un message de Londres, la Résistance avait libéré Cluny avec deux mois d'avance sur le débarquement de Normandie. Aussitôt, riposte allemande : sous les rafales, les résistants refluent dans les bois. Dans la retraite, le fils du boulanger reçoit une balle allemande dans l'œil. Il mourra seul et sans soins après s'être arraché les ongles de douleur, en labourant le sol.

1. *La nuit finira*, p. 332-333.

Dès qu'elle l'apprend, Danielle se rend, avec une amie, au QG du maquis de Bourgogne, le château de Butavent. Elles offrent leurs services : « Vous n'avez pas le temps de vous occuper de vos blessés ? Nous, on s'en chargera. » Et les voici, infirmières de fortune, dans un escadron de 400 maquisards.

Danielle restera trois mois dans le maquis. En effectuant, parfois, une escapade pour avoir des nouvelles de François. Mais au total, elle ne l'aura guère vu (trois fois en tout) avant de l'épouser furtivement, à la hâte, le 27 octobre 1944, l'avant-veille de ses vingt ans, dans la mairie du VIe arrondissement. Les témoins, de grandes figures de la Résistance, avaient nom Henri Frenay et Patrice Pelat (« colonel Patrice »). Ce qui provoqua ce lapsus du maire du VIe, très impressionné : « Le choix de la résistance incombe au mari. »

Pourquoi tout s'est-il passé si vite ? Danielle Mitterrand avance cette explication qui paraît évidente : « On s'est vus dans de telles circonstances qu'on avait le sentiment de se connaître depuis dix ans. On ne perdait pas notre temps, on le savait précieux. Et quand la mort plane au-dessus de vous, forcément, vos sentiments se décuplent. »

Ici, le rideau doit, en principe, tomber. Mitterrand observe une discrétion sourcilleuse sur sa vie personnelle. Il répugne à afficher Danielle. Lors de la campagne présidentielle de 1974, à ses conseillers qui lui demandaient de mettre en avant sa femme, comme Valéry Giscard d'Estaing, il répondait : « Pourquoi donc mêler Danielle à tout ça ? »

Les réticences de François Mitterrand à lever le voile, ne serait-ce qu'un peu, sur son domaine privé, empêchent de mesurer avec précision l'influence que sa femme a pu exercer durant trente ans de compagnonnage sur son comportement politique. Cette influence n'est sans doute pas négligeable.

Non pas que Danielle Mitterrand soit experte en politique, au contraire. Alors sourde au débat théorique, elle a le goût des rhododendrons, des chiens, des chats, de la famille. Elle fait de la reliure, du tricot, des confitures de mûres (pour son mari). Elle « brique » leur maison de la rue de Bièvre, à quelques pas de la place Maubert. Elle soigne avec amour ses plantes dans le jardin de la bergerie de Latche, dans les Landes, où elle se rend très souvent.

A première vue, François Mitterrand est aux antipodes de Danielle-la-fée-du-logis qui se couche et se lève tôt. A première vue, ils n'ont pas grand-chose en commun. On dirait deux êtres qui vivent chacun leur vie, des compagnons de route qui marcheraient à cent lieues l'un de l'autre. On le dirait, mais ils se parlent trop, ils passent trop d'heures ensemble pour être, comme d'autres mariés célèbres, des célibataires unis par l'acte du mariage. Qu'ils se retrouvent chaque année aux fêtes de la Pentecôte dans la maison familiale de Danielle, à Cluny, avec leurs deux fils, Christophe et Gilbert, cela ne prouve rien. Qu'ils se retrouvent durant les vacances, au mois d'août, dans la maison de Latche, lui à écrire et à se griser d'air marin, elle à sarcler, cela ne prouve rien non plus. Le mariage, bourgeois ou non, a ses rites, qui ne se transgressent guère.

Mais l'une des habitudes quotidiennes de Mitterrand en dit assez long sur le lien qu'il y a entre cette femme spontanée et cet homme taciturne. Le soir, quand il rentre rue de Bièvre, souvent à une heure avancée de la nuit, las et perclus de fatigue, après un meeting en province ou un dîner politique, François Mitterrand s'assoit toujours sur le rebord du lit de Danielle, la réveille et lui raconte sa journée en détail.

Danielle est aux petits soins. « J'ai tout fait pour rendre la vie facile à François », a-t-elle dit à Hebe Dorsey de l'*International Herald Tribune*[1]. Elle a tout fait, en effet. Elle a, par exemple, donné un sérieux coup de main au mensuel *Dire,* de Claude Estier, lors d'une des nombreuses traversées du désert de François Mitterrand, celle qui suivit Mai 68. Elle sait aussi préparer des petits plats à la hâte quand il déboule dix personnes à l'improviste, rue de Bièvre.

1. 3 mai 1975.

Ce n'est pourtant pas une admiratrice candide et sans nuances. Il lui est arrivé de contester des décisions politiques de François parce qu'il transigeait trop à son goût. Sous la IVe, par exemple. Danielle aurait voulu qu'il écarte une fois pour toutes René Pleven et Eugène Claudius-Petit de la direction du parti qu'il avait conquis, l'UDSR. Des « conservateurs », des « réactionnaires », et il les laissait dans les organismes dirigeants où ils s'employaient à saboter sa politique de « gauche ». A tort ou à raison, elle voit, dans cette attitude, la marque de la « générosité désordonnée » de François (« Heureusement, précise-t-elle, il l'a domestiquée peu à peu »).

Quand François Mitterrand participa, toujours sous la IVe, à des ministères plus ou moins orientés à droite, elle n'a pu s'empêcher, bienveillante mais cabrée dans ses convictions, de demander parfois des explications :

« Moi qui vois les choses toutes nettes, je ne comprenais pas toujours très bien ce qu'il voulait. Je l'interrogeais alors sur le sens de certaines alliances et il me disait : " La France n'est pas faite d'un seul bloc. Elle n'est ni tout à fait à gauche ni tout à fait à droite. On ne pourra rien faire si l'on ne cherche pas à rassurer une partie de la droite [1] ". »

Toutes ces années-là, les justifications du député de la Nièvre donnaient satisfaction à Danielle Mitterrand. L'intransigeance de sa femme finissait toujours par s'accommoder de l'habileté de l'homme politique Mitterrand. Politiquement, il n'y eut que des nuages entre eux, jamais d'orage. Et quand il est sorti du jeu des combinaisons gouvernementales, en 1958, l'adhésion de Danielle Mitterrand au combat politique de son mari est devenue totale. Cela l'a conduite à rompre brutalement avec quelques amis.

En 1959, lors de l'affaire de l'Observatoire (où François Mitterrand s'est laissé manœuvrer), les journaux, et notamment *France-Soir,* insinuent qu'après tout, le maire de Château-Chinon a peut-être monté un faux attentat. Pour se poser en martyr, pour se bâtir une nouvelle popularité.

Danielle Mitterrand connaît bien Pierre Lazareff, le

1. Entretien de Danielle Mitterrand avec l'auteur, mars 1974.

directeur de *France-Soir*. Régulièrement, pendant les week-ends où son mari se rend dans la Nièvre, elle va dans la maison de campagne des Lazareff, à Louveciennes. Il y a là le Tout-Paris, que symbolise si bien Maurice Druon, familier du lieu, et cela l'agace. Mais Pierre, petit homme curieux de tout, intelligence en geyser, l'enchante.

Un jour, après avoir lu un article particulièrement fielleux sur l'affaire de l'Observatoire dans *France-Soir*, Danielle Mitterrand décide d'aller parler à Pierre Lazareff à son journal, rue de Réaumur. Quinze ans plus tard, elle évoquera ainsi la scène :

« Lorsque je suis arrivée dans la salle de rédaction, tout le monde riait, buvait, jouait aux cartes. Quand ils m'ont vue entrer, tous les journalistes se sont brusquement tus. J'avais le visage défait, j'étais à bout. Je me suis dirigée vers Pierre Lazareff. Il a tout de suite cherché à me mettre à l'aise :

— Ah ! Comme c'est gentil de nous rendre visite, ma petite Danielle...

— Je suis venue vous parler de l'Observatoire, Pierre. Comment pouvez-vous laisser écrire des ragots sur François dans votre journal ? Vous le connaissez. Vous savez, vous, qu'il est incapable d'avoir monté une chose pareille...

— Oui, je vous comprends, mais...

— Pierre, ce mais est de trop. Nous n'avons plus rien à nous dire maintenant. Au revoir...

Il a cherché quelques mois après à se réconcilier avec moi. Mais tout était fini, à jamais. Je ne lui ai plus jamais serré la main. »

Telle est Danielle : en quelques mots tranchants, elle mettra un terme à une longue affection réciproque. Pas de demi-mesures : elle ne se fâche pas, elle rompt. La fidélité est chez elle instinctive : elle n'admet point les désertions ou les mutineries, surtout lorsque les vents sont contraires. Un trait que l'on retrouve d'ailleurs, mais moins nettement, chez François Mitterrand : constant en amitié, il exige toujours en retour, lui aussi, un loyalisme absolu. Les Mitterrand n'ont pas l'amitié indulgente.

2. Les Anges noirs

Quand il rentre de Londres, en février 1944, François Mitterrand transmet à son groupe les consignes de la France libre pour une fusion des mouvements de prisonniers. Il s'agit, maintenant, de ne pas se laisser absorber par les autres. Ce devrait être facile, à première vue. Le réseau de Cailliau est faible (« On ne brillait ni par l'organisation ni par l'efficacité », reconnaît Philippe Dechartre qui fut l'adjoint de Cailliau). Quant au groupe monté par le PC, il est très réduit.

La fusion ne va pas se faire sans mal, pourtant. Il y a un certain brouhaha, le 12 mars 1944, dans l'appartement du XIVe arrondissement où sont réunis les représentants des trois mouvements de prisonniers, sous l'autorité d'Antoine Avinin, délégué du Conseil national de la Résistance. Mitterrand-Morland attaque, bille en tête, Robert Paumier, l'envoyé du Comité national des prisonniers de guerre, l'organisation du PC : « Vous n'êtes pas représentatif, dit-il. Vous n'êtes qu'un appendice du parti communiste. Qui plus est, vous ne nous offrez pas de garanties de sécurité suffisantes pour que nous puissions travailler avec vous. »

Robert Paumier, un paysan râblé qui a la voix chantante de son Loir-et-Cher natal, retourne ses accusations à Mitterrand : « C'est vous qui n'êtes pas représentatif. Impossible de vous faire confiance. » Antoine Avinin s'emploie, tant bien que mal, à tempérer les deux antagonistes. Et ils finissent par conclure un accord.

La fusion tourne à l'avantage de François Mitterrand. Dans le nouveau mouvement qui est créé, le MNPGD, son organisation obtient la moitié des mandats, les communistes et les troupes de Cailliau un quart chacun. Mitterrand en devient évidemment le chef naturel.

Michel Cailliau, ulcéré, s'efface. L'épisode a laissé sur lui une blessure cuisante. Au point que, trente ans plus tard, il n'a pas hésité à glisser dans l'hebdomadaire d'extrême droite *Minute,* quelques insinuations fielleuses : « Il n'est pas exact de dire que Mitterrand a organisé ce mouvement. Il n'en a pas la paternité. Il n'en a pas non plus été le chef. Nous sommes en plein roman, créé par lui et quelques personnes [...]. Ce n'est pas moi qui reprocherais à Mitterrand d'avoir évolué vers la Résistance à la fin de la guerre au moment où les Allemands étaient vaincus sur tous les fronts. S'il a été un vrai Résistant à partir de la mi-mars 1944 jusqu'à la Libération de Paris, soit pendant cinq mois environ, ce n'est pas mal[1]. »

La rancœur de Michel Cailliau s'explique. Mitterrand lui a ravi la grande armée que constituaient les prisonniers de guerre avec la même aisance nonchalante que de Gaulle lorsqu'il époussetait de la direction de la France libre le très simple Giraud. Pis encore : le capitaine Morland a aussi écarté rapidement de la direction du MNPGD la plupart des ex-équipiers de Charette. Sauf Philippe Dechartre qui se mit, très vite, sous la tutelle de François Mitterrand.

Avec les communistes, en revanche, les relations s'améliorent rapidement. Selon Robert Paumier, l'alliance avec Mitterrand fut « rude mais loyale » : « Jamais de coup en dessous, avec lui. Il disait ce qu'il faisait et faisait ce qu'il disait. » Certes, il arrivait souvent à Morland de tonner contre le PCF : « Il nous reprochait nos liens privilégiés avec l'URSS, notre attitude en 1940 et le pacte germano-soviétique. » Mais Robert Paumier, formé à l'école de Fernand Grenier et ancien collaborateur des Amis de l'Union soviétique, répondait toujours du tac au tac, avec sa solide dialectique paysanne. Et, malgré leurs différends, une grande amitié naissait entre eux, que les combats politiques de l'après-Libération n'allaient pas effacer.

Le seul reproche que Robert Paumier formule, sur le comportement du camarade Morland, « homme de

1. *Minute,* 15 avril 1974.

gauche », concerne son « côté bravache ». Il ne respectait pas toujours, selon lui, les règles de sécurité. Pierre Bugeaud, qui remplaça Paumier à la direction du MNPGD quand celui-ci fut appelé à de hautes fonctions par le Front national, en mai 1944, est un peu plus sévère :

« Politiquement, François était assez flou. Une discussion typique : celle que nous eûmes, un jour de mai 1944, sur les marches du Trocadéro, au sujet de la maquette de notre journal. Il défendait un article, trop indulgent à mon goût, sur la politique du maréchal Pétain, et il refusait de passer à la " une " une photo de Joseph Staline, comme je le lui demandais. Nos clivages les plus fréquents étaient là, résumés. » Ils n'étaient cependant pas insurmontables. D'autant plus que, sur la fin, la Gestapo ébranla fortement et à plusieurs reprises le MNPGD. Il fallut serrer les rangs.

Le 1er juin 1944, réunion au sommet du mouvement. Elle se tient dans un quartier très bourgeois de Paris, 44, avenue Charles-Floquet. Soudain, on sonne à la porte. Mitterrand va ouvrir. Dans l'embrasure, un homme dégingandé avec un sourire avenant : « Bonjour, je viens voir M. Bérard. » Mitterrand lui demande de patienter un moment, se rend dans la salle où se tient la délibération du MNPGD et dit à Jean Bertin qui a loué l'appartement sous le nom de Bérard : « Jean, il y a quelqu'un qui demande M. Bérard. — Oui, j'attends un ami », fait Bertin. Et ils se rendent tous deux à la porte. Alors, l'homme sort un revolver et le pointe sur Bertin : « Pas un geste, suivez-moi. »

Mitterrand vient encore d'échapper de justesse à la Gestapo. Les gestapistes croyaient, à tort, que M. Bérard est le nouveau pseudonyme de Morland. Ils ne savaient pas qu'une réunion importante du MNPGD se tenait, ce jour-là, avenue Charles-Floquet. Après s'être rendu compte de leur méprise, ils déportèrent Jean Bertin qui revint d'Allemagne miné.

En toute hâte, Mitterrand et ses camarades brûlent les messages de Londres qu'ils venaient de décoder, avant de prendre le large. En chemin, ils croisent un des ex-chefs du mouvement Cailliau qui, justement, arrive. Appelons-le S. Mitterrand s'en méfie un peu : chaque fois qu'il a rendez-vous avec lui, S. a l'habitude d'aller téléphoner. Du coup, Mitterrand, soupçonneux, écourte chaque fois l'entretien.

S. connaît aussi une autre adresse. Il sait que les camarades de Mitterrand se retrouvent souvent chez Marie-Louise Antelme, au 5, rue du Pin. Après l'arrestation de Bertin, l'insaisissable capitaine Morland sent que l'étau se resserre. Déjà, il y a trois semaines, il a quitté Paris quelques jours après avoir eu vent qu'un certain Delval, travaillant pour la Gestapo, arpentait le boulevard Saint-Germain avec pour mission de le tuer ou de le capturer. Ce jour-là, en sortant de l'avenue Charles-Floquet, il donne l'ordre de « couper toutes les filières ».

Peine perdue. Quelques-uns de ses équipiers du MNPGD se rendent malgré tout rue du Pin pour commenter la nouvelle de la journée. A trois heures de l'après-midi, les hommes de la Gestapo font irruption dans l'appartement, et mettent en place une souricière. Jusqu'alors, les concierges de l'immeuble signalaient aux membres du réseau qui venaient qu'ils pouvaient monter, qu'il n'y avait rien à craindre. A la demande de la Gestapo, ils continuent, comme d'habitude. Quant à Marie-Louise Antelme — qui mourra en déportation —, on lui demande, sous la menace d'un revolver, de répondre normalement au téléphone, et de laisser venir les visiteurs. Ce qu'elle ne fera pas.

Très vite, quelques personnes tombent dans le traquenard. Pas Mitterrand. C'est là qu'il habite. Il a décidé de déménager de l'appartement de la rue du Pin. Avant de monter chez Marie-Louise, il téléphone du bureau de poste, à quelques pas. Au bout du fil, la voix blanche, anxieuse de Marie-Louise Antelme qu'il reconnaît tout de suite : « Vous vous trompez de numéro. » Nouvelle tentative. « Mais enfin, monsieur, je vous ai déjà dit que vous vous trompez. » Aussitôt, Mitterrand met le MNPGD en alerte. Un relais de garde est tout de suite mis en place pour empêcher d'autres personnes de tomber dans la souricière. Albert Camus, qui passait par là, est réquisitionné pour garder le coin de la rue Jacob et de la rue Saint-Benoît.

Le lendemain, Marguerite Duras, militante active du réseau Mitterrand, a rendez-vous à midi, au Flore, boulevard Saint-Germain, avec l'officier de la Gestapo qui est chargé de décapiter le MNPGD. Elle l'a attiré, voici peu, dans ses filets, et lui soutire de-ci de-là quelques petits renseignements bien utiles à ses camarades. Ce jour-là, son galant a brusquement perdu toute aménité. Il est nerveux, irritable, « comme quelqu'un qui a raté son coup », dit Marguerite Duras.

C'est qu'en effet le capitaine Morland est, une fois de plus, passé à travers le filet. L'officier pose une paire de menottes sur la table, pour impressionner son vis-à-vis, sort de son porte-documents un jeu de photos de Mitterrand et lui demande si elle le reconnaît. Marguerite Duras, après avoir examiné consciencieusement les portraits, dit, avec un détachement simulé : « Non, il ne me semble pas le connaître. »

L'officier allemand la laisse repartir. Mais Marguerite ne le reverra plus. Trop dangereux. Elle ne le rencontrera plus qu'une seule fois, la dernière, dans sa prison, après la Libération, quelques heures avant qu'il ne soit fusillé, et il lui soufflera à l'oreille : « Il y avait un mouchard dans votre mouvement. C'était S. »

Quelques compagnons de Résistance de François Mitterrand, en chœur : « Quand on lui disait qu'il fallait exécuter quelqu'un, il nous en dissuadait toujours. Il avait chaque fois des raisons. Il n'a jamais voulu qu'on descende S., par exemple : “ On n'a pas de preuves, disait-il. Juste des présomptions. Impossible de le liquider. ” »

Vrai. Et la méfiance, la suspicion permanente, que supposent forcément les luttes clandestines, Mitterrand les combat. Pour comprendre son comportement il faut sans doute remonter aux sources, c'est-à-dire au christianisme qui a marqué son éducation, et laissé sur lui quelques empreintes. On peut jeter un œil, à ce sujet, sur un texte qu'il a écrit à dix-neuf ans dans la *Revue Montalembert,* à propos d'un sombre roman de François Mauriac, *Les Anges noirs.* François Mitterrand y dévoile une compréhension — de la miséricorde ? — pour tous les pécheurs, tous les malfaisants, tous les « damnés » (au sens religieux) de la terre :

« Il y a des âmes damnées au démon ? Peut-être... Cet édifice construit par le démon, il suffit d'une jonchée, un soir où le vent découvre des " parfums presque insaisissables ", pour l'ébranler. Dans l'asservissement [...], il existe donc une fissure... Mystère du Mal. Dans les fibres les plus profondes de l'être, forgé par tant de déchéances, frémit encore l'angoisse de la chute. Cette angoisse, c'est le témoignage " désespérément retrouvé " de la perfection perdue [...]. " Le damné est un saint manqué ", écrit Jouhandeau. C'est exact. Ils sont de même nature. A la recherche de l'infini, ils ont dépensé leurs forces.

» L'Espérance est la marque d'une possibilité de relèvement. Les élus n'ont plus besoin d'espérer, de même les saints. Ceux qui voient n'ont plus le mérite de croire : l'Espérance, c'est le suprême acte de Foi alors qu'il n'y a plus une seule raison de croire. " Tant qu'un être n'est pas désespéré, tous les crimes ne mettent entre Dieu et lui que l'espace d'une parole, d'un soupir ". »

Si l'autre a toujours une chance de se racheter, pourquoi le tuerait-on ? On ne doit évidemment pas expliquer le comportement de Morland par un texte, si mystique soit-il, écrit alors qu'il était encore catholique et pratiquant. Il faut cependant chercher, pour comprendre son attitude, du côté de ses racines religieuses, qui sont profondes. Au MNPGD, sans prêcher pour autant la non-violence (eût-ce été raisonnable face à la Gestapo ?), François Mitterrand avait la clémence facile. « A l'époque, reconnaît-il d'ailleurs, certains me reprochaient mon indulgence, voire ma faiblesse. »

A l'époque, quand, avec son ami Georges Beauchamp et une équipe de corps francs, il prend d'assaut le commissariat général des Prisonniers à Paris, le 19 août 1944, il n'a pas d'armes sur lui. Morland ne tuera point...

A l'époque, il est gêné, dit-on, par le ton des tracts du MNPGD qui, dans le tourbillon de la Libération, parlent de tuer du « boche » ou du « schleuh » (c'est selon) et qui clament à l'adresse des prisonniers : « Que rien ne vous arrête dans votre soif de vengeance et de liberté. »

A l'époque, il cherche même à tempérer ses troupes. Dans un courrier adressé aux responsables départementaux du MNPGD en juin 1944, il les met en garde contre l'esprit de revanche : « Que notre esprit soit assez ferme pour accepter la lutte et les sacrifices nécessaires ; qu'il soit assez souple aussi pour rester fidèle à la réalité de notre histoire. Engagée dans un tourbillon d'ambitions et de calculs, la France doit garder la tête froide. »

Quelques semaines plus tard, alors que les règlements de comptes se multiplient partout en France, il se démène comme un diable pour limiter les dégâts. Marguerite Duras se souvient que : « Quand quelques-uns au mouvement ont parlé de liquider le couple de concierges qui avaient laissé entrer les copains dans la souricière de la rue du Pin, il s'y opposa violemment, expliquant que, de toute façon, après ce qui était arrivé, ils devaient être assez malheureux comme ça. »

3. « Libres »

La légende a, après coup, réécrit l'histoire de la Résistance et elle est, bien entendu, très belle. Trop : nombre de mouvements de Résistance n'ont pas joué le rôle que leur ont prêté quelques thuriféraires d'occasion. Celui du MNPGD de Mitterrand ne fut cependant pas négligeable.

Après le MLN[1], les maquis, sans cesse alimentés de réfractaires au STO et le PCF devenu l'axe de la Résistance intérieure, le MNPGD est l'un des pôles de la lutte contre l'occupant qui a pu résister aux dernières vagues de répression de l'ennemi. Et lorsque la France libre envoie des émissaires dans la capitale, cet été de 1944, c'est souvent le MNPGD qui est chargé de les accueillir.

Comment Morland a-t-il réussi ce tour de force de résister aux charges de la Gestapo tout en parvenant à endiguer la montée du PCF dans son organisation ? Sans doute parce qu'à vingt-sept ans ce solitaire vaguement lunaire a de l'autorité, de l'habileté, de l'obstination, le sens de l'organisation ; qu'il est rompu aux manœuvres tactiques, qu'il n'oublie pas de jeter de temps en temps un œil derrière lui pour voir si le parti communiste ne cherche pas à le doubler. Bref, parce qu'il est déjà Mitterrand.

Mais parce que Morland a accepté de coopérer avec le PCF, il est soupçonné de noirs desseins par quelques chefs de la Résistance. Henri Frenay s'interroge : « A Alger, il avait rencontré les députés communistes de l'Assemblée et, en Angleterre, Waldeck Rochet. Avait-il subi leur influence ou délibérément fait leur jeu[2] ? » Bigre ! Mitter-

1. Mouvement de libération nationale.
2. *La nuit finira,* p. 400.

rand, compagnon de route ? « Sous-marin » communiste ? En 1944, tout son comportement démontre le contraire.

Mais, comme le dit André Bettencourt, l'ancien agent de liaison du MNPGD, « on ne pouvait pas faire grand-chose sans eux ». Cela dit, ajoute-t-il aussitôt, « François, jeune homme libéral comme moi, se méfiait un peu des communistes[1] ». Un peu ? Quelques-uns des compagnons de Résistance de Mitterrand disent qu'avec le PCF il était sur le qui-vive : ainsi Philippe Dechartre, son lieutenant au MNPGD. Dechartre, futur secrétaire d'État de Georges Pompidou, qui n'a jamais dissimulé son admiration pour le capitaine Morland mais qui, en 1945, était assez nettement sous l'influence communiste. Son témoignage est d'autant plus digne d'intérêt : « Mitterrand ouvrait la porte aux communistes tout en veillant scrupuleusement à ce qu'ils ne prennent le pas sur les autres. Il nous répétait à l'époque : " Que le PC soit dans l'action avec nous, oui, mais pas question qu'il domine notre mouvement ". En gros, son langage n'a pas changé depuis[2]. »

Plusieurs mois après la Libération, Mitterrand a mis en lumière, dans un court opuscule[3], le type de relations qu'il entretenait, sous l'Occupation, avec les communistes. Et ce qui frappe, en effet, à la lecture de ces lignes, c'est l'étrange similitude entre sa stratégie de la Résistance et celle qu'il pratiqua. Si le ton est moins serein, c'est simplement parce que la force du PC était alors plus menaçante qu'elle ne le sera plus tard. Suivons-le s'essayer, dans les années 1940, à l'union avec le Parti : « Ses chefs, courageux, expérimentés, mais avant tout membres de leur parti, ont davantage considéré l'organisation de Résistance des prisonniers de guerre et déportés comme une colonie de peuplement et d'exploitation que comme un mouvement nouveau devant avoir une indépendance absolue dans la

1. Entretien d'André Bettencourt avec l'auteur, janvier 1974.
2. Entretien de Philippe Dechartre avec l'auteur, décembre 1973.
3. *Les Prisonniers de guerre devant la politique.*

synthèse harmonieuse de toutes les familles politiques françaises rapprochées par la captivité. [...] Dès la Libération, on vit quelques dizaines de ses militants, inconnus jusqu'alors, se parer, sans mandat, dans les départements où nous n'avions pas eu le temps de nous étendre, du titre de délégué du MNPGD. Cela était d'autant plus facile que les liaisons furent pendant près d'un mois bloquées, en raison des événements militaires. Ces délégués auraient pu servir le Mouvement. Mais leur tempérament politique l'emporta. Plusieurs d'entre eux allaient chercher leurs directives à la permanence locale du Parti. »

Tels propos devraient logiquement déboucher sur une tirade anticommuniste. Au contraire, il met en garde ses compagnons contre la tentation qu'ils pourraient avoir de rejeter le PC dans son ghetto. Il y a là un thème qui reviendra, vingt ans plus tard, dans ses discours unitaires : « Nous pensions qu'une rupture avec les éléments communistes aurait été malfaisante dans la mesure où nous aurions à nous séparer d'hommes valables qui, comme nous, avaient connu l'exil et qui représentaient une partie particulièrement vivante de la nation [...]. Nous voulions que les prisonniers de guerre soient à l'avant-garde de la révolution morale et matérielle de la France. L'anticommunisme, provoqué souvent d'ailleurs par les excès du parti communiste, était également nuisible à notre idéal. L'unité des captifs devait être maintenue, mais ne devait pas non plus camoufler les hypocrisies. »

Le de Gaulle de 1944 était exactement dans le même état d'esprit. Le PC n'est pas encore, pour lui, une « entreprise totalitaire...[1] », mais il connaît les techniques de noyautage des communistes, et il ne veut pas non plus se laisser gruger. S'il est encore tenté par l'optique unitaire, le chef de la France libre redoute malgré tout un coup d'État communiste. C'est pourquoi il a tout de suite cherché à empêcher la Résistance intérieure, où le PC tient une place capitale, d'avoir les coudées franches. Parce qu'il n'a pas obtenu la reconnaissance des Alliés de sa qualité de chef du

1. Discours du général de Gaulle, 30 mai 1968.

gouvernement français, il a décidé de ne pas rentrer à Paris dès la Libération. Mais, pour ne pas être pris de vitesse, il a tout de suite mis en place en France une sorte de délégation sous la direction d'Alexandre Parodi. Maître des requêtes au Conseil d'État et directeur du ministère du Travail avant la guerre, celui-ci est un modéré. Il est chargé de nommer une quinzaine d'hommes qui, au nom de la France libre, s'empareront du pouvoir civil avant que la capitale ne soit libérée par les troupes alliées. C'est Alger qui ratifie la liste. De Gaulle raie le nom de Willard[1], avocat communiste, qui a été désigné à la Justice. Il laisse celui de Mitterrand, promu aux Prisonniers de guerre et déportés.

Le 19 août 1944, après avoir pris d'assaut le commissariat général aux Prisonniers, rue Meyerbeer, voici donc le jeune Mitterrand ministre — ou presque. Il a un bureau et des attachés de cabinet (comme Étienne Gagnaire et Jean d'Arcy, futur patron de la Télévision française). De quoi être grisé. Il l'est sans doute. C'est que le Paris en fête de ce mois d'août-là a de quoi saouler. Surtout quand, du haut d'un ministère, on participe à sa libération. Mitterrand peut savourer d'être dans l'événement. Pas longtemps...

Le 24 août, le général de Gaulle arrive à Paris. De sa voiture qui l'amène au ministère de la Guerre où il va s'installer, il peut entendre quelques coups de feu, les derniers, qu'échangent dans la capitale soldats allemands et résistants. Le lendemain, il salue le peuple de Paris massé place de l'Hôtel-de-Ville. Alors qu'on le conduit dans le cabinet du préfet, Georges Bidault, président du Conseil national de la Résistance, lui glisse :

« Mon général, voudriez-vous paraître à un balcon et proclamer la République.

— Non, la République n'a jamais cessé d'exister[2]. »

Arrivé dans le cabinet du préfet, le chef du gouvernement provisoire monte sur la barre d'appui de la fenêtre (il n'y a pas de balcon) et, les deux bras en l'air, s'offre aux ovations. La foule applaudit. Elle ne sait pas bien qui la

1. Parodi le maintiendra quand même.
2. Dialogue rapporté par Adrien Dansette dans son *Histoire de la libération de Paris,* Fayard, p. 313.

salue : de Gaulle ou Leclerc ? On entend beaucoup de « Vive de Gaulle » mais aussi quelques « Vive Leclerc ». Alentour, dans la pièce, on se bouscule. Et on le bouscule. Il s'agrippe à l'embrasure. L'ironie du sort a voulu qu'à ce moment-là, justement, François Mitterrand se trouve derrière de Gaulle qui risque de tomber dans le vide. Avec Pierre de Chevigné, futur ministre de la Défense nationale, il le retient par les jambes. Mais, dans la confusion, le Général ne voit pas Mitterrand...

C'est le 27 août que de Gaulle le voit enfin. Ce jour-là, au ministère de la Guerre où il les a convoqués, il serre la main de ses « secrétaires généraux », comme on les appelle, et il les interroge : « Quelle est votre profession ? » Arrivé au dernier, le plus jeune, François Mitterrand, de Gaulle sourit, et, dans une moue narquoise : « Encore vous ! »

Ensuite, il tourne les talons. Mitterrand n'a rien à attendre, semble-t-il, du chef du gouvernement. Et pourtant, sans doute parce qu'il sait garder toujours de la distance par rapport à l'événement, il regarde avec une pointe de fascination le grand homme présider cette espèce de Conseil des ministres. Que dit Charles de Gaulle ? Qu'il faut restaurer l'État et rétablir « l'ordre républicain sous la seule autorité valable, celle de l'État ». Vingt-sept ans plus tard, Mitterrand évoquera ainsi ce moment :

« J'écoutais, j'observais, j'admirais. A force de vivre des journées historiques dont le souvenir s'est perdu, je suis devenu économe de ce genre d'émotions. Mais j'avais vingt-sept ans, des réserves d'enthousiasme et une certaine propension à magnifier l'événement. J'avais aussi quelques raisons d'ouvrir les yeux tout grands : c'était le début d'une époque et c'était le général de Gaulle. Je me demandais parfois pourquoi cette heure ne m'a pas lié davantage à celui dont je recevais pareille leçon[1]. »

Si elle ne l'a pas lié davantage, c'est sans doute parce que le Général l'a tout de suite congédié. Dans le nouveau gouvernement qu'il forme, de Gaulle ne conserve que deux

1. Article consacré à l'*Histoire de la république gaullienne,* tome II, de Pierre Viansson-Ponté, in *Le Monde,* 23 septembre 1971.

hommes de la délégation des « secrétaires généraux », Robert Lacoste à la Production industrielle et Alexandre Parodi au Travail. Mitterrand, écarté, est ulcéré. Le ministère des Prisonniers de guerre et déportés a été confié à Henri Frenay qui le convoque :

« Je lui offre, raconte Henri Frenay, de rester auprès de moi en qualité de secrétaire général, donc à un poste de responsabilité essentielle, coiffant l'ensemble de mon administration et coordonnant le travail de six directions. C'est le placer au plus haut niveau de la hiérarchie administrative. L'offre, me semble-t-il, est alléchante, presque inespérée pour un homme de son âge et de sa formation. Elle est cependant déclinée, car les ambitions de François Mitterrand sont ailleurs, et plus grandes encore[1]. »

Instant décisif. Ici, Mitterrand rompt avec les chefs de la France libre qui se sont installés, comme ça, en revenant de Londres ou d'Alger, dans les palais officiels. Éloigné des responsabilités gouvernementales et mortifié par le retour des notables de la IIIe République qui s'amorce, il lève l'étendard contre les nouveaux maîtres. C'est d'ailleurs un climat de turbulence et d'insubordination qui règne dans la plupart des mouvements de Résistance, notamment au MNPGD. Tumultueuse et insoumise, la nouvelle génération veut casser tous les fils avec le passé. Elle ne reconnaît pas les « pouvoirs établis », ceux que la France libre vient de substituer à ceux de l'État français.

Une scène illustre particulièrement bien cet état d'esprit de la jeune garde de la Résistance. Un jour, Marcel Haedrich, journaliste et patron avec Étienne Gagnaire du journal clandestin du MNPGD sous l'Occupation — intitulé *L'Homme libre*, comme celui de Georges Clemenceau — déjeunait à la brasserie Lipp, à Saint-Germain-des-Prés, avec François Mitterrand et le « colonel Patrice ». Ancien des Brigades internationales, Patrice Pelat a été l'auteur de quelques coups hardis contre l'occupant, ce qui a fait de lui une des figures de proue du MNPGD. Il admire Mitterrand qu'il fascine. Il est à la tête d'un « régiment », le Bataillon

1. *La nuit finira,* p. 489.

de la liberté (800 soldats), qu'il loge au château de Madrid. Un lieutenant-colonel de l'armée régulière l'a convoqué, le matin, aux Invalides pour lui demander des explications. Car, « pour nourrir son régiment, Pelat envoyait un groupe motorisé en Normandie, camion, mitraillettes, bons de réquisition ». Voici, selon Marcel Haedrich[1], comment le « colonel Patrice » raconta son entrevue :

« Vous savez pourquoi ce con me convoquait aux Invalides ? Il m'a montré un paquet de bons de réquisition [Patrice tapait de la cravache sur la table, on l'entendait jusqu'au fond du restaurant] : " Et alors ? C'est bien vous qui les avez signés, ces bons ? " demande ce con.

» Je lui dis : " Vous savez lire ? Qu'est-ce que vous lisez ici ? Vous lisez colonel Patrice, n'est-ce pas ? Et puisque vous m'avez prié de passer chez vous, vous savez que le colonel Patrice, c'est moi. Au fait, si vous êtes militaire, vous devez savoir qu'un lieutenant-colonel doit le respect à un colonel. Alors, debout, garde-à-vous ! " (Tout cela avec des sifflements par les narines froncées, le menton pointé vers François et encore des coups de cravache. Nous nous tordions, François et moi, non sans embarras). »

Que Mitterrand eût polémiqué et bataillé avec les chefs de la Résistance si Charles de Gaulle l'avait nommé commissaire du gouvernement provisoire, comme René Pleven et quelques autres, on se gardera bien de l'avancer. Ce qui est sûr, en tout cas, c'est d'abord que, dès son éviction, il se place tout de suite « à gauche », dans une position d'attente, hors des appareils, et qu'il s'en prend sur un ton de procureur aux potentats de la République naissante. C'est aussi qu'il continue de collaborer avec les communistes, mais sans jamais se laisser fasciner, sans se laisser intimider non plus.

Durant deux ans (1944-1946), François Mitterrand, l'œil aux aguets, rôde et cherche à s'ancrer quelque part. Il songe à s'inscrire au barreau. Il assure, pendant quelques

1. Marcel Haedrich, *Seul avec tous*, Laffont, p. 272.

mois, la direction d'une société d'édition qui publie la revue *Votre Beauté*. François Dalle, son ancien camarade de fac, est entré au groupe L'Oréal[1]. C'est lui qui l'a introduit dans l'affaire : « François rêvait d'éditer des livres. Mais, s'il s'assimilait très vite tous les problèmes, il n'était pas un homme d'entreprise. Il était trop indépendant pour cela[2]. »

Une hibernation ? Non. Car, pendant ce temps, Mitterrand continue à se frotter à la politique. Mais il paraît ne se diriger nulle part. Ses idées-forces ? Écoutons-le les déployer, dans une brochure intitulée *Les Prisonniers de guerre devant la politique*[3] qu'il publia à la fin de 1945 :

« Depuis 89, les citoyens des démocraties se sont habitués aux vieux slogans de la liberté et de l'égalité. Mais ils n'ont par perçu qu'à l'instant même où ils arrachaient la liberté, leur égalité politique, naissait l'époque de la machine. Et l'ère industrielle a pu tranquillement développer sous le couvert d'un libéralisme fort prisé un système monstrueux d'esclavage. Sans doute Lamartine avait-il quelque éloquence lorsqu'il célébrait le drapeau tricolore. Sans doute, puisqu'on l'applaudit. Mais il avait tort d'invoquer la liberté de l'homme qu'un ordre social mécanique reniait et brimait. En 48, on ajoute sur nos frontons le mot : fraternité. Et pendant ce temps, les enfants de moins de douze ans travaillaient quatorze heures par jour dans les charbonnages ou devant le métier Jacquard. Il est donc utile de remarquer que lorsque nous parlons de liberté, nous n'avons garde d'oublier qu'il ne s'agit point de liberté pour un honnête bourgeois de lire le journal qui lui convient. Ou plutôt qu'il s'agit de celle-là, mais après bien autre chose. La première liberté est celle de manger à sa faim. »

La légende d'un Mitterrand de droite à la Libération (elle a la vie dure) est sans fondement. Déjà, avec la même ardente véhémence qu'aujourd'hui, il use d'images

1. Comme le patron de L'Oréal, Eugène Schueller, avait été lié à Eugène Deloncle, un des chefs de la Cagoule, cela permit à l'extrême droite de nourrir, plus tard, une polémique facile.
2. Entretien de François Dalle avec l'auteur, février 1974.
3. *Op. cit.*

qui réapparaîtront, quelques années plus tard, en leitmotiv dans ses déclarations de chef de file de la gauche.

Déjà Mitterrand combat avec romantisme les hiérarchies, les abus, les injustices. Révolutionnaire de ton, il se dit hostile aux méthodes terroristes. Dans une conférence qu'il donne au Cercle des ambassadeurs, il cite le mot de Danton : « Je suis sans fiel, non par vertu, mais par tempérament » (11 mars 1793).

Est-il sans fiel le Mitterrand de ces années-là ? Il a en tout cas le goût du défi et l'humeur noire. Il excelle dans la polémique sulfureuse. Il est aux côtés des communistes dans des manifestations de prisonniers de guerre qui scandent : « Frenay, démission ! » Et dans lesquelles on entend parfois : « Frenay au poteau ! » Il s'en va défendre devant de Gaulle et avec fougue les droits de ceux qui sortent de captivité qui, dit-il, sont « lésés ».

A la lecture des éditoriaux qu'il écrivit dans le quotidien de son mouvement[1], *Libres,* Mitterrand paraît davantage porté au réquisitoire tous azimuts qu'à l'encensement des « pouvoirs établis ». Il arriva à la direction de ce journal lorsque Marcel Haedrich, soupçonné de vichysme par les communistes (le terrorisme politique se portait bien aussi chez les prisonniers de guerre), en démissionna. D'après Haedrich, Mitterrand lui téléphona quelques heures après qu'il eut quitté la rédaction en chef de *Libres :* « Le canard est sauvé, me dit-il, les cocos ne l'ont pas eu[2]. »

« Il en prenait la direction, non sans courage, ajoute Haedrich, car l'entreprise était vouée à l'échec dans les plus brefs délais. » Le tirage de *Libres,* quotidien du soir, abrité dans un immeuble sale et triste de la rue du Croissant, oscillait entre 40 000 et 80 000 exemplaires. La rédaction était politiquement divisée.

Georges Beauchamp, qui fut l'administrateur de *Libres :* « Et pourtant François a fait remonter les ventes. Mais le tirage est resté trop faible pour que nous survivions. Et puis, il n'était pas un très bon gestionnaire. L'intendance,

1. Le MNPGD était devenu la Fédération nationale des prisonniers de guerre. Elle fut d'abord présidée par Louis Devaux, futur responsable du CNPF, puis Jean Bertin, ami de François Mitterrand.
2. *Seul avec tous,* p. 326.

ça ne l'intéressait pas. » Au surplus, les conditions de travail ne l'enchantaient pas. Le journal sortait des presses à 10 h 30 du matin. Il fallait donc avoir écrit l'éditorial pour 6 h 30. Ce qui signifiait qu'il fallait arriver au journal à 5 heures. « Écrire, il aimait bien, dit Beauchamp. Mais pas à cette heure-là. »

Durant l'année 1945, Mitterrand s'est quand même très souvent levé tôt puisqu'il signa d'innombrables éditoriaux. Le plus souvent des brûlots. Le futur chef de file de la gauche apparaît à chaque ligne. Dans le ton, mais aussi dans ce style ample et brusquement cursif, qu'il aiguisera peu à peu. Ses cibles ? l'« establishment » et surtout les anciens ministres de la IIIe République.

L'éditorialiste de *Libres* se fait les dents sur Édouard Herriott : « A force de viser dans le juste milieu, nous avons fini par tirer trop bas[1]. »

C'est au tour d'Édouard Daladier : « M. Daladier déposant au procès Pétain, cela nous paraît une galéjade. Que dit M. Daladier ? Que Pétain est un traître, un défaitiste, un cagoulard. Voici qui nous intéresse. Mais il ajoute quelque chose comme : " Je le savais, depuis longtemps... je l'avais bien prévu " et, toutes nos larmes bues, nous avons, cette fois, une énorme envie de rire. Ainsi M. Daladier le savait. Ainsi tout le monde le savait[2]. »

Enfin, voici une pointe en direction de Pierre Cot, l'ancien ministre de l'Air du Front populaire : « « A la tribune de l'Assemblée consultative, le voici qui réclame pour les pays arabes une doctrine de libération, mais le ton qu'il emploie et les omissions qu'il commet nous font penser qu'il tenait davantage à se libérer lui-même du silence qui pesait sur lui depuis quelques années[3]. »

François Mitterrand ne se contente pas de brosser quelques portraits cruels des ex-ministres de la IIIe qui, à la Libération, tentent d'émerger, il s'en prend à l'ancien système en bloc : « La chance du fascisme fut dans la mollesse et la division des démocraties. La chance du

1. 18 juillet 1945.
2. 11 juillet 1945.
3. 21 juin 1945.

fascisme en France fut dans l'incohérence et la mesquinerie de notre démocratie [...]. La liberté, l'égalité, et la fraternité, qui furent et sont les grands mots d'ordre de nos révolutions, méritaient un peu plus qu'une inscription sur des frontons. A quoi bon les exalter si l'on ne sait pas les défendre ? Or, à la veille de cette guerre, on avait assisté à la liquidation du sursaut populaire provoqué précisément par le maintien sordide des injustices sociales et par le sentiment confus que la fraternité était autre chose que les classiques débordements pour comices agricoles[1]. »

L'analyse est courte, mais elle révèle que François Mitterrand souhaite, comme une large fraction de la Résistance, la mise en place d'une république égalitaire, populaire, voire socialiste. Et aussi d'un État fort. Or, que constate-t-il ? La classe politique a pris le chemin inverse. Le 1er août 1945, il écrit au nom des prisonniers de guerre et déportés : « Ce temps perdu, ces romans de couloir, ces intrigues en chambre, leur rappellent fâcheusement [aux déportés] une époque qui n'est pas si lointaine. La Bastille, pour eux, c'est la stérilité de nos institutions... La Bastille, pour eux, c'est l'argent insolent qui se pavane chez ceux pour qui les guerres sont du meilleur profit... Et cette Bastille-là, qui menace comme l'autre nos plus élémentaires libertés [...], ils sauront l'abattre sans recourir aux faiseurs de discours, aux fabricants de mythes... »

Tel est Mitterrand quelques mois avant de s'introduire dans le monde politique, au milieu des notables de cette France de l'entre-deux, qu'il honnit. Ses convictions ne sont pas différentes de celles qu'il défendra un quart de siècle plus tard. Entre-temps...

1. 26 mai 1945.

4. Personnage en quête d'auteur

François Mitterrand a vingt-huit ans. Il est un marginal, et sa marginalité lui pèse. Sous la Résistance, il était à la tête d'une organisation, il commandait des hommes. Au lendemain de la Libération, il n'a plus que quelques grands souvenirs en tête et il ne dirige plus rien (sauf *Libres,* un journal qui fait naufrage). Alors, comme ceux qui sortent de la Résistance, il rôde autour de la politique.

Il rôde, mais à distance : comme toute cette génération, il a de solides réticences à l'encontre des partis traditionnels. N'ont-ils pas sécrété, avant la guerre, ces « politiciens sans courage » qu'il brocarde, en 1945, parce qu'ils s'étaient appliqués à faire de la France « une nation moyenne de Français moyens » ? Sa présence dans le jeu politique, celle de ses camarades de captivité aussi, ne devrait-elle pas être, d'ailleurs « une accusation permanente contre leur incurie et leur débandade finale [1] » ?

Réfractaire aux appareils resurgis de la IIIe abhorrée, réfractaire aussi au parti communiste dont l'influence grandit dans le pays, François Mitterrand se tourne tout naturellement vers ceux qui, comme Frenay, Bourdet, Claudius-Petit ou Viannay, entreprennent de mettre sur pied un « parti de la Résistance ».

Ce parti, il est là, en puissance, avec le MLN (Mouvement de libération nationale). C'est un conglomérat issu des MUR (mouvement de la zone Sud, avec Combat, Franc-Tireur, etc.), auxquels se sont jointes des organisations comme Défense de la France. Le MLN est, au début de 1945, une formation aussi importante que le parti

1. *Les Prisonniers de guerre devant la politique.*

communiste. A ce moment-là, « l'esprit de la Résistance » séduit. Mais c'est seulement une force morale : le MLN n'a pas, pour le lier, de ciment idéologique. Il n'est qu'un enjeu que se disputent les partis.

Les communistes, pour commencer, ont lancé une offensive de grande envergure : lors du premier congrès du MLN à la Mutualité, en janvier 1945, militants et « sous-marins » du Parti (Maurice Kriegel-Valrimont, Emmanuel d'Astier de La Vigerie, etc.) se sont battus pour la fusion du Mouvement et du Front national, sous l'influence du PCF. Leur arrière-pensée était de noyer — noyauter ? — toute la Résistance dans une variante de « l'union du peuple de France » — « le front français » — lancée par Maurice Thorez, dès 1936. Bref, ils voulaient constituer un magma que le PCF aurait pu dominer sans grande difficulté.

C'est André Malraux, lieutenant-colonel de la brigade Alsace-Lorraine, qui a mené la charge contre les communistes et les « communisants » lors de ce congrès. « Vareuse kaki à cinq galons, baudrier, bottes de cheval [1] », il a porté l'estocade aux partisans de la fusion dans un discours très virulent. François Mitterrand fut d'accord, pour une fois, avec l'auteur de *La Condition humaine,* tout comme la grande majorité du MLN — de l'aile gauche (Gaston Defferre, Francis Leenhardt, André Philip, etc.) aux « modérés » du mouvement menés par Eugène Claudius-Petit, le président.

Maintenant que les ponts sont coupés avec le PCF, que peut faire le MLN ? Il n'y a pas cent solutions. Ou bien le Mouvement adhère, en bloc, à la SFIO ; c'est le vœu de Daniel Mayer, secrétaire général de la SFIO. Ou bien il devient une organisation liée, par un pacte d'unité d'action, au parti socialiste — perspective qui serait au goût de Léon Blum. Ou bien, enfin, il se transforme en un parti « travailliste » concurrent de la SFIO ; c'est le projet que caresse une fraction importante du MLN, derrière Eugène Claudius-Petit.

François Mitterrand hésite. Il comprend que ce grand

1. Jean Lacouture, *André Malraux*, Le Seuil.

parti de la Résistance unanimiste et révolutionnaire, auquel il aspirait, n'était qu'une chimère : en quelques mois, le MLN s'est divisé ; son crédit s'est effrité. Mitterrand adhère cependant à l'UDSR (Union démocratique et socialiste de la Résistance) qui naît, le 25 juin 1945, d'un accord entre le MLN, Libération-Nord, d'obédience socialiste, et l'OCM (Organisation civile et militaire).

Pourquoi a-t-il adhéré ? L'explication est sans doute dans une conversation qu'il eut à cette époque, à Cannes, avec son compagnon de Résistance, Pierre Merli, qui la résume ainsi : « On n'a pas le choix, disait François. Impossible d'entrer au parti radical, après 1938, après la honte de Munich. Difficile d'entrer au parti socialiste. On y sera tout de suite étouffé par les caciques. Il ne reste plus que l'UDSR[1]. »

A l'UDSR, Mitterrand est de ceux qui, comme Claude Bourdet, grand bourgeois à l'intelligence aiguë, préconisent un accord entre leur parti et la SFIO. Ils aimeraient, au fond, que leur formation soit au parti socialiste ce que l'Union progressiste sera bientôt au PCF. Mais voilà : Les socialistes commencent à avoir le vent en poupe. Dans leur direction, quelques-uns, et non des moindres, se refusent à tout compromis avec l'UDSR. Leurs arguments ? « Le caractère de classe » de l'UDSR qui ne compte que des « éléments de la bourgeoisie ». Le plus acharné de ces puristes anime l'« aile gauche » du parti socialiste, il se gargarise de rhétorique marxiste, il s'appelle Guy Mollet. Le même qui, quelques années plus tard, déshonorera le socialisme dans la guerre d'Algérie.

Le 21 octobre 1945, à l'élection de la première Assemblée constituante, l'UDSR est laminée. La tendance « réaliste » (et droitière) du parti a donc beau jeu de proposer aussitôt une alliance avec le parti radical, malmené, lui aussi, par les électeurs. C'est la thèse que défendent René Pleven et Eugène Claudius-Petit. Ils obtiendront gain de cause.

Henri Frenay et Claude Bourdet sont contre cette alliance. Ils expliquent qu'elle permettrait au parti radical

1. Entretien de Pierre Merli avec l'auteur, décembre 1975.

qui n'a pas précisément brillé dans la Résistance de bénéficier de la caution de l'UDSR résistante. Ils ajoutent qu'ils ne se sont pas battus, durant l'Occupation, pour servir d'alibi à un vieux parti discrédité. Ils s'en iront, finalement.

Mitterrand, lui, d'accord avec Frenay et Bourdet, ne quitte pas l'UDSR. Il se contente simplement de prendre ses distances. Il lui arrive ainsi de participer aux travaux du groupe Octobre, groupe d'extrême gauche fondé par Henri Frenay et Claude Bourdet avec Daniel Nat et Maurice Laval, un philosophe et un journaliste marxistes.

Claude Bourdet : « Au lieu de jouer la carte parlementaire, on avait décidé de promouvoir une force socialiste neuve et de mettre sur pied une doctrine. On sacrifiait le présent et l'on travaillait pour le long terme. On savait que ce serait une longue marche. François Mitterrand, qui suivait avec intérêt ce que nous faisions, l'a peut-être jugée trop longue pour lui[1]. »

Après quelques semaines, en effet, Mitterrand cesse de bouder l'UDSR. On peut trouver toutes sortes d'explications à ce « retour ». La plus sérieuse est sans doute qu'il pensait pouvoir, un jour, imprimer sa marque sur ce parti : c'était peut-être un modeste instrument politique, mais un instrument à sa portée. D'après Pierre Merli, un des hommes de l'UDSR dans le Midi, François Mitterrand « sut, très vite, qu'il en serait le chef. Il sentit tout de suite qu'il pourrait s'y imposer facilement » (en observant le tandem Pleven-Claudius ?).

Il est sûr, en tout cas, que Mitterrand ne pouvait être attiré par l'UDSR pour elle-même. Qu'était-elle, en effet, sinon un parti saugrenu comme on put seulement en improviser dans ce charivari que fut l'après-Libération. On y trouve de tout, en 1946. Des gaullistes : ainsi Jacques Baumel, René Capitant. Des socialistes : tels Francis Leenhardt ou Bastien Leccia. Des modérés, enfin, comme René Pleven ou Eugène Claudius-Petit. La politique française, pourtant riche en inventions, donna rarement naissance à pareil bric-à-brac. L'UDSR rappelle irrésistible-

1. Entretien de Claude Bourdet avec l'auteur, janvier 1976.

ment les bancs des non-inscrits à l'Assemblée nationale où l'on a toujours trouvé une poignée d'hommes singuliers, souvent hauts en couleur et venus de tous les horizons.

C'est donc sur cette tribune insolite qu'a pris place Mitterrand, au dernier rang. Sans entrain. Mais, apparemment, il sait où il va. Pour lui, semble-t-il, l'UDSR n'est rien d'autre qu'un parti ouvert à tous les vents qui doit lui permettre de se faufiler, sans trop se renier, dans les couloirs du pouvoir parlementaire.

Il faut maintenant se faire élire député. D'abord, il doit obtenir une investiture et, pour cela, faire le siège des caciques. Ils sont durs à convaincre. Mitterrand envoie le mirobolant « colonel Patrice », très célèbre au lendemain de la Libération pour ses faits de Résistance, convaincre Avinin et Claudius-Petit. Patrice Pelat s'entend répondre par les deux, en chœur : « Dis, ton Mitterrand, il n'est pas connu, tu sais. »

L'inconnu se présentera quand même dans le 5e secteur de la Seine qui va de Boulogne-Billancourt à Neuilly. Il sera même tête de liste. Son étiquette : le RGR, Rassemblements des gauches républicaines, qui regoupe l'UDSR et le parti radical. Petit problème : les radicaux ont passé avec le PRL (Parti républicain de la liberté) d'Edmond Barrachin, mouvement très conservateur, un accord pour empêcher les doubles candidatures. Ledit Barrachin est justement candidat dans le 5e secteur. On prie Mitterrand de se retirer. Henri Queuille, chef radical, le convoque : « Mon petit, il y a des moments où il faut savoir se sacrifier. » Mais François Mitterrand se maintient. Le 2 juin 1946, il est battu. Il ne fera donc pas partie de la seconde Assemblée constituante.

Qu'importe. On l'a remarqué : sans moyens, sans assises, il a réalisé un score honorable. En octobre 1946, avant les élections législatives, Henri Queuille fait venir ce jeune homme têtu qui, voici peu, lui tenait tête, et lui dit en substance : « Le Rassemblement des gauches n'a de candidats ni dans la Vienne ni dans la Nièvre. Choisissez le département que vous préférez. » Il faut faire vite. Deux jours plus tard, ce sera la clôture des inscriptions sur les listes électorales. Mitterrand examine les résultats des scrutins précédents dans les deux départements et, le lendemain, dit à Queuille : « Je prends la Nièvre. »

C'est le jour même de la clôture des inscriptions qu'il débarque à Nevers. Il a juste quelques heures pour former sa liste. Il prend, au hasard, un conseiller général, un agriculteur, un instituteur. A 11 heures du soir, il arrive à la préfecture pour s'inscrire. Le préfet (un socialiste) refuse sa candidature. « Et la loi ? », proteste Mitterrand. « La loi, fait le préfet, elle ne fonctionne pas pour vous. Vous n'êtes pas d'ici, vous venez troubler le jeu. » Mitterrand s'insurge : « C'est un scandale ! » Et il téléphone à toutes ses « relations » parisiennes. A minuit moins le quart, le préfet cède. Il enregistre sa liste.

Alors, jusqu'au 10 novembre 1946, date des élections, Mitterrand ratisse le département en tenant au moins quatre réunions publiques par jour. Il perd souvent son chemin ou se trompe de village. Il n'en impose guère avec sa voiture fourbue et sans cocarde, qui tombe tout le temps en panne. Il n'a ni parti ni réseau de notables derrière lui. Logiquement, il devait perdre. Il sera élu assez facilement. Avec 25 % des suffrages, sa liste arrive en seconde position derrière celle du PC (33 %) et devant celle de la SFIO (24 %).

Mitterrand : « J'ai été élu, j'en conviens, avec des voix extrêmement mélangées, sans adversaire de droite : donc des gens de droite ont voté pour moi. Voilà ma légende d'homme de droite [1]. »

Légende ? L'argumentation politique qu'il développe devant ses électeurs, en 1946, n'est apparemment pas destinée à convaincre les électeurs de gauche. Dans la profession de foi de la « Liste commune d'action et d'unité républicaine » qu'il conduit, on chercherait en vain des perspectives socialistes. On y retrouve au contraire les

1. Interview dans *L'Expansion,* juillet-août 1972.

leitmotive des modérés lors de ces élections. Son programme : « Non à la faillite, non à la vie chère, non à la gabegie administrative, non aux nationalisations, non à l'installation du PC au pouvoir, ce parti que Léon Blum appelait dans son livre *A l'échelle humaine* un " parti nationaliste étranger ". »

En 1946, beaucoup croyaient à une prise du pouvoir, à terme, par le PC. Et Mitterrand n'a pas hésité à jouer sur ce thème, payant dans les campagnes du Morvan. Banalement anticommuniste, son programme n'est pas pour autant strictement conservateur. Il préconise ainsi « que les droits économiques et sociaux des travailleurs soient respectés ainsi que leurs libertés syndicales ». Il faut aussi, ajoute-t-il « que l'Union française des territoires d'outre-mer se réalise dans le respect des droits des peuples ».

Élu de la droite, ce nouveau député pouvait-il défendre une politique de gauche ? Et qu'avait-il encore en commun avec le capitaine Morland ou l'éditorialiste de *Libres ?* A première vue, il n'y a pas de continuité entre le Mitterrand d'avant novembre 1946, rebelle aux pouvoirs établis, et le Mitterrand d'après, gestionnaire du système — mais un gestionnaire de progrès. Il y a même un tournant.

Il est clair que François Mitterrand s'est déguisé en modéré, l'espace d'une campagne électorale, pour décrocher un siège de député dans le Morvan. Sans doute a-t-il transigé beaucoup pour accéder au Palais-Bourbon en dehors duquel les hommes politiques ne sont (sauf rares exceptions) que des fantômes.

Mais s'est-il renié ? A-t-il trahi ses idéaux révolutionnaires de la Résistance ? François Mitterrand est passé, en quelques semaines, de la mystique à la politique. Sans doctrine, juste avec quelques intuitions nobles et ardentes, on l'a vu, il s'en est allé à la conquête de la IVe République. Un conquérant sans boussole, ça s'égare. L'ancien chef du MNPGD n'a pas de boussole idéologique. Il paraît imperméable à toute forme de raisonnement théorique, à toute forme d'analyse économique. Il avance donc au petit bonheur...

On peut dauber sur son impatience à participer à la IVe. Mais, avant de s'enfoncer dans les jeux parlementaires, la nouvelle République avait pris, à la fin de l'année 1946, le visage assez avenant de Léon Blum, nouveau chef du gouvernement. On peut aussi lui reprocher son revirement. Mais il s'explique, en partie, par son inexpérience politique, sa pauvreté idéologique. Ce qui frappe le plus, en réalité, c'est son adhésion au RGR (Rassemblement des gauches républicaines) dont il a reçu l'investiture en 1946 et en 1951.

On a dit que le RGR était un mouvement d'hommes de droite siégeant au centre. Ce n'est pas faux. Pas tout à fait. Comité électoral et centre de coordination politique, le RGR réunit le parti radical, l'UDSR et quatre petits partis parmi lesquels l'Alliance démocratique de Pierre-Étienne Flandin, ex-ministre de Philippe Pétain, ancien président du Conseil de la IIIe, et le Parti républicain social de la réconciliation française, mouvement qui pratique le culte du colonel de La Rocque, ce comte qui réussit le tour de force d'être en même temps pétainiste et antivichyssois, voire résistant.

A la vérité, le RGR, n'est qu'une coalition hétéroclite de conservateurs en demi-teinte et d'ex-résistants avides de responsabilités. Bref, un « regroupement centriste », comme l'écrira Jacques Fauvet[1]. Les uns, qui paient les errements de la IIIe (les premières élections de l'après-guerre ont balayé la droite), cherchent à reprendre pied au Parlement en se mettant dans le sillage des hommes de la France combattante. Les autres, qui n'ont pas réussi, souvent par individualisme, à s'ancrer dans un parti de masse, comptent faire leur chemin en s'appuyant sur des aînés pleins d'expérience.

Tous sont ligués contre le « tripartisme », né avec l'année 1946. Le 24 janvier, en effet, les trois grands partis (le MRP, le PCF et la SFIO) ont signé un protocole d'accord, pour se partager le pouvoir. Démocrates-chrétiens, communistes et socialistes se sont engagés à « éviter dans les controverses orales ou écrites toute polémique de caractère offensant » et à développer « un esprit de solida-

1. Jacques Fauvet, *De Thorez à de Gaulle, les forces politiques en France*, éditions du « Monde »

rité loyal ». Moyennant quoi, ces trois partis « trustent » les ministères...

Le RGR, qui représente 12 % des suffrages, demande sa part, sous la conduite de naufragés de la IIIe (Édouard Daladier, l'homme de Munich, est le président du RGR), et d'« ultras » du conservatisme (Jean-Paul David, futur patron de Paix et Liberté, officine anticommuniste, est le secrétaire général du Rassemblement). François Mitterrand et Pierre Mendès France ont-ils accepté de gaieté de cœur un tel parrainage ? On a peine à le croire.

C'est qu'en effet il fait partie de cette génération de la Résistance qui a rêvé, comme Pierre Brossolette, SFIO et résistant hors pair, mort entre deux interrogatoires de la Gestapo, de réinventer la politique, de changer les mœurs, de promouvoir un grand parti appelant à la rupture avec le capitalisme — le PS d'après Épinay, en somme...

Mais ce rêve a fait long feu. Quelques mois après la Libération, tout recommençait comme avant. Au point que les quatre présidents de cette IVe qui venait au monde étaient tous les quatre d'ex-routiers de la IIIe République. Vincent Auriol, nouveau président de la République, est député depuis 1914. Édouard Herriot, président de l'Assemblée nationale, a été maintes fois ministre. Auguste Champetier de Ribes, président du Sénat, est un parlementaire chevronné. Quant à Paul Ramadier, président du Conseil, c'est un cacique de la SFIO. Élu d'un Rassemblement des gauches qui rappelait les temps anciens, ceux qu'il avait dénoncés d'une plume furibonde, François Mitterrand allait pousser sa logique jusqu'à participer à cette IIIe *bis*, dominée par les socialistes, les communistes et les républicains populaires.

La biographie ministérielle de Mitterrand commence le 22 janvier 1947 lorsqu'il est appelé par Paul Ramadier au ministère des Anciens Combattants, dans le premier gouvernement de la IVe République. Paul Ramadier est un homme à la démarche et à l'éloquence lourdes, ministre éphémère de la IIIe République et résistant de la première heure. C'est à l'unanimité des 549 votants que l'Assemblée nationale lui a accordé sa confiance. Tout le monde aime bien ce franc-maçon très cultivé, grand bûcheur et grand mangeur, qui lit le grec dans le texte. Mitterrand aussi.

Pour la formation politique de François Mitterrand, la participation au gouvernement Ramadier est capitale. Il y côtoie en effet des ministres communistes : Maurice Thorez à la vice-présidence du Conseil, François Billoux à la Défense nationale, Charles Tillon à la Reconstruction, Ambroise Croizat au Travail et Georges Marrane à la Santé publique. C'est toujours le règne du « tripartisme » puisque la SFIO et le MRP occupent avec le PCF les leviers de commande du ministère : les socialistes Édouard Depreux (Intérieur) et André Philip (Économie nationale) voisinent avec les républicains populaires Georges Bidault (Affaires étrangères) et Robert Schuman (Finances). Pour parachever ce tableau idyllique, les trois partis ont octroyé quelques ministères à des radicaux, comme André Marie, à des indépendants, comme Louis Jacquinot, et à des UDSR, comme François Mitterrand.

Bref, c'est un gouvernement d'Union nationale : les principaux partis, de l'extrême gauche à la droite, y sont représentés. Les principaux partis, mais pas le général de Gaulle qui s'apprête à lancer le Rassemblement du peuple français, et à réclamer un État, un vrai, « dont la tête en soit une ».

Déjà fragile, l'édifice gouvernemental est mis à rude épreuve par les affaires coloniales (la guerre d'Indochine qui commence, la sanglante insurrection de Madagascar, des troubles au Maroc) et les difficultés économiques : en un an, les prix de détail ont doublé et le déficit de la balance commerciale se creuse à vive allure. La France est au bord de la banqueroute.

Le « tripartisme », lui, est au bord de la rupture. Le 23 janvier, à son arrivée au ministère des Anciens Combattants, dans un petit hôtel particulier de la rue de Bellechasse, François Mitterrand peut mesurer les contradictions qui pèsent sur le cabinet Ramadier. Le socialiste Max

Lejeune, son prédécesseur, succédant au communiste Laurent Casanova, a découvert que celui-ci avait constitué un formidable parc automobile qui servait à transporter les militants du PC dans les manifestations. Après qu'il eut tenté de procéder à une remise en ordre, la CGT a lancé un mouvement de grève.

Le ministère dont François Mitterrand vient prendre possession, ce jour-là, est occupé par les militants du PC. Le piquet de grève le laisse entrer avec un seul de ses collaborateurs, Georges Beauchamp, son chef de cabinet. Et le voilà qui s'installe dans les lieux. Mais le vrai patron de l'endroit, c'est Zimmerman, le responsable de la CGT. Le député de la Nièvre ne tarde pas à s'en apercevoir. Dans son bureau, il y a vingt-cinq personnes et quelques lits où dorment les grévistes. Sa secrétaire est, bien entendu, communiste. Toutes ses communications téléphoniques sont écoutées. Pendant une journée, le personnel maintient prisonnier le nouveau ministre.

Mitterrand ne se laisse pas intimider. Le 24, après une difficile négociation, il parvient à faire sortir Georges Beauchamp, lequel publie alors — sous la signature du ministre — un arrêté révoquant tous les responsables des départements en grève et nommant à leur place les présidents d'associations de prisonniers. Aussitôt, aux Anciens Combattants, c'est la consternation : les vieux routiers du parti communiste se frottent les yeux, ils n'en reviennent pas. L'aspirant-ministre aurait donc du nerf. Maintenant, il faut le faire reculer, et d'abord le persuader qu'il vient de commettre une grave erreur. Zimmerman, grave et résolu, se rend dans le bureau de Mitterrand, à la tête d'une imposante délégation. Et c'est ce bref échange :

Zimmerman : « Vos méthodes sont absolument inadmissibles. C'est un véritable coup de force. Je vous préviens que nous ne nous inclinerons pas... »

Mitterrand : « Écoutez, je n'accepte pas que vous me parliez sur ce ton. L'audience est terminée, vous pouvez disposer [Mitterrand se lève]. Revenez quand vous serez dans de meilleures dispositions. En attendant, adressez-vous à mon directeur de cabinet. »

Le doute n'est plus permis : le PC et la CGT ont en face d'eux un interlocuteur coriace. Ce 24 janvier, ils décident donc de céder. Et ils acceptent le marché que le ministre leur propose : les révocations sont ajournées à condition que le travail reprenne dans les vingt-quatre heures. Dans les mois qui suivent, Mitterrand écartera quelques communistes. Question d'équité. Le PC avait investi toutes les directions du ministère. Et l'inspecteur général lui-même était communiste.

Pour cette difficile épreuve, le novice a su se tirer d'affaire. Et, la grève achevée, il est devenu un des ministres en vue de la IVe. Désormais le monde politique prêtera davantage attention au député de la Nièvre.

Le mercredi 5 février, en pénétrant dans la salle du Conseil des ministres, Mitterrand s'attend un peu à être pris à partie par les ministres communistes. Mais non. Maurice Thorez, bienveillant, s'approche de lui et dit : « Je vous comprends. Il y a des choses que l'on doit faire quand on est au gouvernement, vous avez bien fait. — Je ne suis pas votre ennemi, vous savez, répond Mitterrand. Mais il m'était absolument impossible d'accepter d'être ministre dans de telles conditions. » Court dialogue qui ne l'empêchera pas d'être morigéné (avec modération, il est vrai) par *L'Humanité,* huit jours plus tard : « Mitterrand, écrit le quotidien du PC, suit son prédécesseur Max Lejeune et va même au-delà de ce que celui-ci avait voulu en matière de licenciements. » Une comparaison avec Max Lejeune était, déjà, un mauvais compliment.

Que François Mitterrand ait été l'objet, à quelques jours d'intervalle, des amabilités de Maurice Thorez et des fulminations de *L'Humanité,* on ne s'en étonnera pas. Il faut y voir la marque des flottements du PCF durant la période de sa participation au gouvernement Ramadier. Les communistes, en effet, sont partagés entre deux soucis contradictoires.

D'abord, ils entendent rester au pouvoir et prouver que leur parti est un parti de gouvernement. Pour cela, par exemple, Maurice Thorez n'a pas hésité à déclarer, en 1945, que l'on « délivre trop de billets de maladie sans raison valable », chez les mineurs[1]. Le secrétaire général du Parti se plaît, de toute évidence, dans ses fonctions de vice-président du Conseil. Et *L'Humanité* souligne complaisamment son « œuvre » à la tête de l'État. Ensuite, la direction du Parti, consciente du mécontentement qui grandit dans l'opinion, hésite à jouer à fond le jeu gouvernemental. D'autant plus qu'elle est contre la guerre menée par le cabinet Ramadier en Indochine.

Résultat : les chefs du PCF, s'ils prennent parfois leurs distances avec la politique de Ramadier, cherchent toujours à sauvegarder la solidarité gouvernementale — ses apparences, du moins. Bref, ils pratiquent le double jeu : c'est ainsi que les ministres communistes votent la question de confiance posée par Paul Ramadier à propos des crédits militaires, tandis que les députés du Parti s'abstiennent.

Mais deux événements vont précipiter le processus de rupture entre le PCF et ses partenaires. Il y a, pour commencer, la conférence de Moscou qui s'est terminée sur un échec, le 24 avril : elle a révélé tout à coup au grand jour le précipice qui sépare deux mondes et deux articles de foi, l'Est ou l'Ouest. Il y a aussi la grève qui éclate, le 25 avril, chez Renault, aux ateliers 6 et 18 du secteur Colas, à l'île Seguin. Les ouvriers demandent une augmentation de 10 francs de leur tarif horaire. Quelques trotskistes animent le mouvement. La CGT et les militants communistes le combattent, dans un premier temps, mais le reprennent en main quand il s'étend dans toute l'usine. Le 29, le bureau politique du PCF approuve les « légitimes revendications » des salariés. Non, le Parti ne se laissera pas doubler sur sa gauche.

Au Conseil des ministres du 1er mai, Maurice Thorez déclare que son parti se désolidarise totalement de la politique des salaires et des prix pratiquée par le gouvernement. A la sortie, il échange quelques mots avec le président de la République. « Très ému, rouge, note Vincent Auriol dans son minutieux *Journal* posthume, il

1. Déclaration rapportée par Philippe Robrieux dans *Maurice Thorez*, Fayard, ouvrage capital pour qui veut comprendre cette période.

me dit : “ Je ne peux plus rien faire, j’ai fait ce que j’ai pu, je suis maintenant au bout de mon rouleau ”, et à ce moment, j’ai vu des larmes dans ses yeux[1]. » Le 4 mai, les ministres communistes sont démissionnés par le président du Conseil. Sans le PCF, sans le RPF que vient de créer le général de Gaulle et qui combat le régime, le gouvernement Ramadier poursuit son cours, appuyé maintenant sur la « troisième force ».

C’est le vrai début de la République de ces « petits partis » qui, comme l’a dit de Gaulle, « cuisent leur petite soupe au petit coin de leur feu » : François Mitterrand, encore et toujours ministre des Anciens Combattants, est là pour son avènement.

1. Vincent Auriol, *Journal du septennat,* Armand Colin, tome I, p. 210.

5. La guerre froide

Il est ministre, il habite Auteuil, avenue du Maréchal-Lyautey, il a l'oreille de ses chefs de gouvernement : que peut-il chercher de plus alors qu'il vient à peine d'entrer au Parlement ? De la considération. Parce qu'il est tout de suite suspecté, à tort ou à raison, d'opportunisme, d'arrivisme. Comme tous ceux qui ont trop vite fait leur chemin, François Mitterrand suscite pas mal de réticences au Palais-Bourbon comme dans son département. Cet écho, en première page de *Socialisme,* journal de la SFIO dans la Nièvre, en mars 1947, en dit long :

« Samedi, de 8 h 30 à 12 h 30, le centre de la ville [de Nevers] était en état de siège : pendant quatre heures, la circulation fut interrompue. Mais qu'attendait-on avec tous ces agents en gants blancs et cette demi-compagnie de soldats pour rendre les honneurs ? Un haut personnage ? Eh bien, non, chers lecteurs, c'était tout simplement M. Mitterrand, député de la Nièvre, que le hasard a fait provisoirement ministre des AC. Les contribuables nivernais pensent qu'il serait utile qu'au moment où il est si difficile d'équilibrer le budget, où l'on ne peut donner le minimum vital aux " économiquement faibles ", les ministres devraient donner l'exemple et s'abstenir de mascarades semblables. »

A trente et un ans, François Mitterrand se plie aux usages. Il paraît rechercher avant tout la notoriété, la respectabilité, la réussite sociale. Il les obtient. A entendre sa rhétorique, à le regarder avec ses airs réfléchis, circonspects, on se dit qu'il n'est pas si différent de la classe politique qui l'honore. De janvier 1947 à octobre 1949, Mitterrand reste d'ailleurs amarré aux gouvernements : ce n'est pas rien. Tandis que la France perd pied dans la guerre froide, tout comme les cabinets Ramadier, Schuman, Marie et Queuille, qui tombent les uns après les autres, il fait partie, avec Jules Moch ou Pierre Pflimlin, de la catégorie très jalousée des ministres « perdurables », ceux que l'on garde.

Certes, en 1948, il est arrivé à François Mitterrand de refuser un ministère — celui de l'Intérieur — dans un gouvernement Robert Schuman qui ne fut pas, soit dit en passant, investi par l'Assemblée nationale. Seulement, il ne le refusa pas de sa propre volonté. Il le refusa parce que le groupe parlementaire de l'UDSR le lui avait demandé. « Pourquoi vous a-t-on choisi, vous justement ? », tempêtait Eugène Claudius-Petit devant les députés du mouvement.

Pourquoi lui, en effet ? Sans doute parce qu'il savait se mouvoir avec prestance dans le grand tohu-bohu de l'après-Libération : la IVe République naissante (mais déjà fourbue) a tout de suite trouvé en lui un de ses hommes forts, un homme ouvert et habile qui ne flanchait pas devant l'épreuve.

A ce moment-là, il a quasiment rompu avec le Mitterrand de la Libération, celui qui évoquait « la justice sociale menacée par les oligarchies financières, par les routines conservatrices, par la coalition de tant d'intérêts camouflés sous des principes d'ordre et de stabilité, et qu'une volonté révolutionnaire pourra seule imposer [1] ». Il fait maintenant cause commune, tout comme la SFIO, avec les modérés pour endiguer le PCF en tempête. S'est-il renié pour autant ? On se gardera de l'affirmer.

Pour comprendre l'attitude de François Mitterrand, il faut imaginer le climat de la fin des années 1940. La France, et pas seulement celle des nantis, est transie devant cette armée Rouge qui, comme le dira Charles de Gaulle, n'est « qu'à deux étapes du tour de France cycliste ». Elle est transie aussi face au PCF qui applaudit à toutes les machinations staliniennes, du coup de Prague aux procès des blouses blanches et qui dira solennellement : « Le

1. *Les Prisonniers de guerre devant la politique.*

peuple de France ne fera pas, il ne fera jamais la guerre à l'Union soviétique » (déclaration du bureau politique, le 30 septembre 1948). Elle est transie, enfin, devant la montée des conflits sociaux qui prennent, souvent, un tour insurrectionnel.

C'est en ministre que François Mitterrand vit ce qu'on a appelé « l'année terrible », de 1947 à 1948. « Terrible », parce que la toute-puissante CGT qui bloquait jusqu'alors tous les mouvements revendicatifs, dénonçant à tout bout de champ les « hitléro-trotskistes », a repris l'agitation à son compte et multiplie les mouvements de grève, dans les mines notamment. « Terrible », parce que le PCF, après la réunion du Kominform qui s'est tenue en Pologne[1], a découvert que les socialistes sont les « valets du capitalisme américain. Le « Parti » est entré sans crier gare dans l'ère du pavlovisme jdanovien — du nom de Jdanov, « ministre de la Culture » de Staline. Il s'en prend sans discontinuer au « parti américain de Blum à de Gaulle », c'est-à-dire à toute la classe politique, sauf lui.

François Mitterrand entend faire face, et avec autorité. En novembre 1947, alors que les prix galopent et que les files d'attente s'allongent devant les magasins mal approvisionnés, la vague revendicative enfle, les grèves, les violences et les sabotages se multiplient dans les usines. Comme il contrôle de moins en moins la situation, le gouvernement Schuman décide le rappel du contingent 46-2 et propose, le 29 du même mois, à l'Assemblée nationale, le rappel de 80 000 hommes, ainsi qu'un projet garantissant la liberté du travail (contre les piquets de grève). Ces mesures d'ordre, notre ministre des Anciens Combattants les a approuvées sans restriction, en Conseil des ministres, allant même jusqu'à demander à Daniel Mayer, ministre du Travail, et aux autres adversaires du plan gouvernemental, « de faire connaître les autres moyens dont disposent les pouvoirs publics pour atteindre le même résultat[2] ».

Ce jour-là, c'est la tempête au Parlement. Jacques Duclos, député communiste, qui d'ordinaire se contente de

1. Du 22 au 27 septembre 1947.
2. *Journal du septennat*, tome I, p. 594.

hurler finement « *Heil Hitler* » quand le président du Conseil, Robert Schuman, pénètre dans l'hémicycle, pousse le bouchon un peu plus loin cette fois-ci, en hurlant à l'adresse du gouvernement tout entier, Mitterrand compris, donc : « Chiens couchants ! Salauds ! [...] Le président du Conseil est un ancien officier allemand. C'est un boche, ce président du Conseil[1]. A bas les boches ! Vive la République ! »

Un grand vent de folie souffle sur l'hémicycle. D'une voix blanche, pathétique, au milieu des interruptions, Jacques Duclos accuse le gouvernement d'organiser lui-même des provocations et des sabotages dans les usines afin de créer un climat favorable, comme en 1893 et 1894, au vote des « lois scélérates ». C'est la police qui, dit-il, « arma le bras d'un dénommé Vaillant qui vint jadis jeter une bombe dans l'hémicycle de la Chambre des députés ». C'est un homme « en liaison avec les milieux policiers », pas un communiste, Gorguloff, qui assassina le président Doumer. C'est Goering qui, souligne-t-il, fut « le véritable incendiaire du Reichstag ».

Alors Mitterrand : « Je suis étonné de la nouvelle. Je ne savais pas que M. Benoît Frachon[2] pût être assimilé à Gorguloff, Vaillant à Goering. »

Jacques Duclos : « Qu'est-ce que cela veut dire ? »

Maurice Thorez : « Provocateur ! Vous parlez comme Goering ! »

A l'extrême gauche : « C'est une honte ! »

Florimond Bonte, député communiste de Paris : « Vous insultez les militants ouvriers ! »

Waldeck Rochet : « Retirez vos paroles, provocateur ! »

Florimond Bonte : « Monsieur le ministre des Anciens Combattants fait partie d'un gouvernement de faussaires et d'escrocs. » [Vives protestations à gauche, au centre et à droite.]

Parce que Jacques Duclos avait, à la tribune, « désavoué

1. Robert Schuman était lorrain. Or la Lorraine était rattachée à l'Allemagne avant 1918. Schuman fut donc soldat allemand. Ce qui ne l'empêcha pas de participer activement à la Résistance, lors de la Seconde Guerre mondiale.

2. Secrétaire général de la CGT.

les actes de sabotage » commis, selon lui, par le ministre de l'Intérieur, François Mitterrand poursuit dans le brouhaha : « Vous me permettrez de penser, monsieur Duclos, que vos paroles à l'égard de monsieur Jules Moch constituaient une insulte. » [Vives interruptions et bruit à l'extrême gauche.]

Auguste Lecœur : « Vous n'avez pas le droit de comparer Benoît Frachon, héros de la Résistance, à Jules Moch, bas policier. »

Maurice Thorez, encore : « Provocateur ! »

Rien ne l'a contraint de monter à l'assaut du parti communiste, ce jour-là. Mitterrand l'a fait spontanément. L'hystérie verbale qui saisit alors le PCF l'exaspère. Pis : elle le scandalise quand le Parti s'en prend, à coups de vociférations, à cet homme doux qu'est Robert Schuman, et qu'il estime. Mais lui qui, voici deux ans seulement, chantait les libertés et « la première de toutes : la liberté de vivre en mangeant à sa faim [1] », peut-il perdre de vue que le monde ouvrier manque à ce moment-là du strict nécessaire et que, dans plusieurs villes, la disette a même provoqué des émeutes ? Peut-il ignorer que la crise nerveuse du parti communiste n'a pas seulement été décidée par le Kominform, mais qu'elle a été provoquée aussi par le « ras-le-bol » d'une partie de la classe ouvrière ? S'il n'ignore sans doute point tout cela, à l'évidence, le PCF lui répugne ou l'indigne tour à tour.

Mitterrand est-il anticommuniste ? Il l'est, bien sûr, mais sans frénésie. Pas d'incantations, chez lui. Pas d'abjurations non plus. Il répond toujours point par point au PCF, le plus souvent avec une ironie cassante.

Quand on lui demande quel était alors son état d'esprit, il dit [2] : « J'avais suffisamment lu pour savoir comment on noyaute un pays. Je pensais qu'il ne fallait pas se laisser faire, voilà tout. Rien de passionnel là-dedans. J'entrete-

1. *Les Prisonniers de guerre devant la politique.*
2. Entretien de François Mitterrand avec l'auteur, mars 1974.

nais d'ailleurs de très bonnes relations, durant cette époque, avec quelques-uns d'entre eux. » Avec Robert Paumier, par exemple.

A ce moment-là, en somme, François Mitterrand considère déjà calmement le parti communiste, en technicien de la tactique politique. Pas en croisé de l'Occident. La preuve en est qu'il se révolte devant l'anticommunisme combattant, à commencer par celui du Rassemblement du peuple français (RPF) qui s'est lancé, sur un ton d'apocalypse et au son de *La Marseillaise,* dans une guerre sainte contre les « Cosaques ».

Que ce soit ou non pour régler ses comptes avec le de Gaulle d'Alger, François Mitterrand ne se lasse pas de fulminer contre le RPF, parti de petits rentiers, de petits boutiquiers et de petits ouvriers, affolés par l'URSS et le PCF et conduits par un chef monumental. En 1948, au congrès de l'UDSR, le député de la Nièvre mène les premiers assauts contre le mouvement gaulliste, « mélange d'authentiques résistants et d'hommes qui veulent se dédouaner ». Il les mène avec d'autant plus de force que, dans son propre parti, des hommes comme Capitant ou Chevance-Bertin lorgnent ouvertement en direction du Rassemblement du Général. L'année suivante, il dénonce le « sectarisme » du RPF ; pis encore, son « fascisme », qu'il n'hésite pas à mettre en parallèle avec un autre « fascisme venu de l'Est ». Cette fois, derrière René Capitant, la plupart des gaullistes, déjà apparentés au RPF, à l'Assemblée nationale, quittent l'UDSR.

Ministre de combat, François Mitterrand est naturellement combattu. Surtout quand il quitte le ministère des Anciens Combattants — où il allait, maussade, de commémorations en vins d'honneur — pour devenir secrétaire d'État à la présidence du Conseil, chargé de l'Information. Là, responsable d'une radio noyautée par le PC, il contrôle, il suspend, il musèle parfois.

Tous les jours, à midi, Georges Dayan, son chef de cabinet, réunit dans son bureau les attachés de cabinet de

Jules Moch (Intérieur) et Robert Lacoste (Industrie) pour « évoquer » l'actualité avec Vital Gayman, patron de l'information radiodiffusée. C'est là, en fait, que Gayman reçoit ses consignes.

Quelles consignes ? Contrairement aux apparences (une conférence de rédaction dans un bureau ministériel, ça n'augure pas très bien de la liberté d'information), François Mitterrand est un ministre de l'Information détendu. Partisan de « dédramatiser » les nouvelles, et notamment les nouvelles sociales, il s'oppose souvent au ministre de l'Intérieur qui se prend pour un chef de guerre et qui fait parfois rédiger par ses services des communiqués qu'on dirait sortis d'un état-major militaire (« Hier, nos forces ont fait dix prisonniers »). Mitterrand les censure.

S'il refuse avec agacement à l'ambassadeur des États-Unis l'autorisation de diffuser des émissions de propagande américaine, François Mitterrand cherche aussi, et sans excessive précaution, à contrer les communistes qui, à la Libération, se sont solidement implantés à la radio. Et, chaque fois qu'il apparaît à l'Assemblée nationale, c'est un beau tollé.

Parce que Mitterrand a supprimé « la tribune des journalistes parlementaires » sous prétexte que « certains interlocuteurs [...] avaient fini par considérer que le meilleur argument était l'injure » ; parce que c'est Vital Gayman, ancien des brigades internationales en Espagne mais « renégat » du PCF, qui a la responsabilité du journal, le Parti, outré, se déchaîne contre le secrétaire d'État à l'Information, le 31 décembre 1948, lors du vote du budget de la radiodiffusion.

Écoutons, pour commencer, Fernand Grenier, député communiste de la Seine : « Il est très clair que le contrôle gouvernemental, en particulier depuis un an, est devenu absolument abominable [...]. Tous les rédacteurs, tous les journalistes qui n'ont pas l'échine assez souple sont renvoyés sans motif ou pour la plus simple peccadille. » Cette radio, dit-il, c'est « la radio Queuille-Lacoste-Moch-Mitterrand ».

A droite, Max Brusset, député RPF de Charente-Maritime, n'est pas loin de penser la même chose : pour lui, il faut que la radio devienne « tout de même un peu plus objective [...]. On pourrait quand même faire l'effort que toutes les opinions soient représentées. Ce n'est pas le cas ».

Quand on connaît l'inaptitude des hommes politiques, particulièrement en France, à juger honnêtement de l'honnêteté en matière de presse, on peut toujours s'interroger sur la réalité des griefs du RPF ou du PCF. D'autant plus que *Le Populaire,* quotidien de la SFIO, critiquait lui-même périodiquement les émissions de la radio qu'il trouvait trop communisantes...

Le meilleur moyen d'y voir clair est encore d'examiner la conception de François Mitterrand, en matière d'information radiodiffusée : pour lui, la radio est un instrument de gouvernement, et il va le dire dans un débat à l'Assemblée nationale, le 19 juillet 1949.

Ce jour-là, le PCF a envoyé à l'assaut l'une de ses figures les plus populaires, Virgile Barel, député de Nice. Ce petit homme au visage pointu dresse un réquisitoire d'une violence extrême contre la radio de Mitterrand :

« On fait, dit-il, l'injure aux Français de croire qu'ils n'ont pas les poumons assez solides pour respirer sans filtre l'air pur de la vérité. Alors que la radio devrait offrir aux Français dix journaux d'opinion en un seul, elle est le journal unique et colossal, qui ne connaît qu'une forme de vérité, la vérité officielle. » Le député communiste accuse la direction du journal parlé d'être sous les « ordres directs » de Georges Dayan, le chef de cabinet de Mitterrand. Au surplus, elle est, selon Virgile Barel, « résolument et violemment anticommuniste ». « Votre radio, s'exclame-t-il, prêche la division, la haine dans le pays et hors de France. »

A tout cela, Mitterrand répondra : « Je m'efforce, en effet, autant que cela m'est possible, d'éviter que la propagande du parti communiste s'exerce à travers les ondes. Je reconnais que ce n'est pas toujours facile, mais en tout cas je m'y efforce. »

Virgile Barel : « Vous avouez. Vous êtes obligé de taire la vérité pour ne pas faire de la propagande communiste. »

François Mitterrand : « Vous reconnaîtrez, monsieur Barel, que l'aveu se passe de commentaire. »

Virgile Barel : « Il est dépouillé d'artifice. »

François Mitterrand : « Je pense que certaine propagande, la vôtre en particulier, est nuisible aux intérêts de mon pays. Je n'ai donc aucune raison de la favoriser. [Applaudissements sur de nombreux bancs ; exclamations à l'extrême gauche...] Je tenais à vous faire un aveu, monsieur Barel, qui sera en même temps un léger mensonge en vous lisant une note dont vous me direz si vous en approuvez les termes :

» " La radio doit bénéficier de l'attention journalière de la presse afin de développer notre propagande orale. Nous devons utiliser la radio au maximum dans ce but de propagande, d'éducation, assurer un niveau politique élevé des émissions, surveiller le contenu des émissions, leur orientation politique. La radio est avant tout un instrument idéologique puissant. "

» Supposez, poursuit Mitterrand, que cette note émane de moi. Vous diriez que c'est un scandale. Or elle émane de la radiodiffusion soviétique. [Applaudissements et rires à gauche, au centre et à droite.] Elle a été transmise par l'éditorial de la *Pravda* du 22 novembre 1948. Voilà de la radiodiffusion orientée ! »

Virgile Barel : « Parfaitement. Elle est destinée aux travailleurs des champs et des villes, elle est au service du peuple [exclamations au centre et à droite], tandis que vous, vous êtes au service d'une minorité de possédants. »

Les émissions à destination des pays de l'Est injurient-elles, comme le prétend Virgile Barel, les gouvernements des démocraties populaires ? Dans sa réponse, François Mitterrand reconnaît en tout cas qu'elles sont tendancieuses.

« Des hommes politiques français sont journellement injuriés. D'après la radio de Budapest, Léon Blum est un valet des trusts. C'est une injure à laquelle nous sommes habitués, mais nous tenons à apporter un rectificatif, grâce à nos propres ondes. Lorsque M. le président du Conseil est décrit comme le laquais des impérialistes américains [applaudissements à l'extrême gauche], le gouvernement de la France comme une colonie marshallisée, ou M. Moch comme un bouledogue policier [à l'extrême gauche : avec raison !], comment voulez-vous qu'un gouvernement solidaire n'apporte pas un minimum de protestations ou de rectifications ? »

Sans doute faut-il « rectifier ». Mais de là à « intoxiquer », il y a un pas. François Mitterrand ne le franchit pas. Il revendique, cependant, devant les députés, le droit de faire ce qui ressemble fort à une radio gouvernementale :

« La radiodiffusion a quotidiennement à faire de la politique, une politique nationale de défense des intérêts de la France. Elle doit choisir entre plusieurs thèmes, plusieurs modes, plusieurs directions.

» Le gouvernement estime logiquement qu'il est le représentant qualifié de la nation française, puisqu'il a la confiance de la majorité de l'Assemblée nationale et que lui revient le devoir d'exprimer la volonté de la nation [...].

» L'institution d'un office de radio garantirait, dit-on, la liberté d'expression. Ce n'est pas exact. Parmi ceux qui ont autorité pour parler au pays et au monde, les premiers ne sont-ils pas ceux qui représentent nos institutions démocratiques ? »

Texte édifiant. Mais on ne doit pas négliger le goût de François Mitterrand pour la provocation. Il n'a jamais dédaigné de mettre au défi ses adversaires, au contraire. En l'occurrence, il a peut-être forcé quelque peu sa pensée. Après tout, au même moment, il déclarait à peu près le contraire dans une interview à l'hebdomadaire *Une semaine dans le monde :* « Nous ne confondrons jamais l'information avec le dirigisme de la pensée. »

On ne doit cependant pas exclure que François Mitterrand ait penché, alors, pour une radio gouvernementale. Face à l'offensive idéologique de Jdanov et de ses relais en France, comment ne pas être tenté de devenir jdanovien soi-même, pour mieux résister ? Lorsque le pays, lorsque l'Europe, lorsque l'Est et l'Ouest sont en état de guerre (de guerre de religion), comment ne pas être tenté d'avoir l'information entre ses mains (pour le cas où ?) ? Mitterrand a-t-il cédé à la tentation ?

Témoin à décharge : Paul Guimard. Esprit libre, il dirigeait *La Tribune de Paris,* émission quotidienne de vingt minutes sur Paris-Inter. Il s'agissait d'une discussion entre plusieurs invités sur un sujet d'actualité brûlante. On y invitait des représentants de tous les courants politiques. Le directeur général de la Radio ne savait jamais, selon Guimard, quels seraient les débatteurs. Apparemment, d'ailleurs, ça ne l'intéressait guère. Guimard : « En ce temps-là, on faisait à peu près ce qu'on voulait à la radio. »

Témoin à charge, même s'il est nuancé : Francis Crémieux. Un bon professionnel, mais une forte tête. Et un communiste, un stalinien militant, par-dessus le marché. Le 11 novembre 1948, il consacre son émission *Ce soir, en France* à la « marche à l'Étoile » de 1940. Une émission en direct mais avec des documents sonores. Il a déjà enregistré, sur disque, des témoignages comme celui de Georges Suffert, responsable des étudiants catholiques, qui déclare qu'il y avait « probablement » la participation de jeunes communistes à la manifestation de l'Arc de Triomphe. D'autres témoignages, aussi, rappellent le rôle des communistes dans la première grève de mineurs sous l'Occupation. Bref, ce soir-là, Crémieux entend prouver que le PCF n'était pas absent de la Résistance à ses tout débuts. Malgré le pacte germano-soviétique...

Quand il arrive au studio, quelques minutes avant le début de l'émission, il s'aperçoit que des coupes ont été faites dans les enregistrements en son absence. Par qui ? Par Vital Gayman lui-même. Et après l'émission, Francis Crémieux se rend dans le bureau du rédacteur en chef de l'information radiodiffusée qu'il agonit d'injures. Le lendemain, il sera licencié. Motif officiel : participation à une manifestation politique contre la radio. Le journaliste proteste aussitôt de son innocence auprès de Wladimir Porché, le directeur de la Radio, qui lui dit : « Peut-être, mais je ne peux pas vous garder. J'ai reçu des ordres. — De qui ? interroge Crémieux. — De Mitterrand. » Francis Crémieux demande alors à voir le secrétaire d'État à l'Information qui le reçoit aussitôt, dans son bureau de l'avenue de Friedland.

D'après Crémieux, Mitterrand fut très calme, très courtois. Le secrétaire d'État lui expliqua qu'il n'admettait pas que des émissions échappent au contrôle de la direction de l'Information : « Je ne veux plus qu'il y ait, à la radio, un îlot radical, un îlot socialiste, un îlot communiste, etc. » Au journaliste qui soulignait alors que son limogeage relevait de la chasse aux sorcières, François Mitterrand répondit[1] en substance : « Je ne suis pas un maniaque de l'anticommunisme. J'aurais des raisons, pourtant. Les communistes me couvrent de boue : la campagne qu'ils mènent contre moi, dans la Nièvre, à propos de la Francisque, est proprement immonde. Or, ils ne peuvent pas ignorer que j'ai participé, comme eux et avec eux, à la Résistance. C'est vrai que je veux battre le communisme. Mais sur le plan électoral. Je n'entends pas lutter contre lui avec des méthodes administratives. Jamais, je n'enverrai un communiste en prison. »

En dépit des protestations de « loyauté » de Mitterrand, les deux hommes ne parviennent pas à se mettre d'accord. Francis Crémieux n'accepte pas les arrangements que lui propose le secrétaire d'État. (« Vous pouvez très bien rester à la radio, mais je ne peux pas vous laisser à la rédaction en chef du journal. ») Crémieux refuse de « changer d'emploi ». Il sera donc licencié.

Le Mitterrand de la guerre froide est un homme politique d'un genre assez banal. Un politicien ? On chercherait en vain, durant cette période, une idée neuve ou anticonformiste dans ses discours. Il fait bloc avec le système, apparemment menacé.

Il est logique que Mitterrand soit, à ce moment, aux antipodes du PCF. En ce temps-là, Tito, coupable d'antisoviétisme, est accusé par les communistes français d'être l'agent de l'espionnage américain dans les Balkans et le Hongrois Rajk d'avoir été l'honorable correspondant de

1. Francis Crémieux adressa, peu après, un compte rendu détaillé de son entretien avec Mitterrand au bureau politique du PCF. Marchais l'a-t-il relu ?

l'Intelligence Service et de la Gestapo. En ce temps-là, le PCF oppose la science prolétarienne à la science bourgeoise, il brocarde la « biologie capitaliste » et il dresse des autels à Lyssenko, « savant » favori de Staline, qui nie, contre toute logique scientifique, les théories de l'hérédité. Lyssenko qui, dira Thorez, « fait progresser la science au service du peuple[1] ». En ce temps-là, enfin, le stalinisme réinvente la sorcellerie, l'Inquisition et les bûchers de Torquemada. On torture et on tue dans les prisons de Moscou et de Prague.

S'il est « conforme », François Mitterrand a sans doute des circonstances atténuantes. D'autant plus que la gauche française est alors traversée par ce mouvement dialectique qui, périodiquement, la disloque : tandis que le PCF, entré dans une phase sectaire, se retire sur l'Aventin, le parti socialiste se met en affaires avec la droite. François Mitterrand, qui n'est pas un faiseur d'Histoire (pas encore...), se contente de la subir. Le voici donc collègue d'Antoine Pinay.

Comme les chefs de la SFIO, il se replie frileusement dans le giron de la « troisième force ». On le verra aux côtés de Léon Blum, éphémère vice-président du Conseil d'un gouvernement André Marie, et de la plupart des grandes figures du socialisme français. Mais on le verra, dans le même temps, aux côtés de Raymond Marcellin chargé — déjà — de lutter contre l'ennemi de l'intérieur au sous-secrétariat à l'Intérieur sous les ordres du socialiste Jules Moch — Moch dont Marcellin devait dire, vingt-cinq ans plus tard : « Il m'a beaucoup appris. »

Ce n'est cependant pas à son corps défendant ni avec mauvaise conscience, loin de là, que François Mitterrand siège dans les gouvernements « socialo-modérés » qui se succèdent sous la guerre froide. Mieux : Mitterrand a même de l'affection, une affection réelle, pour la plupart de ses présidents du Conseil. Un quart de siècle plus tard, au lieu de la nier, il la confesse volontiers, avec une pointe de provocation, peut-être.

1. Déclaration de Maurice Thorez dans *L'Humanité*, 15 novembre 1948.

Paul Ramadier ? Mitterrand aima bien son premier chef de gouvernement qui lui porte, durant ses débuts, « une attention paternelle ». Henri Queuille ? « Il était très gentil, très droit, très subtil. Mais il n'était pas fait pour les temps durs. » Robert Schuman ? Là, Mitterrand laisse échapper sa bienveillance, sur un ton de nostalgie : « C'était un homme méditatif, réfléchi, impassible, qui pouvait passer des heures et des heures à se promener seul. Sur son bureau, jamais un papier. Il tirait presque tout de lui. »

Il y avait des affinités à souhait, entre les deux hommes. Une complicité de chrétiens peut-être. Une fraternité de solitaires sans doute. Et aussi une connivence d'esprits caustiques. Robert Schuman qui ne s'échauffait jamais, même sous les injures, cultivait volontiers l'ironie. « C'est un moteur à gaz pauvre », avait dit un jour de lui Georges Bidault en l'écoutant lire un discours à l'Assemblée nationale. « Tout le monde ne peut pas marcher à l'alcool », avait alors susurré Schuman, en écho. Et, en Conseil des ministres, il échangeait souvent avec Mitterrand des petits papiers dans lesquels il commentait avec facétie les interventions des membres du gouvernement.

Des ricanements salutaires qui n'ont pas empêché Mitterrand de s'assoupir. Le plus étonnant n'est pas qu'un jeune homme rétif, avide d'action, se soit laissé aller à gouverner au centre sous les ordres d'hommes de la IIIe, parfois conservateurs, souvent sans style — à quelques exceptions près. Après tout, il n'aurait pas été le premier à jeter par-dessus bord sa propension à la révolte pour devenir un personnage éminent et honorable.

Le plus étonnant, en fait, est qu'il ait aimé, sans cynisme aucun, les caciques qu'il servait. Comme s'il faisait désormais partie de la famille. Cela pouvait le conduire très loin, plus loin que la « collaboration de classe », dans la politique de classe. D'une classe qui, d'ailleurs, est la sienne...

6. La France d'outre-mer

C'est à l'arrivée de Georges Bidault à la présidence du Conseil, en octobre 1949, que François Mitterrand quitte le gouvernement où il siégeait, de cabinet en cabinet, depuis 1947. Débarrassé de ses illusions et de ses obligations ministérielles, il lit, écrit (des poèmes) et commence à voyager. En janvier 1950, il débarque ainsi en Afrique pour une tournée de conférences.

L'Afrique qu'il parcourt cette année-là, durant quelques semaines, c'est celle de la société coloniale et des gouverneurs généraux. L'Afrique officielle, en somme. Les abus du colonialisme ne sautent évidemment pas aux yeux du conférencier, subjugué qu'il est par les mœurs du pays et la nature. A lire aujourd'hui les notes inédites qu'il consigne au jour le jour d'une écriture serrée durant son voyage, la politique paraît absente de ses préoccupations.

Elle l'est peut-être. Mais ce périple qui l'emmène au Sénégal, au Soudan, au Niger et au Dahomey aura de lourdes conséquences sur sa carrière politique. Là, naquit le lien qui allait l'attacher au continent africain. Cette découverte du continent africain devait rester un des souvenirs les plus lumineux de sa vie :

« L'Afrique dort sans mouvement. Les membres étirés sous tant de latitudes, elle ne sent ni le voyages, ni les passages, ni les messages ; elle ignore les étrangers, les chercheurs, les égarés. Pas un frisson ne la traverse... »

Pour se mettre à l'abri des fonctionnaires encombrants, de l'« officialité », comme il dit, François Mitterrand demande qu'on lui organise des chasses. Non qu'il aime particulièrement tuer les animaux sauvages : « Le général R. qui m'accompagne dit : " J'ai tué du boche. Le premier que j'ai tué en 1940 m'a valu trois jours de permission. Une drôle de chance ! " Comme il disait cela, je regardais avec un vague sentiment de pitié et de honte le phacochère à la gorge tranchée et aux entrailles fumantes sur lequel je venais, moi, de tirer. »

La chasse est, à la vérité, l'occasion de partir loin des résidences générales, de se documenter dans les villages sur les coutumes locales, de se saouler de soleil et, enfin, de s'éblouir d'Afrique. Sous son masque vaguement sceptique, l'ancien ministre cache une ardeur élégiaque qui transparaît sur les pages qu'il griffonne le soir, à la hâte et en secret. A Gao, il écrit une ode pour le Niger, fleuve-dieu que les Noirs appellent la « déesse Issa » :

... Le soleil ni la nuit ne peuvent pénétrer ta face lisse
Légères porteuses d'étoiles
Les ombres de la nuit dansent sur elle
Mais le pied d'aucune danseuse ne pourrait y laisser trace...

Le 13 février 1950, le Saint-John, autre fleuve, au Liberia, l'inspire davantage :

J'ai voulu chasser les démons
Endormis parmi les roseaux
Mais ma prière et mes sermons
Ont moins de poids que les oiseaux

Mille sources ont emmêlé
Leurs destins, leurs fantaisies
Jusqu'au vaste bord étoilé
Où l'océan les a saisies

Saint-John dont le cou fut tranché
S'il faut croire ce qu'on dit
Comment pourrais-je détacher
Le flot pur de son double lit

Le silence des solitudes
Les forêts de leur profondeur
Les bêtes de leur hébétude
Et les hommes de leur malheur.

Les hommes de leur malheur... Dans son exubérant carnet de route, c'est une des rares traces de désillusion — et elle est bien discrète — devant la colonisation. Sans doute arrive-t-il à Mitterrand de sourire, par exemple, devant le comportement de la femme d'un haut fonctionnaire, « sottement impératrice du désert et Paris plein la bouche », ou encore de s'indigner devant ce qu'il voit au Liberia, « pays noir " libre ", mais où la Firestone contrôle tout ». Sans doute n'est-il pas absolument aveugle. Mais il paraît cependant passer à côté de l'arbitraire colonial.

De ce voyage — qu'il situe par erreur en 1949 dans *Ma part de vérité* — il est revenu, a-t-il écrit plus tard, « brûlant du désir d'agir ». Pourquoi ? Parce qu'il avait vu « l'Afrique en mouvement, mais incertaine, hésitante, souffrante » ; parce qu'il avait vu aussi une « administration débonnaire mais fermée, désuète, entichée de formules toutes faites apprises de Gallieni et Lyautey », parce que enfin il avait vu « l'Afrique au pillage, des hommes humiliés, pis encore, résignés ».

« L'Afrique noire bougeait, ajoute-t-il. On envoyait des bataillons aux endroits sensibles... Mais on gardait la conscience pure. On déplorait, la voix mouillée, cette situation et on en rejetait la faute sur les agitateurs que l'on disait payés par l'étranger. »

Tableau tout à fait juste de l'Afrique de 1950. Mais il date de 1969. Le Mitterrand de 1950 ne fut probablement pas aussi révolté qu'il l'a écrit, quatre lustres plus tard, par la colonisation. Fut-il aussi lucide qu'il le dit ? Oui. De retour en France, il était convaincu qu'il fallait changer de politique. Quand, le 13 juillet 1950, le nouveau président du Conseil, René Pleven, lui donne, sur sa demande, le ministère de la France d'outre-mer, sa religion est faite : si elle veut garder son influence et éviter l'explosion, la France doit à tout prix débloquer les verrous qui maintiennent ses colonies africaines dans un système condamné par l'Histoire.

Quand Mitterrand débarque dans son ministère, rue Oudinot, tout est prêt pour entamer une politique de répression à grande échelle. Les garnisons ont été doublées. La plupart des « rebelles » sont en prison ou en fuite. Mais, en accord avec René Pleven, Mitterrand décide de négocier. La politique de fermeté de son prédécesseur, Paul Coste-Floret (MRP), a conduit au désastre : une flambée nationaliste dévore le continent africain où s'étend l'influence du RDA (Rassemblement démocratique africain) qui, au Parlement, est apparenté au parti communiste.

Le RDA regroupe quelques hommes qui marqueront l'histoire de l'Afrique noire, comme Diori Hamani, Modibo Keita, Léon M'ba, Sékou Touré. Le chef en est Félix Houphouët-Boigny, un médecin de Côte-d'Ivoire, recherché alors par toutes les polices de France. Mitterrand lui fait savoir qu'il souhaite le rencontrer. Et, un jour, Houphouët arrive à Paris sous la « caution personnelle » du ministre de la France d'outre-mer qui doit batailler rudement pour obtenir du ministère de l'Intérieur qu'il ne soit pas arrêté dès sa descente d'avion, à Orly. Mitterrand le reçoit à deux reprises.

Dans *Présence française et Abandon,* qu'il publie sept ans plus tard, il rapporte ainsi leur dialogue. Houphouët lui fit le récit « des enthousiasmes et des douleurs éprouvés par les siens » et admit que « rien ne fructifierait dans le désordre et dans l'émeute ». Alors Mitterrand aurait répondu. « S'il s'agissait d'obtenir que les Africains fussent libres chez eux, libres de travailler, de se syndiquer, de lutter pour leurs salaires [...]; s'il s'agissait d'abattre les privilèges scandaleux, d'imposer l'égalité sociale et humaine entre les communautés ethniques, de punir et de chasser les voyous arrogants qui fermaient leurs hôtels et leurs restaurants à la peau noire ; s'il s'agissait d'instituer le suffrage universel et le collège unique à tous les échelons [...], j'offrais à l'Afrique noire la garantie du gouvernement de la France. Désormais, nous serions alliés à ce combat et je me promettais de porter les coups les plus rudes aux profiteurs de l'Union française. »

Il semble que l'entretien fut moins lénifiant que ne le

laisse entendre Mitterrand. En fait, le ministre de la France d'outre-mer soumit un marché au chef du RDA : pour pouvoir reprendre ses activités politiques au grand jour, il lui fallait faire acte d'allégeance à l'Union française. Ce qu'il fit. Mieux, Houphouët accepta même de signer une lettre où il déclarait son attachement à l'« autorité française ». Mitterrand ne la publia jamais, même lorsqu'il fut accusé de « brader » l'Afrique. Peut-être par magnanimité politique (il en est capable), peut-être aussi parce qu'elle lui permettait de « tenir » Houphouët.

C'est alors que commence l'une des aventures les plus marquantes de Mitterrand sous la IVe : en quelques mois, il « institutionnalise » le RDA. Il fait des « factieux », qui se camouflaient dans la brousse, des « notables » qui parlent de préserver la présence française sur leur continent et qui, tel Houphouët, deviendront vite « ministrables ». De « bons nègres », ironise-t-on.

Ne raillons pas. En 1950, une politique de réformes passait par la négociation avec ceux qui luttaient contre le vieil impérialisme français. Si cette politique n'allait pas empêcher l'indépendance, contrairement à ce que pensait Mitterrand, elle devait en tout cas préserver l'Afrique de la guerre. De ce point de vue, elle fut exemplaire.

Soutenu par la plupart des députés noirs, Léopold Senghor et Diori Hamani en tête, Mitterrand est évidemment contré par les tenants du colonialisme cocardier qu'illustrent à l'Assemblée nationale les gaullistes Frédéric-Dupont, Castellani, Bayrou. Mais ce qui frappe surtout, c'est le déchaînement du PCF contre le ministre de la France d'outre-mer. Attitude compréhensible, puisque c'est une véritable lutte idéologique que François Mitterrand a engagée contre les communistes pour réduire leur ascendant sur les populations africaines. « Sachant fort bien que le stade de l'évolution des peuples noirs n'offrait qu'un champ étroit à l'expansion de sa propre doctrine, a-t-il écrit, le parti communiste se rangeait sous la bannière nationaliste[1]. » Or c'est lui, le ministre de la France d'outre-mer, qui s'y rangeait maintenant. Résultat : les

1. *Présence française et Abandon*, Plon.

députés du RDA apparentés jusqu'alors au PCF débarquaient un à un à l'UDSR.

En quelques mois, le RDA sortit de la clandestinité et de l'orbite du PCF. Certes, cela ne se fit pas sans mal : l'administration renâclait. Après l'accord avec Mitterrand, la direction du RDA envoya des « *missi dominici* » dans tous les territoires africains avec un sauf-conduit. Ils demandaient aux sections locales d'engager des pourparlers avec les autorités. Mais les messagers d'Houphouët se faisaient souvent arrêter. Le ministère de la France d'outre-mer devait intervenir pour les faire libérer.

A la fin de l'année 1950, cependant, François Mitterrand avait gagné son pari. Il n'y avait que *L'Humanité* pour le classer, mécaniquement, parmi les « ultras » : ainsi, le 29 janvier 1951, avant l'inauguration du port d'Abidjan, le quotidien du PC stigmatisait les « colonialistes » qui allaient « lever la coupe de champagne à la santé des Béchard et Péchoux, dont les mains sont rouges du sang africain qui a coulé l'an dernier à Bouaflé, Beguela et à Dimbroko, à la santé des ministres Pleven, Mitterrand et Moch qui, de Paris, les inspirent, les encouragent, les protègent ». Les « colonialistes »...

Le 5 février 1951, pour l'inauguration du port d'Abidjan, les députés RDA faisaient partie de la cohorte des officiels qui suivaient Mitterrand. Ce qui ne fut évidemment pas du goût de quelques colons. Lors d'une réunion que le ministre tint avec les élus de Côte-d'Ivoire, ils explosèrent : « Vous êtes en train de livrer l'Afrique aux Noirs, et des Noirs communistes par-dessus le marché ; votre politique est antifrançaise, vous nous sacrifiez. » Alors, Mitterrand, tranchant : « Je vous informe qu'à partir de maintenant, si vous tenez de tels propos, je demanderai au gouverneur général de saisir le Parquet... »

Le soir, Mitterrand est invité au Cercle français. Il n'accepte de s'y rendre qu'en compagnie des représentants de la communauté noire.

Dans l'administration coloniale, c'est la stupeur. Péchoux, le gouverneur, proteste : Houphouët est un « ennemi de la France ». Lors d'une réception, Mitterrand entend le chef de cabinet du gouverneur dire à Gabriel Lisette, dirigeant du RDA et futur président du Tchad : « Dès que ton ministre sera parti, je te foutrai mon pied au cul. » De retour à Paris, Mitterrand mute et congédie quelques hauts fonctionnaires de la France d'outre-mer. Péchoux, rappelé au cabinet du ministre, est une des principales victimes de la purge.

Désormais le ministre a la confiance du RDA mais, dans le même temps, il perd celle de l'ensemble de la classe politique. Des parlementaires radicaux, MRP et RPF iront jusqu'à rédiger un télégramme à Vincent Auriol pour lui demander d'éliminer le ministre qui a livré l'Afrique noire au « communisme international ». Le chef de l'État convoque Mitterrand à l'Élysée et lui dit : « C'est vous qui avez raison, mais il faut tenir compte de toutes ces protestations. » Et quand il forme un nouveau gouvernement, le 8 août 1951, René Pleven congédie le député de la Nièvre.

Il n'est pas douteux que René Pleven ait pris ombrage de l'influence que François Mitterrand commençait à exercer sur l'UDSR. Peut-être comptait-il de la sorte briser son élan. C'est une erreur. En l'éloignant du gouvernement, Pleven lui permet, en fait, de s'imposer dans le parti. D'autant plus que Mitterrand bénéficie de l'appui des députés du RDA, comme Félix Houphouët-Boigny ou Sékou Touré, qui ont quitté le groupe communiste au Parlement pour se ranger sous sa bannière, à l'UDSR [1]. De semaine en semaine, le président du Conseil perd du terrain. Le récit que René Pleven fait un quart de siècle plus tard de « l'opération Mitterrand » est amer : « François Mitterrand avait un art consommé et un goût prononcé pour la manœuvre de l'appareil. Il aimait ça et il y consacrait le temps qu'il fallait. Bientôt on a vu apparaître des " fédérations Bottin " dans le parti : un des amis de Mitterrand payait un paquet de cotisations pour prendre le contrôle d'un département, et il mettait sur les carnets à " souche " des noms pris au hasard, dans le Bottin [2]. »

On ne doit pas se contenter d'expliquer la montée du

1. Après les élections législatives de 1951, l'UDSR n'a que seize élus auxquels il faut ajouter sept députés apparentés, venus du RDA.
2. Entretien de René Pleven avec l'auteur, le 2 avril 1976.

député de la Nièvre à l'UDSR par les subterfuges de quelques mitterrandistes. Si François Mitterrand séduit son mouvement, c'est probablement parce qu'il se place nettement à la gauche de René Pleven qui enlise la France dans la guerre d'Indochine.

En octobre 1951, au congrès national de l'UDSR, l'ascendant de François Mitterrand saute aux yeux : même si René Pleven est maintenu à la présidence du mouvement, c'est un des amis du député de la Nièvre, Joseph Perrin, qui est porté au secrétariat général. Et, deux ans plus tard, une lame de fond emporte le courant de Pleven qui doit laisser la présidence du parti à François Mitterrand.

En novembre 1953, lors d'un congrès qu'il domine d'un bout à l'autre, Mitterrand apparaît enfin comme l'un des chefs de la gauche de la IVe. Même s'il n'a pas la fermeté de ton et de vision de Pierre Mendès France (lequel déclarait, le 27 octobre de la même année : « Je ne voterai plus pour un gouvernement qui se refusera aux choix nécessaires » — en Indochine, s'entend), le député de la Nièvre prend ses distances avec le régime dont, pourtant, il est en train de devenir, qu'il le veuille ou non, l'un des caciques.

Les motions qu'il a inspirées, au congrès, demandent, outre-mer, « une trêve des hostilités en Indochine », une accélération du « développement économique et social des TOM » et « l'accession progressive de leurs populations à la gestion des affaires publiques ». Pour la France, le congrès préconise « une réforme urgente de l'État » et « une révision constitutionnelle garantissant la stabilité gouvernementale ».

Le voici à l'aboutissement d'une évolution politique qui devrait le mettre en marge de la société politicienne, loin de ces gestionnaires bedonnants qui mènent la IVe à sa chute. Conscient des défauts du régime, mais non de son « inaptitude à vivre », pour reprendre une formule d'Hubert Beuve-Méry, François Mitterrand cherche à le réformer. Il se met même dans le sillage d'un homme d'État qui le fascine. Une belle figure qui commence à planer audessus de l'Assemblée nationale, ascète jusque dans son habillement souvent fripé, voix sèche, éloquence statisticienne, Pierre Mendès France, député de l'Eure.

Durant les années 1951-1952 commence une période de compagnonnage entre les deux hommes : François Mitterrand se met quasiment au service de Pierre Mendès France qu'il soutient dans sa campagne contre la guerre d'Indochine. Pour les hommes politiques qu'il côtoie, Mitterrand a toujours été avare en admiration. Avec P. M. F. cependant, il ne lésine pas. Après que le député de l'Eure, désigné comme président du Conseil, eut été battu à la séance d'investiture à l'Assemblée nationale (par 301 voix contre 314), Mitterrand l'encense comme il n'a jamais encensé personne, dans *Combat,* le 9 juin 1953 : « Les propos, l'attitude, le ton du député de l'Eure exprimèrent si admirablement le besoin de renouveau de nos mœurs parlementaires que le climat de crise en fut transformé. Son refus des intrigues et son dédain des à-peu-près firent le reste : la politique française changeait de style. » S'il n'a pas obtenu la majorité des suffrages, poursuit Mitterrand, c'est parce que « ses articles et ses discours [...] le faisaient accuser d'être un partisan de l'abandon ». Et c'est la conclusion : « D'où vient alors l'accusation cruelle et fausse qui a provoqué son échec ? Tout simplement des effets contagieux d'une grave maladie dont les premiers symptômes apparaissaient clairement. Il y a désormais un maccarthysme français. »

Le même mois, François Mitterrand publie un petit livre bien tourné mais un peu court, *Aux frontières de l'Union française*[1], avec une préface de Pierre Mendès France qui lui retourne ses compliments : « J'admire le courage intellectuel et politique avec lequel vous recherchez les solutions [des grands problèmes de l'Union française]. »

Si ce n'est pas le meilleur ouvrage de Mitterrand, on y trouve, au milieu de quelques approximations (qui ne s'est jamais trompé sur la question coloniale ?) des vues assez fortes sur les problèmes de l'Indochine : « L'incantation à la guerre asiatique, écrit-il par exemple, fausse les données du patriotisme [...]. Puisque nous sommes venus là, répète-

1. René Julliard.

t-elle, notre devoir est d'y rester. Suffirait-il donc qu'un soldat français ait, un soir de victoire, préparé le bivouac quelque part dans le monde pour qu'à jamais l'obligation d'entretenir les feux incombe à la nation? Curieuse conception de l'honneur qui nous conduirait à réclamer aujourd'hui l'Illyrie et le Milanais, l'Ukraine et l'Égypte, le Palatinat et la Palestine. »

Quant à l'issue finale, elle ne fait aucun doute pour lui : « Tour à tour l'Occident, l'Inde, le Japon, le Kuomintang ont ignoré, abandonné, exploité, trahi l'espérance de l'Asie. Ils ont laissé la haine pourrir les cœurs. C'est la chance du communisme. »

Ce Mitterrand mendésiste du début des années 1950 fait partie du « système ». Il accepte les règles du jeu. C'est vrai. Mais il lance des idées, souvent pénétrantes, secoue les conservatismes et combat le cynisme colonialiste des modérés au pouvoir. Ses positions sur la question indochinoise, tunisienne ou marocaine témoignent d'ailleurs d'un esprit d'initiative et, souvent, d'une perspicacité qui manquaient fâcheusement à la plupart des chefs de gouvernement depuis 1947.

Récapitulons. Sur la guerre d'Indochine, Mitterrand se rallie, courant 1952, aux thèses de Pierre Mendès France qui, comme les communistes, demande la fin des hostilités. Ralliement tardif, dira-t-on. Il est vrai que tout le monde ne peut avoir la clairvoyance de Léon Blum qui, dès le 11 septembre 1946, s'était prononcé pour des négociations avec le Viêt-minh sur la base de l'indépendance. Mais Mitterrand a pris de l'avance sur la grande majorité de la classe politique, encore favorable à la poursuite du conflit. En 1953, ministre délégué au Conseil de l'Europe dans le gouvernement de Joseph Laniel (indépendant), un gouvernement orienté à droite, Mitterrand s'en prend avec véhémence en Conseil des ministres à la politique de guerre préconisée par Georges Bidault et approuvée par le chef du gouvernement. Au conseil du 22 juillet, il lance même devant ses collègues, stupéfaits : « Pourquoi pas une négociation directe avec Hô Chi Minh et Mao Tsé-toung ? »

Sur la Tunisie, Mitterrand affiche également des positions libérales. Ministre d'État dans l'éphémère gouvernement d'Edgar Faure (20 janvier-29 février 1952), il a été chargé du dossier tunisien. Quelques jours avant la chute du cabinet, il a mis au point un plan de réformes qui prévoit un gouvernement tunisien homogène avec une assemblée représentative tunisienne. A Tunis, les nationalistes ont plutôt bien accueilli le projet. Mais, chez les Européens, c'est le tollé. Le plan Mitterrand ne sera donc pas appliqué. Antoine Pinay, qui succède à Edgar Faure, l'enterre et choisit une politique de fermeté.

Un an plus tard, dans le gouvernement Laniel, Mitterrand continue à plaider l'émancipation de la Tunisie. Le 2 septembre 1953, en Conseil des ministres, il s'oppose ainsi à la nomination de Pierre Voizard, haut fonctionnaire de la vieille tradition, considéré comme très proche du maréchal Juin, « un dur » donc, au poste de résident général de France en Tunisie. Cette décision, proteste-t-il, aurait dû faire l'objet des délibérations des membres du gouvernement qui ont été mis devant le fait accompli. Il s'entend répondre par Georges Bidault : « Le Conseil ne peut s'occuper de tout ce qui se passe dans les villages de France, et Tunis n'est qu'un village. » Ce jour-là, François Mitterrand démissionne d'un gouvernement dont on comprend mal, il est vrai, qu'il ait accepté de faire partie. A *L'Express* qui, trois jours plus tard, le présente comme un membre de la « tendance réformatrice nouvelle », il expliquera ainsi son geste : « Je crois aux vertus de la fermeté, à la nécessité du prestige. Mais il faut les mettre au service d'une évolution qui se fera contre nous si elle se fait sans nous. »

Pour le Maroc, François Mitterrand s'est également rangé dans le camp des « libéraux avancés ». Dans le cabinet Laniel encore, il condamne la « déposition » du sultan Si Mohammed Ben Youssef qui règne sur le Maroc depuis vingt-cinq ans. Non qu'il soit un partisan du « chef des croyants » qui, depuis 1947, réclame l'indépendance pour son pays, mais parce qu'il trouve « intolérable » qu'il soit destitué par les autorités locales françaises. Une nouvelle fois, elles ont mis les membres du gouvernement — sauf Georges Bidault, leur complice — devant le fait accompli.

Est-il ou non anticolonialiste, le Mitterrand de ces années-là ? Oui et non. Sans cesse battu en brèche par les tenants de l'« ordre » colonial, il est aussi, dans le même temps, critiqué par beaucoup de partisans de la décolonisation. Voyez sa politique africaine : d'un côté, on lui reproche d'avoir institutionnalisé le RDA qui s'est toujours prononcé pour l'émancipation de l'Afrique noire et qui, pour certains, n'est rien d'autre qu'un mouvement crypto-communiste ; de l'autre, on l'accuse d'avoir transformé, par un odieux chantage à la répression, le Rassemblement démocratique africain en organisation colonialiste.

En fait, François Mitterrand s'est employé à négocier des aménagements au système colonial avec les « élites » qui en émergeaient. C'est le sens de son action, au ministère de la France d'outre-mer. L'esprit de conciliation qu'il manifeste à l'égard des Africains l'éloigne d'une grande partie de la classe politique (et surtout du MRP). Il ne s'en sépare pas pour autant : Mitterrand reste dans le cadre colonial dont il veut corriger les imperfections, voilà tout.

Sans doute ne faut-il pas sous-estimer son action : cela reste un des mérites de Mitterrand que d'avoir facilité l'éclosion d'une génération politique qui, avec Sékou Touré ou Diori Hamani, allait fournir quelques hommes d'État à l'Afrique noire. Mais en se cramponnant au dogme de « l'unité et de l'indivisibilité » de la République française, François Mitterrand a manqué le rendez-vous avec la décolonisation. Dommage.

La « République-française-selon-Mitterrand » est très étendue : « Pour moi, a-t-il dit, le maintien de la présence française en Afrique du Nord, de Bizerte à Casablanca, est le premier impératif de toute politique nationale. Rien n'est plus important[1]. » Et en face d'un tel impératif, les intentions les meilleures ont dû s'effacer, parfois. On l'a entendu, ministre de la France d'outre-mer en 1951, se refuser à une véritable évolution du statut de Madagascar

1. *L'Express*, 5 septembre 1953.

(« Je n'accepte pas pour Madagascar l'idée d'État associé : il n'en est pas question et ne peut en être question »). On l'a entendu aussi ergoter sur le nombre de victimes de la terrible répression antinationaliste de 1947 à 1948, à Madagascar encore (selon lui, le chiffre n'était que de 15 000 morts alors que pour le gouverneur de l'époque, de Chevigné, il atteignait 80 000).

Bref, il est arrivé que le libéralisme de François Mitterrand soit en contradiction avec son souci de conserver, partout en Afrique, la présence française. Et cette contradiction ne pouvait que s'accentuer. Car ce ne sont pas quelques réformes qui allaient empêcher l'Histoire d'avancer, la roue de tourner et le nationalisme de monter. Il devait s'en rendre compte à partir de 1954, avec le drame algérien...

7. Premier flic de France

Le 18 Juin 1954, à 9 heures du soir, quelques hommes sont réunis autour de Pierre Mendès France dans son appartement parisien du XVIe arrondissement, rue du Conseiller-Collignon, à quelques pas du Bois de Boulogne, P.M.F., qui vient de recevoir l'investiture de l'Assemblée, les a convoqués pour qu'ils constituent avec lui son gouvernement. Le nouveau président du Conseil est agacé : « Ah ! Mitterrand est encore en retard. » Et, pour la « politique politicienne », Mitterrand est en un sens son mentor. La cuisine parlementaire, le député de l'Eure n'y entend rien.

Aussi, ce n'est qu'à l'arrivée de François Mitterrand, à 23 heures, que le travail commence vraiment. Un détail qui en dit long : c'est le député de la Nièvre lui-même qui écrit, sur une feuille de papier, la liste des membres du gouvernement, rayant ou rajoutant des noms.

Sur la recommandation de Mitterrand, Mendès France place Jacques Chevallier, député-maire (apparenté indépendant) d'Alger, au secrétariat d'État à la Guerre. Soutenu par un des grands féodaux de l'industrie algérienne, Georges Blachette, le « roi de l'alfa », Chevallier est favorable à une politique évolutive en Algérie. « Il nous permettra, dit Mitterrand, d'avoir le contact avec les milieux libéraux algériens. »

Au passage, Mitterrand glisse quelques proches dans le cabinet. Ainsi, André Bettencourt, député indépendant de Seine-Maritime, son compagnon de fac puis de Résistance. Et encore deux hommes de l'UDSR : Roger Duveau, mitterrandiste combattant, à la France d'outre-mer, et Joseph Lanet, mitterrandiste d'occasion, à l'Enseignement technique.

L'influence de Mitterrand sur la formation du cabinet, Mendès France la reconnaît volontiers : « J'étais complètement ignorant du monde parlementaire. A l'Assemblée, il y avait une multitude de groupes dont je ne connaissais pas les chefs et, au début, Mitterrand m'a cornaqué[1]. »

Cela, bien sûr, ne se fit pas sans heurts : les deux hommes ne sont ni l'un ni l'autre d'un caractère facile. Mais l'aide de Mitterrand était d'autant plus nécessaire à Mendès que, d'avance, celui-ci s'était refusé aux traditionnels dosages. Courageusement, il avait décidé de ne pas marchander la composition de son gouvernement, comme c'était l'usage, avec les caciques des partis. Court-circuitant les *apparatchiks* qui, à commencer par Guy Mollet, n'allaient jamais lui pardonner sa désinvolture, le président du Conseil ne pouvait évidemment se permettre la moindre erreur dans le choix des hommes.

Sans doute y eut-il des défections[2] provoquées par la neutralité de Mendès France (Mitterrand observe, soit dit en passant, la même attitude que celui qu'il considère alors comme son patron sur l'affaire de la Communauté européenne de défense, CED — système qui aurait permis aux forces militaires allemandes reconstituées de se fondre dans une armée européenne). Mais la querelle de la CED divisait les partis, elle oblitérait les clivages politiques. C'était, en fait, une guerre de religion.

Reste que le cabinet de Mendès, qui comprenait des personnalités aussi différentes que le RPF Christian Fouchet (Affaires marocaines et tunisiennes), le MRP Robert Buron (France d'outre-mer) ou encore l'indépendant Roger Houdet (Agriculture), demeura soudé pour restaurer l'État et régler l'affaire indochinoise autour d'un homme hors cadre. Quant à Mitterrand, le voici qui s'intégrait complètement à une équipe. Le voici même qui

1. Entretien de Pierre Mendès France avec l'auteur, 26 janvier 1974.

2. L'affaire de la CED provoqua la démission de trois ministres anticédistes (Jacques Chaban-Delmas, Maurice Lemaire, le général Koenig), suivie bientôt par celle de ministres cédistes (Maurice Bourgès-Maunoury, Eugène Claudius-Petit, Émile Hugues).

se mettait au service d'un homme très exigeant, sourcilleux, avec ses collaborateurs. Lui l'individualiste...

Pour lui-même, Mitterrand avait rêvé d'un grand ministère de l'Union française englobant les DOM-TOM et les États associés. Mendès a épousseté gentiment cette prétention. Le président de l'UDSR s'est finalement adjugé le portefeuille de l'Intérieur, c'est-à-dire celui de « premier flic de France ». Pourquoi ? C'est qu'au fond aucun autre ministère ne l'attire, sauf les Finances, mais Edgar Faure, déjà titulaire du poste sous Laniel, paraît tout désigné. Au surplus, le député de la Nièvre ne se trouve pas les qualités « d'imagination » requises, selon lui, pour être Grand Argentier. Face à la chose économique à laquelle il est alors étranger, fermé, Mitterrand a de toute évidence un complexe. Déjà...

Quand Mendès France lui demande pourquoi il a porté son choix sur l'Intérieur, Mitterrand répond[1] : « Je crois qu'il faut tout de suite s'occuper de l'Algérie si nous voulons éviter l'explosion. »

Mendès : « Et que comptez-vous faire ? »

Mitterrand : « Écarter le personnel douteux et changer les mœurs. »

Rien de révolutionnaire dans ce programme, à dire vrai. L'assainissement de la vie politique ne pouvait que consolider, pour un temps, les intérêts français en Algérie. Mitterrand ne voulait probablement rien d'autre.

Alors que les gouvernants affichaient jusqu'alors un optimisme inébranlable quand on les interrogeait sur l'Algérie — les rapports du gouvernement général étaient toujours, selon Mendès France, « très sereins » —, Mitterrand flaira d'emblée que la grande flambée qui avait embrasé les colonies françaises n'épargnerait pas longtemps les départements algériens. D'autant que les grands colons, relayés à Paris par un noyau politique influent, refusaient toute réforme avec intransigeance. « Mitterrand fut le premier, dit Mendès France, à m'avertir qu'il fallait prendre garde. » L'ancien président du Conseil se souvient

1. Dialogue rapporté à l'auteur à la fois par Pierre Mendès France et François Mitterrand.

avoir entendu son ministre lui souffler quelques jours après son arrivée à l'Intérieur : « En Algérie, la situation est très malsaine. »

Malsaine : c'est le mot. Le statut de 1947 prévoyait que l'Algérie disposerait d'une Assemblée dont la moitié serait élue par le premier collège (Français d'Algérie), l'autre moitié par le second collège (musulmans). Néanmoins, quelques musulmans privilégiés comme les *caïds* ou les *bachagas* étaient admis à voter dans le premier collège avec les Européens.

Ce texte, mal accueilli, bien sûr, par la plupart des musulmans, fut également cloué au pilori par les pieds-noirs : les Français, redoutant que l'Assemblée algérienne ne devienne très vite le forum des nationalistes algériens, truquent tout simplement les élections. En effet, si aux élections régionales des 4 et 11 avril 1948, l'ensemble des nationalistes algériens est encore prêt à jouer le jeu de la légalité, l'administration socialiste, complice du grand colonat, organise une fraude massive. A tel point que les hommes liges du GG (gouvernement général) obtiennent dans quelques bureaux de vote plus de 100 % des inscrits...

Mais l'administration ne se contente pas de bourrer les urnes, elle cherche également à intimider les musulmans. Au matin du premier tour, les deux tiers des candidats du Mouvement pour le triomphe des libertés démocratiques (MTLD) de Messali Hadj sont arrêtés. Quant aux autres, ils sont souvent expulsés lors du dépouillement. Au terme de cette farce électorale, les nationalistes obtiennent malgré tout dix-sept élus sur soixante. Deux ans plus tard, aux législatives de 1951, l'administration ne finasse plus. Les candidats du MTLD et de l'Union démocratique du manifeste algérien (UDMA), mouvement plus modéré de Ferhat Abbas, sont mis en déroute. Les nationalistes algériens n'ont plus un seul député.

Les conséquences du truquage électoral ? Écartés des instances parlementaires, menacés d'arrestation, humiliés, les nationalistes ne disposent désormais que d'un recours pour défendre leurs idées : l'action révolutionnaire. Les Français leur ont fermé la voie de la légalité.

L'Algérie en est là, c'est-à-dire au plus bas, lorsque

Mitterrand ouvre son dossier. Il est conscient que la pratique systématique de la fraude se retourne, fatalement, contre la France et ses institutions. Pour donner aux musulmans confiance dans le système, il pense qu'il faut mettre fin au truquage électoral et appliquer totalement le statut de 1947.

Un statut bâtard. Il met en œuvre deux politiques contradictoires : d'abord, la discrimination (avec, on l'a vu, le double collège, à l'Assemblée algérienne) ; ensuite, l'assimilation (avec la proclamation de l'« égalité effective » entre « tous les citoyens français »). La loi prévoit aussi la suppression du système des communes mixtes où règnent l'arbitraire et la corruption. Le principe de ces communes : quand elles sont à majorité musulmane, elles sont gérées par un administrateur nommé par le gouverneur général, qui s'entoure de quelques *caïds* à lui.

Depuis sept ans, l'Algérie attendait en vain que la loi entre en vigueur : comme elles étaient très juteuses pour l'administration et ses hommes de paille, musulmans ou Européens, le GG avait en effet maintenu les communes mixtes au mépris de la légalité.

Au fond, les intentions réformatrices de François Mitterrand n'allaient guère loin. Pas au-delà de l'instauration d'un véritable suffrage universel. Pas au-delà non plus du respect de textes votés par le Parlement et bafoués par les potentats locaux. Il n'était pas question de fédéralisme. Ni même d'autonomie interne.

Ici, comme en Afrique noire voilà trois ans, Mitterrand préconisait d'aménager le système colonial. Avec cette différence : en Afrique noire, il avait trouvé en face de lui des élus noirs qui avaient la confiance des populations. Avec eux, il avait pu négocier, et contrer les oligarchies coloniales. En Algérie, rien de semblable. Car que constate-t-on en 1954 ? Messali Hadj, le vieux prophète nationaliste, est en résidence surveillée à Niort, Ahmed Ben Bella en exil au Caire. Krim Belkacem dans la clandestinité. Quant à Ferhat Abbas, le plus légaliste de tous, considéré pourtant comme un « dangereux extrémiste » par les rapports du gouvernement général, il n'a même pas été élu député. Pas un seul nationaliste n'est parvenu à se faufiler à travers les mailles de la fraude électorale : les parodies d'élection ont empêché l'émergence d'hommes mandatés avec lesquels le gouvernement aurait pu négocier.

Que peut faire François Mitterrand dans de telles conditions ? Chercher à s'informer, d'abord. Son directeur de cabinet, Pierre Nicolaÿ, conseiller d'État ouvert et consciencieux, se rend en Algérie avec pour mission de prendre langue avec tout le monde. Il revient bredouille : « Je ne pouvais avoir, dit-il, de véritables conversations avec qui que ce soit. Les officiels ou les colons répétaient invariablement : “ Tout va bien. ” Quant aux musulmans, ils étaient très méfiants. »

Du coup, le ministre de l'Intérieur confectionne ses réformes à l'aveuglette, sans concertation avec les musulmans, les principaux intéressés. Il n'y était pourtant pas condamné. Car enfin, il aurait pu extraire ses interlocuteurs de leur prison, de leur maquis ou de leur résidence surveillée comme il l'avait fait, quatre ans plus tôt, avec les parlementaires et les chefs du RDA. Si rien ne l'obligeait à négocier avec ces hommes sans mandat et sans titre, il aurait au moins pu les consulter. Mais, non...

Pourquoi ne l'a-t-il pas fait ? Sans doute parce que son principal souci, place Beauvau, fut de ne pas heurter, de front, le grand colonat. Entamer le débat avec les nationalistes algériens eût été considéré comme une provocation par les quelques potentats qui se partageaient l'Algérie. Et qui pesaient très lourd à l'Assemblée nationale. Sa « démocratisation » de la colonisation — s'agissait-il d'autre chose ? —, c'est avec mesure, précautionneusement, en leur donnant des gages, que François Mitterrand comptait l'accomplir.

Ainsi Mitterrand s'employa-t-il à amadouer Henri Borgeaud. Un borné, ce Borgeaud. Il est à la tête d'un immense empire. Il y a le tabac Borgeaud, et le vin, et les fruits et légumes, et les journaux Borgeaud. Il y a même les parlementaires Borgeaud. Ce gros colon parternaliste qui aime bien ses musulmans — ne va-t-il pas jusqu'à les scolariser ? — est contre toute évolution. Contre tout ce qui peut faire des Arabes des Français à part entière. Contre la

Sécurité sociale pour les ouvriers algériens, par exemple. Bref, il symbolise tout à fait ce grand colonat qui, avec un aveuglement suicidaire, prépare sa propre fin en s'obstinant à ce que rien ne change en Algérie.

Haut dignitaire du parti radical et sénateur du groupe de la Gauche démocratique, Borgeaud s'est associé avec René Mayer, député de Constantine. Un radical, lui aussi. Ensemble, ils tiennent un groupe d'hommes à l'Assemblée nationale : c'est le *lobby* Borgeaud. On y compte la plupart des élus européens d'Afrique du Nord et aussi quelques hommes politiques en vue comme André Marie ou Léon Martinaud-Déplat. La majorité parlementaire du gouvernement Mendès étant, très vite, devenue étroite, ils peuvent à tout moment l'abattre.

Partisan d'une politique de réforme, mais soucieux de ne pas faire tomber le gouvernement en effarouchant un Borgeaud ou un Mayer, le ministre de l'Intérieur est donc conduit à pratiquer le double langage — ce qu'il fait, nous allons le voir, avec habileté.

Certes, avant que n'éclate l'insurrection de la Toussaint, toute son action de ministre de l'Intérieur est placée sous le signe du libéralisme. Ne demande-t-il pas au gouvernement général de suspendre une enquête entamée sur les activités du MTLD ? L'affaire commence au début de l'année 1954, lorsque les gendarmes de Tizi-Ouzou arrêtent un nationaliste musulman (Achachi) et saisissent tous ses papiers. En les épluchant, la police a « découvert » que le mouvement nationaliste bénéficie de complicités partout, y compris dans la municipalité d'Alger, dirigée par Jacques Chevallier. Le 29 septembre, François Mitterrand envoie à Roger Léonard, gouverneur général, un télégramme dans lequel il lui demande de refermer sur-le-champ le dossier Achachi, « le MTLD étant un parti officiel représenté au Parlement français ».

Autre exemple : quand meurt l'imam de la Mosquée de Paris, Mitterrand cherche, pour le remplacer, un musulman non conformiste. C'est que le ministre de l'Intérieur a décidé de créer à Paris un foyer de culture islamique. Mais pour cela, il faut mettre à la tête de la Mosquée un homme « crédible » qui ait de l'autorité sur les Algériens. Bref, le contraire d'une créature du gouvernement. Pierre Nicolaÿ établit donc une liste de noms qu'il adresse à Roger Léonard. En voyage en Algérie quelques jours plus tard, il demande au gouverneur général sur qui a porté son choix. « C'est mon directeur de cabinet qui s'occupe de l'affaire », répond Léonard. Nicolaÿ se rend, alors, dans le bureau du directeur de cabinet. Et il remarque sur sa table le dossier qu'il avait envoyé au GG, avec cette annotation dessus, au crayon rouge : « A enterrer. »

Ce n'est qu'un cas parmi cent autres : « A Alger, comme le dit Pierre Nicolaÿ, il y avait toujours quelqu'un quelque part pour bloquer l'évolution. »

Si les intentions de François Mitterrand étaient bonnes, à première vue, elles devaient toujours achopper sur des résistances politiques ou sociologiques. Il cherchait à les contourner. A relire aujourd'hui ses discours publics, la contradiction surgit, invariablement, entre son libéralisme et son souci de gagner la confiance des colonialistes. Toutes ses allocutions sont bâties sur le même modèle : d'abord, Mitterrand dit aux musulmans que son gouvernement n'est pas comme les autres et qu'il a entrepris de changer leur condition ; ensuite, il ajoute, en direction des « ultras », que ses réformes ne se feront pas sans eux ni contre eux.

Ainsi ses discours les plus réformistes comportent toujours quelques formules empruntées à la liturgie colonialiste. Exhumons-en deux. En 1954, Mitterrand déclare ainsi : « Sans l'Afrique du Nord, il n'est pas de perspective historique pour la France » (22 mai), ou encore, après la Toussaint sanglante : la population musulmane bouge « dans le sens où l'on n'avait pas pensé qu'elle bougerait, c'est-à-dire pour que, dans l'ordre maintenu et la concorde entre citoyens raffermie, la loi l'emporte » (12 novembre). Autant d'affirmations péremptoires et imprudentes qui, sorties de leur contexte, amèneraient à penser que Mitterrand était, sur la question algérienne, aussi obtus que Bidault, Lacoste ou Debré.

Ce ne fut pas le cas. Mais il faut convenir qu'il a souvent pu faire illusion : lors d'un voyage officiel qu'il effectua en Algérie, en octobre 1954, les croisés de l'ordre colonial comme Henri Borgeaud ou Alain le Moyne de Sérigny, directeur de *L'Écho d'Alger,* avaient d'ailleurs cru qu'il s'était rallié aux thèses « ultras ».

La réputation qui l'avait précédé, en Algérie, était bien évidemment à son désavantage. Pour les colonialistes, c'était le lieutenant de Mendès France, donc un « bradeur ». Alors, Mitterrand composa.

Bien sûr, l'espace de quelques secondes, il fait peur, un instant, le ministre qui déclare à Oran, au congrès des maires d'Algérie, le 18 octobre 1954 : « Nous devons étudier comment peuvent participer un plus grand nombre d'Algériens à la gestion des affaires publiques. » Mais il prend soin d'ajouter aussitôt en contrepoint, pour rassurer les esprits, qu'il accomplira sa tâche « avec sagesse, comptant sur l'expérience de l'administration algérienne ». Traduction pour le grand colonat et ses politiciens : les réformes de Mitterrand, le gouvernement général pourra les enterrer, comme d'habitude.

Le lendemain 19 octobre, devant le Tout-Alger politique, Mitterrand cultive à nouveau, et avec quelle virtuosité, l'art de l'équivoque. A l'Assemblée algérienne qu'il est venu saluer, Palais-Carnot, il réussit à convaincre tout le monde ou presque. Un exemple du genre.

Le président de l'Assemblée algérienne, Raymond Laquière, est, il est vrai, acquis d'avance. Cet avocat bedonnant, qui a des hommes de confiance partout, y compris dans les « bas-fonds », est l'une des « grandes » figures de l'Algérie de 1954. L'un de ces politiciens qui s'opposent avec acharnement à toutes les revendications des musulmans, même les plus timides. Une tête dure. Pourquoi est-il séduit par Mitterrand ? Parce que le ministre de l'Intérieur lui remettra en personne, quelques heures plus tard, la cravate de commandeur de la Légion d'honneur. Alors, pour l'accueillir devant l'Assemblée algérienne, il ne lésine pas. Écoutons Laquière : « L'Algérien, le soldat laboureur de Bugeaud, ne déteste pas que, dans les actes de la vie publique, soit jetée, quand il le faut, la magnifique riposte de Cyrano de Bergerac : " Mon panache "... La confiance ne se commande pas. La nôtre a pour origine la netteté de votre caractère, l'intérêt marqué qu'en toutes circonstances, vous témoignez à l'Algérie, votre volonté de réalisation et certainement votre jeunesse vibrante. » Et, pour conclure, cette envolée : « Soyez le Phidias qui, d'une main légère et sûre, saura donner le fini du grand artiste à une victoire qui, loin d'être aptère, pourra s'envoler dans la magnificence du ciel français. »

De tels compliments, venant de Laquière, ont de quoi condamner un homme devant l'Histoire. Faut-il condamner Mitterrand ? Ce jour-là, dans son intervention, le ministre de l'Intérieur a d'évidence marqué des points sur les bancs des musulmans du second collège : « Ce que tous les citoyens doivent comprendre, c'est qu'il ne sert à rien de se payer de mots et que, sans un certain nombre de réformes [...], il n'est pas possible d'entrer dans le grand jeu de l'Histoire. » Et il annonce qu'il compte : « 1° Supprimer les communes mixtes ; 2° Augmenter la participation des musulmans dans la fonction publique ; 3° Créer une école d'administration pour recruter des cadres locaux. » « Un véritable discours-programme », note l'envoyé spécial de *Combat,* Jean Pichon.

A première vue, ce programme ne peut qu'inquiéter la bande à Borgeaud. Alors, Mitterrand cherche à la rassurer par une péroraison d'inspiration colonialiste : « Si l'on va de l'est à l'ouest, du nord au sud, sur tous les territoires de notre République commune, c'est sur des milliers de kilomètres, sur l'étendue la plus vaste du monde après celle qui va de Leningrad à Vladivostok et avant celle qui va de Washington à San Francisco, que se développe le drapeau national. Où se trouve l'Algérie dans ce vaste ensemble ? Au centre même, là où ses forces se rassemblent. »

Sur les bancs du premier collège, ceux des Européens, les visages sont décrispés, presque épanouis. Les « ultras » sont rassurés. C'est à peine s'ils entendent l'allégorie finale de Mitterrand, à connotation réformiste : « Si j'entends les plaintes des populations pauvres qui espèrent [...], je sais aussi combien la société dans laquelle nous vivons, nous Français, permet à l'homme plus qu'ailleurs de se réaliser [...]. Nous savons que nous pouvons compter sur vous pour que, là où vous êtes, et dans le cadre des responsabilités que vous exercez, vous soyez les meneurs, les porteurs de cette espérance, en même temps que du respect de chaque citoyen [...]. Croyez-moi, l'espérance est comme le torrent qui dévale la montagne, rien ne l'arrêtera. Seulement, suivant l'endroit où se situe la digue, le torrent va ici ou là [...]. Voilà pourquoi le devoir sacré, fondamental de tous les Français, est de faire que l'espérance humaine s'appelle par notre nom. »

Devant les « ultras » de l'Assemblée algérienne, les équivoques de Mitterrand ont fait merveille. Au point que, le même jour, Henri Borgeaud, l'homme de la « fermeture », rend hommage au ministre de l'Intérieur et l'assure de sa « collaboration dans les tâches qui s'imposent pour faire de l'Algérie une des plus magnifiques provinces françaises ». Au point que, le lendemain, *L'Écho d'Alger* et *La Dépêche quotidienne,* deux organes de presse qui distillent tous deux un colonialisme borné, rendent compte, avec complaisance, de la prestation de Mitterrand devant les élus algériens.

L'objectif principal du voyage de Mitterrand en Algérie avait été de rassurer les « ultras ». Il était donc atteint. Mais c'est avec une vue assez fragmentaire de la réalité algérienne que le ministre de l'Intérieur va repartir pour Paris : l'Algérie qu'il a auscultée, en ce mois d'octobre, c'est celle des visites officielles [1].

Sans doute y eut-il quelques fausses notes : ainsi une pancarte aperçue dans les faubourgs d'Alger et qui réclamait la libération de Messali Hadj, ou encore un détour à Orléansville pour se rendre compte, sur place, des dégâts provoqués par un tremblement de terre — Orléansville où, cet automne-là, 1700 familles sinistrées couchaient à la belle étoile, dans la boue, faute de crédits.

Mais à l'aéroport de Sallines, juste avant de monter dans son avion pour Paris, Mitterrand déclare pompeusement aux journalistes, comme n'importe quel ministre de l'Intérieur : « J'ai trouvé les trois départements français d'Algérie en état de calme et de prospérité. Je pars empli d'optimisme. »

Ce sont des propos qu'il est cruel de rappeler aujour-

1. Cf. *Les Fils de la Toussaint,* Yves Courrière, Fayard (ouvrage capital sur la genèse de la guerre d'Algérie).

d'hui : l'insurrection allait éclater une semaine plus tard. Le ministre de l'Intérieur a-t-il donc été berné à ce point, durant ce voyage, pour en revenir si confiant ? Pas sûr. Il semble au contraire que c'est par volonté d'apaisement et non par inconscience qu'il a débité ces boniments. De retour à Paris, en effet, il dit à Pierre Mendès France qui lui demande ses impressions de voyage : « Le climat est de plus en plus mauvais là-bas. Il va falloir agir très vite. »

Lors de sa visite, Jean Vaujour, directeur de la Sûreté d'Alger, homme efficace, l'avait d'ailleurs alerté : « Les nationalistes bougent », avait-il dit à son ministre de l'Intérieur qui avait bien retenu ses paroles. Il avait ajouté : « Il faut s'attendre à quelque chose de grave. Dans deux ou trois semaines. » Juste avant que l'avion du ministre de l'Intérieur décolle pour Paris, Vaujour avait même précisé à Pierre Nicolaÿ qu'il avait identifié un groupe de terroristes musulmans. Ils préparaient une vague d'attentats, et il attendait les instructions du ministre pour agir. Deux solutions s'offraient d'après lui. Ou bien les « coffrer » sur-le-champ. Ou bien attendre, c'est-à-dire prendre des risques, et les « pister » pour remonter jusqu'aux chefs.

« Ne bougez pas, avait dit Nicolaÿ. Attendez notre feu vert pour les arrêter. » Le directeur de cabinet de Mitterrand pensait avoir encore quelques jours devant lui pour peser le pour et le contre. Le 24 octobre, un rapport du gouverneur général, Roger Léonard, accompagné d'une note des RG, donne au ministre de l'Intérieur quelques précisions sur la constitution d'un « groupe d'action directe » par les « séparatistes extrémistes ». Les explosifs sont prêts, avertissent les Renseignements généraux. Et les principaux chefs sont désignés : Ahmed Ben Bella, qui synchroniserait tout du Caire, Krim Belkacem, un fils de *caïd* qui a pris le maquis, et Omar Ouamrane, son adjoint.

Ce dossier plonge Mitterrand dans la perplexité. Le GG lui annonce un « danger imminent ». Une affaire de bombes, paraît-il. Mais de concret, point. Les chefs des « séparatistes » signalés par les RG sont connus, fichés, recherchés et bien sûr introuvables. Que faire alors ? Le ministre de l'Intérieur attend six jours avant de prendre sa décision. C'est le samedi 30 octobre que Pierre Nicolaÿ demande par courrier au gouvernement général de faire procéder aux « arrestations nécessaires ».

Quand la lettre arrive à destination, le lundi 1er novembre, les nationalistes viennent de frapper dans la nuit. Les trois départements algériens ont été touchés : cette Toussaint-là, les terroristes du FLN ont déclaré la guerre à la France colonialiste. Leur mouvement insurrectionnel a commencé par des attentats à la bombe à Alger et à Constantine, des incendies à Oran, des attaques de casernes à Blida et à Batna, tout cela à quelques minutes d'intervalle. Un petit séisme, en somme. Il fait sept morts et des dégâts importants. Si, sur le coup, l'événement n'a pas un grand retentissement à Paris (deux colonnes seulement à la « une » du *Monde*), à Alger, en revanche, c'est le tollé, dans la presse « ultra ». Elle tempête : « Il faut frapper cette poignée d'agitateurs, écrit *La Dépêche quotidienne* et les frapper à la tête. »

Deux jours avant cette vague d'attentats, Mitterrand a déclaré devant le congrès de l'UDSR à Aix-les-Bains : en Algérie, « il existe, il est vrai, des bandes de fellaghas, ennemis irréductibles de notre présence et que nous devons réduire par les armes. Les fellaghas n'existaient pas en 1952 et cela prouve que l'on ne gagne pas à retarder l'heure des grandes décisions ». La rébellion de la Toussaint va, bien sûr, renforcer le ministre de l'Intérieur dans sa conviction : l'Algérie a besoin de grandes réformes. Son analyse n'était pas erronée...

Seulement voilà : en ministre de l'Intérieur, Mitterrand songe tout de suite à rétablir l'« ordre républicain » avant de lancer ses réformes — c'est logique — mais en sous-estimant le mouvement qui s'est déclenché, cette nuit-là, et sans envisager, un seul instant, la perspective, même lointaine, de l'indépendance. Comme la plupart des hommes politiques de la IVe, il n'a pas compris que l'Algérie devait, elle aussi, finir par se dégager un jour du joug colonial. Et, malgré ses bonnes intentions, il allait se perdre sous le gouvernement Mollet, dans cette guerre d'Algérie qui avait commencé sans qu'il s'en aperçoive, le 1er novembre 1954.

demande par courrier au gouvernement général de faire procéder aux « arrestations nécessaires ».

Quand la lettre arrive à destination, le lundi 1er novembre, les nationalistes viennent de frapper dans la nuit. Les trois départements algériens ont été touchés : cette Toussaint-là, les militants du FLN ont déclaré la guerre à la France colonialiste. Leur soulèvement insurrectionnel a commencé par des attentats à la bombe à Alger et à Constantine, des incendies à Oran, des attaques de casernes à Batna et à Biskra. Tout cela à quelques minutes d'intervalle. Un peu partout, en somme... Il fait huit morts et des dégâts importants. Sur le coup, l'événement n'a pas un grand retentissement à Paris (deux colonnes seulement à la « une » du Monde) ; à Alger, en revanche, c'est le [illegible] dans la presse « ultra » : « La terreur » ; « Il faut frapper cette engeance d'assassins », écrit La Dépêche quotidienne d'Algérie [illegible] à la tête. »

Deux jours avant cette vague d'attentats, Mitterrand a déclaré devant le congrès de l'UDSR à Nantes : « En Algérie, il existe, il est vrai, des bandes de fellaghas, [illegible] dont la présence [illegible] que nous devons réduire [illegible]. La [illegible] en 1953 et cela [illegible] ne nous oblige pas à [illegible] l'ouverture des grandes discussions. » La rébellion de la Toussaint va bien sûr renforcer le ministre de l'Intérieur dans sa conviction : l'Algérie a besoin de grandes réformes. Son [illegible] n'a [illegible] pas entendu...

Seulement voilà : en tant que ministre de l'Intérieur, Mitterrand songe tout de suite à rétablir l'« ordre républicain » avant de lancer ses réformes — c'est logique — mais, ce faisant, il [illegible] le mouvement qui s'est déclenché cette nuit-là et sans envisager un seul instant la perspective, même lointaine, de l'indépendance. Comme la plupart des hommes politiques de la IVe, il n'a pas compris que l'Algérie devait [illegible] se déplacer au lieu de [illegible] colonial. Ce [illegible] il allait se [illegible] sous le gouvernement Mollet, dans cette guerre d'Algérie [illegible]

1. [illegible] novembre 1954.

TROISIÈME PARTIE

Peau de chagrin

1. « L'Algérie, c'est la France »

L'Humanité du 3 novembre 1954 titre : « Des tortures dignes de la Gestapo sont infligées à des Algériens détenus à Batna. » Dans son câble, l'envoyée spéciale du quotidien du PC, Marie Perrot, cite le cas de deux militants du MTLD, Iazhari Kalhed et Beklouch Mostefa, qui ont subi la « gégène » et le supplice de l'eau. D'entrée de jeu, la guerre d'Algérie qui vient de commencer est ainsi placée sous le signe de la torture. Une torture encore limitée et discrète, qui prendra son essor sous les gouvernements Mollet et Bourgès-Maunoury.

François Mitterrand est, alors, ministre de l'Intérieur : sa responsabilité devant l'histoire est évidente, et il le sait. Il cherchera bien entendu à supprimer la torture en remplaçant ou en mutant les policiers tortionnaires : s'il entend réprimer, c'est le plus proprement possible. Il cherchera aussi à ne pas couper l'Algérie en deux, entre musulmans et Européens. Mais son objectif premier est d'écraser le mouvement fellah. De l'écraser vite. Difficile de lésiner...

Parce qu'il entend toujours rassurer les Européens d'Algérie, peut-être aussi parce qu'il ne veut pas se couper du groupe Borgeaud dont dépend le destin de son gouvernement à l'Assemblée nationale, le ministre de l'Intérieur multiplie les propos d'autorité que l'Histoire retiendra, plus tard, contre lui. Le 5 novembre, François Mitterrand déclare ainsi devant la commission de l'Intérieur de l'Assemblée nationale que l'action des fellaghas « ne permet de concevoir, en quelque manière que ce soit, une négociation ». Et d'ajcuter : « Elle ne peut trouver qu'une forme terminale : la guerre. » Phrase terrible qui a très vite été resserrée en cette petite formule lapidaire : « La seule négociation, c'est la guerre. »

Va pour la guerre. La rhétorique autoritaire de Mitterrand est tout de suite applaudie par les « ultras ». Il faut se reporter au commentaire de *L'Écho d'Alger* après son audition devant la commission de l'Intérieur : ses propos, note le quotidien d'Alain de Sérigny, le 6 novembre, « ont fait une excellente impression sur l'auditoire, à l'exception des auxiliaires naturels et avoués des séparatistes, c'est-à-dire des commissaires communistes ».

Puisque c'est la guerre, il faut s'y préparer — et la livrer. Le lendemain de la Toussaint sanglante, Mitterrand envoie son directeur de cabinet demander des renforts au ministère de la Défense nationale. « Il nous faut de la troupe », dit Pierre Nicolaÿ. Le ministre, Emmanuel Temple, hausse les épaules et sourit. Quant à l'état-major des Armées, il pouffe : « Ce n'est qu'une peccadille, cette histoire, expliquent les généraux. Le gouvernement ne va quand même pas envoyer des renforts parce que quelques malheureux pétards ont explosé. » Mais pour l'Intérieur, pour Mitterrand, pour Nicolaÿ, la métropole doit au contraire déployer sa force. Pour impressionner les révolutionnaires. Pierre Mendès France, appelé à la rescousse, arbitre en faveur du directeur de cabinet de Mitterrand : « Vous aurez tout ce que vous voulez et plus encore. » Résultat : quelques jours plus tard, des bataillons parachutistes de la 25e DIAP de Pau et trois compagnies républicaines de sécurité (CRS) arrivent en Algérie.

Chargé ensuite par Mitterrand d'aller humer le terrain en Algérie, Pierre Nicolaÿ se rend compte qu'en surface l'insurrection du 1er novembre n'a rien déclenché. Son impression est confirmée par l'accueil que lui fait Ferhat Abbas qui, soit dit en passant, rejoindra la rébellion quelques mois plus tard. La rencontre a lieu au palais d'Été. Abbas remercie le directeur de cabinet de Mitterrand d'empêcher des représailles militaires contre les populations locales, condamne les attentats de la Toussaint, et, pour finir, embrasse son interlocuteur sur les deux joues. Avec les musulmans, apparemment, rien n'est rompu...

Mais les « ultras » ont sauté sur l'occasion du 1er novembre pour chercher à rallumer la haine contre les nationalistes et les tenants de l'émancipation. Les Sérigny et les Borgeaud exhortent les Français d'Algérie à refuser toute réforme tant que l'ordre ne sera pas rétabli. Accepter des transformations sociales, ce serait céder devant les fellaghas. Pas question. Il est clair que cette intransigeance allait faire l'affaire des rebelles du FLN qui n'eurent pas de mal à convaincre la population musulmane, sans doute réservée au départ, que leur cause était commune.

L'argument des « ultras » contre les réformes est sans fondement. D'autant plus que les fellaghas, en ce début de novembre 1954, ne sont pas légion — pas encore... La seule poche de résistance se trouve dans le massif des Aurès où, depuis longtemps, les militaires laissent faire. C'est là que l'insurrection a frappé le plus fort. C'est là aussi que la population paraît le plus favorable au mouvement. Pour mettre fin à la rébellion, il suffit donc de reprendre la région en main.

A Alger, Pierre Nicolaÿ écoute avec application les solutions qu'on lui propose pour « reconquérir » les Aurès. « Vous les auriez donc perdus ? », demande-t-il avec cette ironie tranchante que l'on sait cultiver au Conseil d'État. Ces temps-ci, le directeur de cabinet de Mitterrand, haut fonctionnaire exigeant, est souvent cassant avec ses interlocuteurs : la plupart sont, décidément, trop déphasés. « Du côté de l'administration comme du côté des militaires, note-t-il dans un rapport à son ministre, tout le monde ou presque est hors du coup. »

Certains ont, comme le gouverneur général Roger Léonard, retrouvé leur sérénité quelques heures seulement après le grand baroud de la Toussaint. Mais d'autres, comme le général Paul Cherrière, commandant en chef en Algérie, rêvent d'en découdre avec les fellaghas. Leur solution ? Ratisser ces montagnes impénétrables, ces hauts plateaux, ces vallées, ces forêts. Pour venir à bout des nationalistes du FLN, inutile de finasser, selon eux. Au contraire. Il faut employer les grands moyens. Les bombardements et le napalm...

Comme l'état d'exception n'a pas été décrété en Algérie, c'est François Mitterrand qui a la direction de cette guerre qui s'amorce. Ce chef de campagne sans épaulettes ni ceinturon rejette d'entrée les « grandes opérations » que proposent les militaires. Avant de quitter l'Algérie, Pierre Nicolaÿ donne pour consigne à l'autorité militaire : « Montrez-vous le plus possible et tirez le moins possible. » Le ministère de l'Intérieur impose ainsi à l'armée une tactique « souple ». Trop, pour certains. A Alger, les milieux « ultras » la caricatureront : l'ordre a été donné à la troupe, susurreront-ils, de ne pas tirer tant que la rébellion n'aura pas fait cent morts.

« Souple », la riposte du ministre de l'Intérieur contre les révolutionnaires du FLN l'est comme peut l'être une canonnade ou un bombardement — et il y en aura, dans les Aurès. Pourquoi tant de dureté de la part d'un homme qui, jusqu'alors, paraissait porté à la négociation ? D'abord, parce que le ministre de l'Intérieur est, par définition, le gardien de l'ordre — « républicain », s'entend. Il ne peut se laisser dicter sa loi par quelques révolutionnaires en guenilles. Ensuite, parce que les fellaghas lui compliquent la tâche. Impossible de lancer un plan de réformes tant que des soldats tombent sous les balles des musulmans : on l'accuserait aussitôt de donner une « prime » à la rébellion. Il s'emploie donc à tuer le terrorisme dans l'œuf. En vain...

Mitterrand entame sa politique répressive par une erreur. Tout de suite après l'insurrection de la Toussaint, toute l'administration d'Alger, du gouvernement général à la Sûreté nationale, avait désigné du doigt le MTLD qui n'y était pour rien. Mais le gouvernement doit trouver des « meneurs ». Parce qu'il faut « rassurer » les Européens d'Algérie. Le 5 novembre, le Conseil des ministres décide donc, à la demande du ministre de l'Intérieur, de dissoudre le Mouvement pour le triomphe des libertés démocratiques. La plupart de ses dirigeants seront, très vite, arrêtés.

En liquidant le MTLD, Mitterrand laisse les terroristes du FLN occuper, seuls, le terrain du nationalisme, dont, très vite, ils deviendront le pôle. En sonnant le branle-bas contre les « messalistes », le ministre de l'Intérieur les précipite dans la rébellion lancée par Krim Belkacem et ses amis, la nuit de la Toussaint. Jusqu'à présent, les militants politiques du mouvement algérien ont joué la carte de la légalité « républicaine » en organisant des grèves ou des manifestations. Ils ont rejeté la voie insurrectionnelle qu'ouvraient, dans les Aurès, quelques révolutionnaires bien trempés, mais mal armés. Plus maintenant.

Traqués, les hommes du MTLD n'ont plus qu'à quitter leur domicile pour rejoindre les maquis. La répression a brusquement rétabli, autour des terroristes, l'unité, naguère chancelante, du mouvement national. Et le néo-colonialisme « ouvert » d'un Jacques Chevallier, maire d'Alger, qui collaborait avec les modérés du MTLD est réduit à néant. Symbole accablant : Boudjeroudi Saïd, l'un de ses adjoints à la mairie et membre du bureau politique du MTLD, est inculpé d'atteinte à la « sûreté extérieure de l'État ».

Ces mesures contre les militants politiques du nationalisme, François Mitterrand ne parviendra d'ailleurs pas à les justifier. Le dossier qu'il plaide contre le MTLD, le 12 novembre, devant l'Assemblée nationale, est bien léger : « S'il n'avait pas toujours l'initiative de ces attentats », dit-il, le mouvement de Messali Hadj « avait au moins fourni des éléments de propagande et participé à l'action en prêtant ses hommes les plus fanatiques. » Amphigouri qu'il conclut en affirmant : « La responsabilité du MTLD est directement engagée. »

Le zèle implacable du ministre de l'Intérieur à certes ses limites. Des hommes comme Marcel Paternot, député d'Alger, ne jugent-ils pas sa politique trop pusillanime ? La responsabilité du PC algérien est, selon Paternot, « elle aussi engagée [...]. L'épargner aujourd'hui serait prendre la responsabilité de faire renaître un mouvement noyauté par des agents communistes camouflés en nationalistes intransigeants ». Cette responsabilité, François Mitterrand la prend quand même.

Si sa politique est au départ approuvée, voire soutenue,

par la grande presse fanatique des colons, de *L'Écho d'Alger* à *La Dépêche quotidienne,* François Mitterrand sait cependant prendre ses distances avec les nababs du colonialisme. Il n'est pas un « ultra » bien qu'on se demande si, parfois, il n'a pas voulu le faire croire. A lire ses déclarations publiques, à examiner ses décisions, on se rend compte que, malgré sa gestuelle autoritaire, le ministre de l'Intérieur veut changer la condition des musulmans. Transi devant le terrorisme intellectuel qu'exhalent le grand colonat et ses porte-voix, il se contente simplement de le dire entre les lignes, en incidente. Mais il le dit. Et les politiciens de l'Algérie colonialiste, qui le croyaient presque des leurs, vont peu à peu comprendre leur méprise.

Ce n'est certes pas avec sa déclaration du 12 novembre au Palais-Bourbon que Mitterrand leur a dessillé les yeux. Une déclaration en trompe-l'œil dans laquelle le ministre de l'Intérieur cherche, comme d'habitude, à couronner les vœux de tout le monde — sauf, bien sûr, ceux des nationalistes. A suivre les lacets de son discours, à explorer ses circonvolutions et ses faux-fuyants, on s'aperçoit que les « ultras » ont la part belle. Un signe qui ne trompe pas : le *Journal officiel* rapporte que ses propos ont été applaudis « à gauche sur divers bancs » (seulement) mais « au centre, à droite »... et « à l'extrême droite ».

C'est que, ce jour-là, Mitterrand a parlé en ministre de l'Intérieur : « Tous ceux qui essaieront, d'une manière ou d'une autre, de créer le désordre et qui tendront à la sécession, seront frappés par tous les moyens mis à notre disposition par la loi. » Il a certes évoqué les réformes qu'il faut faire « en fin de compte », mais évasivement. De son discours, on a surtout retenu cette péroraison claironnante, pourtant ambiguë, qui a reçu sur-le-champ l'estampille des exaltés du colonialisme :

« Ah ! certes, je ne puis deviner l'avenir, mais je puis exprimer une volonté : tout sera réuni pour que la force de la nation l'emporte en toutes circonstances, quelles que soient les difficultés [...]. Je prétends qu'actuellement, certains doivent cruellement méditer sur le déclenchement hâtif de l'émeute, qui les a précipités dans une aventure qui les conduira à leur perte.

» Voilà donc qu'un peu partout, d'un seul coup, se répand le bruit que l'Algérie est à feu et à sang. De même que le Maroc et la Tunisie ont connu ce phénomène du terrorisme individuel dans les villes et dans les campagnes, faut-il que l'Algérie ferme la boucle du monde en révolte depuis quinze ans contre les nations qui prétendaient le tenir en tutelle ?

» Eh bien, non, cela ne sera pas, parce qu'il se trouve que l'Algérie, c'est la France, parce qu'il se trouve que les départements de l'Algérie sont des départements de la République française. Des Flandres jusqu'au Congo, s'il y a quelques différences dans l'application de nos lois, partout la loi s'impose et, cette loi, c'est la loi française ; c'est celle que vous votez parce qu'il n'y a qu'un seul Parlement et qu'une seule nation dans les territoires d'outre-mer, comme dans les départements d'Algérie, comme dans la métropole. »

Un manifeste « ultra » ? Pas exactement : les « évolutionnistes » ont reçu aussi quelques satisfactions. Clamer : « L'Algérie, c'est la France », c'est évidemment fermer la porte à toute solution d'autonomie. Pas question « d'abandon » comme en Tunisie ou au Maroc. Le ministre de l'Intérieur redonne ainsi confiance aux colons qui auraient pu douter de lui. Mais, dans le même temps, il signifie aux hommes de la grande colonisation qu'il entend prendre en Algérie des mesures de souveraineté nationale et, par voie de conséquence, liquider les féodalités coloniales. Pierre Mendès France, qui ne pouvait qu'approuver un tel programme — et qui employa la même formule —, explique une vingtaine d'années plus tard : « En déclarant " l'Algérie, c'est la France ", Mitterrand voulait dire que c'était au gouvernement de prendre en main la destinée des départements algériens. Pas aux hommes à poigne qui régentaient tout, là-bas[1]. »

Parfait. A ceci près : cette interprétation, à l'avantage de Mitterrand, n'a pas retenu l'attention en 1954, et le

1. Entretien de Pierre Mendès France avec l'auteur, janvier 1974.

ministre de l'Intérieur ne crut pas nécessaire de remettre les choses au point. Quand il descendit de la tribune de l'Assemblée nationale, ce 12 novembre, il croisa Eugène Claudius-Petit, député de Firminy et héraut de l'aile modérée de l'UDSR, qui lui dit : « François, tu as fait un beau discours. Mais il est terrible. Pourquoi n'as-tu pas fait d'ouverture et parlé, par exemple, d'une solution fédéraliste ? » Alors, Mitterrand : « Cela n'aurait servi à rien. L'Assemblée n'aurait pas compris. »

Tout de suite, Mitterrand fut pris à partie par les anticolonialistes qui fulminaient surtout contre sa formule-choc : « L'Algérie, c'est la France... De telles affirmations seraient simplement grotesques si elles ne servaient qu'à tenter de justifier — et par conséquent de couvrir — les opérations militaires en cours dans l'Aurès et ailleurs », écrit Pierre Courtade dans *L'Humanité*[1]. « Assez d'hypocrisie ! s'exclame-t-il. L'Algérie, c'est l'Algérie. » Messali Hadj, le patriarche visionnaire du MTLD qui, depuis 1938, n'a jamais connu la liberté plus de trois mois, tourne en dérision, dans *France-Observateur,* le credo de Mitterrand : « Si l'Algérie est un morceau de France, pourquoi est-elle soumise à un statut particulier ? Pourquoi y a-t-il deux collèges électoraux ? [...] Si l'Algérie était soumise au même régime politique que la France, conclut-il, le peuple algérien serait naturellement le maître de toutes les assemblées et de toutes les administrations algériennes[2]. »

En quelques mots, le vieux Messali met à nu les contradictions de Mitterrand. Admettons l'interprétation mendésiste — et réformiste — de « l'Algérie, c'est la France ». Le ministre de l'Intérieur ne peut cependant aller jusqu'au bout de sa formule. Il doit, forcément, mettre des restrictions. Ainsi, les musulmans sont réduits aux deux cinquièmes dans toutes les assemblées algériennes alors que leur population est dix fois plus nombreuse que la population métropolitaine : un citoyen algérien vaut donc quinze fois moins qu'un citoyen européen. Impossible, pour Mitterrand, de remettre ouvertement en question ce

1. 4 décembre 1954.
2. 23 décembre 1954.

principe qui fait la nique à la Déclaration des droits de l'homme. Sinon, c'est tout le système colonial qui saute.

Tenaillée par les contingences du moment, la rhétorique de Mitterrand est nébuleuse. Il y a deux personnages en lui. D'un côté, le libéral qui cherche à soulever la botte qui écrase, depuis un siècle, le peuple algérien — son colonialisme est plus souple, plus affable, plus dialectique. De l'autre, l'« homme d'État » qui entreprend, comme n'importe quel locataire de la place Beauvau, de faire respecter ce qu'on appelle la « légalité républicaine ». En bref, Mitterrand s'emploie tout à la fois à « libérer » le peuple algérien et à broyer son nationalisme.

Pile : « Si trop d'Algériens ont connu la tentation de se séparer et de combattre [...], c'est aussi parce qu'ils n'avaient pas le sentiment que leur espérance de citoyens pouvait s'identifier à une présence française[1]. » Face : « Quand on assassine notre jeunesse, il est de notre devoir de lui procurer tous les moyens de se défendre[2]. » Pile et face : les deux aspects de la mission civilisatrice de la France à laquelle il paraît, sincèrement, croire. A tel point que, dans ses discours, il fourre toujours quelques boniments à la Lyautey. La France africaine n'est-elle pas, « à travers les temps, le plus beau témoignage de la pérennité d'une civilisation que notre génération aura continuée[3] » ?

Des propos anachroniques aujourd'hui. Mais pour être juste, tout le monde, du général de Gaulle à P. M. F. en passant par Edgar Faure, tenait alors le même langage. Tout le monde, sauf les communistes, l'équipe de *L'Express* et les hommes de la nouvelle gauche, comme Gilles Martinet ou Claude Bourdet. Mais le PC lui-même avait récemment changé de place ses batteries qui, à la Libération, étaient tournées contre les nationalistes musulmans : « Ce qu'il faut, déclarait le comité central du Parti en Algérie, en 1945, c'est châtier impitoyablement les organisateurs de troubles. » Exactement ce que répétait Mitterrand, dix ans plus tard...

1. Discours devant l'Assemblée de l'Union française, 8 décembre 1954.
2. Déclaration à Batna, 27 novembre 1954.
3. Discours devant l'Assemblée nationale, 12 novembre 1954.

Quand on quitte l'explication de texte — qui n'est guère favorable à Mitterrand — pour examiner, par le menu, sa politique de ministre de l'Intérieur, les obscurités s'éclaircissent. Pas toutes. Mais enfin on se rend compte que l'homme vaut mieux que son reflet.

Observons de près sa politique en Algérie. Le 27 novembre, en visite d'inspection des « dispositifs militaires et judiciaires », il se rend à Batna, centre de départ des grandes opérations militaires des Aurès. A sa descente d'avion, il déclare aux journalistes : « Nos soldats sont des pacificateurs et des amis de la France. » Quelques minutes plus tard, neuf avions de chasse, groupés en escadrille, s'élancent sur les pistes. A 11 h 30 du matin, les appareils piquent sur la mechta Thagit qui a été évacuée. Et ils déchargent leurs rafales pendant une heure trente d'affilée.

« Il ne reste plus une tête de bétail, tout a été tué », écrit l'envoyé spécial de *L'Humanité,* Robert Lambotte, qui décrit ainsi le retour du ministre à Batna après une brève tournée dans les Aurès : « Depuis 13 heures, les gardes mobiles, plantés tous les cinq mètres de chaque côté de la rue centrale de Batna, pointaient leurs mitraillettes vers la foule supposée être nombreuse. Sous le sirocco qui commençait à souffler une vingtaine de gosses en guenilles attendaient pour voir ce qui allait se passer. Ajoutez à cela une autre vingtaine de badauds, dont de petits fonctionnaires européens. Chacun était donc sous la surveillance d'au moins deux mitraillettes[1]. »

A lire le cruel reportage de *L'Humanité* et les comptes rendus très complaisants de la presse colonialiste d'Alger, à écouter ses déclarations elles-mêmes, on pourrait croire que Mitterrand ait pour ambition de « casser du fellagha ». Ce n'est pas exactement le cas. En coulisses, le ministre de l'Intérieur ferraille même durement avec les militaires maniaques du napalm : « L'objectif de la plupart des

1. *L'Humanité,* 30 novembre 1954.

officiers généraux, dit-il aujourd'hui, était de faire une opération “ ratissage ” quelque part. Pour l'exemple... »

L'armée lui demandait l'autorisation de « raser » quelques poches de résistance, notamment la forêt de Beni Melloul et le douar Ichmoul. Dans ces deux secteurs, elle avait déjà adressé un ultimatum aux rebelles en déversant, par avion, des tracts qui expliquaient aux rebelles que s'ils ne se rendaient pas avant le dimanche 21 novembre, à 18 heures, « le feu terrifiant du ciel s'abattrait sur leur tête ». Difficile, après cela, de reculer. Mitterrand aurait même confié au préfet de Constantine, Pierre Dupuch : « Maintenant que l'opération est annoncée, il faut aller jusqu'au bout[1]. » Le ministre de l'Intérieur décide pourtant, en accord avec Mendès, d'annuler le projet de bombardement. Il a sans doute évité un massacre, mais il est, dans le même temps, accablé par les colons d'un feu roulant de récriminations ; dès lors, ils commencent à le taxer d'infamie. « Il n'y eut plus une menace, plus une pression ensuite qui fut prise au sérieux, dit Alain de Sérigny. Pour la population, pour la grande masse qui cherchait sa voie, la France avait perdu la face[2]. »

Il ne faut pas croire pour autant que Mitterrand ait lésiné sur les renforts de troupes. Après l'insurrection de la Toussaint de 1954, le nombre de militaires affectés, sous l'autorité du général Cherrière, au maintien de l'ordre, s'est régulièrement accru. En Algérie, à l'arrivée du gouvernement Mendès France, il y a 49 700 hommes, CRS compris. A son départ : 83 100.

Comme Mendès France, Mitterrand n'a pourtant pas nourri, un seul instant, l'illusion de régler militairement une question essentiellement politique. Il va d'ailleurs le démontrer en cherchant à « normaliser » la police d'Alger aux mains des « ultras ».

Exaspéré par ce Léonard qui lui dit à nouveau que tout va bien et ce Cherrière qui jure qu'avec quelques arrosages au napalm c'en serait fini de la rébellion, furibond à la fois

1. Selon Alain de Sérigny, dans *L'Abandon*, Presses de la Cité, p. 177.
2. *Ibid.*

contre la cécité mentale de l'administration et l'inconscience meurtrière des militaires, Mitterrand se déchaîne, franchement, contre le développement de la torture en Algérie. Mais en privé seulement. Car en public, il nie. Non sans mal. Les faits sont patents : la police, théoriquement aux ordres de Paris et du ministre de l'Intérieur, se comporte comme la Gestapo. Les mêmes méthodes, la même barbarie. Tout y est, du courant électrique appliqué sur les parties génitales au gonflage à l'eau par la bouche ou l'anus.

Des exemples, Claude Bourdet en donne, le 13 janvier 1955, dans un article de *France-Observateur* intitulé « Votre gestapo d'Algérie. » En voici un : « Moulay Merbah, secrétaire général du MTLD, arrêté le 1er novembre, n'a été conduit devant le doyen des juges d'instruction que le 5, après que sa femme eut déposé une plainte pour séquestration arbitraire. Son avocate ne put communiquer avec lui que le 9 et comprit immédiatement pourquoi : il lui fit le récit des tortures subies, y compris plusieurs séances de baignoire ; son corps était couvert de plaies ouvertes ou à peine fermées. Un gardien de prison confirma à l'avocate qu'il avait été amené dans cet état [...]. Le juge commit pour l'examiner un médecin de son choix, qui le vit dès le lendemain, et assura que Moulay Merbah était parfaitement normal [...]. M. Mitterrand [...] a refusé, au début de décembre, s'appuyant sur le “ certificat de bonne santé ” de Moulay Merbah, de recevoir Me Renée Stibbe, que lui envoyait le comité France-Maghreb. »

Après avoir énuméré d'autres cas et signalé que, dans une prison de Tizi-Ouzou, 71 prisonniers nationalistes sont parqués dans une pièce de 105 mètres carrés, sous la surveillance de détenus de droit commun, et avec l'interdiction de parler, même pour faire la prière, Claude Bourdet conclut :

« Nos hommes d'État ont-ils une conscience, ou bien peuvent-ils supporter calmement ce qui se passe ? C'est la grande colonisation qui donne les ordres, mais ce sont MM. Mendès France et Mitterrand qui sont responsables devant l'opinion et l'Histoire. Quand on laisse commettre de tels crimes, on ne se sauve pas en disant : “ D'autres feraient pire. ” »

Après cet article, après une harangue de François Mauriac, son maître d'écriture, dans *L'Express*, Mitterrand annonça qu'il allait ouvrir une enquête sur les méthodes de la police algérienne. Soucieux de ne pas laisser l'Assemblée nationale, si effervescente, se saisir de la question de la torture, il confie une mission à... un inspecteur qui dépendait du gouvernement général d'Alger, Wuillaume. Dans ces conditions, on n'est pas surpris d'apprendre bientôt que, selon le ministère de l'Intérieur, « les premiers résultats de l'enquête n'ont pas permis de vérifier l'exactitude des faits incriminés [1] ». Mais le rapport final reconnaîtra la torture qu'il légitimera partiellement.

Sans doute, comme tout ministre, Mitterrand ne prise-t-il guère les commissions d'enquête parlementaires. Peut-être aussi a-t-il voulu éviter à tout prix la politisation : inutile de déchaîner encore des « ultras » qui sont déjà suffisamment surexcités.

La raison ? Le 5 janvier 1955, François Mitterrand fait approuver un grand programme de réformes par le Conseil des ministres. Outre le lancement d'un plan de grands travaux hydrauliques et de restauration des sols, outre la « réduction » de l'écart entre les salaires algériens et métropolitains, le plan de Mitterrand prévoit aussi des mesures de démocratisation : l'octroi du droit de vote à quelques catégories de femmes musulmanes ; la transformation de certaines communes mixtes en arrondissements afin de favoriser l'accès des Algériens aux postes de responsabilités communales ; la préparation d'une réforme agraire, pour redistribuer aux fellahs les bonnes terres non cultivées des grandes propriétés.

Dès ce jour, les colons sont aux cent coups. « Cette décision de F. Mitterrand, dit Amédée Froger, président de la Fédération des maires d'Algérie, est à mon avis très grave en l'état actuel des choses. » Et il ajoute : « Le mot

1. D'après *Le Figaro*, 14 janvier 1955.

réforme par lui-même est inélégant et inopportun. » Finie la relative neutralité que Mitterrand avait obtenue des tout-puissants d'Algérie. A l'Assemblée nationale, dans leur presse, ils se déchaînent. D'autant plus que le ministre de l'Intérieur a entrepris, pour couronner le tout, de placer sous son contrôle direct la police algérienne.

Cette fusion des polices algérienne et métropolitaine « sous l'autorité centrale », Mitterrand l'a précisément décidée pour mettre fin aux exactions dénoncées par Mauriac et Bourdet. Jusqu'alors, le policier de Bône sanctionné — mais c'était rare — était muté à Oran. Plus maintenant. Il se retrouvera à Mulhouse où il ne pourra plus torturer de musulmans. C'est une féodalité, aux ordres du colonat, que le ministre de l'Intérieur entend décapiter. Et, bien sûr, les potentats n'admettent pas qu'on les prive de leur pouvoir sur la police d'Algérie. Leur orateur attitré, le radical René Mayer, avait d'ailleurs annoncé la couleur en novembre : « Nous n'accepterons jamais l'assimilation. »

L'Algérie française ? Pas question, pour eux, justement. Les porte-voix et les scribes de Borgeaud, mobilisés contre Mitterrand, se lancent à l'assaut. Le correspondant du *Figaro,* René Janon, note sans rire : « On voit dans la fusion des cadres supérieurs de la sécurité générale de l'Algérie et de la Sûreté nationale une nouvelle manifestation d'un goût de centralisation systématique qui, dans le passé, n'a pas toujours facilité l'adaptation des méthodes aux circonstances infiniment diversifiées qu'offrent les pays d'Afrique du Nord. » « Les circonstances infiniment diversifiées »... Tous les faux-semblants des « ultras » sont là, condensés.

« Durant cette période, il a été crâne, Mitterrand », dit Pierre Mendès France. P.M.F. aussi l'a été. Quelques jours après l'annonce du train de réformes, le sénateur Borgeaud a prévenu le président du Conseil : « Si vous vous obstinez à vouloir fusionner les polices, nous voterons contre votre gouvernement. » Et Mendès sait ce que cela veut dire. Lors du dernier vote de confiance, le gouvernement a senti passer tout près le vent du boulet : 294 voix contre 265. C'est la vingtaine de députés que conduit René Mayer — le groupe Borgeaud — qui l'a finalement tiré d'affaire. Mais Mendès ne cède pas au chantage. Il appuie son ministre de l'Intérieur.

Mitterrand est d'autant plus décidé à avancer pied à pied, contre les colons, que les musulmans portent intérêt à son plan. La plupart se résigneraient, à tout prendre, à une Algérie française. Le plan du ministre de l'Intérieur, c'est, pour les nationalistes, un premier pas.

« L'agitation créée par la presse algéroise et notamment *L'Écho d'Alger* contre les projets de réforme de M. Mitterrand [...], écrit *Oran républicain*[1], a causé une émotion considérable parmi les populations musulmanes. » A cause de l'obstination des délégués (européens) du premier collège de l'Assemblée algérienne « à refuser les réformes », ajoute le quotidien d'Oran, les délégués (musulmans) du second collège « se sont réunis séparément ». Dans une motion présentée par leur vice-président, Abderhamane Fahrès, ils « déclarent d'une façon solennelle aux pouvoirs publics qu'en leur âme et conscience, la seule politique à suivre, et qui permettra de réaliser l'adhésion des consciences et des cœurs, est celle d'intégrer rapidement l'Algérie dans le giron maternel de l'immortelle France, qui est et demeure pour eux l'unique Patrie de l'esprit, de la justice sociale et de la liberté.

» Demandent à leurs collègues du premier collège, animés du même idéal que le leur, qui est par-dessus tout un idéal de concorde et de progrès, de se joindre à eux afin de réaliser, dans l'unité et la complète fraternité, l'avenir définitif de notre beau pays. »

Après les structures, les hommes : Mitterrand prépare aussi un remaniement du gouvernement général d'Alger. Dans une note qu'il adresse au président du Conseil, fin janvier, il présente l'« équipe décidée » dont il rêve à Alger : André-Louis Dubois, préfet de police de Paris, prendrait la place de Roger Léonard à la tête du GG ; Pierre Nicolaÿ, son directeur de cabinet au ministère de l'Intérieur, deviendrait, lui, secrétaire général du GG. Il

1. 21 janvier 1955.

propose aussi la nomination d'une dizaine de commissaires de police.

Mais Mitterrand n'a apparemment plus l'oreille de Mendès : tandis que son ministre songe à mettre en place une équipe qui lui soit proche et sur laquelle il ait prise, P.M.F. entend nommer un « politique » au gouvernement général. Une personnalité indépendante de Paris (et de Mitterrand), en somme. Pour remplacer Roger Léonard, le choix du président du Conseil se porte sur Jacques Soustelle, gaulliste de la première heure, député républicain social du Rhône, qui avait alors, à tort ou à raison, une réputation de libéral.

La nomination de Jacques Soustelle, qui provoque surtout des remous dans les milieux conservateurs, ne rassure pas pour autant les tenants de l'émancipation. De Gilles Martinet, ce trait : « Soustelle passe pour un homme de gauche... Maints exemples passés nous ont prouvé qu'un homme de gauche isolé au milieu d'un personnel politique de droite devenait rapidement le plus autoritaire des proconsuls[1]. »

Cela, la bande à Borgeaud ne le sait pas. Pour elle, la coupe est pleine, et le sénateur d'Alger donne l'ordre à René Mayer, son exécuteur des basses œuvres, de liquider ce gouvernement de l'« abandon ». Voici venu le temps d'en finir pour les « ultras » et tous les politiciens médiocres de la IVe. Il plane au-dessus de l'Assemblée nationale un climat d'hallali, en ce début de février. Le comité directeur du Centre national des indépendants n'hésite pas à déclarer que « la politique gouvernementale en Afrique du Nord a eu pour effet de provoquer des troubles sanglants en Algérie jusqu'alors parfaitement paisible ». Un certain Gosset, député MRP et président de la commission de la Presse, va jusqu'à reprocher à Pierre Mendès France « d'avoir, pour son malheur, des serviteurs empressés, une cour trop zélée à ses pieds ». Voilà le niveau...

Du débat sur l'Afrique du Nord qui s'est déroulé à l'Assemblée nationale, les 2 et 3 février, on ne retiendra pas la péroraison de René Mayer (« Je donne l'alarme aux

1. *France-Observateur*, 27 janvier 1955.

Français, y compris les Français musulmans, dont les libertés républicaines disparaîtraient rapidement si la France s'effaçait »). On ne s'arrêtera pas non plus aux fulminations du général Aumeran, député d'Alger, apparenté indépendant (qui craint qu'avec les réformes de Mitterrand, « néophyte métropolitain réformateur », le « pays légal » ne passe « entièrement sous direction musulmane »). Mais on se penchera sur l'intervention de Mostefa Benahmed, député SFIO de Constantine. Elle fut « émouvante » selon *L'Année politique*[1] qui n'a pourtant pas pour habitude de faire du sentiment : c'est qu'en effet Mostefa Benahmed, avocat musulman, dit l'essentiel, de manière saisissante.

D'abord, le député de Constantine fait l'inventaire des méthodes utilisées par la police d'Alger contre les « suspects » musulmans. Il évoque la « torture de la baignoire », le « tuyau d'eau », le « goulot de bouteille ». Des mots, des précisions qui font sourdre une gêne sur les travées du Palais-Bourbon. « Je puis vous affirmer, dit-il, avec une violence contenue, que mes coreligionnaires du bled qui ne parlent pas le français savent maintenant ce qu'est l'électricité. » Et il demande : « Croyez-vous que toute cette semence de haine puisse profiter aux uns et aux autres ? » Mitterrand l'interrompt, un instant : « Vous qui connaissez admirablement bien les structures mêmes des départements algériens, vous n'ignorez pas que la seule mesure efficace dont disposait le gouvernement pour parer aux fâcheuses habitudes de certains a été prise : elle consistait dans l'intégration des polices algérienne et métropolitaine. »

Mostefa Benahmed s'en prend ensuite, avec une belle véhémence, à cette « infime minorité » d'Européens qui veut continuer à diriger l'Algérie « pour ses profits personnels » et qui ose parler « d'abandon » alors qu'en 1940, elle « n'a pas eu des réactions tellement françaises ». Il souligne aussi que, là-bas, la grande presse, entre les mains des féodaux, s'est spécialisée dans les « campagnes de panique » et les « insinuations, souvent de caractère racial ». Il

1. 1955. Presses universitaires de France.

faut être cuirassé de la bonne conscience des députés dits « nationaux » pour ne pas se sentir mal à l'aise, accablé, devant ce personnage en tempête, au doigt accusateur et à l'allure un peu gauche, qui crie la vérité sur l'Algérie. Au banc du gouvernement, François Mitterrand est, selon les témoins de la séance, bouleversé. Surtout quand le député socialiste de Constantine conclut, à l'adresse de l'Assemblée : « Le sort de l'Algérie mérite que vous oubliiez pour quelques instants vos ressentiments contre le gouvernement [...]. Vous aurez toujours l'occasion de le renverser, mais ne le renversez pas sous le faux prétexte qu'il n'a pas accompli son devoir en Algérie. Nos populations musulmanes ne comprendront pas. Ou plutôt elles comprendront que votre vote signifie la condamnation de sa politique de réformes [...]. Vous nous ouvririez une voie de larmes et de sang. » L'Assemblée est restée sourde à cet appel prophétique : le gouvernement de Pierre Mendès France a été renversé, le 5 février, par 319 voix contre 273 et 22 abstentions.

On ne mesurera pas la haine que vouaient à ce cabinet les notables obtus du MRP, du CNI, voire du parti radical, si l'on ne rappelle pas le climat qui a régné, au Palais-Bourbon, la nuit de la chute de P. M. F. Après le vote, Pierre Mendès France, contrairement à la tradition, monte à la tribune pour lire une ultime déclaration qui ne manque pas d'allure : « Ce qui a été mis en marche dans ce pays ne s'arrêtera pas. Les hommes passent, les nécessités nationales demeurent... » Aussitôt, un tintamarre de sifflets, de vociférations, de claquements de pupitres couvre la voix du député de l'Eure qui ne peut plus se faire entendre. Quand il quitte l'hémicycle, Pierre Montel, député républicain indépendant du Rhône, qui se trouve à quelques pas de lui, dit : « Ma parole, le sang de ses ancêtres lui a monté à la tête ! » Tout le visqueux de la cabale contre Mendès est dans ces quelques mots.

Mitterrand et Mendès qui se retrouvent, après la séance, dans la salle dite du Premier ministre, à l'Assemblée nationale, sont tous deux abattus, consternés. Mais la distance est visible entre les deux hommes : s'ils se sont lancés côte à côte dans le même combat pour « l'évolution » en Algérie, s'ils l'ont perdu ensemble, ils ne sont pas très proches l'un de l'autre. Il y a quelque chose entre eux, quelque chose qui s'est creusé avec « l'Affaire des fuites ».

2. Les fuites

Le 10 juillet 1954, comme chaque fois que la gauche met la République « en danger », Louis Gabriel-Robinet tempête. Il écrit dans *Le Figaro :* « On nous affirme que le parti communiste qui, depuis des mois, réclame la tête du préfet de police, aurait obtenu satisfaction. M. Baylot serait " éliminé " à la veille des " manifestations " du 14 juillet. On a peine à le croire. »

C'est pourtant vrai : François Mitterrand a décidé, ce jour-là, de proposer le limogeage de Baylot au Conseil des ministres. Contre l'avis du président de la République, René Coty, Mitterrand veut écarter ce préfet de police qui a monté à la PP un réseau chargé de faire la chasse aux communistes. Un réseau qui, jusqu'à présent, n'a transmis que des fariboles au ministre de l'Intérieur. Sa dernière trouvaille : des tracts imprimés, paraît-il, par le PC et qui appellent ses militants à l'émeute à l'occasion du défilé du 14 juillet. Du coup, Jean Baylot a demandé au ministre de l'Intérieur l'autorisation de perquisitionner au siège du parti communiste. Mitterrand, hésitant, a aussitôt demandé une enquête aux RG et à la Sûreté nationale. Renseignement pris, lesdits tracts avaient été fabriqués à la préfecture de police, par les services de Baylot.

Mitterrand réagit trop vite. Trop... En arrivant à l'Élysée pour le Conseil, ce matin du 10 juillet, il ne sait même pas encore par qui remplacer Jean Baylot. Les radicaux ont bien un candidat mais il a le handicap de n'avoir aucune expérience de la police. Alors, qui ? Pendant la séance du Conseil, il s'absente un moment pour téléphoner à René Paira, secrétaire général du ministère de l'Intérieur. « Que pensez-vous d'André-Louis Dubois ? », lui demande-t-il.

Paira approuve le choix. Dubois, ancien patron de la Sûtreté, préfet de la Moselle, sera nommé à la tête de la PP, le domaine de Baylot.

La révocation de Baylot n'était pas une décision banale : ce petit homme un peu chauve, au visage turgescent, les yeux cachés derrière de gros verres fumés, était un des hommes forts de la IVe République. Il était très lié aux deux prédécesseurs de Mitterrand, Charles Brune et Léon Martinaud-Deplat. Obnubilé comme eux par le « chef d'orchestre » communiste, il nourrissait les mêmes phantasmes. En le mettant à pied, François Mitterrand déclarait la guerre à toutes les « tricoteuses » de l'anticommunisme et au clan dit « national ». Un clan qui dépassait le cadre des partis et regroupait tous les « maccarthystes » français, du parti radical au RPF en passant par le MRP. Relayé par *L'Aurore* et *Le Figaro,* il allait du gaulliste Raymond Dronne au démocrate-chrétien Georges Bidault, de Jean Legendre, député ARS[1] de l'Oise, à Jean-Paul David, élu sous le sigle RGR (Rassemblement des gauches républicaines), comme Mitterrand.

Avec Mendès, Mitterrand allait devenir la tête de Turc de ces croisés de l'Occident. Pourquoi lui, justement? Pourquoi cet excès d'honneur alors qu'après tout il s'était passablement compromis avec le système? Sans doute parce que avant de déclencher les hostilités en congédiant Baylot, il fut aussi, derrière le député de l'Eure, à la tête du combat pour la paix en Indochine.

C'est un fait qu'à partir de ce mois de juillet 1954, Mitterrand a été le point de mire de la droite et de l'extrême droite qui alla jusqu'à insinuer qu'il était un agent du PC. Pour le prouver, on n'hésita pas à monter « sur une base de vérité, une fausse affaire d'espionnage », selon la propre formule de Mitterrand[2]. Ce fut « l'Affaire des fuites ». Une cabale véhémente. Au point que, dans son *Bloc-notes,* François Mauriac put écrire de Mitterrand, en observateur amical : « La haine inexpiable de ses adversaires le désigne comme l'un des chefs — il en faut

1. Action républicaine et sociale, parti de droite.
2. Déclaration au procès des « fuites », *Le Monde,* 14 mars 1956.

plusieurs — de cette gauche française qui finira bien par se constituer[1]. »

Tout a commencé le 2 juillet 1954 lorsque Christian Fouchet, ministre des Affaires tunisiennes et marocaines, reçoit, en audience, Jean Dides, commissaire principal, qui a des révélations à lui faire. Ils se sont déjà rencontrés au RPF où ils ont milité ensemble. Fils de gardien de la paix, ancien gardien de la paix, Dides a travaillé aux Renseignements généraux sous l'Occupation. Il a pourtant échappé à l'épuration : l'OSS, les services secrets américains, avait certifié qu'il avait pratiqué le « double jeu ». Avec Charles Delarue, ancien policier des Brigades spéciales sous Vichy, évadé du camp de Noé où il purgeait une peine de vingt ans pour collaboration, Dides a été chargé par Baylot des « enquêtes spéciales » concernant le PC.

Dides, accablé, tend un document à Fouchet : c'est le compte rendu d'une séance du bureau politique du PC. Un compte rendu extravagant. Il indique, entre autres, que « le camarade Jacques Duclos s'est personnellement porté garant de Mendès France auprès de Khrouchtchev ». Après quoi, il rapporte en détail la dernière réunion du Conseil supérieur de la Défense nationale qui s'est tenue le 28 juin précédent. Là, Fouchet sursaute : il participait lui-même à la délibération, et tout y est, mot pour mot.

Qui peut bien avoir parlé ? Dans le document Dides, les communistes le disent eux-mêmes : « Heureusement que nous sommes renseignés par un ministre du gouvernement actuel. » Grave, le commissaire Dides souffle à Fouchet : « Mon informateur m'a dit que les fuites viennent d'Edgar Faure, mais je crois qu'elles viennent de François Mitterrand. » Quelques jours plus tard, Jean-Louis Vigier, député indépendant de Paris, confie aux journalistes Jacques Fauvet et Jean Ferniot, conviés à déjeuner, que Mitterrand trahit pour le compte du PC les secrets du Comité de la Défense nationale. Et qu'il en a la preuve.

Informé tout de suite par Fouchet, Mendès France réalise que la révélation des « fuites » servira de prétexte à une campagne des « nationaux » contre son nouveau

1. 4 décembre 1954, Flammarion, p. 145.

gouvernement. Il recommande à son ministre de ne rien dire de sa conversation avec le commissaire Dides. « Surtout, n'en parlez à personne », dit-il aussi à André Pélabon, son directeur de cabinet, un ancien patron de la Sûreté, qu'il charge de l'enquête.

Que Mendès France ait soupçonné Mitterrand d'être l'auteur des « fuites », ce n'est pas impossible. Mais quand bien même il aurait émis des doutes, ils se seraient vite dissipés : P.M.F. devait bientôt apprendre que des fuites de ce genre avaient déjà eu lieu lors du Comité de la Défense nationale du 26 mai 1954 auquel Mitterrand n'assistait pas.

Le président du Conseil ne crut pourtant pas devoir avertir son ministre de l'Intérieur — le premier concerné — des « révélations » du commissaire Dides. Il sera ainsi tenu à l'écart de l'affaire pendant deux mois. Ce retard à mettre au courant Mitterrand, on ne peut l'imputer à la négligence de Mendès France : l'étourderie n'est pas son fort. Sans doute P.M.F. n'a-t-il pas voulu confier l'enquête au principal intéressé. Sans doute estimait-il qu'un tiers, comme André Pélabon, était mieux à même de la mener à bien. Tout cela est dans le style de P.M.F.

Mais Mitterrand n'a pas compris que Mendès ne l'ait pas prévenu sur-le-champ, lui dont l'honneur était en jeu. Pis, il en fut blessé.

En amitié, Mitterrand n'est pas économe : pour ses proches, il ne ménage jamais sa peine. Mais en retour, il est très exigeant. Il n'admet pas, par exemple, d'être mis à l'épreuve. Du jour au lendemain, Pierre Mendès France ne fut donc plus cet *alter ego* pour lequel il se dévouait. Dès lors, entre ces deux hommes faits pour s'entendre, complémentaires et non concurrents, ce fut une longue suite d'équivoques, de rendez-vous manqués, de menus froissements.

Sur le coup, Mendès France ne s'est pas confondu en excuses. Il a même pris d'assez haut les récriminations de son jeune ministre de l'Intérieur : un « écorché vif », ce Mitterrand. Mais, vingt ans après, il reconnaît volontiers son impair : « C'est un malentendu, plaide-t-il. Je n'ai jamais songé, un seul instant, que Mitterrand pût être l'auteur des fuites. D'emblée, c'est vrai, j'avais décidé qu'on ne divulguerait pas tout de suite l'affaire. Comme tous les membres du gouvernement, Mitterrand n'en a donc pas été informé. Confier comme je l'ai fait l'enquête à Roger Wybot, patron de la DST, sans en référer au ministre de l'Intérieur, son supérieur hiérarchique, c'était, je le reconnais, fâcheux. Mais, à ma décharge, j'ignorais que la DST relevait de l'Intérieur. Dès qu'André Pélabon me l'a signalé, Mitterrand a été aussitôt averti. Alors, il a très mal pris qu'on l'ait ainsi tenu à l'écart. Je lui ai dit la vérité qu'il n'a, apparemment, pas crue. Je le regrette[1]. »

C'est le 8 septembre que le président du Conseil a chargé Wybot de dépister le coupable. Quelques heures plus tard, François Mitterrand est alerté à Hossegor, dans sa résidence secondaire. Il rentre aussitôt à Paris où, le lendemain, il réunit dans son bureau les grands patrons de l'Intérieur : Jean Mairey, chef de la Sûreté, André-Louis Dubois, préfet de police, Roger Wybot et Jean Nicolaÿ. Ensemble, ils font le tour des suspects possibles. Il y a le maréchal Juin, le général Ganeval, le président Coty, Edgar Faure, André Ségalat et Jean Mons, secrétaires généraux du gouvernement et de la Défense nationale. A chaque nom, ils haussent les épaules. Pas un de ces princes de la IVe ne serait capable de trahir des secrets d'État au profit du PCF.

Très vite, on se rend compte que l'hypothèse des micros, la plus logique, la plus rassurante aussi, ne tient pas. Les murs de la salle de l'Élysée où se tiennent les Conseils de Défense ont été minutieusement sondés. On n'a rien trouvé.

Mitterrand flaire la machination. D'autant plus que le compte rendu du bureau politique du PC lui paraît ferfelu. « Tout de suite, il a décelé la provocation, dit Pierre Nicolaÿ, et il a cherché à confondre ses auteurs. Pour cela, le meilleur moyen était de ne pas abattre ses cartes sur-le-champ. Il lui aurait été facile de se disculper sans délai en répondant à ses accusateurs : “ Comment expliquez-vous les fuites aux comités des 14 et 15 auxquels je n'assistais

1. Entretien de Pierre Mendès France avec l'auteur, janvier 1974

pas ? " Mais non. Comme par défi, il a préféré laisser dire. La campagne de calomnies contre lui a continué et, à la fin, les loups sont sortis du bois. »

Qu'on n'imagine pas Mitterrand en stratège flegmatique : tandis que l'enquête lanterne, il s'exaspère. Il y a, il est vrai, de quoi. Hormis celle de Jean Dides et de son informateur habituel, André Baranès, dont le nom apparaît dans l'affaire, aucune piste ne s'ouvre aux policiers. Chaque soir, le ministre de l'Intérieur attend fiévreusement les résultats des filatures de la PP, l'ex-empire de Baylot. Elles ne donnent rien. Et pour cause : elles sont sabotées. Une rencontre entre Baranès et un haut fonctionnaire du secrétariat général de la Défense nationale n'est même pas signalée. La note, rédigée par le commissaire chargé des filatures, s'est volatilisée. « Chaque fois que la trace de celui qui divulgue apparaît, dira plus tard Mitterrand, au procès des " fuites ", une main invisible l'efface[1]. »

Le 10 septembre, nouvelle réunion du Comité de la Défense nationale : Mendès France et Mitterrand, sur le qui-vive, surveillent le comportement de tout le monde. Ils constatent que, seuls, Ségalat et Mons prennent des notes pendant la séance. Rien d'anormal : c'est leur travail. Et voilà que, trois jours plus tard, des comptes rendus du Comité commencent à circuler dans le Paris politique. Le 18 septembre, le commissaire Dides se rend à nouveau chez Christian Fouchet et lui donne connaissance d'un résumé, très incomplet, du Comité. Sur ordre de Mitterrand, les inspecteurs de la DST l'arrêtent à la sortie du ministère, rue de Solférino, saisissent des documents dans sa serviette, le relâchent, avant d'appréhender son indicateur, André Baranès, et de perquisitionner chez lui.

André Baranès est sans doute à lui tout seul le « réseau Dides » à l'intérieur du PC. Membre de la section Cadet du Parti (IXe arrondissement), collaborateur de *Libération,* le quotidien d'Emmanuel d'Astier de La Vigerie, il fournit d'extravagants rapports au service des « enquêtes spéciales » de la PP. « C'est un bonimenteur, dit Roger Wybot, le bateleur de la foire du Trône. » Et pourtant,

1. Compte rendu d'audience dans *Le Monde,* 26 avril 1956.

note-t-il, « de 1951 à 1954, ses rapports qui atterrissent directement sur le bureau des plus hauts responsables de l'État, jouent un rôle important dans la politique gouvernementale. Ils sont censés éclairer les ministres sur tout ce qui se passe au sein du PC[1] ».

Au domicile de Baranès, les enquêteurs de la DST mettent la main sur quelques feuillets manuscrits. C'est le compte rendu du comité du 10 septembre que l'agent de Dides était en train de terminer. Une pièce capitale. Bien entendu, Baranès se retranche derrière sa couverture de journaliste pour refuser de dévoiler ses sources d'information. Pressé de questions, il finit par lâcher qu'il a volé les documents du Comité sur le bureau de Waldeck Rochet, au journal *La Terre.* Ce qui, bien sûr, est faux : une confrontation entre les deux hommes le met en évidence.

A tout hasard, la DST compare le compte rendu de Baranès et les notes officielles du secrétariat de la Défense nationale. A quelques détails près, les deux textes concordent. Les mêmes mots, les mêmes formules. Les enquêteurs dénichent bientôt les coupables, deux collaborateurs directs de Jean Mons, Jean-Louis Turpin et Roger Labrusse. L'un est socialiste et pacifiste. L'autre, franc-maçon de gauche, collabore à *Libération.* Militant contre la guerre en Indochine, ils transmettent les procès-verbaux officiels à Baranès qui, ensuite, les « habille ».

Le 30 septembre, Roger Wybot a dénoué les premiers fils de la conspiration. Tout n'est pas fini, pourtant. A l'origine, « l'Affaire des fuites » n'était qu'une machination échafaudée contre le gouvernement Mendès France et son ministre de l'Intérieur. Elle avait été montée par le trio Delarue-Baranès-Dides, c'est-à-dire, pour reprendre la formule de Mitterrand, par « un forçat évadé, un faux journaliste répugnant et un commissaire que je ne qualifierai pas[2] », eux-mêmes relayés par tous les politiciens « nationaux ». Elle avait pour but de mettre au jour la « complicité » entre le gouvernement de P. M. F. et les

1. Philippe Bernert, *Roger Wybot et la Bataille pour la DST,* Presses de la Cité, p. 295.

2. Déclaration devant le Conseil de la République, 18 novembre 1954.

communistes. Une fois la provocation découverte par la DST, le clan Baylot et le Syndicat des « patriotes » contre-attaquent aussitôt. Mitterrand sert alors de cible, durant quelques mois, à la colère d'une droite épouvantée par sa déroute en Indochine et la montée des communistes.

La séance du 3 décembre à l'Assemblée nationale est, à cet égard, exemplaire. Ce jour-là, devant un hémicycle comble, quelques députés n'hésitent pas à chausser les bottes du sénateur McCarthy. Raymond Dronne, procureur boursouflé et rougeaud du RPF, attaque, le doigt pointé sur Mitterrand : « La fonction publique, jusque dans ses rouages les plus importants, est gangrenée par la pénétration communiste. Elle est aussi gangrenée, spécialement dans les plus hauts postes des diverses polices, par des personnages aux habitudes particulières [...]. Il s'agit de ces hommes qui appartiennent à la confrérie, actuellement très à la mode, des homosexuels. En admettant que vous ayez l'esprit suffisamment large pour ne pas être choqué par des divertissements de cette nature, vous ne devez pas oublier, monsieur le ministre de l'Intérieur, que ces sortes de personnages ont des défauts qui les rendent particulièrement vulnérables dans les postes où vous les avez maintenus ou confirmés. »

Jean Legendre, député de l'Oise, qui fait, lui, partie de la confrérie des betteraviers dont il est au Parlement le sourcilleux protecteur, va plus loin dans l'insinuation : « Pourquoi Diên Biên Phu ? Pourquoi l'armée française, supérieure en nombre et en matériel, a-t-elle été vaincue en Indochine ? C'est parce qu'elle a été trahie à Paris » (applaudissements à droite et sur divers bancs à l'extrême droite et au centre). Il rappelle qu'il y a eu cinq fuites au Comité de la Défense nationale et que la première a profité, en 1953, à *France-Observateur*.

Le général Navarre, rapportait l'hebdomadaire[1] avait déclaré, au Comité du 24 juillet 1953, qu'« avec les moyens mis à sa disposition » il ne lui serait pas possible de défendre le Laos. « Publier cela, alors que nous sommes en guerre, s'exclame Jean Legendre, saisi d'horreur, n'est-ce

1. 30 juillet 1953.

pas indiquer nos plans à l'ennemi ? » Or, précise-t-il, le gouvernement Laniel n'a pas poursuivi l'auteur des fuites. Et il ajoute : « Je ne connais pas les raisons de son attitude, mais M. le ministre de l'Intérieur pourrait nous les dire. Il appartenait à ce gouvernement. Il assistait à la séance du Conseil des ministres du 5 août 1953, à Rambouillet, au cours de laquelle M. Vincent Auriol, alors président de la République, disait à peu près ceci, en substance : “ Messieurs, il y a un traître parmi nous. ” Trois semaines plus tard, M. Mitterrand quittait le gouvernement. »

Au banc des ministres, Mendès France, rouge de colère, s'exclame : « Qu'est-ce que vous insinuez ? » Mitterrand, lui, est blême. Il a le rictus glacé, faussement serein, des jours difficiles. Quelques instants plus tard, le regard appuyé, détachant chaque mot, tour à tour théâtral et précis, il s'emploie à réduire à néant la diatribe de Jean Legendre. Une leçon de mise en scène.

En prologue, François Mitterrand met les choses au point : « Personne ne doute, je pense, que M. Legendre a voulu dire que j'avais commis, au mois de juillet 1953, une indiscrétion qui pourrait être appelée, le cas échéant, une trahison. » On l'aurait donc prié de démissionner. Seulement voilà : « Il y a, dans cette assemblée, dit-il, bon nombre de membres du gouvernement de l'époque, présidé par M. Laniel. Je pense qu'ils se rappellent les raisons pour lesquelles j'étais en désaccord avec la politique du gouvernement. » Et il cite : la conduite des affaires en Indochine, au Maroc et en Tunisie. Alors il jette son défi : « Si l'un de mes anciens collègues partageait l'opinion de M. Legendre, il doit le dire. Sinon, qu'est-ce qui permet à M. Legendre d'avancer cette infamie ? »

A ce moment, un silence plane sur l'hémicycle. Il est très long. « A peine supportable », note Jean-Jacques Servan-Schreiber, dans un compte rendu de *L'Express*[1]. Un huissier dépose un verre d'eau sur la tribune. Mitterrand le boit lentement, à petites gorgées, pour faire durer l'attente. L'Assemblée est en suspens, et il savoure sa revanche. Il attend une réplique qui ne vient pas.

1. 11 décembre 1954.

Un ancien ministre a dit, devant le juge d'instruction et sous la foi du serment, que François Mitterrand avait raconté une séance du Comité de la Défense nationale et qu'à la suite de cette indiscrétion il avait dû démissionner du cabinet sous la pression de ses collègues. Cet homme, Mitterrand en est sûr, n'osera pas renouveler ses accusations devant les députés, d'autant plus qu'elles ont été publiquement démenties par Vincent Auriol, Joseph Laniel et Edgar Faure. Cet homme, il en est sûr, répugnera aussi à mêler sa voix à celle de Legendre.

Soudain, une courte silhouette se dresse dans les travées : « C'est celui que tout le monde attend », écrit Jean-Jacques Servan-Schreiber. De sa petite voix grinçante, Georges Bidault jette : « Monsieur le ministre, vous venez de donner les raisons de votre départ du gouvernement Laniel ; j'en témoigne : c'est bien ainsi que les choses se sont présentées [...]. Quant à moi, j'ai pendant vingt minutes témoigné sous la foi du serment. Je ne veux pas dire ce que j'ai dit à ce moment-là. »

Georges Bidault ne s'est donc pas risqué à répéter devant l'Assemblée ce qu'il avait dit au juge d'instruction. Mitterrand a gagné la partie. Après quoi, il désarçonnera de la sorte, avec la même paisible assurance, d'autres adversaires. Même s'il n'a pas mis fin à la cabale, il l'aura, en quelques heures de séance, fortement ébranlée. Ce qui fera écrire à Mauriac dans son *Bloc-notes :* « S'il est non moins innocent que Dreyfus, il est autrement malin[1] ! »

Sans doute Mitterrand a-t-il connu des moments de découragement en lisant, dans quelques grands journaux, qu'il préparait un « coup de Prague ». Sans doute avait-il les yeux rouges lorsque, à la présentation des vœux pour les grands directeurs de son ministère, la veille du jour de l'an, René Paira lui a dit que tout le monde, à l'Intérieur, était à ses côtés. Il reste que, d'un bout à l'autre de « l'Affaire », il a tenu tête méthodiquement avec fougue, voire avec rage.

Il faut se reporter, à ce sujet, au narquois portrait de Mitterrand tracé par Maurice Martin du Gard dans un compte rendu du procès des « fuites » qu'a publié *La*

1. 21 décembre 1954, *op. cit.*, p. 147.

Revue des deux mondes, en juin 1956. Le voici devant le tribunal militaire « sans barbe, sans moustache, sans ventre, en bleu foncé cependant, jeune et pâle ».

Le président du tribunal, écrit Martin du Gard, « lui a dit un jour : “ Taisez-vous ”, ajoutant aussitôt : “ monsieur le Ministre ”, ce qui n'arrangeait pas les choses. C'était même courageux et comme un trait pour l'Histoire. Mais y sommes-nous, dans l'Histoire ? M. Mitterrand est magnanime. Il a souri car il a de l'esprit et il sait pardonner. Il le faut bien. C'est lui qui a commencé par être la victime de ces fuites ; on a dirigé vers lui toutes les suspicions. Il sait bien qui, et que ce n'étaient pas tous des gens de droite, avec lesquels il a souvent fait bon ménage, non sans quelques espérances. Il enrage, il en a été malade, et il l'est encore, il ne pense plus qu'à ces fuites, il échafaude toutes les hypothèses. Il ne peut plus parler que de cela depuis des mois. Il veut avoir raison ».

Il eut raison, mais de Labrusse et Turpin, boucs émissaires dérisoires ; pas des hommes qui avaient monté la cabale et qui, eux, courent toujours. La justice militaire, bras séculier du clan « national », n'a bien sûr condamné que des lampistes. Vieille habitude. Cela dessilla peut-être les yeux de Mitterrand qui nourrissait encore quelques illusions sur la IVe ; apparemment, ça ne les lui ouvrit point.

Logiquement, l'occasion faisant le larron, on aurait pu croire que Mitterrand allait, avec « l'Affaire des fuites », changer son destin politique, prendre de l'altitude et devenir un homme d'État comme Mendès France. François Mauriac, sur un ton paternel où perce, parfois, la remontrance, nourrit cet espoir, dans son *Bloc-notes :*

« Dans ce milieu parlementaire où, selon le mot du président du Conseil, il se trouve toujours des Legendre qui sécrètent, en quelque sorte, des Legendre, il est nécessaire, bien sûr, qu'un jeune homme politique en épouse les mœurs, dans l'exacte mesure où il le faut pour n'être pas dévoré, mais dans cette mesure seulement. Un homme d'État de la taille de Poincaré ou de P. M. F., quoi qu'il fasse, garde des distances, demeure différent [...]. Les Legendre ne peuvent rien contre un homme d'État qui incarne une grande politique. Nous avons cette ambition pour Mitterrand. A ceux qui ont voulu l'abattre après l'avoir sali et qui ont misérablement échoué, il faut qu'il réponde en situant sa vie politique sur le plan le plus élevé [1]. »

Ce conseil de Mauriac, Mitterrand n'allait pas l'entendre. Pas tout de suite, en tout cas. Enfoncé dans la guerre d'Algérie avec Mollet, Bourgès-Maunoury et tous les chefs de la IVe, il n'allait pas, les mois suivants, incarner une grande politique. Mériterait-il au moins un droit à la différence ?

1. 4 décembre 1954, *op. cit.*, p. 145.

3. Mollet

Décembre 1955 : après la dissolution de l'Assemblée nationale par Edgar Faure, président du Conseil, c'est la campagne des élections législatives. Bien qu'à première vue ils aient toujours l'air de faire équipe, les liens entre Pierre Mendès France et François Mitterrand se sont distendus. Ils sont sur les mêmes affiches, dans le même combat. Mais entre cet homme d'État autoritaire et ce jeunot, naguère si souple et brusquement endurci après « l'Affaire des fuites », les nuages s'accumulent.

Mitterrand bat froid à tous ceux qu'il soupçonne d'avoir cru, un moment, aux accusations de Dides. P. M. F. est de ceux-là. Les deux hommes ne se rencontrent plus guère. Il leur arrive cependant de conférer, de temps en temps, puisque, avec Guy Mollet, secrétaire général de la SFIO, et Jacques Chaban-Delmas, chef de file de l'aile libérale des républicains sociaux[1], ils ont monté le Front républicain. C'est une FGDS avant la lettre — les gaullistes de progrès en plus —, c'est-à-dire une coalition électorale. Elle est partie à l'assaut du bloc des droites — cette « majorité de Diên Biên Phu », comme dit le parti socialiste[2] — que conduit avec brio Edgar Faure. Et comme toutes les coalitions de ce genre, elle est hétéroclite, tiraillée.

Entre ses têtes d'affiche, Mendès, Mollet et Mitterrand, ce ne sont que malentendus, soupçons. Il arrive d'ailleurs à Mendès et à Mitterrand d'avoir des mots : ainsi lors d'un entretien glacial, un jour de décembre. Imaginons-les

1. C'est la nouvelle étiquette des députés gaullistes après la disparition du RPF.

2. Dans la motion adoptée au conseil national de la SFIO, décembre 1955.

d'abord face à face, pincés, distants, frémissants. Mitterrand attaque. Le président de l'UDSR souhaitait que les candidats de son parti soient, dans un certain nombre de circonscriptions, les seuls à pouvoir se réclamer du mendésisme. Et voilà que, presque partout, ils ont en face d'eux des hommes qui ont le label de P. M. F. « Nous aurions dû faire un front uni mendésiste, dit François Mitterrand, mais vous avez mal arbitré. C'est la droite et la SFIO de Guy Mollet qui profiteront de nos divisions. »

Mendès, furieux : « Tous les membres de l'UDSR ne sont pas des partisans très chauds du Front républicain, vous le savez bien. Vous-même êtes mal placé pour donner des leçons. Vous avez demandé, dans la Nièvre, le soutien du RGR “ fauriste ” et vous êtes apparenté à un modéré ! »

Mitterrand a beau jeu, alors, de dénoncer le soutien de Mendès à des radicaux de droite, voire d'extrême droite. Des hommes qui, après avoir renversé son gouvernement en 1955, ont quand même reçu son investiture, comme Félix Gaillard, Émile Hugues, André Marie, André Morice, André Ramonet, etc.

Le pays n'a bien sûr pas l'ouïe assez fine pour saisir ces fausses notes susurrées en coulisse. Même si le Front républicain n'a pas un plan cohérent pour faire la paix en Algérie, même s'il laisse en quarantaine les communistes qui, après la mort de Staline, cherchent bruyamment à sortir du ghetto où ils s'étaient naguère barricadés, c'est de toute évidence la dernière chance de la IVe République. L'ultime occasion pour elle de se régénérer.

Cela, les Français le sentent, confusément. Et c'est une Assemblée de gauche qui sort des urnes, le 2 janvier 1956. Le PC a 151 députés, le Front républicain une quinzaine de plus. Une misère. Logiquement, l'avenir est donc à gauche, au moins au centre gauche.

Comme aucun des deux blocs n'est susceptible de réunir à lui seul une majorité parlementaire, le recours s'impose à un gouvernement de minorité qui tienne compte de la montée du courant socialiste et radical. « Par sa valeur, note alors André Siegfried, président de la Fondation nationale des sciences politiques, c'est M. Mendès France qui serait indiqué pour former pareil cabinet, mais les rancunes personnelles qu'éprouve et suscite son groupe excluent ce choix[1]. »

L'excluent ? Pas tout à fait, même si Guy Mollet a dès le départ un très net avantage. Mais, dès le lendemain du scrutin, une cabale est ourdie contre Mendès France : pour les partis, pour les caciques, c'est l'homme à abattre. Mitterrand participe-t-il à l'opération anti-Mendès ? Il ne la combat pas, en tout cas. Le 18 janvier 1956, lors d'une réunion du comité directeur de l'UDSR, quelques responsables de son mouvement lèvent l'étendard contre P. M. F. « Nous avons connu beaucoup d'échecs électoraux, déplorent-ils, à cause de la concurrence de radicaux mendésistes. » Jacques Fauvet rapporte dans *Le Monde*[2] : « Les deux tendances, celles de M. Mitterrand et de M. Pleven, se sont prononcées pour un gouvernement de Front républicain et plus spécialement pour le vote de l'investiture de M. Guy Mollet. »

Pour comprendre l'attitude de Mitterrand, quelques explications élémentaires viennent à l'esprit. Estimant que Mendès France avait douté de lui aux premiers jours de « l'Affaire des fuites », François Mitterrand, déçu, a voulu porter un coup à l'ancien président du Conseil. Voilà pour l'interprétation psychologique. Mais il y a aussi la politique. Il saute aux yeux que Mendès et Mitterrand, le parti radical et l'UDSR, chassaient sur les mêmes terres, c'est-à-dire dans les couches nouvelles, aux confins du parti socialiste. Peut-être le député de la Nièvre, délesté de tout scrupule après sa demi-brouille avec P. M. F., a-t-il voulu damer le pion à ce concurrent. Peut-être songeait-il à se rapprocher du parti socialiste autour duquel il avait rôdé à la Libération. Peut-être pensait-il simplement que Guy Mollet était de toute façon inévitable, ou encore qu'il était le meilleur...

La dernière hypothèse serait tout à fait satisfaisante si François Mitterrand n'avait été, justement, désenchanté par la SFIO et déçu par ses chefs. Autant la force de

1. *L'Année politique*, 1956. Presses universitaires de France, p. 6.
2. 30 janvier 1956.

caractère de Mendès France le fascinait, autant l'indolence bonasse des responsables socialistes le dépitait. Sans doute trouvait-il Guy Mollet honnête. Mais il le savait falot, velléitaire, juste bon à assurer une sorte d'intérim — avant lui ? — à la présidence du Conseil.

Sur le maire d'Arras, Gaston Defferre partageait l'analyse de Mitterrand, mais sans nourrir les mêmes arrière-pensées. Aussi cherchait-il à empêcher, coûte que coûte, Guy Mollet d'accéder à la présidence du Conseil. « Pour moi, dit-il, Mendès était l'homme du mouvement, de la paix en Algérie. J'étais convaincu que c'était la seule personne capable de résoudre assez vite la question algérienne. »

Gaffeur, sabreur, le député-maire de Marseille est aussi franc du collier. D'une franchise redoutable, parfois tranchante. Le 26 janvier, à 9 heures du matin, il va trouver Guy Mollet dans son bureau de la cité Malesherbes, et lui dit tout à trac : « Elle sera très difficile à faire, la paix en Algérie. Tu ne t'en sortiras pas. Ce sera affreux pour le parti et pour toi. Laisse Mendès aller à Matignon : c'est lui l'homme de la situation. » Sur le coup, Mollet accuse le choc. Mais l'entretien se prolonge et, peu à peu, avec sa tranquille assurance, Defferre commence à convaincre le secrétaire général de la SFIO qu'il aurait tout à gagner à seconder P. M. F. Quand il pense l'avoir retourné, Defferre dit : « Si Coty te propose la présidence du Conseil, tu ne pourras qu'accepter. Il faut donc que tu le préviennes tout de suite que tu ne veux pas être appelé. »

« D'accord », dit Mollet. Devant lui, Defferre prend un téléphone, fait le numéro de l'Élysée et demande à parler au directeur de cabinet de Coty de la part du secrétaire général de la SFIO. Il n'est pas là. « Tant pis, on l'appellera cet après-midi », dit Defferre. Mollet lui dit de ne pas s'inquiéter. Il se désistera pour Mendès France, il y est décidé. Après le déjeuner, Defferre cherche Mollet partout, à la cité Malesherbes, à l'Assemblée nationale, à son domicile. Pas de trace de lui. Il est introuvable. C'est dans la soirée qu'il apprend que le député-maire d'Arras a été désigné par le président de la République.

Anecdote significative. Elle met en évidence que les

« libéraux » de la IVe, comme Mitterrand ou Defferre, ne pouvaient que redouter l'indécision nonchalante du secrétaire général de la SFIO. Le choix entre l'intransigeant Mendès France et le coulant Guy Mollet n'était pas neutre : c'étaient bien deux conceptions politiques qui s'affrontaient. Et Mitterrand a tranché pour le maire d'Arras.

Le gouvernement que confectionna Guy Mollet ne fut cependant pas un des plus pâles de la IVe, loin de là. Il s'équilibrait avec du vif-argent : Chaban, aux Anciens Combattants ; du hardi : Defferre à la France d'outre-mer ; du clairvoyant : Savary, aux Affaires tunisiennes et marocaines ; et du translucide : Pineau, au Quai d'Orsay. Le supplément d'âme, c'est Pierre Mendès France, ministre sans portefeuille qui l'apportait. Mitterrand, garde des Sceaux, était, après lui, le troisième personnage de ce gouvernement qui allait discréditer pour quelques années le socialisme français, accélérer la dégradation des institutions et compromettre les dernières chances de la France au Maghreb.

Tout avait pourtant bien commencé. Au poste de ministre résidant en Algérie, Mollet avait placé le général Georges Catroux, grand chancelier de la Légion d'honneur, connu pour ses opinions avancées sur la question coloniale. Devant l'Assemblée, le nouveau président du Conseil avait dit, dans sa déclaration d'investiture, que son objectif était de « réaliser l'égalité politique totale de tous les habitants d'Algérie ». Mieux encore, il avait ajouté que « le sort futur définitif de l'Algérie ne sera, en aucun cas, déterminé unilatéralement ». C'était une ouverture. Apparemment, il était tout disposé à tenir les promesses de la campagne électorale du Front républicain.

On en est là, le 6 février, quand Guy Mollet se rend en Algérie. « Je viens m'informer, dit-il, afin de mieux connaître les besoins et les aspirations de tous. » Une heure après son arrivée à Alger, il est pris à partie par trente mille manifestants. Alors qu'il s'en va déposer une gerbe au monument aux morts, les tomates pleuvent sur le cortège officiel. Mollet est épargné : un de ses attachés de cabinet les arrête chaque fois d'une main leste. Mais Max Lejeune, secrétaire d'État à la Défense nationale, qui accompagne le président du Conseil, en reçoit une, sur l'épaule. On le croit blessé. « " A mort ! Guy Mollet au poteau ! Mendès France en Égypte ! " Tels sont les slogans qui, six heures durant, rapporte Hector de Galard, envoyé spécial de *France-Observateur,* furent hurlés dans les rues d'Alger par une foule déchaînée et qui comprenait moins de gros colons que d'étudiants, d'employés, de fonctionnaires, d'artisans, de commerçants, du " petit peuple " [1] ». Mollet est consterné. Ce " petit peuple " qui lui jette des tomates ressemble tant à celui des corons du Nord ou du Pas-de-Calais. La même détresse...

Et le « petit peuple », justement, c'est son point faible. Dès lors, il cherchera avant tout à rassurer ces petits Blancs intoxiqués par la presse « ultra ». Le soir, accablé, il accepte la démission du général Catroux, tant honni, qu'il remplacera bientôt par Robert Lacoste. Première capitulation. Le 1er février, le président du Conseil avait déclaré devant les députés : « Vous avez devant vous un homme de bonne volonté qui est prêt à prouver, à se prouver, à vous prouver qu'il est aussi un homme de volonté. » Il lui a fallu cinq jours pour prouver exactement le contraire.

C'est à partir de ce voyage à Alger que Mollet — et son gouvernement — deviennent un jouet aux mains des « ultras », et mènent pour le compte d'une droite comblée — elle n'en demandait pas tant — une politique de force en Algérie. Très vite s'enclenche, sous le regard de Mitterrand, le mécanisme des guerres coloniales : d'abord, la loi qui donne les « pouvoirs spéciaux » à Lacoste, puis le rappel des disponibles et l'envoi du contingent. L'engrenage aveugle...

Tout de suite, dès la démission du général Catroux, Mitterrand commence à déchanter, comme Mendès, Def-

1. Le 9 février 1956.

ferre et Savary. Il est en désaccord avec le président du Conseil qui préconise la négociation seulement après la pacification et des « élections libres et loyales » — ce qui est reconnaître qu'auparavant elles ne l'étaient pas. Il est, lui, partisan de « contacts », de pourparlers préparatoires. Il fait d'entrée partie de l'aile libérale du gouvernement.

Le 29 février 1956, Conseil des ministres : René Coty, grave, soulève la question des condamnés à mort en Algérie : « Voilà le problème, dit-il. Une série de musulmans ont été condamnés à mort. La grâce est un droit qui appartient au président de la République et à lui seul. Mais avant de prendre ma décision, je voudrais l'avis des membres du gouvernement. » Lacoste, Lejeune et Bourgès-Maunoury demandent que — lugubre euphémisme — « les décisions de justice soient appliquées ». En face, Mendès France, Mitterrand, Defferre et Savary plaident la grâce. « Nous avons été élus pour faire la paix, dit le garde des Sceaux. Exécuter des hommes, pour la plupart hâtivement jugés, ce serait un acte de guerre. » René Coty se laissera convaincre par les « libéraux ».

Voilà le décor planté : d'un côté, ceux qui ne songent qu'à mater les nationalistes du FLN ; de l'autre, ceux qui préconisent le dialogue avec les « interlocuteurs de demain ». A chaque Conseil des ministres, jusqu'à la chute du gouvernement Mollet, le 21 mai 1957, Mitterrand est toujours du bon côté, avec Mendès France et Savary, avant leur démission, ou avec Defferre qui, comme lui, va demeurer jusqu'à la chute du gouvernement.

Du bon côté, mais sans faire de zèle. C'est calmement, sans acrimonie, qu'il lui arrive de stigmatiser la politique algérienne de Mollet, Lacoste et Lejeune. Passant tour à tour de la lassitude à l'esclandre feutré, il laisse toujours un autre mener la charge contre le clan des socialistes « ultras » : durant quelques semaines, il se repose derrière Mendès France et, après sa démission, derrière Gaston Defferre.

On dirait que les débats du Conseil des ministres accablent Mitterrand. Selon quelques-uns de ses anciens collègues, il a parfois l'air absent, tandis qu'on s'insulte, autour de lui. L'ancien syndicaliste Lacoste a le genre trivial et Defferre lui répond toujours du tac au tac. Ce qui donne parfois, d'étonnants échanges. « Va te faire enculer », dit en plein Conseil le ministre résident en Algérie à celui de la France d'outre-mer qui lui jette : « Je t'emmerde. » Tout cela sous le regard horrifié du bon M. Coty, qui, un jour, menace de faire sortir Defferre.

Face à la politique de Mollet et Lacoste en Algérie, il y avait, pour un ministre en désaccord, trois attitudes possibles. D'abord, la démission. C'est celle que choisirent Mendès, puis Savary. P. M. F. quitte le gouvernement, le 23 mai 1956, et écrit au président du Conseil, d'une plume de visionnaire : « Toute politique qui ignore les sentiments et les misères de la population autochtone mène de proche en proche de la perte du peuple algérien à celle de l'Algérie ensuite et, immanquablement, à la perte de notre Afrique tout entière. C'est cela, la politique d'abandon. » Seconde solution : rester au gouvernement et se battre pied à pied contre la guerre. C'est l'attitude de Gaston Defferre. Par « esprit de parti », mais aussi parce qu'il veut mener à bien la politique d'émancipation qu'il a entreprise en Afrique noire, avec sa loi-cadre, il siège jusqu'au bout, à la table du Conseil, clouant au pilori avec virulence la politique algérienne de ses camarades de la SFIO. Dernière position : le rafistolage. C'est, d'une certaine façon, ce que fait Mitterrand qui, durant dix-huit mois de « molletisme », s'emploie à « limiter les dégâts ».

Il s'y emploie sagement, patiemment. « La justice était aux mains des militaires qui l'exerçaient à leur manière, dit Pierre Nicolaÿ, directeur de cabinet de Mitterrand, place Vendôme. En tant que garde des Sceaux, il a fait tout ce qui était en son pouvoir pour empêcher les abus. » Mais il ajoute aussitôt : « Je me suis souvent demandé depuis si nous n'aurions pas dû nous en aller. » Gaston Defferre est plus positif : « François rappelait souvent les autres à la raison. Il a réussi à leur arracher des grâces ou des libérations de prisonniers. »

Du bricolage, en somme. Le garde des Sceaux a cherché laborieusement à ravauder cette justice délabrée qui, pour reprendre une formule de Pierre Courtade dans *L'Huma-*

nité[1], arrêtait souvent en Algérie le premier « Arabe » venu. Et il a cherché en vain. La Justice, en Algérie, ce n'était, il est vrai, pas de son ressort.

Très vite, elle lui a été enlevée pour être confiée à Maurice Bourgès-Maunoury, ministre de la Défense nationale. Quelques jours après son arrivée place Vendôme, François Mitterrand signe en effet un décret qui, en Algérie, livrait aux tribunaux militaires, c'est-à-dire aux cours martiales, les auteurs de délits comme « les crimes contre la sûreté intérieure de l'État, la rébellion avec armes, la provocation ou la participation à un attroupement criminel, les entraves à la circulation routière, les meurtres et tous homicides volontaires, la séquestration de personnes », etc. Le garde des Sceaux accepte, par conséquent, de se décharger de la Justice dans les départements algériens.

François Mitterrand a-t-il abdiqué ? A lire ce décret, on le dirait. Deuxième personnage du gouvernement après la démission de Mendès, se satisferait-il donc de circuler en traction avant, entre deux haies de motards, et de remplacer de temps en temps le président du Conseil dans les manifestations officielles ? A le regarder parader sur les photos d'époque, solennel, empesé, avec son sourire emprunté, on peut se le demander.

Il ne faut cependant pas se fier à cette impression. Ses collaborateurs au ministère de la Justice rapportent que, sous Mollet, il était devenu taciturne, sombre, très irascible. Un de ses proches : « On ne pouvait plus l'approcher, lui qui, naguère, était toujours disponible. Il était devenu distant, d'un mutisme total. Cela faisait partie du malaise » (Pierre Nicolaÿ). Pareil comportement n'est pas celui d'un homme comblé.

Comment pourrait-il l'être, d'ailleurs, alors que la justice est continuellement bravée par le gouvernement auquel il appartient ? S'il ne dramatise pas, il est conscient, comme Guy Mollet, que la démocratie est mal en point. Mais quoi, songe-t-il, les socialistes sont des démocrates et la France est la patrie des droits de l'homme. Alors, quand tout sera

1. 3 février 1957.

fini, que les armes se seront tues dans les Aurès, la légalité républicaine sera rétablie, il en est sûr.

Si la lucidité n'est pas leur fort, Mollet et Lacoste sont d'ailleurs d'honnêtes gens. Malavisés, sans doute, mais pas mal intentionnés. C'est ce que pense François Mitterrand et c'est sans doute ce que pense aussi le PC qui, après avoir voté l'investiture du secrétaire général de la SFIO à la présidence du Conseil, récidive en approuvant, le 12 mars 1956, les « pouvoirs spéciaux » : leur route, pourtant, comme l'écrit alors Claude Bourdet, « entraîne vers la guerre totale[1] ». Si les communistes ont donné leur suffrage à ce texte ce n'est pas parce qu'il préparait la paix en Algérie — ce n'était pas évident — mais parce que leur objectif consistait à « coller » au gouvernement Mollet pour l'amener peu à peu sur la bonne voie. A l'heure du XXe Congrès du Parti communiste de l'Union soviétique, celui de la déstalinisation, les communistes français, qui cherchaient à sortir du ghetto, accordaient en somme un soutien critique à Guy Mollet.

Comme la direction du PCF, mais plus longtemps qu'elle, trop longtemps, Mitterrand s'est dit aussi qu'il fallait épauler Mollet pour l'empêcher de s'égarer. Sur le tard, la lassitude a parfois percé dans ses discours ou sur son visage. Mais tout au long du gouvernement, il n'en démord pas : mieux vaut se battre — mais se bat-il bien ? — à l'intérieur qu'à l'extérieur du cabinet. Lors d'un conseil national de l'UDSR, en mai 1957, quelques jours avant la chute du ministère, alors même que le fiasco du socialisme bleu-blanc-rouge est patent, il n'hésite pas à dire : « J'aime mieux travailler avec des démocrates que pratiquer une opposition stérile contre des gens qui ne m'entendront pas. » Travailler avec des démocrates...

Bourgès et Lejeune sont-ils des « démocrates » ? Et puis est-il seulement « entendu » ce ministre de la Justice discret et refermé sur lui-même ? A examiner de près les seize mois du gouvernement Mollet, on se rend compte que la voix de Mitterrand n'a guère porté : trop faible, elle fut périodiquement couverte par celles de Bourgès, Lacoste ou

1. 13 avril 1956.

Lejeune. Épaulés par *Le Figaro* ou *L'Aurore,* ces hommes étaient saisis d'une frénésie aveugle qu'il ne parvint pas à endiguer, pas même à contenir, malgré toute sa bonne volonté.

Une anecdote, rapportée par Yves Courrière dans *Le Temps des léopards* [1], en dit long sur sa patience vaguement indulgente — ou son flegme ? — devant ce qu'on peut appeler le *lobby* militaire du gouvernement. Le vendredi 28 décembre, à 10 heures, Paul Teitgen, secrétaire général de la préfecture d'Alger, chargé de la police, venu entretenir Bourgès-Maunoury de l'affaire du « bazooka » (dont nous parlerons plus loin), attend dans l'antichambre du ministre de la Défense nationale. Il y a retrouvé François Mitterrand. Les deux hommes échangent quelques mots. La porte du cabinet s'ouvre, raconte Yves Courrière. Mitterrand se lève. Il est ministre et il était le premier arrivé. Bourgès l'arrête d'un geste : « Une seconde, cher ami. Teitgen vient spécialement d'Alger pour me voir. C'est très urgent. » Après pareil affront, il y a de quoi être mortifié : François Mitterrand, ministre d'État, deuxième personnage du gouvernement, s'est rendu chez le cinquième dans l'ordre des préséances, et voilà que Bourgès le fait attendre ! Sous le gouvernement Mollet, le garde des Sceaux fut l'objet de quelques humiliations de ce genre qu'il supporta sans broncher, lui qui d'ordinaire est si susceptible.

Qu'on ne l'imagine pas pour autant résigné ou abattu. C'est parce qu'il se sent en position de faiblesse dans ce gouvernement à dominante social-belliciste, que François Mitterrand se contente d'encaisser les camouflets. Pour la même raison, il joue prudemment — trop... tout en décochant, parfois, quelques fléchettes. Il en a souvent l'occasion.

Le 31 mars 1956, Claude Bourdet, codirecteur de *France-Observateur,* est arrêté. Sur ordre du ministre de la Défense nationale, une information a été ouverte contre lui. Motif : son dernier article contre le rappel des disponibles. Quelques jours plus tard, le domicile d'Henri Marrou

1. Fayard.

est perquisitionné. Explication : le professeur a écrit une tribune contre la torture dans *Le Monde*. Que fait Mitterrand devant ce déchaînement absurde ? Au Conseil des ministres suivant, note *L'Express*[1], il « manifeste vigoureusement son désaccord avec des actes aussi ridicules et qui risquent d'atteindre profondément le moral de toute la partie libérale de l'opinion sur laquelle, précisément, le gouvernement devait s'appuyer ». Ce n'est pas cette intervention qui allait empêcher, par la suite, d'autres arrestations arbitraires ou les saisies de *L'Express*, de *France-Observateur* et de *L'Humanité*.

Autre occasion de se cabrer, pour Mitterrand : l'affaire Ben Bella. Le 22 octobre 1956, un avion affrété par le sultan du Maroc conduit cinq chefs du FLN à Tunis. Mais les autorités militaires françaises somment le pilote — « sur ordre du gouvernement » — d'atterrir à l'aéroport d'Alger où les nationalistes sont aussitôt arrêtés. Robert Lacoste, ministre résident, a couvert l'opération, et il est content : dans le DC3, la police a pu mettre la main sur quelques hommes de l'état-major du Front de libération nationale, comme Ahmed Ben Bella, Aït Ahmed ou Mohamed Boudiaf. De belles prises qui seront aussitôt présentées comme les chefs de la révolution. La France pouvait enfin respirer : après tant de revers, enfin une médaille.

Le soir, lorsqu'il apprend la nouvelle, François Mitterrand s'étrangle de fureur : « C'est un forfait ! » Ulcéré, au bord de la démission, il s'en va jeter feu et flamme à l'Élysée où il trouve un cabinet présidentiel aussi écumant que lui. Le lendemain après-midi, accompagné de Georges Dayan, il a une longue explication, à Matignon, avec Guy Mollet flanqué, lui, de son directeur de cabinet. Le président du Conseil dit tout de suite, avec une rage contenue : « C'est Lacoste et Lejeune qui ont fait le coup, derrière mon dos. C'est une bêtise, mais admettez que nous ne pouvons pas, sous peine de ridicule, revenir en arrière. — La France se couvre de honte, proteste Mitterrand. Franchement, de quoi a-t-on l'air ? — Vous n'allez quand même pas me faire le coup de ce voyou de Savary ? », dit

1. 13 avril 1956.

Mollet inquiet. Le garde des Sceaux hoche la tête : « Vous avez été mis, comme moi, devant le fait accompli, je reste solidaire... de vous. » Alors, Mollet : « Je ne l'oublierai jamais. »

Mitterrand laisse donc passer l'affaire Ben Bella et il voit Alain Savary quitter, avec panache, son secrétariat d'État. Par la suite, les occasions de tempêter et, pour lui aussi, de s'en aller, se multiplient. Et alors ? Même s'il critique presque chaque fois qu'il le faut les excès d'un gouvernement que n'étouffent pas les scrupules, le garde des Sceaux ne réussit pas, sous le cabinet Mollet, à s'imposer comme une figure libérale. Un échec qui l'a, à l'évidence, froissé : « Les historiens honnêtes, dit-il aujourd'hui, verront quand même bien que quelques ministres avaient des positions libérales sur l'Algérie. »

Si tout le monde ne l'a pas vu, jusqu'à présent, c'est que ce ministre de la Justice gonflé d'interrogations, non de certitudes, n'a pas transgressé les règles du jeu. Qui plus est, il était trop transparent pour conquérir une identité. Trop docile aussi. Parce qu'il sombrait dans la nonchalance, comme l'ensemble de la classe parlementaire, ou parce qu'il nourrissait des arrière-pensées ?

4. La torture

C'est au cours de ce gouvernement Mollet qui n'en finissait pas de s'affaisser, qu'a commencé la traversée du désert pour Mitterrand. Alors qu'en coulisses le ministre de la Justice s'emploie, sans grands résultats, à refréner les transports des « ultras » du cabinet, son aura libérale s'est dissipée peu à peu, dans l'opinion. Et il s'est enfoncé dans le même discrédit que la plupart des politiciens de la IVe.

Mitterrand y voit la marque de l'injustice : n'a-t-il pas vitupéré, en Conseil des ministres, la police qui torturait les fellaghas au nom de la France dans les caves d'Alger, ou contre la politique de son propre gouvernement qui oubliait de faire la paix, comme il l'avait promis ? Certes. Mais il est peu de dire que François Mitterrand n'a pas su marquer ses distances avec son environnement d'alors ni su imaginer de nouveaux mots d'ordre politique. Résigné à la guerre, il s'est laissé porter par elle. Sans entrain, avec mauvaise grâce même, mais consciemment.

Le Mitterrand des années 1956 et 1957 traverse ainsi les pages les plus noires de l'histoire de la IVe en notable. Il n'est pas seulement cela, pourtant. Il a simplement tort de se cramponner à son fauteuil gouvernemental. Là est sans doute la principale faute d'une carrière qui en compte quelques-unes. Là est aussi, à l'évidence, son principal remords politique — parce que, sans le dire, il en a.

Pour s'en convaincre, il suffit de se reporter au *Coup d'État permanent,* charge contre la République de Charles de Gaulle, mais aussi plaidoyer discret pour l'action du député de la Nièvre sous la IVe. Mitterrand y oublie tout simplement d'évoquer son rôle au ministère de la Justice et se contente d'exécuter, en quelques lignes banales mais justes, la politique de Guy Mollet : « Les tonnes de propagande déversées sur l'opinion publique pour dépouiller la gauche des vertus nationales, propriété exclusive de la droite depuis l'affaire Dreyfus, avaient créé chez elle un besoin permanent de se justifier, de convaincre, d'expliquer — par exemple qu'on peut être à la fois gréviste et patriote, marxiste et bon Français. Pour démontrer qu'on lui faisait un mauvais procès, la gauche s'évertue à consentir à la droite des gages, et se comporte comme le suspect à la merci d'une erreur judiciaire qui, à force de crier son innocence, acquiert la mauvaise conscience du coupable. De concession en concession, dans le but sincère d'amadouer un adversaire rétif ou dans l'intention rusée de se le gagner, la politique de gauche finit par se confondre et par s'identifier à la politique de droite. Les élections truquées d'Algérie et le mythe du " dernier quart d'heure " signèrent d'irréparables renoncements. »

Cette analyse date des années 1960 — le livre, publié en 1964, a été écrit à l'aube de la Ve République. Mitterrand la partageait-il lorsqu'il siégeait dans le gouvernement Mollet ? A examiner ses discours d'alors, on la chercherait en vain. Il est vrai qu'il parle peu et en dit encore moins — ce qui, chez lui, n'est pas signe de félicité. Mais à suivre de près ses faits et gestes, on se rend compte qu'il se cabre, par brèves secousses, contre l'extrémisme cocardier de Lacoste, Bourgès et Lejeune : face à leurs excès, il ne reste pas inactif.

Il obtient, après avoir pas mal bataillé, que Ben Bella et ses compagnons soient soumis au régime politique. Il lui arrive, à la demande d'avocats ou de personnalités comme François Mauriac, d'extraire des nationalistes algériens de prisons « coupe-gorge » où leur vie est menacée. Il se bat aussi, jusqu'au bout, pour que les exécutions de condamnés à mort musulmans soient ajournées. Mais là, en vain.

L'épisode des « exécutions » l'a, semble-t-il, tenaillé. Le 19 juin 1956, à la prison de Barberousse, à Alger, Zabana Ben Mohamed et Ferradj Abdelkader sont guillotinés. Ce sont les premiers d'une longue suite. A la fin de l'année, dans les prisons d'Algérie, trois cents condamnés attendent leur tour d'échafaud. « Osons regarder les choses en face », écrira Pierre Courtade[1], ce sont « pour la plupart des otages ». Et comme s'il n'y avait jamais assez d'otages, la justice militaire condamne, sans discontinuer, à l'exécution capitale...

Arrive l'affaire Yveton. Elle frappera l'opinion. Sans doute parce que l'homme sera le premier Européen à être décapité pour participation à la rébellion. Communiste, ouvrier tourneur, Fernand Yveton devait déposer une bombe dans la machinerie de l'usine à gaz d'Alger où il travaillait. Elle fut découverte à temps dans son casier, au vestiaire. Après son arrestation, le 13 novembre 1956, il subit tous les supplices. Celui de l'eau : après l'avoir allongé sur un banc, ses tortionnaires l'obligent à boire jusqu'à l'étouffement et sautent, ensuite, sur son ventre. Celui de l'électricité, aussi : son corps est couvert de brûlures comme un certificat médical en fait foi. Autant de détails insupportables qui furent rapportés, après tant d'autres, par *L'Humanité,* et sur lesquels le ministre de la Justice observa une fois encore un sombre mutisme. Après la condamnation à mort d'Yveton, cependant, François Mitterrand plaida avec force la « grâce » auprès de René Coty. Notamment lors d'une réunion du Conseil supérieur de la magistrature. Le président ne céda point.

Il y a chez le garde des Sceaux de Guy Mollet d'autres attitudes de bon aloi, au milieu de tant de silences, et même, sur le tard, quelques giclées de colère, sans doute dérisoires mais bien réelles. Le 24 mars 1957, Ali Boumendjel se tue en tombant du sixième étage d'un immeuble qui sert de dépôt aux « paras » du général Massu. Un « suicide », paraît-il. Ce n'est pas le premier. Dans les prisons d'Alger, trois mille « disparitions » ont été dénombrées. Une « bavure » de plus, donc. Mais elle ne passe pas inaperçue parce que Boumendjel est un avocat connu du barreau d'Alger. Trois jours plus tard, à l'Assemblée nationale, un député MRP (Reille-Soult) demande des explications au gouvernement, non sans virulence : « Cela nous rappelle de douloureux souvenirs. Nous avons connu au cours de l'Occupation les prisons clandestines, les

1. *L'Humanité,* 11 février 1957.

détentions arbitraires, les interrogatoires épuisants... » Alors, sur le banc du gouvernement, juste en face de la tribune, un homme ému applaudit à tout rompre l'orateur, au grand dam de la plupart des ministres : c'est François Mitterrand lui-même. Pas banal...

Autre incident. Le 2 avril 1957, alors que grandit son exaspération contre les « ultras » du gouvernement, Mitterrand reconnaît tout à trac, devant la commission des Lois de l'Assemblée nationale, « l'existence de sévices et de détentions arbitraires en Algérie ». Les députés, interloqués, l'entendent stigmatiser durant une heure ces méthodes qu'un secrétaire d'État (Max Lejeune) osera défendre, le lendemain, au Conseil des ministres (ne sont-elles pas « efficaces » ?). Sans doute le ministre de la Justice prend-il soin de délimiter son propos : « Il y a beaucoup moins de cas qu'on le dit et plus qu'il n'en faudrait. » Mais c'est pour ajouter aussitôt : « Je suis dans l'obligation de dire qu'il y a une recrudescence de détentions arbitraires à Alger. » Et il regrette que la Justice soit trop souvent dessaisie au profit des juridictions militaires qui ne dépendent pas de lui.

Sur le coup, *L'Humanité* le traitera, assez sottement, de « Ponce Pilate ». Mais le 4 avril, sous la signature de René Andrieu, le quotidien du PC réajustera son analyse : Devant la commission des Lois, écrit René Andrieu, « Mitterrand a répondu avec une clarté, assez inhabituelle chez nos ministres, à des questions qui mettaient en cause la politique du gouvernement. En reconnaissant l'existence de méthodes illégales [...], de sévices en Algérie, en s'associant à la protestation de la commission contre de tels procédés, le garde des Sceaux s'est désolidarisé en fait de la politique menée par le gouvernement auquel il appartient ». En ces seize mois de gouvernement Mollet, François Mitterrand n'aura réprouvé ouvertement les « bavures » qu'en cette occasion. Et encore, avec quelques précautions. Ce n'était pas assez pour qu'il ressucite en lui le Mitterrand d'avant la IVe, avec ses intuitions généreuses. Mais assez, peut-être, pour qu'il se conserve lui-même.

Que, d'une certaine façon, il ait cru bon, après bien des désaccords, de rompre la solidarité gouvernementale, lui qui n'était pas coutumier du fait, cela dit assez sa lassitude. Mais il faut se garder d'en conclure pour autant que la position de Mitterrand dans le cabinet Mollet était celle d'un marginal esseulé. Gageons que, s'il avait été constamment en désaccord avec la politique du gouvernement, il aurait, comme Mendès et Savary, pris le large. Sous Laniel, après tout, il avait su le faire.

En fait, Mitterrand était souvent à l'unisson avec son président du Conseil. Rarement sur l'Algérie, sans doute, mais généralement sur les autres questions. Il lui est ainsi arrivé d'applaudir à des décisions comme celle de l'opération de Suez.

L'affaire commence le 26 juillet 1956, lorsque le colonel Nasser, au milieu d'apostrophes contre l'État d'Israël, « groupement d'assassins », annonce la nationalisation de la Société du canal de Suez, compagnie à capital franco-britannique. Ce coup de force soulève, à Paris, les récriminations ulcérées d'une classe politique déjà humiliée quotidiennement par quelques milliers de fellaghas en Algérie. Sauf au PCF et chez les poujadistes, tout le monde est pour la fermeté. Des hommes, d'ordinaire mieux inspirés, se laissent aller à des prédications mystiques : « L'Égypte, depuis plusieurs années, se comporte à notre égard en ennemie, ameutant contre la France un Islam politiquement et religieusement fanatisé » (André Siegfried) ; « L'exemple de 1933-1939 est clair : en face de la mégalomanie d'un dictateur, il ne faut pas répondre par des procédures juridiques inefficaces qui ridiculisent le droit, mais par la force » (Maurice Duverger). Voilà le ton. Un ton de guerre de religion. Mitterrand y ajoute son propre anathème en déclarant que la mainmise de l'Égypte nassérienne sur le canal ressemble à celle de l'Allemagne nazie sur la Tchécoslovaquie.

L'intervention militaire, techniquement irréalisable sur-le-champ, est déclenchée quelques semaines plus tard, le 5 novembre, conjointement avec la Grande-Bretagne. Prétexte : L'Égypte et Israël, qui sont en guerre, ont refusé de retirer leurs troupes à dix milles du canal. L'opération échoue parce que, très vite, devant les ultimatums de l'Union soviétique et les injonctions des États-Unis, Français et Britanniques doivent lâcher pied, piteusement, et signer en hâte un cessez-le-feu.

Sur le moment, Mitterrand se plaint d'avoir été mis une fois de plus devant le fait accompli. En dépit de son amertume, il accepte cependant d'aller défendre la politique gouvernementale devant le Conseil de la République, en l'absence de Mollet, en conférence à Londres avec le Premier ministre britannique. C'est même consciencieusement qu'il s'acquitte de sa tâche, rappellent ses collègues. Mais après coup, à l'heure des comptes, le garde des Sceaux est tout de même le seul ministre avec Defferre, sans doute, à amorcer une esquisse, encore modeste certes, d'autocritique. Comme l'écrit Jacques Fauvet, apparemment instruit aux meilleures sources, dans *Le Monde*, le 5 décembre 1956, « il est de ceux pour qui le bilan de l'intervention n'est pas entièrement négatif », mais il « aurait préféré que le gouvernement dressât un bilan complet plutôt que de dissimuler l'échec ». Cela, Mitterrand ne le dira jamais publiquement : c'est un ministre « sérieux ».

Un épisode exemplaire met au jour l'attitude posée, voire compassée, du ministre de la Justice. En mars 1957, Mitterrand est invité à Tunis pour le premier anniversaire de l'Indépendance. Il se réjouit d'avance de retrouver Habib Bourguiba, cet homme d'État avec lequel il a noué des liens depuis le début des années 1950. Avant son départ, Guy Mollet lui a donné pour consigne de n'accepter en aucun cas de prendre place aux côtés de représentants du FLN s'il y en a. Consigne grotesque — comment songer que les Tunisiens allaient célébrer leur indépendance sans des camarades qui se battaient, à côté, pour arracher la leur ? — mais, à tout prendre, logique parce que la « poignée de main » d'un ministre à des révolutionnaires algériens n'aurait pas été comprise en France.

Et voilà qu'à Tunis, à peine descendu d'avion, François Mitterrand est happé par les journalistes qui lui demandent, en chœur : « Que pensez-vous de la présence du FLN aux fêtes de l'Indépendance ? — Comment ? Ils sont là ? » Interloqué, il se retourne, et aperçoit Ferhat Abbas, à quelques mètres de lui. Comme il le connaît, il le salue d'un bref hochement de tête. Juste ce qu'il faut, mais pas plus. Ferhat Abbas a rejoint le FLN dont il conduit d'ailleurs ici la délégation. Ensuite, le garde des Sceaux annonce, avec une moue froissée, qu'il ne se rendra pas à la réception à laquelle Habib Bourguiba l'a convié, le soir même.

Quelques heures plus tard, Bourguiba débarque dans sa chambre, volcanique. « Il faut que vous veniez à la réception, dit-il, en tournant autour de lui. — Impossible, répond Mitterrand. Le FLN est là, je vais être obligé de retourner en France. » Alors Bourguiba : « Le FLN ? Je ne suis pas au courant, je vais donner des instructions, allez, venez... » Et tandis que le « Combattant suprême » déclame sa supplique tout en jurant de son innocence, Mitterrand se dévêt, dépose ses habits sur une chaise, enfile son pyjama, rentre dans ses draps et ferme les paupières. Fin de la première scène.

Seconde scène : le surlendemain, lors d'un défilé militaire dans la Grand-Rue de Tunis, François Mitterrand se retrouve aux côtés de la délégation du FLN et les photographes prennent, en angle, le ministre de la Justice avec Ferhat Abbas. Savoureux clichés sur lesquels Mitterrand s'est fait son air le plus pincé...

La troisième scène est franchement cocasse. Déjeunant avec Bourguiba, Mitterrand lui raconte sa dernière aventure et le menace de quitter la Tunisie s'il aperçoit encore la délégation officielle du FLN. « Vous êtes sûr de les avoir vus ? », demande le « Combattant suprême ». — Je sais quand même les reconnaître. » Alors Bourguiba dit, indigné : « J'ai pourtant donné des ordres, je vais donner une leçon à mon vice-président du Conseil. » Il prend un téléphone, fait un numéro et commence une longue sortie en arabe — et en suffoquant. Mais ce n'est pas à Behri Laghdam qu'il parle. Au bout de la ligne, il n'y a personne. Pour une raison toute simple et que Mitterrand constate tout de suite : l'appareil téléphonique n'a pas de fil...

Mitterrand sourit, beau joueur, et décide de rester quand même jusqu'à la célébration finale. Le 20 mars, le garde des Sceaux est donc au stade du Belvédère, aux côtés de Richard Nixon, vice-président des États-Unis, pour écouter Habib Bourguiba, « debout sur une estrade du devant des tribunes, raidi dans une impeccable jaquette, chéchia au travers du front, profil romain [1] », acclamé par des dizaines de milliers de Tunisiens. Mais quand le « Combattant suprême » a achevé son discours et descend du podium, juste avant que commencent les fêtes populaires, les délégués du FLN sont encore à ses côtés, ostensiblement, et prennent place auprès de lui.

Alors là, c'en est trop. Mitterrand se cabre et fait son esclandre. Dans *Présence française et Abandon* qui paraît peu après — en novembre 1957 —, il rapporte qu'il déclara à Bourguiba, avant son départ, que « l'embarras de la Tunisie d'avoir à choisir entre l'“ ami français ” et le “ frère algérien ” contraignait la France à supporter une offense ou à sembler marquer de l'amertume ». Difficile d'être plus anodin. A Behri Laghdam qu'il reçoit à l'aéroport, juste avant de s'envoler pour Paris, et qu'il retient pendant près d'une heure, il explique, écrit-il : « Malgré les erreurs, les échecs, les défaillances, rien ne me ferait douter des chances de la France. » Difficile, là aussi, d'être moins cassant. Le chapitre s'achève même, dans la nostalgie, pour l'image, vue d'avion, de la « courbe étincelante de cette terre aimée » qu'il regarde « en silence s'enfoncer dans les brumes du soir ».

François Mitterrand fut-il aussi accommodant avec Habib Bourguiba qu'il l'écrit dans *Présence française et Abandon ?* Georges Gorse, alors ambassadeur de France à Tunis, se souvient, au contraire, que le ministre de la Justice de Guy Mollet « en remettait » — c'est son expression. Mais, après tout, la mémoire de cet ancien

1. *Présence française et Abandon.*

ministre de Georges Pompidou n'est pas forcément impartiale. Et le fait est là, patent : alors que rien ne l'y obligeait — l'épisode ne fit guère de bruit en France —, Mitterrand ne put se passer de le raconter en détail, comme pour se justifier. Sa version ne fut pas démentie.

En tout état de cause, son autojustification un peu ampoulée montre que Mitterrand avait été froissé — n'est-ce pas à son avantage ? — par les quelques récriminations qui s'étaient élevées contre son geste. Celle de Ben Yahmed, secrétaire d'État tunisien à l'Information : « Nous déplorons le fait que les relations franco-tunisiennes continuent à être dominées par des réactions épidermiques. » Ou celle de *L'Humanité* : « Il est vrai qu'il ne fut pas traité comme l'invité de marque numéro un. Mais à qui la faute ? Les Tunisiens peuvent-ils oublier qu'il est le ministre d'une “ justice ” au nom de laquelle des millions d'Algériens sont emprisonnés... »

Mitterrand, en tout cas, ne l'oubliait pas non plus : à coup sûr, sous le gouvernement Mollet et plus particulièrement sur sa fin, la bonne conscience ne l'habitait pas, bien au contraire. Une scène, très importante pour son évolution politique, met en lumière son état d'esprit. Elle se passe un jour d'avril 1957, alors que l'avion qui le ramène d'Afrique noire fait une escale technique à l'aéroport d'Alger-Maison-Blanche. Un ministre en transit, ça se salue : traditionnellement, un carré officiel va lui faire des cérémonies. Pour Mitterrand, personne. Paul Teitgen, secrétaire général de la préfecture chargé de la police, choqué par l'inconvenance des autorités algériennes, décide de son propre chef d'aller présenter ses respects au garde des Sceaux.

Il se trouve que Teitgen est aussi un fonctionnaire exemplaire de haut calibre. Il en a lourd sur le cœur. Quelques jours auparavant, il a adressé à Robert Lacoste une lettre de démission où il écrivait, entre autres, que la politique menée en matière de torture ne pouvait « conduire qu'aux crimes de guerre ». Lacoste, qui redoutait le scandale, l'adjura de rester et Teitgen céda : après tout, songea-t-il, la meilleure façon de combattre la torture est encore d'être dans la place.

Ce jour-là, à Maison-Blanche, Paul Teitgen ne peut s'empêcher de s'ouvrir à Mitterrand. En quelques images effroyables, hantées de baignoires et d'électrodes, il raconte ce qui se passe dans les caves d'Alger. Il révèle aussi qu'il a dénombré 3 994 « disparitions » dans les prisons. « Nous nous couvrons de honte, dit-il. C'est foutu, maintenant. Tout ça finira par l'indépendance. — Vous croyez ? » fait Mitterrand, perplexe. Passons...

Passons, parce qu'au bout du compte le ministre de Guy Mollet fait une grande impression sur Paul Teitgen qui, depuis, est devenu mitterrandiste : « J'étais environné par la pourriture politicienne, le mensonge et la combine, et voilà que je tombais, soudain, sur un type sérieux, quelqu'un qui se posait des questions et m'en posait, quelqu'un qui avait l'air bouleversé, révolté, par ce que je lui décrivais [1]. »

La rencontre avec Paul Teitgen explique sans doute l'irascibilité qui a saisi Mitterrand à la fin du gouvernement Mollet. Toute étude impartiale de son comportement durant les seize mois de « social-molletisme » montre que ses doutes ont grandi au fil des jours. Sur le tard, il a même atteint le point de rupture. Pourquoi, alors, n'a-t-il pas démissionné ? Pourquoi a-t-il attendu, dans un demi-silence, la chute du cabinet, le 21 mai 1957 ? Le plus étonnant, durant toute cette période, n'est pas l'attentisme du garde des Sceaux : c'est un des traits de Mitterrand que de savoir rester tapi des mois en attendant l'événement qui, soudain, le régénérera. Ce qui frappe, en fait, c'est son indécision, ses flottements.

Du point de vue de sa carrière, l'habileté la plus élémentaire aurait voulu qu'il continue à se classer, par ses gestes et ses propos, aux côtés des libéraux [2] de la IVe — avec Pierre Mendès France, Jean-Jacques Servan-Schreiber, André Philip, etc. La droite, qui lui vouait une haine sans merci, l'y condamnait, en un sens : elle le

1. Entretien de Paul Teitgen avec l'auteur, 9 janvier 1976.
2. Homme du système, Mitterrand ne pouvait évidemment se ranger aux côtés des marginaux de la nouvelle gauche (Bourdet, Martinet, etc.) qui avaient sur la question algérienne plusieurs années d'avance sur tout le monde.

rejetait, quoi qu'il fasse, dans le camp des « bradeurs ».

Du point de vue de ses convictions, tout paraissait le porter à condamner la politique du gouvernement Mollet. Il tient d'ailleurs, peu après la chute du cabinet, des propos judicieux. Ainsi quand, s'adressant à Félix Gaillard, président du Conseil, il déclare qu'il faut maintenant « envisager avec clarté, avec rigueur, la seule solution qui reste à la nation : le dialogue avec l'Algérie ». « L'abandon, ajoute-t-il, certains croient qu'il est dans le traité au bout de la route, après les échecs [...]. Eh bien, non ! L'abandon commence avec le refus qu'on oppose, par négligence ou par faiblesse et dès le premier jour, aux réformes nécessaires et aux évolutions légitimes » (le 29 novembre 1957).

Du point de vue de son environnement, enfin, tout concourt à dresser Mitterrand contre l'arbitraire en Algérie. Pierre Nicolaÿ, son directeur de cabinet à la Chancellerie, prototype de haut fonctionnaire honnête — un « archange », comme dit Eugène Claudius-Petit —, ne manque jamais de relever devant lui, avec accablement, tous les « sévices » qui lui sont signalés. Au surplus, le propre parti de Mitterrand, l'UDSR, est d'évidence moins belliciste que la SFIO. Lors de son congrès, à Nancy, en octobre 1956, la motion finale demandait « pour renouer le dialogue politique avec les populations musulmanes », des mesures de « décentralisation des pouvoirs ». Rien de révolutionnaire là-dedans. Mais cela suggère la sensibilité d'assises où pas mal de voix avaient critiqué la politique du gouvernement Mollet. Roland Dumas, l'un des proches de Mitterrand, alors député de la Haute-Vienne, déclara qu'il fallait, d'urgence, « mettre fin à l'humiliation et au complexe d'infériorité des populations musulmanes ». Mieux : un Algérien, Youssef Hadj Hamou, membre de l'Assemblée de l'Union française, stigmatisa « les tenants de la politique rétrograde algérienne » et dénonça « l'engrenage de la pacification » ; le 27 février 1957, Hadj Hamou d'ailleurs fut arrêté : c'était un agent du FLN en France.

Pourtant, malgré toutes les pesanteurs qui l'entraînaient au-dehors, François Mitterrand est resté, jusqu'au bout, ancré dans le gouvernement Mollet. Pour comprendre son attitude, quelques explications élémentaires viennent à l'esprit. D'abord, la fringale ministérielle. Hypothèse très aléatoire. Après la chute du cabinet, le député de la Nièvre a rembarré le nouveau président du Conseil, Maurice Bourgès-Maunoury, qui le suppliait de rester dans son ministère. C'est donc que les portefeuilles ne l'affriolaient pas tant que ça et qu'il pouvait, à tout le moins, s'en passer.

Autre explication : tout se résumerait à des arrière-pensées politiques. S'il fut un ministre si « raisonnable », n'était-ce pas, en fait, pour se placer et marquer des points auprès du président de la République ? Mitterrand avait en tout cas su l'amadouer et il faisait, à tort ou à raison, figure de « favori » de René Coty. Quatre fois par semaine au moins, pour le Conseil des ministres, pour les conseils interministériels, pour le Conseil supérieur de la Magistrature, les deux hommes se retrouvaient ensemble. Apparemment, leurs rapports étaient ceux d'un « maître » et de son « élève », quoiqu'on se demande ce que Mitterrand pouvait bien apprendre de Coty. Les secrets de l'Élysée peut-être...

François Mitterrand pouvait croire, à bon droit, que ce chef de l'État si « paternel » ferait appel à lui, le jour venu, pour constituer le gouvernement suivant. Sans doute avait-il des ennemis dans le cabinet présidentiel : ainsi Charles Merveilleux du Vignaux, secrétaire général de l'Élysée. Mais il comptait aussi des amis dans la place : tel Henri Friol, directeur du cabinet. Pour mettre toutes les chances de son côté, il lui fallait, pensait-il, faire la preuve qu'il était un homme d'État. Et un homme d'État, pour le bon M. Coty, c'était un homme sage qui respecte les règles du jeu — ce à quoi Mitterrand s'appliqua, scrupuleusement, à ressembler.

En principe, cet « élève » consciencieux aurait dû être récompensé par son « maître » : même s'il trouvait Mitterrand un peu trop à gauche, René Coty songeait bien à lui, parmi d'autres, pour succéder à Guy Mollet à la présidence du Conseil. Après la chute du gouvernement, *Le Monde* et *France-Observateur* citent Mitterrand parmi les « possibles ». *L'Express,* quant à lui, estime qu'il était le véritable candidat du président de la République : « Avant de pouvoir lui donner une chance sérieuse, le chef de l'État entreprit une série d'opérations blanches — ce qu'on appelle, en jargon parlementaire, lever les hypothèques[1]. » Thèse plausible : ç'aurait donc été pour faire accepter le député de la Nièvre, pas excessivement populaire dans l'hémicycle, que René Coty, fine mouche, fit successivement appel à des hommes qui n'avaient aucune chance de recevoir l'investiture de l'Assemblée nationale, comme Antoine Pinay, Pierre Pflimlin et Maurice Bourgès-Maunoury. Mais, surprise, Bourgès fut investi. Pas brillamment, il est vrai. Il y avait beaucoup d'abstentions, celles d'une grande partie du groupe MRP, celles de mendésistes, celle de Mitterrand aussi — et son gouvernement ne dura que l'espace d'un été...

Première déconvenue. Elle ne le décourage pas : aussitôt, Mitterrand commença à tisser les fils d'une opération qui devait, en principe, le conduire à la présidence du Conseil, où il pourrait enfin, disait-il, « changer la politique ». Ses handicaps ? Ils sont grands. Les communistes sont à peu près les seuls à le ménager. « Pour les gaullistes et pour la droite, j'étais un " bradeur ", dit-il, aujourd'hui. Quant à Mollet et Lacoste avec lesquels je m'étais opposé sur l'Algérie, ils m'avaient prévenu : en aucun cas, il ne fallait que je compte sur les voix socialistes. » Il s'emploie, alors, méthodiquement, à éliminer les obstacles.

D'abord, pour tempérer la répulsion des modérés à son égard, il se rapproche du plus intelligent d'entre eux, Edgar Faure : l'UDSR (19 députés) engage ainsi des pourparlers avec le RGR de l'ancien président du Conseil qui s'apparente administrativement au groupe parlementaire de Mitterrand. Au congrès de l'UDSR en octobre 1957, Edgar Faure vient d'ailleurs en « ami », escorté de Bernard Lafay et de Jean-Paul David. Et dans *France-Observateur*, Mitterrand déclare à Claude Estier qu'il souhaite élaborer avec « Edgar » un « programme minimum parfaitement réalisable[2] ».

Ensuite, pour amadouer les socialistes, François Mitterrand va jusqu'à accepter de participer à nouveau à un

1. 7 juin 1957.
2. 27 novembre 1957.

gouvernement Mollet. En octobre, après la chute de Bourgès, Antoine Pinay a formé un cabinet avec les hommes de la droite la plus rance, d'Edmond Barrachin à Guy Petit — et un secrétaire d'État qui s'appelle Valéry Giscard d'Estaing. C'est un cabinet mort-né qui fait fiasco à l'Assemblée nationale. Alors que la crise ministérielle se prolonge, la IVe paraît, soudain, en perdition, et René Coty fait appel au secrétaire général de la SFIO, l'homme sans lequel rien n'est possible puisqu'il n'est pas de majorité parlementaire en dehors des socialistes. Mitterrand consent alors — le cœur léger ? — à être garde des Sceaux dans le ministère médiocre et « vieux style » formé par Guy Mollet. Le plus vexant est qu'il n'en est que le numéro neuf, derrière des ministres d'État tels que Henri Queuille, Pierre Pflimlin, Édouard Daladier et René Pleven, son rival de l'UDSR. Le plus triste est qu'il admet de se trouver — n'a-t-il donc rien appris ? — aux côtés de Robert Lacoste, Max Lejeune, Maurice Bayrou, « ultras » de la SFIO ou du gaullisme.

Que Mitterrand ait souhaité accéder à nouveau à des fonctions ministérielles, après tout, c'est toujours possible. Mais il est difficile d'expliquer son assentiment autrement que par sa volonté de se raccommoder avec le secrétaire général de la SFIO. A peu de frais, d'ailleurs : tout le monde ou presque donnait Mollet battu. Il le fut. L'Assemblée nationale refusa même son investiture à une majorité plus large que prévu.

Cela aurait pu être, alors, l'heure de Mitterrand. Ce fut celle de Félix Gaillard, pour peu de temps, et, ensuite, pour moins encore, dans la nuit du 13 au 14 mai, celle de Pierre Pflimlin. Cette fois, René Coty avait à coup sûr échafaudé un plan qui devait porter Mitterrand à la présidence du Conseil. A Roger Duchet, secrétaire général des indépendants, qui lui demandait peu après pourquoi il avait appelé Pflimlin, le chef de l'État confia : « J'étais persuadé qu'il échouerait dès le premier jour. » A qui songeait-il, alors ? Duchet rapporte ainsi la réponse que lui fit le président : « Je vous aurais confié une mission pour respecter la règle. Vous n'aviez pas la majorité et vous abandonniez. J'appelais alors François Mitterrand dont j'ai souvent apprécié les qualités d'homme d'État[1]. »

Roger Duchet, parangon de l'« Algérie française », qui fut, tout au long de la IVe, l'un des adversaires obstinés de Mitterrand, note ensuite, non sans mérite : « J'ai souvent pensé à cette conversation élyséenne. Mitterrand à Matignon aurait sans doute constitué un cabinet de style nouveau. Dans ces conditions, le général de Gaulle aurait-il conservé les mêmes chances de “ faire le 13 mai ” ? » Peut-être. Le retour au pouvoir du thaumaturge de Colombey-les-Deux-Églises allait en tout cas mettre fin, brusquement, au rêve de Mitterrand. Est-ce pour cela qu'il allait se cabrer, et avec quelle fougue, contre de Gaulle ? Pas seulement...

1. Roger Duchet, *La République épinglée,* Éditions Alain Moreau.

5. De Gaulle

13 mai 1958 : tandis qu'à Alger quelques généraux penchent pour la dissidence, la IVe République, à bout, sans armée, racle les fonds. Elle est tombée si bas qu'un membre du cabinet du président du Conseil pressenti par Coty — Pierre Pflimlin — s'en va lire, devant Massu et Salan, la déclaration d'investiture qu'il prononcera le lendemain. Pour obtenir leur *imprimatur*.

Vaine tentative. Le général Massu, porte-parole du comité de Salut public d'Alger, déclare le 14 mai, à 5 heures du matin : « Ce gouvernement de l'abandon, on ne le reconnaît pas. On ira jusqu'au bout. » Et au bout, justement, quelqu'un attend son heure.

Alors que, de Paris à Alger, les conjurations se font et se défont, un homme détient, en fait, les clés de l'immense machinerie qui s'est mise en route, et dont on ne sait si elle est son œuvre ou s'il cherche simplement à la détourner à son profit. C'est Charles de Gaulle. François Mitterrand se dresse tout de suite contre lui et ses agents qui, comme Léon Delbecque, sont de tous les conciliabules.

Au départ, Mitterrand ne procède que par allusions. Le 26 mai, à l'Assemblée nationale où il est surtout applaudi par les communistes, il dénonce un de ces hommes de brigue du gaullisme : Pascal Arrighi, député radical dissident. Arrighi a investi la Corse et occupé la préfecture d'Ajaccio avec une centaine de « paras » venus d'Alger — l'immunité parlementaire de ce conseiller d'État farfelu sera, d'ailleurs, levée par le Parlement. Derrière lui, Mitterrand s'en prend, à demi-mot encore, au général de Gaulle. « L'émotion et l'indignation du leader de l'UDSR, rapporte Raymond Barrillon dans *Le Monde*, se manifestent non seulement dans ses gestes mais par le ton de son intervention qui est à la fois prenante et violente. » C'est un nouveau Mitterrand qui apparaît, ce jour-là — le Mitterrand de la République gaullienne, éloquence sourde, voix d'apocalypse, index pointé, entre deux moulinets, vers le cataclysme à venir. Une sorte de prédicateur politique.

Le 31 mai, plus de sous-entendus : arrivé au bout de son « processus régulier », l'homme de Colombey avance à découvert et sollicite l'investiture de l'Assemblée nationale. Mais, avant, dans un petit salon de l'hôtel Lapérouse, il a convié tous les chefs de parti, sauf les communistes. Mitterrand n'a jamais été bien inspiré dans ses relations avec le Général. A lire les notes prises par Roger Duveau, président du groupe parlementaire UDSR, il ne l'a pas ménagé, ce jour-là : « Je suis dans mon coin, à côté de mes amis François Mitterrand et Joseph Perrin[1], lorsque le général de Gaulle fait son entrée. Il est vêtu très simplement d'un costume sport quelque peu défraîchi qui aurait besoin d'un coup de fer. Et lorsqu'il s'assied à un mètre de moi, après nous avoir tous courtoisement salués, mon regard est attiré par ses pieds immenses chaussés de cuir jaune clair. Tout de suite, le Général entre dans le vif du sujet. Il parle d'une voix mesurée, légèrement cassée : “ [...] Sur toutes les questions qui dominent la politique de la France [...], je suis d'accord avec la plupart d'entre vous. Alors, laissez-moi faire... Bien entendu, je compte avoir demain une large majorité d'investiture. Si je ne l'avais pas, je retournerais dans mon Colombey et alors je ne répondrais plus de rien... ” Comme nous nous regardons, provisoirement silencieux, il interpelle le président Daladier qui se tient accoudé à une petite table, pas très loin de lui : “ Monsieur Daladier, avez-vous quelque chose à dire ? — Mon général, répond Daladier, ainsi que vous l'ont déjà dit mes amis... ” Mais le Général coupe aussitôt : “ Ce que vos amis m'ont dit, mon cher président, je m'en souviens très bien. ” Et voilà Daladier mis hors course.

» C'est au tour d'Antoine Pinay. Il s'inquiète des projets qui sont prêtés au Général concernant les traités : “ Vous

1. Secrétaire général de l'UDSR.

voulez les remanier ? Mais dans quel sens, mon général ? — Mais dans le sens de l'amélioration, voyons, mon cher président ! " Et le Général passe au suivant.

» C'est Guy Mollet. Il pose une question sur le Marché commun. " Le Marché commun est une excellente chose, mon cher président, répond de Gaulle, mais je le trouve, disons, un peu étriqué. Nous verrons ! Nous verrons ! "

» Après Paul Ramadier, vigoureux, voici Mitterrand : " Vous êtes ici, mon général, à la suite d'un concours de circonstances peu ordinaire. Mais vous pourriez tout aussi bien ne pas être là. Vous auriez pu ne pas naître ou encore mourir plus tôt. — Que voulez-vous dire, Mitterrand, demande de Gaulle. Expliquez-vous ! — Vous comprendrez, mon général, si vous voulez bien me laisser parler. Voilà. Nous sommes entrés depuis peu dans la voie insolite et périlleuse des *pronunciamentos* réservés jusqu'ici aux républiques sud-américaines. Or, d'après vous, nous n'aurions, pour faire face à ce genre de tragédies qui risquent d'entraîner la ruine de la France, qu'un seul recours : vous-même, mon général. Mais vous êtes mortel... — Je vois où vous voulez en venir, interrompt de Gaulle. Vous voulez ma mort. J'y suis prêt ! " Et sur cette pirouette, le Général lève la séance et s'en va. »

Le 1er juin, le député de la Nièvre s'insurge, sans ambages, contre le général de Gaulle, planté là devant lui, au banc du gouvernement. Il brave, une nouvelle fois, cette haute silhouette à laquelle la classe politique, condamnée, a décidé de passer le relais.

Certes, dit-il, le général de Gaulle est « l'homme au prestige unique, à la gloire incomparable, aux services rendus exceptionnels. L'homme de Brazzaville qui, plus qu'aucun autre, signifie par sa seule présence à cette tribune une espérance pour tous les peuples d'outre-mer — oui, c'est une espérance pour beaucoup de nos frères ». Certes, il « incarne l'autorité indispensable à la conduite des affaires publiques, et cela n'est pas négligeable ».

Mais voilà : « Lorsque le 10 septembre 1944, le général

de Gaulle s'est présenté devant l'Assemblée consultative issue des combats de l'extérieur ou de la Résistance, il avait auprès de lui deux compagnons qui s'appelaient l'honneur et la patrie. Ses compagnons d'aujourd'hui, qu'il n'a sans doute pas choisis mais qui l'ont suivi jusqu'ici, se nomment le coup de force et la sédition. »

Pour qui croirait qu'il est un nostalgique de la IVe, qui tonitrue avant d'être emporté par l'Histoire, Mitterrand précise : « Nous ne nous battrons pas pour les rites, pour les mœurs, pour les travers d'un système tant dénoncé. » Et, toisant Mollet et Pflimlin : « Quelques-uns des hommes qui entourent le général de Gaulle dans son gouvernement sont d'ailleurs particulièrement qualifiés pour le défaire. Ce système, ils l'ont fait, ils l'ont géré, ils l'ont perdu. »

Ce ne fut pas un triomphe. Le discours de Mitterrand ne fut guère applaudi que par les communistes et quelques socialistes. Et peu après, Charles de Gaulle, président du Conseil désigné, était investi par l'Assemblée nationale : 329 voix contre 224. Tandis que dix députés UDSR (Bonnefous, Lafay, Lipkowski, Pleven, etc.) votaient pour le Général, trois seulement (Dubois, Dumas, Duveau) suivaient Mitterrand dans son refus. Le député de la Nièvre était soudain projeté à gauche, avec le PCF et une partie de la SFIO, coupé de la droite, marginalisé.

Marginalisé ? Oui, dans l'immédiat. Mais il est possible qu'à ce moment-là François Mitterrand ait déjà eu en perspective, confusément peut-être, ce qui sera son grand projet politique, son « compromis historique » à lui, l'union avec les communistes.

Les jours suivants, tandis que de Gaulle et les siens s'installent dans leur palais, Mitterrand confère avec Georges Dayan, Georges Beauchamp, Pierre Nicolaÿ, Louis Mermaz, etc. Ce qu'il leur dit à tous ? Que le nouveau régime en a pour dix ans au moins. En attendant, explique-t-il, il faudra « témoigner ». Mais à aucun, il ne parle de l'union de la gauche, ni pour la préconiser ni pour la condamner.

Parce qu'il n'a pas encore une conscience claire de ce qui sera bientôt son grand projet ? Possible. Les hommes politiques découvrent souvent leurs desseins en marchant.

Quelques signes, pourtant, montrent que, depuis peu, Mitterrand s'en allait sur les chemins de l'unité. Dans les derniers jours de la IVe République, Mitterrand, brusquement radicalisé, se trouve souvent sur les mêmes positions que le PC — ainsi quand il reproche au gouvernement Gaillard de ménager les factieux et d'interdire les réunions organisées par les « démocrates » contre la guerre d'Algérie. A tel point qu'on peut se demander si ce n'est pas à lui, notamment, que songe Maurice Thorez quand il renouvelle son appel, le 6 mai, pour la formation d'un « gouvernement avec les communistes [...] s'appuyant sur la majorité issue du scrutin du 2 janvier 1956 ».

C'est qu'à la fin de la IVe, il est l'un des seuls hommes du « système », sinon le seul, qui paraisse capable de casser le jeu, c'est-à-dire de rompre avec la « troisième force », et de constituer un gouvernement fondé sur l'alliance, au moins objective, avec les communistes. Guy Mollet s'est exclu en déclarant, à tout bout de champ, qu'il n'était pas question pour les socialistes de s'associer avec le PCF. Il est viscéralement hostile au « bolchevisme » — un mot qu'il emploie volontiers. Seule une petite minorité de la SFIO (Deixonne, Mazier, etc.) plaide pour l'unité. Quant à Pierre Mendès France, il s'est ôté tout crédit auprès des communistes depuis qu'il a décompté les suffrages du PC qui s'étaient portés sur lui, lors de son vote d'investiture pour la présidence du Conseil, en 1954. Reste Mitterrand...

Mais à l'automne de la IVe, les esprits ne sont pas encore mûrs pour une solution Mitterrand à laquelle participeraient, d'une façon ou d'une autre, les communistes. Elle est seulement envisagée, à mots couverts, dans quelques cercles socialistes ou progressistes, comme le rappelle Jean Poperen dans *La Gauche française*[1]. C'est à ce moment que, pour les modérés, il devient plus que suspect : malfaisant.

Dans une plaquette que lui consacre cette année-là une officine d'extrême droite — « François Mitterrand ou cet homme est dangereux[2] » —, il apparaît d'ailleurs, avant

1. Tome I, Fayard.
2. Numéro spécial de *Lectures françaises,* 1958.

même le retour au pouvoir du général de Gaulle, comme le « virtuel rassembleur des forces " avancées " de la nation ». Il l'est, il le sait, mais il n'ose pas s'avancer. Pourquoi ? Sans doute songe-t-il, en ce printemps de 1958, juste avant d'être surpris par la bourrasque gaullienne, que la France n'est pas encore prête.

Dans *Le Coup d'État permanent,* ouvrage rédigé avant qu'il ne formule clairement son défi unitaire, lors de l'élection présidentielle de 1965, Mitterrand analyse ainsi l'une des causes de l'échec de la IVe République : « En enfermant les citoyens qui votent communiste dans un ghetto électoral, la droite réussit un coup de maître car elle rendit impossible le rassemblement des forces populaires et vida peu à peu de substance une république que le peuple s'habituait à ne plus connaître, à ne plus aimer. L'homme d'État qui aurait eu le courage d'expliquer à la fois aux Français pourquoi il refusait la dictature du prolétariat et le ralliement de la France au bloc de l'Est, et pourquoi il préférait le concours des travailleurs, fussent-ils communistes, à celui des monopoles et des grandes compagnies, aurait peut-être sauvé le régime. »

C'est dit comme on se frappe la poitrine : Mitterrand, donc, ne fut pas cet homme d'État et il n'eut pas ce courage. Pourquoi ? Il ne faut pas négliger son manque d'assurance devant cette question taboue que fut, à partir de 1947, dans la gauche non communiste, l'union avec le PCF. Ce « républicain de progrès » accusé, des mois durant, d'être agent des communistes, répugne à se rapprocher trop vite d'eux. Ce marginal qui avait réussi à se faire une respectabilité, en se raccommodant avec René Coty et en coudoyant Edgar Faure, ne veut pas prendre le risque d'être repoussé dans un ghetto, avec le Parti.

Mais le PCF n'a jamais fait peur à Mitterrand — même, on l'a vu, en 1947, l'année la plus noire de la guerre froide. Il n'a éprouvé à son égard ni l'effroi d'une partie de la classe politique, derrière le MRP ou le RPF, ni la répulsion obsessionnelle de l'autre partie, derrière la SFIO. Ses relations avec le « parti de la classe ouvrière » ne relèvent pas de la psychanalyse. Pour ce qui le concerne, elles sont sans passion. C'est de Gaulle qui a parlé des « séparatistes ». Ce sont des chefs de la SFIO qui ont dit que les « communistes ne sont pas à gauche, mais à l'Est ». Sur le PCF, Mitterrand, n'a fait, lui, que des analyses politiques qui fleurent, parfois, le cynisme.

Propos révélateur de son état d'esprit : devant le congrès de l'UDSR en 1954, il déclare qu'il ne faut pas compter « réduire l'emprise » du PCF par la « brimade ». « Le meilleur moyen de le combattre dans une démocratie, dit-il, c'est de réaliser un certain nombre d'idéaux sociaux parfaitement acceptables de la classe ouvrière, actuellement confisqués par ce parti. » Tactique qu'il ne récuserait probablement pas vingt ans plus tard, mais elle est devenue indicible et Mitterrand sait avaler sa salive.

Bref, il n'est pas stupéfiant de retrouver l'adversaire du PCF de 1954 aux côtés des communistes, quatre ans plus tard. Le ciment de leur intelligence, alors, c'est l'antigaullisme. Pour le moment, l'accord s'arrête là. Mais c'est déjà assez pour manifester ensemble : le 28 mai 1958, un cortège de quelque 200 000 Parisiens, sous un ciel tendre et au cri d'« unité », défile à l'appel des syndicats (CGT, FO, FEN, CFTC) et de tous les partis de gauche — sauf la SFIO représentée tout de même par quelques minoritaires, derrière Charles Lussy. « Le peuple faisait connaître son exigence d'un gouvernement républicain, écrivait Nelly Feld avec son lyrisme des grands jours, le lendemain, dans *L'Humanité*. Et pourquoi ne l'aurait-il pas dit en applaudissant Daladier et Mendès France du parti radical [...], François Mitterrand de l'UDSR [...] ainsi que les membres du comité central du PCF ? »

A l'aube de la Ve, donc, tout est en place pour l'union. Tout, sauf la gauche non communiste qui est à refaire. L'histoire politique est pleine de groupuscules qui s'agglomèrent, frileusement, autour du PCF, avant de perdre leur identité, et de sombrer, ensuite, dans l'oubli. Mitterrand, qui ne tient pas à connaître le sort de Pierre Cot et de son Union progressiste, n'entend pas se présenter devant le parti communiste, seul, avec sa petite UDSR que le phénomène gaulliste a fait voler en éclats. Un souci l'habite : celui de ne pas se laisser enfermer dans l'extrême gauche. Il se tient donc à distance et se défend ainsi, le

6 juin, à la Fondation nationale des sciences politiques, devant la conférence Molé-Tocqueville, d'avoir cru à une solution de type Front populaire : « On a agité l'épouvantail communiste. Mais la classe ouvrière a parfaitement conscience que le parti communiste se joue d'elle : elle n'est prête à se battre ni pour le PC ni pour les autres. »

« Les autres » ? Tout le monde est visé, les gaullistes comme la SFIO. Mais ceux-là ne relevèrent pas ses propos. Ce n'est pas un hasard si cette déclaration définitive n'a semé la consternation que chez les communistes. Elle trahissait, du coup, les espérances qu'ils avaient placées en Mitterrand. Lors de leur comité central des 9 et 10 juin, il fut ainsi beaucoup question du député de la Nièvre, plus même que de Guy Mollet. La réaction du PCF à son égard était navrée : celle d'un soupirant dépité, mais pas tout à fait désespéré. Le président de l'UDSR lui avait filé entre les doigts, mais le Parti lui redonnait quand même sa chance. Dans son rapport, Waldeck Rochet déclara, après avoir cité l'une de ses philippiques antigaullistes : « François Mitterrand ne peut ignorer que l'anticommunisme fait le jeu du fascisme et que, dès lors, face au péril qu'il reconnaît, il est indispensable que tous les républicains et les antifacistes s'unissent dans l'action sans exclusive. » Maurice Thorez reprit la même idée dans son discours de clôture, mais sur un ton moins obligeant : « L'heure est à l'union, dit-il. Ceux qui, aujourd'hui encore, tel M. Mitterrand, n'arrivent pas à se débarrasser de leur anticommunisme oublient tout simplement les nécessités élémentaires de la lutte, l'urgence évidente de l'union. »

L'oublie-t-il ? Il fait semblant. En juin 1958 — et dans les mois qui suivent, Mitterrand n'a d'autre objectif que de rassembler, avec d'autres, les débris du socialisme et du radicalisme : après, il sera toujours temps de se tourner vers le PC. Le 24, il signe un appel de Daniel Mayer pour le « regroupement des forces de la gauche non communiste ». Son nom y figure avec ceux de Pierre Mendès France, Édouard Depreux, Robert Verdier, Claude Bourdet, Gilles Martinet, Francis Perrin, Laurent Schwartz, etc. Le voici maintenant en bonne compagnie.

Le 10 juillet, à son instigation, le secrétariat de l'UDSR condamne sans ambages la tentative de quelques orphelins de la « troisième force », comme Maurice Faure et Bernard Lafay, de lancer un parti de « centre gauche ». Le voici, enfin, sur une ligne politique claire.

Mais le grand rassemblement socialiste auquel aspire Mitterrand se perd dans les sables. La gauche non communiste qui ne se reconnaît pas dans la SFIO, cahotera, des années durant, de scissions en tentatives — concurrentes — de regroupement. Sans doute parce que ses trois chefs — Mendès France, Depreux et Mitterrand — ne sont pas exactement sur la même longueur d'ondes. Sans doute aussi parce que la cohabitation n'est pas simple entre la gauche « moderne », celle des hommes de pouvoir, incarnée par P. M. F. ou Mitterrand, et la gauche « nouvelle », celle des intellectuels de *France-Observateur* ou des syndicalistes de la CFTC.

L'UFD (Union des forces démocratiques), constituée le 7 juillet 1958 avec les signataires de l'appel de Daniel Mayer, n'accouchera d'ailleurs ni d'un parti ni même d'une idée-force. D'autres (ou les mêmes) chercheront, ailleurs, à fédérer les gauches socialistes. En vain. C'est sans doute en songeant à cette période où l'intelligentsia faisait la loi et où il était — conséquence ? — hors course, que Mitterrand a écrit plus tard ces lignes amères : « Les diverses formations socialistes, avant le congrès d'Épinay (1971), se jaugeaient au fait qu'on ne les connaissait plus autrement que sous le nom de la gauche non communiste. Il est clair, que, divisées, elles entraînaient dans leur ruine la grande idée du siècle. Cet état répond à la tentation permanente de la gauche, la tentation cathare. L'exigence des Parfaits les conduit à rejeter comme impure toute démarche qu'ils jugent, au millimètre, à la virgule, étrangère au commandement de leur conscience et aux prescriptions de la lettre. Chacun porte le saint sacrement et délivre au reste du monde un incommunicable message. De leur prie-Dieu, ils font une chapelle et de leur chapelle une église. Ils rêvent de communion universelle et ne supportent pas un voisin qui se mouche. D'où la prolifération de partis, de groupes, de cercles, de clubs qui, à la moindre occasion, se scindent en deux tronçons avant de se subdiviser à l'infini. C'est la pratique du ver de terre[1]. »

Un an plus tard, les gauches, « nouvelle » et « moderne », en sont toujours au même point, c'est-à-dire au point zéro. A ceci près : avec le temps, les querelles intestines se sont avivées et les perspectives d'union (des forces socialistes et, ensuite, de la gauche) éloignées d'autant. Le Mitterrand de cette époque a, en quelques mois de déconvenues, perdu cet air altier qui incommodait tant Guy Mollet et quelques autres, sous la IVe. Il est meurtri et il y a une ironie sourde dans sa voix quand, lors d'une réunion de l'UFD à Château-Chinon, en septembre 1959, il déclare : « Le problème de l'unification des forces de la gauche fidèles à la démocratie exigera beaucoup d'abnégation de la part des républicains. » Le drame est qu'ils n'en ont pas. Et même s'il parle ce jour-là devant un aréopage qui ne manque pas d'allure (Georges Montaron, pour les groupes « Témoignage chrétien », Pierre Le Brun, secrétaire confédéral de la CGT, Claude Bourdet, animateur de l'Union de la gauche socialiste, etc.), Mitterrand donne alors de lui-même l'image d'un politicien pathétiquement anachronique, laissé pour compte de l'Histoire.

L'est-il ? Oui. D'abord, la gauche intellectuelle fait la grimace devant ce hors venu qui cherche à s'immiscer dans ses rangs. Cette répugnance, un homme comme Claude Bourdet — qui ne la partageait pas — l'explique par la « mauvaise réputation » de Mitterrand : c'est un homme de l'ancien régime. Sans doute l'ancien garde des Sceaux de Mollet, d'ordinaire habile à charmer, n'a-t-il pas non plus déployé toute sa séduction devant cette gauche-là, qui le snobait ostensiblement. Pire : qui l'a même froissé.

Cela s'est passé en 1959. François Mitterrand avait décidé d'entrer au PSA (Parti socialiste autonome), scission de gauche de la SFIO animée par Édouard Depreux. Une grande partie de la direction du PSA était contre son

1. *La Rose au poing,* Flammarion.

entrée, Alain Savary en tête. Et Depreux qui le reçoit un jour au siège de son petit parti, rue Henner, lui déconseille de s'inscrire au PSA : « J'ai usé de la persuasion, dit-il [1], en lui expliquant que son arrivée poserait des problèmes. C'était vrai : des gens comme Savary l'auraient difficilement accepté. Mitterrand l'a mal pris... »

Ensuite, les grands vents gaullistes de 1958 ont ébranlé son fief électoral, la Nièvre. Pour le référendum du 28 septembre sur la nouvelle constitution, il a préconisé le « non », et sur quel ton — la « combinaison » proposée par Charles de Gaulle, avec l'appui de Mollet, évoque à la fois, selon lui, le « système présidentiel en Amérique du Sud » et le « système parlementaire tel qu'il fonctionnait il y a un siècle sous Louis-Philippe et Louis-Napoléon [2] ». Malgré sa campagne déchaînée, excessive contre le texte, le pourcentage des « oui » est à peine inférieur, dans son département, à celui de la moyenne nationale : 77,8 % contre 79,2 %. Conséquence logique : quelques semaines plus tard, aux législatives de novembre, un indépendant gaulliste lui ravit son siège de député, malgré le désistement du PCF en sa faveur. Et il doit s'en aller trouver refuge, l'année suivante, au Sénat, cet asile pour vétérans ou vaincus.

C'est cet homme hors jeu, pourtant, qui inquiète les gaullistes — ou plus exactement la fraction activiste du gaullisme, qui, derrière Debré, Arrighi ou Griotteray, avait naguère pris les armes, parfois au sens propre du terme, pour la cause de l'Algérie française. Il les inquiète parce qu'il en sait trop : Mitterrand, en effet, émaille volontiers ses harangues antigaullistes d'allusions à l'affaire du bazooka dont il a eu à connaître au ministère de la Justice. Au point qu'on peut se demander s'il n'entend pas en faire le grand scandale qui, le jour venu, pulvérisera la Ve.

1. Entretien d'Édouard Depreux avec l'auteur, 2 mai 1976.
2. *Le Courrier de la Nièvre*, septembre 1958.

Il est vrai que l'affaire est grave, et qu'elle révèle avec éclat les contacts noués, sous la IVe, entre les conjurés « ultras » et les parrains de la République gaullienne. Elle commence le 24 décembre 1956, lorsque le général Faure, adjoint au commandant de la division d'Alger, explique au secrétaire général de la préfecture, Paul Teitgen, qu'un complot est en préparation et lui demande d'y participer : « Seule une prise de pouvoir militaire permettra de conserver l'Algérie française et, en raison de votre autorité sur la police, nous avons besoin de votre appui. » L'autre fait mine d'embrasser sa cause et rendez-vous est pris pour le surlendemain où le général doit lui donner tous les détails de son plan. Il les donne, en effet. Et quand Teitgen lui demande quels sont les « responsables » de l'opération, le général répond : « Entre nous, il s'agit de Debré, Arrighi et Giscard d'Estaing. » Le tout a été enregistré sur un magnétophone que Robert Lacoste, informé par Teitgen, a fait placer dans le bureau du secrétaire général : « Comme ça, ces couillons de Paris seront bien obligés de nous croire ! »

Ils les croiront, en effet. Mais Bourgès-Maunoury et Mollet, qui ne veulent pas risquer d'embraser une armée déjà si effervescente, préfèrent étouffer l'affaire. Or elle rebondit, le 16 janvier, avec l'assassinat du commandant Rodier, tué d'un coup de bazooka tiré sur une fenêtre du premier étage de la 10e région militaire. Il y a eu maldonne sur la personne : à l'évidence, c'est le général Salan, nouveau patron de l'armée algérienne et bête noire des « ultras », qui était visé. Lacoste se fâche et il met en chasse la police qui, quelques jours plus tard, arrête les auteurs du coup : le docteur Kovacs, un dénommé Castille et quelques autres.

Au bout de plusieurs jours d'interrogatoire, Kovacs et ses hommes finissent par lâcher les noms de ceux pour lesquels ils disent travailler. Des noms « importants ». Pour se couvrir ? Après les vérifications d'usage, la police se rend compte qu'ils ont souvent des contacts avec ceux qu'ils mettent en cause. Qui donc est derrière cette affaire du bazooka ? « Il existe à Paris, dit le docteur Kovacs, un comité de six membres parmi lesquels M. le sénateur Michel Debré, M. le député Pascal Arrighi et, si mes souvenirs sont exacts, M. Giscard Monsservin [1]. » Il précise bien qu'il ne donne ce nom qu'avec « les plus expresses réserves ». Après recoupements, il s'avère qu'il s'agit sans doute de Valéry Giscard d'Estaing. Les noms de Jacques Soustelle, d'Alain Griotteray et du général Faure sont également cités.

Un rapport de la Sûreté nationale en Algérie, adressé au commissaire principal d'Alger [2], résume ainsi l'objectif du comité des six, tel qu'il est dévoilé par le docteur Kovacs : « 1° Élimination du général Salan et son remplacement immédiat par le général Cogny [...] ; 2° Instauration à Paris d'un gouvernement de " salut public " ou d'" Union nationale " grâce à la neutralisation du Parlement susceptible d'être opérée par M. le député Arrighi Pascal en ce qui concerne l'Assemblée nationale et par M. le sénateur Debré Michel pour le Conseil de la République [...]. » Les dirigeants de Paris entendaient, toujours selon Kovacs, déclencher le coup d'État en partant d'Alger. Selon l'image qu'ils donnaient, il s'agissait « d'allumer une bombe ici pour qu'elle explose à Paris ».

Certes, ce n'est jamais qu'un rapport de police — et les rapports de police... Mais la justice, aussi, prend les choses au sérieux : le 8 février 1957, Jean Reliquet, procureur général d'Alger, débarque à Paris avec un volumineux dossier qu'il dépose sur le bureau de Pierre Nicolaÿ. Un dossier qui fait l'effet d'une déflagration sur le très calme directeur de cabinet de Mitterrand. Surtout quand il entend Reliquet lui dire qu'il demande, pour Debré et Arrighi, « la levée de l'immunité parlementaire en vue de leur inculpation ».

Informé, Mitterrand avertit aussitôt Guy Mollet, chef du gouvernement, et René Coty, président de la République. Ils sont plus effarés qu'outrés : cette sale affaire lève le voile sur l'état de dégradation du régime. Inutile, donc, de

1. Procès-verbal de l'interrogatoire de Kovacs, le 1er février 1957, par la Sûreté nationale en Algérie. Le docteur Kovacs a, semble-t-il, fait confusion entre les noms de deux parlementaires de l'époque : Valéry Giscard d'Estaing et Roland Boscary-Monsservin.

2. Rapport du commissaire central Poidevin, en date du 11 février 1957.

l'ébruiter. Et quand, quelques jours plus tard, le garde des Sceaux reçoit Michel Debré à la demande de Pierre Nicolaÿ — les deux hommes sont d'anciens collègues du Conseil d'État —, il lui dit : « A priori pour moi, vous êtes innocent. — Vous n'allez pas lever mon immunité parlementaire ? — Tranquillisez-vous, répond Mitterrand. Nous examinerons tout ça de plus près avant de prendre une décision. »

On peut toujours voir, dans l'attitude de Mitterrand, le signe d'une noble magnanimité. On ne doit pas négliger, cependant, la volonté du gouvernement de ne pas donner de publicité à cette affaire qui allait électriser les « ultras » et semer le trouble dans l'opinion. Maurice Bourgès-Maunoury revendiquait d'ailleurs le dossier pour la justice militaire avec l'intention manifeste de l'enterrer. Mitterrand réussit à le garder sous le coude, avec l'arrière-pensée de l'ouvrir un jour. Mais la IVe, sur sa fin, l'oublia et la Ve, dès ses débuts, prit soin de le dissimuler : le procès du docteur Kovacs fut expédié à la sauvette. Or Mitterrand et Bourgès avaient toujours l'affaire en tête et ils pouvaient la dévoiler. Est-ce un hasard si, bientôt, un certain Pesquet, après une vaine tentative sur l'un, allait chercher à jeter le discrédit sur l'autre ?

6. L'Observatoire

Le 7 octobre 1959, au Palais de justice, François Mitterrand — qui a repris son métier d'avocat — devise avec Roland Dumas lorsqu'un homme, genre bon gros, qu'il ne reconnaît pas tout de suite, s'approche de lui et lui souffle à l'oreille : « Il faut que je vous parle, c'est très important. » Cet homme, c'est Robert Pesquet. Un ancien vendeur de yaourts, secrétaire administratif du groupe RPF à l'Assemblée nationale puis attaché de cabinet de Raymond Triboulet, au ministère des Anciens Combattants. Élu en 1956 député sous l'étiquette républicain social (gaulliste), avec le soutien de Michel Debré, il s'apparenta ensuite au groupe parlementaire poujadiste.

Cela, Mitterrand le sait. Mais ce qu'il ne sait pas, c'est que Robert Pesquet a pas mal d'antécédents judiciaires, que des plaintes pour escroquerie, abus de confiance ou détournement de mineure ont été déposées contre lui — sans jamais aboutir, d'ailleurs — ; que la gendarmerie de Caen avait même donné un « avis défavorable » à sa nomination au grade de sous-lieutenant de réserve : pour elle, en effet, l'homme était « réputé libertin, prétentieux, de moralité douteuse et peu scrupuleuse quant aux moyens de se procurer des ressources ».

Tel est celui qui, ce jour-là, entre dans le destin de Mitterrand : roublard, intrigant, le contraire d'un saint homme. Le sénateur de la Nièvre, qui ne connaît que le politicien d'extrême droite, pas le fripon, mais qui nourrit une aversion contre ce type de personnage, le fait attendre longuement avant d'aller prendre, en vitesse, avec lui et Roland Dumas, un verre au bar des Deux-Palais. Là, Pesquet se lance dans une harangue « Algérie française » et confie, l'air entendu, que des complots se trament partout, ce que tout le monde sait. C'était donc ça, son « importante » révélation. Mitterrand, impatienté, se lève et demande à Dumas s'il peut le conduire en voiture chez Georges Dayan, rue de Rivoli, mais l'autre est venu à pied. Alors, il prend congé et se dirige, par le pont Saint-Michel, vers les quais de la rive droite. Quelques minutes plus tard, Pesquet le rejoint, essoufflé.

« J'ai quelque chose de grave à vous annoncer, murmure Pesquet. Je suis un ultra mais je ne suis pas un assassin. J'arrive d'Alger, et je peux vous le dire : il va y avoir une vague d'attentats. Vous êtes très menacé, vous êtes en tête de liste. Je tenais à vous prévenir. — Pourquoi donc ? — Eh bien, l'homme le plus mauvais peut avoir de bons moments. Et à l'Assemblée nationale, j'appréciais, quoique sur d'autres bancs, votre façon de faire. Je suis au courant de certaines choses, je ne vous les dis pas. Je vous mets en garde, c'est tout. » Et Pesquet s'en va.

Mitterrand est surpris, mais pas impressionné. Pas encore. Juste avant d'arriver chez Georges Dayan, il croise Wladimir Porché, ancien directeur de la Radiodiffusion, et lui dit, mi-figue mi-raisin, mais plus ricanant qu'inquiet : « Je viens de rencontrer un drôle de gars. Il me promet mon assassinat pour bientôt. »

Le collet est tendu, mais le sénateur de la Nièvre n'est pas encore pris, loin de là. Il n'est pas sûr qu'après cette première rencontre, Pesquet ait réussi à semer un doute, même léger, dans l'esprit de Mitterrand qui croit, apparemment, avoir affaire à un mythomane. La preuve en est que, durant une semaine, Pesquet, qui appelle matin et soir son secrétariat, ne parvient pas à le joindre. Jusqu'au 14 octobre où, brusquement, Mitterrand « lassé ou troublé », dit-il, lui donne rendez-vous au café Le Marignan, avenue des Champs-Élysées.

« Troublé » il l'est, à coup sûr : depuis quelques jours, les Mitterrand reçoivent des lettres de menaces et des coups de téléphone qui les réveillent, en pleine nuit, avec des avertissements du genre : « Tu vas crever », ou bien : « Attention, une bombe à retardement explosera chez toi à 5 heures du matin. » De quoi alarmer, à la longue, les plus endurcis. Et lors de leur deuxième rencontre, sur les Champs-Élysées, le sénateur de la Nièvre, maintenant aux aguets, ne prend plus Pesquet de si haut. Il l'écoute même, avec attention. Mais l'autre n'a pas grand-chose à lui dire. « Je suis pris dans un engrenage, les gens d'Alger me tiennent », se lamente-t-il, ajoutant simplement qu'il aura des précisions sur l'attentat dans les heures qui viennent.

Peu à peu, Mitterrand commence à gober ses boniments. La nuit du 14, pour plus de sûreté, il dort chez Georges Dayan, dans le salon. Et le 15, il rencontre à nouveau Pesquet : dans la salle des pas perdus du Sénat, les deux hommes conversent pendant une heure et demie. Le sénateur de la Nièvre s'entend dire que l'attentat projeté contre lui est « imminent » et que des menaces pèsent aussi sur ses enfants. Incidemment, Pesquet lui demande quel itinéraire il prend, pour rentrer chez lui, rue Guynemer, et lui conseille, s'il se sent suivi par une voiture, de se réfugier dans le jardin de l'Observatoire : « De toute façon, faites très attention en rentrant chez vous, le soir. Vous vous ferez buter devant votre porte car entre les murs des maisons de la rue Guynemer, d'un côté, les grilles du Luxembourg, de l'autre, il n'y a pas de possibilité de fuite. »

Le langage de Pesquet, fait de gouaille électrique et d'allusions menaçantes, ébranle de plus en plus Mitterrand. L'autre le supplie de garder le secret : « Je vous avertis au péril de ma vie. Vous n'allez pas me livrer à la police. » Mitterrand s'y engage. Il lui propose même, s'il a du nouveau, de passer le soir à la brasserie Lipp où, en principe, il doit dîner.

Quelques minutes plus tard, en ouvrant les journaux du soir, Mitterrand découvre une déclaration de Lucien Neuwirth, député de la Loire et membre du bureau exécutif de l'UNR. Elle fait la « une » de *Paris-Presse :* « Il est urgent de se ressaisir. Le drame peut être pour demain. Déjà, des commandos de tueurs ont passé la frontière espagnole. Les personnalités à abattre sont désignées. » L'Histoire a parfois de ces coïncidences... Les révélations de Neuwirth tombent à pic pour enlever à Mitterrand ce qui lui reste d'incrédulité.

Et le voilà happé par le piège : en tout état de cause, Mitterrand croit alors, bon gré, mal gré, à l'histoire de Pesquet. Cet homme qui fut si habile se laisse berner par un paltoquet. Cet homme qui fut prudent, si apte aussi à manier le doute, prête foi aux fables de quelqu'un qui, à l'évidence, est sujet à caution. Il n'est plus lui-même mais un personnage aux cent coups, dépassé par son aventure, qui se débat dans un imbroglio politico-policier imaginé par un sous-Chase. Un personnage seul, au surplus, parce qu'il ne confie, comme il s'y était engagé, son histoire à personne, pas même à Georges Dayan, à qui il a seulement dit, furtivement : « Ces temps-ci, je suis persécuté par un type étrange. »

Le 15 octobre, donc, la mise en condition psychologique est achevée. D'abord, Mitterrand court chercher son fils à la sortie de l'école. Pour le cas où... Et, dînant chez Georges Dayan, il s'en va, sur le coup de 23 heures, voir si Pesquet l'attend chez Lipp. Il n'y est pas. A minuit trente, ce soir-là, ce n'est pas un Mitterrand détaché, le Mitterrand ordinaire, qui monte dans sa 403 pour rentrer chez lui.

Quinze ans plus tard, Mitterrand se souvient avec une intense précision de ce qui s'est passé, alors. Écoutons son récit, qui recoupe son témoignage de 1959 : « Au début de la rue de Seine, une voiture colle la mienne contre le trottoir. Je deviens vigilant. Arrivé en haut de la rue de Tournon, devant le Sénat, je me rends compte qu'elle me suis toujours. Au lieu de tourner à droite, pour aller chez moi, je prends la rue de Médicis, à gauche, histoire de me donner le temps de réflexion. Au square Médicis, voilà que la voiture cherche à nouveau à me coincer. Alors là, mes derniers doutes se dissipent, je mets les pleins gaz et leur prends quelques mètres sur le boulevard Saint-Michel. Je tourne brusquement rue Auguste-Comte, saute de ma voiture au square de l'Observatoire et, vite fait, je cours dans les jardins où je me jette à terre[1]. »

Il est alors 0 h 45. Une voiture débouche dans des crissements de pneus et sept coups de feu claquent dans la nuit, à trois ou quatre mètres de lui. C'est une rafale de

1. Entretien avec l'auteur, février 1974.

mitraillette 9 mm. Un projectile s'est logé dans le fauteuil de la 403, trois sur le plancher du véhicule et trois autres sont sortis à travers les tôles des portières du côté droit.

Très pâle, abasourdi, Mitterrand déclare aux policiers qu'il n'a pas eu le temps de voir ce qui s'est passé. Il sait seulement que les tueurs étaient deux, peut-être trois, et que leur voiture était petite et de couleur sombre. Rien de plus. Des soupçons ? « On a sans doute voulu m'intimider », dit-il, laconique, à un journaliste de *France-Soir*. Au commissaire divisionnaire Clot, chef de la brigade criminelle, il ne parle pas de Pesquet qu'il remerciera quatre jours plus tard, au bar Le Cristal, de lui avoir sauvé la vie. Il lui a donné sa parole d'honneur de ne pas le dénoncer : pas question de la violer.

Une semaine durant, tandis que François Mitterrand reçoit des messages de sympathie, de Pierre Mendès France à Jacques Duclos, et que la gauche commence à se mobiliser contre le « fascisme », l'enquête, confiée au juge André Braunschweig, piétine.

Paraît Pesquet, le 22 octobre. Lors d'une conférence de presse, il déclare qu'il est l'auteur de l'attentat. Seulement voilà, c'était, dit-il, un « attentat bidon », et il l'a commis sur les consignes de François Mitterrand lui-même. Il révèle, alors, qu'il l'a rencontré trois fois avant l'opération de l'Observatoire, les 7, 14 et 15 octobre pour mettre l'affaire au point, et une fois après, le 22, pour se faire féliciter.

Si Mitterrand a voulu organiser un simulacre d'attentat, annonce Pesquet avec son impayable faconde, c'est pour deux raisons qu'il lui a d'ailleurs confiées. D'abord, il voulait ainsi « provoquer des perquisitions dans les milieux d'extrême droite ». Ensuite, il pensait « coiffer Mendès d'une courte tête » dans l'opinion.

Pour conclure, Pesquet dit avoir la preuve que tout avait été monté d'avance : quelques heures avant le « faux » attentat, il s'est adressé deux lettres, l'une à Paris poste restante et l'autre dans le Cavaldos en recommandé. Elles ont été ouvertes devant huissier. Il y indiquait le scénario de l'opération comme il s'est déroulé. A ceci près : la Dauphine de Pesquet dut faire trois fois le tour du square à cause d'un couple d'amoureux puis d'un taxi. Après quoi, il lui fallut descendre de sa voiture pour s'assurer que sa pseudo-victime n'était pas restée dans la 403. C'est alors seulement qu'il donna l'ordre à son jardinier normand, Abel Dahuron, de tirer.

Quand la France apprend la version de Robert Pesquet, c'est un concert de sarcasmes et de ricanements. Mitterrand est fait, le collet s'est refermé sur lui : parce que après l'attentat, il a caché l'essentiel, c'est-à-dire ses rencontres avec Pesquet, le doute est dans bien des esprits. Même chez quelques amis, comme Henri Frenay, son voisin de la rue Guynemer, avec lequel il rompt à cette occasion.

D'entrée de jeu, il est clair que la thèse de Pesquet, qui la dément d'ailleurs lui-même aujourd'hui, est absurde : s'il avait cherché à monter un faux attentat pour redorer son blason, Mitterrand n'aurait pas préparé l'opération avec son complice dans des lieux publics. Au surplus, pour l'aider, il aurait choisi quelqu'un de sûr, pas un adversaire politique. Tout cela tombe sous le sens. Restent, dans ce charivari nauséeux, quelques interrogations qu'il faut éclaircir.

A l'évidence, François Mitterrand a commis une série d'erreurs qui relèvent de l'imprudence, voire de la légèreté. D'abord, après leur première rencontre, il a négligé de s'enquérir de la réputation de Pesquet. Mendès, longtemps député de l'Eure par exemple, aurait pu l'édifier. Ensuite, il n'a pas prévenu la police que des menaces pesaient sur lui. Enfin, au lendemain de l'attentat, il n'a pas raconté en détail à quelques personnes sûres tout ce qui s'était passé avec l'ancien député gaulliste.

Pourquoi ces deux oublis et ce silence ? Pour commencer, Mitterrand n'a vraiment cru Pesquet que le dernier jour, celui de l'attentat. Il était trop tard pour chercher à se renseigner. Quant à la police, il s'en est toujours méfié. Extrêmement chatouilleux sur le chapitre de sa liberté, et surtout sa liberté de mouvement, il avait refusé, début 1959, les deux agents armés que la préfecture de police acceptait de mettre à sa disposition, pour sa sécurité. Il pensait, à tort ou à raison, qu'ils seraient forcément conduits à surveiller ses allées et venues.

Un épisode avait, d'ailleurs, attisé ses préventions contre la police du Général : un an plus tôt, sa voiture étant prise en chasse par une autre, il s'était arrêté devant le commissariat de la place Saint-Sulpice, et les deux hommes qui étaient à ses trousses furent interpellés après une course-poursuite dans Paris. L'enquête n'avait pas eu de suite, et quelques journaux s'étaient alors payé sa tête.

Quand on sait aussi que, durant son passage au ministère de l'Intérieur, Mitterrand s'était attiré quelques rancunes tenaces à la préfecture de police de Paris — où Baylot n'avait pas perdu toute influence —, on comprend mieux que, se sachant suivi, il n'eût pas pour premier réflexe de se précipiter dans un poste de police.

Pour expliquer enfin sa dernière erreur, la plus grave, qui fut de ne rien dire à quiconque de ses entretiens avec Pesquet, Mitterrand lui-même a écrit quelques lignes amères, un peu obscures, en forme d'autocritique, dans *L'Express,* le 30 octobre : « Oui, j'ai été leur dupe. Voilà cinq ans[1] qu'ils me guettaient. Voilà cinq ans que j'avançais entre les pièges et les traquenards. Et le jeudi soir 15 octobre, je suis tombé dans le guet-apens. Cela ne cesse maintenant de tourner dans ma tête et d'oppresser mon cœur [...]. Parce qu'un homme vient à moi, me prend à témoin de son hésitation à tuer, me demande de l'aider à se sauver lui-même, cinq ans de prudence, d'analyse, de patience, cèdent soudain et me laissent devant la solitude et l'angoisse des questions posées. »

En clair, c'est sa charité qui l'aurait perdu. Fort bien. Mais admettrait-on toutes ces explications, on ne peut manquer de relever qu'elles sont psychologiques donc discutables. D'ailleurs, Mitterrand n'a pas de pièces à conviction à sa décharge : aux assertions concrètes de Pesquet, il ne répond qu'en jurant de sa bonne foi, avec des à-peu-près et des justifications embrouillées. Vu de loin, ce « cerf aux abois », comme dit Mauriac, fait plutôt mauvaise impression.

1. C'est en 1954, cinq ans auparavant, avec « l'Affaire des fuites », que commencent les premiers démêlés publics de Mitterrand avec l'extrême droite.

Il est pris et il rôde autour de lui un fumet de curée. Tout le monde y va de son coup d'épieu. Robert Lazurick va jusqu'à écrire dans *L'Aurore,* sous le pseudonyme de Robert Bony, qu'« aux yeux de ses amis politiques eux-mêmes l'auteur de pareilles palinodies demeurera définitivement disqualifié [1] ».

Même parmi les mieux disposés à son égard, il y a des haussements d'épaules, voire des relents de dégoût, devant tant de margouillis. Sur le coup de sa première impression, Claude Fuzier, qui rectifiera, ensuite, son opinion, écrit dans *Le Populaire,* quotidien de la SFIO : « Supposons que M. Pesquet mente : comment le qualifier ? Supposons qu'il dise la vérité : M. Mitterrand ne vaudrait alors pas cher mais M. Pesquet n'en recevrait pas pour autant un brevet de vertu pour le seul fait de s'être prêté à cette comédie. Dans un cas comme dans l'autre, des hommes qui osèrent se présenter devant le peuple, qui osèrent parler d'honneur, de probité, de patriotisme... montrent qu'ils ont une autre vie sombre et inavouable [2]. »

En ces quelques lignes, tout est dit. Le discrédit qui frappe Mitterrand, amalgamé soudain à Pesquet, le dédain que lui porte, alors, une partie de la gauche, les haut-le-cœur qu'il provoque chez quelques « puristes » de la SFIO. « Pendant les jours, les semaines, et même les mois qui ont suivi, écrit Françoise Giroud [3], il a eu assez de doigts pour compter ses amis. Ceux qui se sont mouillés, veux-je dire. » Elle ajoute : « Je l'ai vu, un soir, pleurer. » Mais il dira que c'est faux.

Tandis que le sénateur de la Nièvre, somnambulique et fiévreux, s'englue dans son cauchemar, sous les moqueries de la presse de droite et de la Radio-Télévision nationale, le gouvernement saute sur l'occasion pour lui assener un nouveau et mauvais coup : Michel Debré, le Premier ministre, convoque le procureur de la République et, le 27 octobre, le Parquet demande la levée de l'immunité parlementaire de Mitterrand, accusé d'outrage à magistrat.

1. 24-25 octobre 1959.
2. 23 octobre 1959.
3. Françoise Giroud, *Si je mens,* Stock.

Le motif? Il n'a pu manquer « d'avoir conscience qu'il portait atteinte à la considération et à l'autorité morale » due à la fonction du chef de la brigade criminelle de la préfecture de police « en l'amenant à entreprendre des recherches sans intérêt alors qu'il lui cachait un élément valable d'information qu'il possédait », c'est-à-dire ses relations avec Robert Pesquet. Petit détail : le commissaire Clot, « l'outragé », a tout de suite fait savoir qu'il n'était pour rien dans cette requête. Autre précision, de taille : pour la jurisprudence de la Cour de cassation, une « omission » n'est pas un « outrage ». N'importe, le gouvernement a passé outre.

Contre la médiocre opération politique de Michel Debré, jointe à la machination de Pesquet et aux railleries qu'elle a provoquées, dans un climat d'hallali, quelques voix s'élèvent, avec véhémence, comme celle, courageuse, de Jean-Jacques Servan-Schreiber dans *L'Express*. Mais c'est surtout celle de François Mauriac qui retient l'attention. D'emblée, sans même avoir été sollicité, l'auteur des *Anges noirs* avait prêté main-forte à Mitterrand, écrivant, le 24 octobre, sur son *Bloc-notes :* « Dans cette bataille ignoble, tuer n'est rien, salir est tout [...]. François Mitterrand, contre lequel rien n'est prouvé, apporterait-il toutes les preuves d'une machination, les bonnes gens souriraient, hocheraient la tête. » Le 30, dans un plaidoyer magnifique Mauriac allait, une nouvelle fois, à la rescousse du sénateur de la Nièvre : « Mitterrand aura payé cher d'avoir été moins fort que ses ennemis eux-mêmes n'avaient cru. Et moi, je lui sais gré de sa faiblesse : elle témoigne qu'il appartient à une autre espèce que ceux qui l'ont fait trébucher et qui, sans doute, avaient deviné en lui cette faille secrète. Mitterrand demeurait capable de faire confiance à un homme taré qui feignait de se livrer à lui : c'est qu'il a été un garçon chrétien, pareil à nous, dans une province. Il a rêvé, il a désiré comme nous, devant ces coteaux et ces forêts de la Guyenne et de la Saintonge qui moutonnaient sous son jeune regard et que la route de Paris traverse. Il a été cet enfant barrésien " souffrant jusqu'à serrer les poings du désir de dominer la vie ". Il a choisi de tout sacrifier à cette domination. Il aurait pu [...], comme moi-même, être un écrivain, raconter des histoires au lieu de vivre des histoires. Il a choisi de les vivre. Mais ce choix impliquait un durcissement de sa nature. Il s'est endurci, j'imagine, autant que l'eût exigé une époque autre que celle-ci. Mais aujourd'hui, c'est le temps des assassins [...]. C'est son malheur qu'une part en lui ait subsisté de ce Mitterrand d'autrefois. » Et c'est l'envolée finale vibrante de sollicitude : si le président de l'UDSR a fait confiance à Pesquet, il faut en chercher la raison dans « la blessure chrétienne qui ne se cicatrise jamais tout à fait dans le cœur en apparence endurci ».

« Endurci »..., Mitterrand fut quelque peu froissé par le mot, avec sa connotation péjorative et, lors d'un dîner, le 19 novembre, il le fit comprendre, à demi-mot, à François Mauriac qui aussitôt corrigea : « C'est durcissement que je voulais dire. Mitterrand s'est durci et non endurci[1]. »

Avec l'affaire de l'Observatoire, en tout état de cause, Mitterrand fut les deux à la fois. Jusqu'à la demande de levée de son immunité parlementaire, il est comme assommé, dépassé, par ce qui lui arrive. C'est le moment où à la nuée de journalistes qui l'attend, un jour, devant le Palais de justice, il lâche, fourbu : « Je suis las de toutes ces attaques, je vous en prie, laissez-moi. » C'est le moment où il se raconte la même histoire, dix, vingt fois, devant sa femme et ses meilleurs amis, de Dayan à Merli, pour tenter de démêler l'écheveau du complot.

Mais sitôt que le Parquet, c'est-à-dire le pouvoir, engage des poursuites contre lui, sous le prétexte d'« outrage à magistrat », alors là, il réémerge et se retrouve. Jusqu'alors, en face de lui, il n'avait que Pesquet, l'exécutant de la machination, qui n'était pas, quoi qu'on en ait, un antagoniste à sa mesure. C'est sans preuve, à l'aveuglette, comme pour donner le change, qu'il s'en était pris à Biaggi, Arrighi, Le Pen et Tixier-Vignancour. Mais maintenant, avec Michel Debré, Mitterrand a enfin un adversaire à sa taille avec lequel il peut en découdre. Il n'attendait que ça.

Le 18 novembre, au Sénat, après les conclusions favorables du rapporteur de la commission, un républicain

1. Dans son *Bloc-notes*, le 20 novembre.

indépendant nommé Delalande, à la demande de levée de son immunité parlementaire, Mitterrand se lance dans une autodéfense que les annales de la rhétorique parlementaire retiendront comme un morceau de bravoure pathétique. Devant la partialité manifeste du rapporteur, face aux visages ricanants de quelques sénateurs UNR ou SFIO, il se déchaîne. Il accuse le gouvernement de « jouer ou laisser jouer avec l'honneur d'un adversaire politique ». Mieux, il le prouve, en racontant « l'affaire Bourgès ».

La voici. Un mois plus tôt, Robert Pesquet avait dansé le même ballet, devant Maurice Bourgès-Maunoury. Il l'avait, lui aussi, informé qu'un attentat se tramait contre lui. Il lui avait même annoncé un « bain de sang » pour les anciens chefs de la IVe. L'ancien président du Conseil ne s'était pas inquiété outre mesure : « Lorsqu'on veut tuer, dira-t-il plus tard, on n'avertit pas. » Un peu méfiant, il avait tout de même alerté Jean Verdier, chef de la Sûreté, mais sans lui donner le nom de son informateur, comme il s'y était — lui aussi — engagé. Soit dit en passant, ce n'est sans doute pas un hasard si, après cette démarche, l'autre cessa aussitôt de l'importuner.

Le 22 octobre, tout de suite après les « révélations » de Pesquet sur « l'attentat bidon » de l'Observatoire, Bourgès signala à Verdier que, dans son cas, c'était aussi l'ancien député gaulliste qui lui avait rendu visite. Le chef de la Sûreté transmit alors l'information au ministre de l'Intérieur, Pierre Chatenet. Et puis, plus rien : durant une douzaine de jours le gouvernement n'a soufflé mot de ce témoignage, pourtant digne d'intérêt. Jusqu'à ce que Bourgès-Maunoury, inquiet de ce silence, décide lui-même, le 3 novembre, d'informer le juge d'instruction. Alors, après avoir rappelé que le Parquet lui reproche d'avoir caché « un élément valable d'information », Mitterrand a beau jeu de s'exclamer, grinçant : « En ce qui me concerne je n'irai pas jusqu'à tenter de qualifier d'outrage à magistrat l'omission du gouvernement, car, moi, je n'accuse pas sans enquête ! »

Ce n'est pas tout. Une guerre, ça se gagne en engageant l'assaut, pas en se défendant pied à pied. Alors, d'une voix pantelante, Mitterrand rappelle l'attentat au bazooka contre le général Salan, trois ans plus tôt, et met en cause l'un des piliers de ce pouvoir qui lui cherche querelle : « Un jour de février 1957, un homme attend quelques instants dans le bureau voisin de mon cabinet, à la chancellerie, place Vendôme. Tout de suite, il proteste de son innocence dans une affaire qui vient d'éclater et que la presse exploite [...]. Sans doute existe-t-il dans le dossier des pièces accusatrices et des aveux troublants, mais il s'en expliquera plus tard. Il lui en faut seulement le temps. Or le temps lui manquera si, en accélérant la machine judiciaire, je lance tout de suite et sans autre examen les noms en pâture à l'opinion publique [...], si je demande des levées d'immunité parlementaire à l'Assemblée nationale comme au Sénat [...]. L'opposant d'hier n'hésitait pas à réclamer les garanties de la loi et il les obtenait [...]. Quoi de plus normal ? L'homme qui arpentait nerveusement la pièce où nous nous trouvions [...], cet homme, c'est le Premier ministre, c'est Michel Debré ! » Après quoi, note le *Journal officiel,* quelques mouvements divers traversent les bancs, d'ordinaire somnolents, du Sénat. Une date...

Une date et, peut-être, un signe : le courant n'est-il pas renversé, soudain ? Avec sa contre-offensive brûlante et blessée, le sénateur de la Nièvre a réussi à semer le désordre, voire le doute, dans les rangs ennemis. Les sénateurs, un peu commotionnés, décident d'ajourner leur décision et de renvoyer le dossier devant la commission. Et un homme comme Jean-Louis Vigier, UNR qui avait combattu Mitterrand lors de « l'Affaire des fuites », avant de faire amende honorable, court même à son secours, avec une belle magnanimité : « Acceptez-vous les procédés dont on a usé envers lui ? On a voulu atteindre son équilibre et je voudrais être certain que l'on n'y soit pas parvenu. » Alors pas question, pour lui, de « donner le coup de grâce à un homme déjà très atteint, fût-il notre pire adversaire ».

Très vite, pourtant, malgré un bon départ, la tentative de diversion de Mitterrand, pour compromettre Michel Debré et relancer l'affaire du bazooka tourne court. C'est que le Premier ministre est fin politique et pas du tout suicidaire, malgré les apparences. Il sait que l'aveu de sa rencontre avec le garde des Sceaux de Mollet risquerait de ranimer, brusquement, un dossier aujourd'hui bien enseveli, celui de la mort du commandant Rodier, chef d'état-major du général Salan. Alors, il choisit la mauvaise foi et dit, laconique, à la sortie du Conseil des ministres : « M. Mitterrand a menti, une fois de plus. » Entre la parole d'un gouvernant et celle d'un opposant, déjà très controversé, tout le monde, à commencer par la *vox populi,* choisit la première.

Du coup, le 25 novembre, devant le Sénat, malgré l'ardeur décuplée qu'il déploie dans sa harangue, mélange d'autojustifications et d'accusations furibondes, Mitterrand ne parvient plus à troubler la masse des parlementaires qui l'observent avec un agacement grandissant. Dans cette affaire, dit-il, le gouvernement craint « d'apparaître comme l'auteur ou le complice d'un mauvais coup (murmures sur les bancs supérieurs et à droite). Ah ! comme on comprend qu'il ait envie, qu'il ait le plus grand besoin de la caution du Sénat ! J'imagine le soulagement qu'éprouveront ce soir tous ceux qui, à l'affût, attendent que la vilaine besogne qu'ils ont commencée soit achevée par d'autres ! » (protestations sur les mêmes bancs ; applaudissements sur certains bancs à gauche). Il doit arrêter son discours, un moment, devant les interruptions qui fusent à quelques bancs : « Vous devenez injurieux » (Jacques Boisrond, républicain indépendant) ; « Vous insultez le Sénat » (Jean Bertaud, UNR) ; « Et les sénateurs ! » (Claudius Delorme, paysan). Alors, Mitterrand : « C'est pourquoi, je vous fais confiance, messieurs. » — « C'est un scandale ! », s'exclame Claudius Delorme. En descendant de la tribune, le sénateur de la Nièvre n'est guère applaudi que par les communistes et trois ou quatre socialistes.

Et c'est à une large majorité qu'est adoptée, quelques minutes plus tard, la suspension de son immunité parlementaire : 175 voix pour et 27 contre. 12 sénateurs se sont abstenus et 77 n'ont pas pris part au vote. Derrière Mitterrand, tout le groupe communiste, quelques SFIO comme Émile Aubert, Georges Dardel ou Gaston Defferre, mais aussi Edgar Faure, Pierre Marcilhacy et Edgard Pisani. Contre lui, c'est-à-dire pour la levée de son immunité parlementaire, toute la droite, de Jean Lecanuet à Jacques Soufflet, et pas mal de sénateurs socialistes : ainsi Jean Bène, Marcel Champeix, Bernard Chochoy, Émile Durieux, Georges Lamousse, Léon-Jean Grégory et André Méric[1]. Un ancien compagnon de Résistance aussi, Jacques Baumel.

Que le vote des sénateurs ait accablé Mitterrand, on se gardera bien de l'affirmer. L'affront de la Haute Assemblée ne parut pas le perturber excessivement, maintenant qu'il avait retrouvé ses esprits et aussi son sourire étrange, vaguement crispé. Ce qui est sûr, en revanche, c'est que le comportement d'une grande partie du groupe de la SFIO au Sénat creusa davantage son antipathie, déjà profonde, à l'encontre du parti de Guy Mollet. C'est aussi que l'affaire de l'Observatoire qui allait aboutir, le 8 décembre, à son inculpation — d'ailleurs sans suites judiciaires —, raviva son ambition, déjà haute, et la modula en défi. C'est encore que la machination a plutôt fait fiasco : si elle a ébranlé Mitterrand quelques jours, si elle a contribué, un temps, à faire planer autour de lui un climat de suspicion, elle n'a pas laissé de traces trop tenaces sur lui. Tout juste l'a-t-elle conduit à circonscrire la confiance qu'il a toujours tendance à accorder, comme ça, spontanément, au tout-venant.

« Je me suis fait avoir comme un petit garçon », a-t-il d'ailleurs confié à ses ex-amis du MNPGD (comme Robert Paumier) qui l'avaient invité au siège de l'association, rue Copernic, fin novembre, pour le « soutenir moralement ». Quelques ombres subsistent cependant. Quand on fait les comptes de l'affaire de l'Observatoire, elles se détachent assez nettement. Il y a, d'abord, cette bonne foi aveugle et candide qui se laisse trapper par un Pesquet. Et encore ceci : l'esprit trop romanesque que tout cela révèle. François Mitterrand est entré dans les filets tendus par une ganache comme il serait entré dans une « série noire » de Dashiell Hammett : en esthète anxieux, pas en politique.

1. Mitterrand a retrouvé la plupart de ces hommes au PS après le congrès d'Épinay en 1971 : ainsi Jean Bène était président du Conseil général de l'Hérault, André Méric, vice-président du Sénat, et Marcel Champeix allait devenir président du groupe socialiste au Sénat.

Il est tout de même curieux, on l'a vu, qu'avant l'attentat il n'ait pas cru bon de mettre au courant, même en taisant le nom de Pesquet, un de ses anciens subordonnés de la place Beauvau, comme l'avait fait Bourgès. Peut-être était-ce ici la superbe d'un « exilé de l'intérieur » qui ne voulait, en aucune façon, se compromettre avec le pouvoir. Il est tout aussi fâcheux que, juste après la mitraillade, il n'ait pas pris l'élémentaire précaution, pourtant peu coûteuse, de parler à des tiers — même sous le sceau du secret, pour respecter la parole donnée — de ses conversations avec l'ancien député gaulliste. Peut-être était-ce sa superbe, là encore : certes, il se serait ainsi couvert et, après le témoignage de ces hommes, nul n'aurait pu ensuite l'accuser de s'être prêté, en complice scrupuleux, à la comédie de Pesquet. Seulement voilà : l'affaire prenait, du coup, un côté burlesque et dérisoire sur lequel il répugnait, sans doute, à lever le voile.

Ces fautes, en tout cas, Mitterrand les a payées cher, très cher. Il a presque été balayé par un torrent de boue dont les derniers miasmes ne se sont jamais tout à fait dissipés. Quant à Pesquet, jeté en prison, mais très vite relâché, il a lui aussi payé. Il est devenu un bouc émissaire, très commode, qui a bon dos. Mais les autres ? Ceux qui, derrière lui, ont noué les fils de la machination ? Ils sont toujours à l'abri, hors d'atteinte.

Des présomptions sur leur identité, il en est de deux sortes. Les unes, diffuses et intuitives, ont tout de suite porté sur l'ex-commissaire Dides et ses hommes de main. De *France-Observateur* à *Carrefour*, c'est vers le « cerveau » de « l'Affaire des fuites » que se sont aussitôt tournés les regards. Il est vrai que Jean Dides connaît très bien Pesquet, qu'il a été comme lui apparenté au groupe parlementaire de Pierre Poujade, à l'Assemblée nationale, et qu'il a encore quelques protections importantes, comme celle du secrétaire général de la PP, lui-même ami de Michel Debré. Il est vrai enfin qu'il paraît signer la machination en demandant au préfet Papon, dans une question écrite déposée vingt-quatre heures avant la fameuse conférence de presse de Pesquet, « quelles mesures il compte prendre pour prévenir des “ attentats ” aussi funestes que celui dont a “ failli ” être victime tout récemment un honorable parlementaire qui n'a dû, paraît-il, son salut qu'à une agilité de jambes égale à son agilité d'esprit légendaire ». Rien de tout cela n'est cependant concluant.

Les autres présomptions émanent des « confessions » de Pesquet qui, quelques années plus tard, a donné des noms. Néanmoins, s'il confirme maintenant la thèse de Mitterrand, s'il déclare que le sénateur de la Nièvre est tombé dans un complot, il l'impute dans deux versions à deux hommes différents. Première version : en 1965, en pleine élection présidentielle, il met en cause Jean-Louis Tixier-Vignancour. Dans une confession écrite à un magistrat et dans un récit fait à *L'Express,* mais non publié, il raconte que c'est l'avocat qui a monté la machination. Philippe Alexandre, qui expose cette thèse dans *Exécution d'un homme politique,* fait ainsi parler Pesquet : « On m'avait convaincu, avec talent [...], que cette opération spectaculaire entraînerait un scandale et celui-ci un procès retentissant. Ce procès, à son tour, devait être l'occasion d'une véritable mise en accusation du régime gaulliste, responsable de l'abandon de l'Algérie[1]. »

Seconde version : ce seraient des gaullistes importants. Le 24 décembre 1974, dans *L'Aurore,* Pesquet indique à Philippe Bernert que, s'il est exclu du groupe des républicains sociaux à l'Assemblée nationale, en 1956, c'est à l'instigation de Chaban-Delmas, contre l'avis de Michel Debré. Après son échec électoral, aux législatives de 1958, poursuit-il, « je conserve tous mes liens avec certains amis gaullistes qui me jurent de travailler pour garder l'Algérie à la France ». Et voilà qu'en octobre de l'année suivante, deux hauts dignitaires de la Ve l'abordent dans les couloirs de l'Assemblée nationale et lui tiennent à peu près ce langage : « Un leader de l'opposition pourrait se servir d'un vieux dossier, d'une affaire dépassée et gonflée. Nous

1. Grasset.

cherchons à l'empêcher de nuire. Il pourrait vraiment porter un coup grave à notre politique en Algérie. Cet homme, c'est Mitterrand [...]. Pour empêcher Mitterrand d'agir, ajoutent-ils, il faut le discréditer, l'exécuter moralement. » Le 8 janvier 1975, dans l'hebdomadaire d'extrême droite *Minute,* Pesquet les nomme : « C'est Michel Debré, alors Premier ministre, et Christian de La Malène, qui ont tout organisé. »

S'il est élémentaire d'élever des doutes sur un témoignage de Pesquet, tant le personnage est suspect, avec sa bassesse jubilatoire, force est de constater que ces deux versions ne sont pas invraisemblables. Elle ne sont pas non plus contradictoires. N'importe : même s'il n'inspira pas directement le complot, Michel Debré en fut au moins, à l'évidence, l'allié objectif — et zélé. Chose étrange, son acharnement piteux sur un homme à terre n'éveilla point de soupçons et n'a pas terni son reflet, un peu séraphique. Il y a des hommes politiques sur lesquels, mystérieusement, le scandale n'a jamais prise. Une question de regard, peut-être, ou de diction. Mitterrand, décidément, n'est pas de cette race-là.

Chercheurs [illegible] de [illegible]. Il pourrait [illegible] [illegible] d'un [illegible] à notre politique [illegible]. Cet homme, c'est Mitterrand [...]. Pour [illegible] Mitterrand [illegible], il faut le [illegible], [illegible] [illegible] » [illegible] dans [illegible] d'extrême droite [illegible], [illegible] les hommes [illegible] [illegible] alors Premier ministre, et Chirac [illegible], m'ont tout [illegible].

[illegible] d'avoir [illegible] sur un [illegible] de [illegible], tout le personnage est [illegible] [illegible] [illegible] est [illegible] deux [illegible] sont pas [illegible]. [illegible] pas non plus [illegible] [illegible] [illegible] pas [illegible] le [illegible] [illegible], à l'[illegible] [illegible] [illegible], son [illegible] sur un [illegible] [illegible] pour [illegible] [illegible] pas [illegible] son [illegible], on [illegible] il y a des hommes [illegible] sur lesquels [illegible] [illegible] prise. Une question de [illegible], peut-être, ou de [illegible]. Mitterrand [illegible], il est [illegible] cette race-là...

7. Le défi

Il n'y a pas de damnation, en politique. Quand il est vaincu, déconfit, l'homme politique peut toujours voyager ou écrire. François Mitterrand voyage et écrit. Le 23 janvier 1961, il s'envole pour la Chine dans un Tupolev 104 avec un industriel sucrier de Lyon qui lui a été présenté, voici peu, par Mendès, François de Grossouvre. Ce sera le commencement d'une grande amitié. Grossouvre, homme de terroir, séduira tout de suite Mitterrand. Les deux hommes ont trop de choses en commun — la même ironie aiguë, le même attachement profond pour la France rurale, le même sens des traditions — pour passer à côté l'un de l'autre sans se voir. Ils se verront beaucoup, désormais.

De la rencontre de François Mitterrand avec la Chine populaire ne pouvait naître une passion. Cet individualiste est réfractaire au marxisme dogmatique. Il l'est donc au maoïsme. Mais il l'est modérément. Il sourit parce que M. Chen, son guide, répond à toutes ses interrogations par une citation de Mao et « un mélange de ronron marxiste et de sophisme scolastique ».

Il se fâche aussi. Notamment quand on lui donne des leçons... Lors d'un dîner officiel à l'hôtel principal de Pékin, un premier officiel chinois lève un premier toast, dans un petit verre d'argent, en l'honneur de l'invité : « Monsieur le Ministre, expliquez-nous la position française sur la guerre d'Algérie. » Mitterrand : « Je ne peux pas. Je suis dans l'opposition, et je suis chez vous en visite privée. » Long silence. Un deuxième Chinois lève, alors, un deuxième toast en l'honneur de Mitterrand : « Tout le monde parle de la guerre d'Algérie. Pourquoi pas vous ? » Mitterrand : « Si je vous en parle, ce ne sera qu'à titre personnel. » Nouveau silence. Un troisième Chinois lève un troisième toast, en l'honneur de Mitterrand : « Dites-nous ce que vous en pensez, à titre personnel. » Mitterrand : « Il n'est pas pensable que la France abandonne l'Algérie sans chercher à garantir les droits de la minorité européenne. » Encore un silence, et un quatrième Chinois lève un quatrième toast en l'honneur de Mitterrand : « Seuls, les droits de la majorité comptent. » Alors Mitterrand, grinçant : « C'est si vrai qu'au Tibet vous avez respecté les droits de la minorité. » Un lourd silence, très réprobateur, plane sur la salle. Ses hôtes font grise mine et Mitterrand se demande, en prenant congé, s'ils ne vont pas le réexpédier en France par le premier avion. Mais non. Trois semaines durant, il pourra sillonner le pays, visiter des unités agricoles ou des usines. Il rencontrera même Mao Tsé-toung, avec lequel il parlera de tout, de la guerre d'Algérie, de l'Occident, du socialisme.

François Mitterrand a-t-il été impressionné par Mao, après ses deux heures de tête-à-tête avec lui ? Oui et non. Il est clair que l'homme l'a séduit, avec son « rond visage tranquille » et « sa voix douce ». Dans *L'Express,* Mitterrand ira jusqu'à écrire suavement : « La rigueur doctrinale s'allie en lui à un réalisme vigilant, au goût et à l'expérience du concret, à la volonté acharnée de bâtir une société qui réponde à ses exigences sans détruire au passage l'objet même qu'elle se propose de servir. Mao est un humaniste[1]. »

Mais, dans le même temps, il n'est pas ébloui, loin de là, par la « nouvelle société » chinoise. Après Edgar Faure mais avant Alain Peyrefitte, il écrira à son retour en France un livre sur l'empire de Mao, *La Chine au défi*[2]. Un livre qui reconnaît les mérites du régime mais énumère aussi ses tares et ses erreurs, non sans sévérité. Cette expérience, écrit-il, « mêle l'absurde à l'admirable », et c'est sans doute la formule qui résume le mieux sa pensée.

Recto : « Le parti communiste, par l'unification du langage et la romanisation de l'écriture, autant que par son

1. 23 février 1961.
2. Julliard.

travail idéologique et ses méthodes publicitaires, modèle l'âme de la Chine. Il a hérité d'un empire faible, corrompu, épars. Il en a fait une nation. » Une nation qui, ajoute-t-il, ne connaît plus les grandes famines d'antan, contrairement à ce que prétend la presse occidentale.

Verso : « Mais ces campagnes de propagande massive qui ne laissent [...] aucun moment de repos ; mais ces réunions obligatoires où l'on récite le manuel des questions et des réponses que tout Chinois doit connaître [...] ; mais cette insistance à célébrer à tout propos et hors de propos la " juste direction du Parti " jusque dans le perfectionnement de la culture du chrysanthème (" depuis la Libération, ai-je appris par prospectus et grâce à 'la juste direction du Parti', le chrysanthème fleurit durant les quatre saisons et s'épanouit en deux mille variétés "), tout cela ne constitue-t-il pas " une pression mentale intolérable " ? » Mitterrand a tendance à répondre que oui, comme il a tendance à croire que les prisons et les camps d'internement « ne chôment pas », en République populaire de Chine.

François Mitterrand ne peut se laisser fasciner par le système « minutieux, tracassier, fastidieux », mis en place par Mao. Il se contente simplement de lui porter de temps en temps un coup de chapeau, et de conclure, optimiste sur l'avenir du régime : « La Chine approche du deuxième souffle. »

Mitterrand lui aussi approche du second souffle. Il écrit toujours. Le nouveau livre sur lequel il travaille, en 1963, sera son plus accompli. Sur le plan littéraire, s'entend. Parce que, politiquement, il a parfois le souffle court. En réalité, *Le Coup d'État permanent*[1] — c'est son titre — relève davantage du pamphlet (un très bon pamphlet, avec tous les défauts du genre) que du traité d'analyse politique.

« Livre de combat » (Mitterrand le dit lui-même), truffé de citations de Chateaubriand, *Le Coup d'État permanent*

1. *Op. cit.*

laisse sourdre une rage frémissante, la même qui court dans la partie des *Mémoires d'outre-tombe* consacrée à Bonaparte. Mais de Gaulle n'est pas Napoléon. Tout est là.

S'il a parfois quelques éclairs de bienveillance pour Charles de Gaulle (« Ce vieil homme aime la France et il aime l'État. Gouverner revient pour lui à rentrer chez soi »), François Mitterrand manie généralement l'anathème contre le nouveau président : « Le gaullisme vit sans lois. Il avance au flair. D'un coup d'État à l'autre, il prétend construire un État, ignorant qu'il n'a réussi qu'à sacraliser l'aventure. »

En dépit de quelques pages fortes contre les juridictions spéciales, contre la Cour de Sûreté de l'État, contre toutes les atteintes aux libertés dans la France gaulliste, le discours de François Mitterrand est trop furibond pour porter tout à fait, trop littéraire, trop volatil aussi. En dépit de quelques allusions au poids des monopoles dans la France du Général et à leurs « interférences technocratiques », la doctrine politique qui sous-tend son réquisitoire — le libéralisme ? le socialisme ? le social-libéralisme ? — n'apparaît pas très clairement.

En réalité, plutôt que d'exposer un projet politique, François Mitterrand entend mettre en accusation cette République gaullienne qui a fait de lui un « exilé de l'intérieur » : même s'il a été élu à l'Assemblée nationale aux élections législatives de 1962, il reste un paria qui n'a pratiquement pas accès à la Radio-Télévision, et que la presse dans son ensemble brocarde à plaisir. Quand il parle à la tribune du Palais-Bourbon, il est systématiquement interrompu par des interjections, sur les bancs de l'UNR-UDT. Des interjections du genre : « Francisque ! Francisque ! » Ou encore : « Pesquet ! Pesquet ! » Mis à part cet ami fidèle qu'est André Bettencourt, ou encore cet adversaire honnête et noble qu'a toujours été Alexandre Sanguinetti, la plupart des chefs de la Ve le taxent d'infamie et l'injurient copieusement dès qu'il ose ouvrir la bouche.

Ce n'est évidemment pas cet environnement qui peut l'inciter à nuancer son trait. Il règle son affaire à l'État gaullien, sans précautions, comme on règle des comptes. Il faut, à ce sujet, citer les lignes cruelles qu'il consacre à l'homme qui cherchait à l'abattre quelques mois plus tôt, lors de l'affaire de l'Observatoire : Michel Debré. Mitterrand le décrit au Sénat, sous la IVe : « La mèche véhémente, le geste court et saccadé, il incarne de semaine en semaine et dans l'indifférence d'un auditoire blasé la permanence de la France impériale livrée aux combinaisons de régisseurs indélicats. Mais sa voix défaille vite, elle craque, elle cède sous la pression de la colère. Emportée par le roulement pressé des mots éternels qui invoquent la Patrie, le Devoir, la Grandeur, la Présence française, l'Héroïsme, l'Empire, la Fidélité, qui stigmatisent la trahison, l'abandon, l'intervention étrangère, la voilà qui lâche, se rétrécit, et se mue en un mince filet d'admonestations monotones, Michel Debré n'ignore pas la maigre étendue de son registre oratoire. Il y supplée par la force de sa conviction, par la rigueur de son analyse [...]. »

L'analyse de Michel Debré, résumée par Mitterrand : « La guerre ravage l'Indochine ? Peu importe, il faut tenir [...] ! L'armée évacue Lang-Son, les rebelles s'infiltrent et gagnent à leur cause les populations ? Peu importe, il faut tenir ! Il suffit qu'à Paris on veuille la victoire pour que la victoire obéisse. Mais Paris ne veut pas, car Paris est gangrené par le régime, car Paris, égaré par ses intellectuels de gauche, croit aller dans le sens de l'Histoire, car Paris sabote, pourrit, trahit. »

Le Coup d'État permanent, qui obtient un succès d'estime, achèvera de remettre Mitterrand en selle. Avant la sortie du livre, en effet, le député de la Nièvre avait déjà refait surface : deux clubs d'obédience vaguement mitterrandiste s'étaient rapprochés sous son égide. L'un, la Ligue pour le combat républicain, regroupait des radicaux comme Joseph Barsalou, éditorialiste de *La Dépêche du Midi,* des socialistes, comme Ludovic Tron, ainsi que Georges Beauchamp, François de Grossouvre, Louis Mermaz et François Mitterrand lui-même. A l'origine, douze personnes. L'autre, le Club des Jacobins, présidé par Charles Hernu, l'un des chefs de la gauche du parti radical sous Mendès, comptait plus de mille membres.

Le 15 septembre 1963, les deux clubs avaient organisé, à Saint-Honoré-les-Bains (Nièvre), un « déjeuner des mille » avec des élus locaux et des hommes comme le socialiste Gérard Jaquet, animateur de la Gauche européenne, ou Maurice Faure, président du parti radical. Les objectifs affichés : la réunification de la gauche socialiste et la désignation rapide d'un candidat unique de la gauche — devinez qui ? — pour l'élection présidentielle de 1965. C'est ce jour-là que fut lancée l'idée d'une candidature Mitterrand. Lancée ? Chuchotée plutôt...

Les 6 et 7 juin de l'année suivante, la souris accouchait d'une montagne : cinquante-quatre clubs décidaient, à Paris, de se fondre dans un parti, la Convention des institutions républicaines (CIR). On a beaucoup ironisé sur cet épisode. C'est qu'il est savoureux. Hormis le Club des Jacobins, l'Atelier républicain, les Amis de « Témoignage chrétien » ou la Gauche européenne, la plupart des « clubs fondateurs » n'existaient pas : comme le Cercle Saint-Just ou le Club des démocrates dyonisiens, ils avaient de jolis noms, mais ni locaux ni militants. Bref, ce fut un coup de bluff. Il a marché. Le nouveau « parti » de François Mitterrand et Charles Hernu ressemblait à une véritable organisation politique. Il en fut une, d'une certaine façon.

« Dès 1962, c'est-à-dire depuis qu'il a été décidé que l'élection du président de la République aurait lieu au suffrage universel, a écrit Mitterrand, j'ai su que je serais candidat[1]. » Mais y croit-il encore, en 1964, alors que le terrain est occupé par un socialiste aux allures de P-DG et à l'efficacité redoutable ? Il semble que oui. Tous ses proches rapportent que François Mitterrand a tout de suite pensé que la tentative de Gaston Defferre échouerait.

Que François Mitterrand ait été mortifié de voir Gaston Defferre « partir » avant lui, c'est probable. Qu'il ait aussitôt douté de l'aptitude de ce protestant impérieux, qui fait de la politique comme il dirige sa mairie de Marseille ou son quotidien *Le Provençal,* avec efficacité mais rudesse, c'est à peu près sûr. Qu'il n'ait pas cru au projet de celui que *L'Express* a lancé en l'appelant « Monsieur X », c'est presque évident.

Quel est le projet de Gaston Defferre, en effet ? Le

1. *Ma part de vérité.*

candidat à la présidence a entrepris de faire un centre gauche — c'est la Grande Fédération — avec la SFIO, le parti radical et les restes du MRP. Il s'imagine aussi qu'il n'a pas à négocier avec le PCF qui, de toute façon, sera contraint de lui apporter ses voix. Vues de l'esprit, pour Mitterrand...

En dépit de leurs divergences d'analyse, François Mitterrand soutient tout de suite Gaston Defferre. Un soutien actif, puisqu'il est membre du comité d'Horizon 80, qui patronne le candidat socialiste à la présidence. Même s'il n'est pas toujours très bien accueilli par les lieutenants du maire de Marseille comme Olivier Chevrillon, maître des requêtes au Conseil d'État, futur P-DG du *Point,* Mitterrand fait partie de l'état-major du candidat. Même s'il trouve que le patron du *Provençal* pousse le bouchon un peu trop à droite, il ne bronche pas quand, pour conserver sa mairie aux élections municipales de mars 1965, Gaston Defferre se présente avec des MRP et des modérés. Il commence seulement à fulminer contre son candidat à partir du 13 mai 1965, date d'un long entretien entre Defferre et le Comité des démocrates qui regroupe le parti radical, le MRP et les indépendants.

Maurice Faure, président du parti radical, propose ce jour-là au candidat à la présidence que la future Fédération n'englobe pas seulement les MRP, mais aussi la fraction « réformiste » — laquelle donc ? — des indépendants. Bien qu'il ne nourrisse aucune illusion sur les perspectives d'entente avec le Centre national des indépendants, nébuleuse de notables dodus agenouillés devant Antoine Pinay, l'icône de Saint-Chamond, Gaston Defferre ne dit pas non. Pis : le candidat donne même quelques gages à Jean Lecanuet et à Joseph Fontanet, les deux chefs du MRP. Au point qu'en sortant du siège du Comité des démocrates, Lecanuet et Fontanet sont persuadés que Gaston Defferre ne fera aucune concession au congrès de la SFIO, le 5 juin, à Clichy. « Je serai M. Niet », leur aurait-il dit. Pas question pour lui, aurait-il précisé, d'accepter une motion où l'on retrouverait le vieux langage socialiste, amalgame d'anticléricalisme et de préceptes collectivistes...

Le 13 mai, Gaston Defferre a signé son arrêt de mort. Le

voilà pris en flagrant délit d'adultère avec la « réaction ». Durant tout le congrès socialiste, Guy Mollet — avec Augustin Laurent, le pape, et Pierre Mauroy, l'homme de la jeune garde — mène la vie dure au maire de Marseille. Il durcit nettement le texte de Defferre. « Il faut maintenir le principe de la candidature à l'Élysée, dit le secrétaire général de la SFIO, mais à condition que la fidélité aux principes socialistes ne soit pas sacrifiée. » Et cette fidélité, on le sait, la SFIO ne la sacrifiait jamais — dans ses congrès, du moins.

Les jours suivants, en entamant des négociations avec la direction du MRP qui a le sentiment d'avoir été trompée, Gaston Defferre engage une partie perdue d'avance. François Mitterrand le suit quand même, sans illusions.

Pour Mitterrand, il est vain de chercher à faire basculer le MRP à gauche. Depuis 1951, ce parti, aujourd'hui mourant, sert d'appoint aux conservateurs et, dans tous les débats importants, il s'est rangé dans leur camp. Pour lui, ce n'est pas seulement le principe de la municipalisation des sols ou la question des nationalisations qui séparent la démocratie-chrétienne de la SFIO. Non : c'est tout bonnement le socialisme.

Mitterrand participera cependant à deux grands conclaves durant lesquels centristes et socialistes découvriront qu'un gouffre les sépare. Deux conclaves « historiques » : la « troisième force » ne s'en est toujours pas relevée. Le premier a lieu, le 15 juin 1964, chez Jacques Duhamel, député radical du Jura, avenue Raymond-Poincaré ; le second, le 17 juin, chez Pierre Abelin, « sage » du MRP, boulevard Malesherbes. Les principaux négociateurs : Gaston Defferre, Jean-Jacques Servan-Schreiber, son lieutenant ; Olivier Chevrillon et Georges Vedel, deux de ses plus proches conseillers ; Guy Mollet, René Schmitt pour la SFIO ; Jean Lecanuet, Joseph Fontanet, Pierre Abelin pour le MRP ; Maurice Faure et Jacques Duhamel pour le parti radical ; Georges Lavau et Charles Hernu pour les Clubs ; François Mitterrand, enfin, pour l'UDSR. Les deux fois, l'atmosphère est tendue, mais le député de la Nièvre a l'air absent des débats. Il écrit, rêvasse, disparaît parfois pour téléphoner. Il lui arrive pourtant d'intervenir. D'abord, après que Jean Lecanuet eut dit que la Fédération préconisée par Gaston Defferre devrait être « un parti démocrate à l'américaine dans lequel les socialistes feraient leur apport ». L'étiquette « socialiste », ajoute le président du MRP, ne peut être donnée au rassemblement à venir, car « elle prête à confusion ». A ce moment-là, Mitterrand l'interrompt : « Mais le socialisme, ce n'est pas seulement un parti, c'est une espérance, quelque chose d'exaltant. »

Sa seconde intervention importante concerne la question des alliances électorales. Joseph Fontanet a tranché, de sa voix cassante et cassée : « Au deuxième tour, nous ne nous désisterons en aucun cas en faveur d'un communiste, et nous vous demandons de prendre le même engagement. » Alors que le dénouement approche et que la rupture paraît inéluctable, Mitterrand fait, alors, un grand pas en avant : sans doute ne veut-il pas qu'on puisse lui imputer, même en partie, l'échec manifeste de Gaston Defferre. « Je ne suis pas d'accord avec le MRP, dit-il, car je crois qu'il faut accepter les suffrages communistes. Ce serait donc à mon sens une erreur d'adopter une position de principe négative, mais je m'inclinerai tout de même si vous l'inscrivez dans votre charte. »

Il n'aura pas à s'incliner. Quelques instants plus tard, Guy Mollet peut s'exclamer, épanoui : « Messieurs, il n'y a plus de Fédération. » Le 18 juin, au petit matin, en sortant du domicile de Pierre Abelin, Gaston Defferre sait qu'il a échoué et François Mitterrand que la voie est libre.

Le 25 juin, le maire de Marseille retire officiellement sa candidature. Le 4 juillet, sur les pelouses du jardin de Léon Hovnanian, maire de Saint-Gratien, François Mitterrand envisage, pour la première fois ouvertement, la possibilité d'être candidat. Mais pour qu'il se présente, dit-il, il faut trois conditions : que Pierre Mendès France l'appuie ; que le PC ne lui oppose personne ; que la SFIO lui accorde son investiture.

Quelques semaines s'écoulent pendant lesquelles ses trois principaux lieutenants — Charles Hernu, Georges Dayan et Claude Estier — auscultent le monde politique. D'entrée de jeu, la première condition paraît remplie.

Pourquoi ? Parce que Pierre Mendès France est hostile à la désignation du président de la République au suffrage universel, procédure adoptée par les Français lors du référendum de 1962. Comme la plupart des hommes politiques, il a cru qu'en proposant ce système à la place de la traditionnelle élection par les notables, le général de Gaulle voulait refaire le coup de Louis-Napoléon et supprimer la République. Et comme il ne revient jamais sur ses positions mais qu'il a pris l'habitude d'y camper contre vents et marées, l'ancien président du Conseil est allé ensuite jusqu'au bout de sa logique en refusant d'entrer dans le jeu : pour ne pas cautionner les desseins « plébiscitaires » du Général, il s'est mis hors jeu.

Le 3 août, Mitterrand rencontre Mendès pour lui demander sa caution. Il faut imaginer le dialogue, forcément embarrassé, entre les deux hommes. Il est probable que François Mitterrand a usé de cent périphrases avant de demander son soutien à Mendès, un soutien que l'autre lui a accordé tout de suite, mais sans enthousiasme excessif. « Dès que vous vous serez publiquement déclaré, dit Mendès France, je me prononcerai pour vous. »

L'accord avec le PCF, la seconde condition, est également en bonne voie. Les communistes craignent d'obtenir moins de voix dans un scrutin présidentiel que dans une élection législative. Charles de Gaulle ne va-t-il pas séduire, une fois de plus, une fraction des électeurs traditionnels du Parti ? Ne vaut-il pas mieux soutenir un « candidat d'union démocratique » ? Ce sont les questions qu'on se pose, à la direction du PCF.

Les premiers contacts avec les communistes sont encourageants. Mitterrand et Hernu rencontrent l'avocat Jules Borker, secrétaire des Colloques juridiques et ambassadeur itinérant de Waldeck Rochet. Il leur dit que le comité central du PCF serait disposé à soutenir une candidature Mitterrand si elle se plaçait dans le cadre de l'union de la gauche. Avec Claude Estier, ancien rédacteur en chef du *Libération* de D'Astier (quotidien proche du PC) et journaliste politique au *Nouvel Observateur*, Waldeck Rochet sera plus précis encore : « Nous ne souhaitons pas présenter de candidat, dit le secrétaire général du parti communiste. L'hypothèse d'une candidature unique de la gauche n'est donc pas irréaliste. »

Qui alors ? Mitterrand ? « Nous n'y sommes pas hostiles, dit Waldeck Rochet. Évidemment, dans notre bureau politique, quelques-uns voient en lui un politicien de la IVe, un nostalgique de la " troisième force ". Mais nous n'oublions pas que, depuis mai 1958, il s'est toujours trouvé à nos côtés pour combattre le pouvoir personnel du général de Gaulle. »

Reste le soutien de la SFIO, la dernière condition. Il paraît acquis. Certes, parce qu'il pense que la France est un pays conservateur, Guy Mollet se dit que, si elle veut battre le général de Gaulle, la gauche doit, au second tour, rassembler ses suffrages sur un homme du centre (Maurice Faure), voire de droite (Antoine Pinay). Il ne pourra d'ailleurs s'empêcher de déclarer, un beau jour, une fois Mitterrand lancé, qu'il « souhaite la candidature de M. Pinay ». « Pinay, ajoute-t-il, ne pourrait avoir nos voix au premier tour, car au premier on choisit. Mais au second on élimine : si nous avions à choisir entre de Gaulle et Pinay, nous n'hésiterions pas un seul instant[1]. »

En attendant, Guy Mollet n'est pas défavorable à une candidature unique de la gauche au premier tour. Une candidature de principe. Mitterrand lui convient assez : après tout, le député de la Nièvre n'est qu'à la tête d'un grand club et son crédit n'est pas considérable, loin de là...

Le 5 septembre, quand François Mitterrand rentre de vacances, la confusion règne dans l'opposition. Jean-Jacques Servan-Schreiber, directeur de *L'Express*, a décidé de lancer dans la bataille Maurice Faure, président du parti radical, qui se fait prier. Au centre, on avance encore le nom du grand technocrate Louis Armand. Le PSU pousse Daniel Mayer, président de la Ligue des droits de l'homme, qui hésite (« S'il se présente, a dit Mollet, il aura contre lui un candidat du Parti »). On parle encore des candidatures de Pierre Cot et de Jean Rostand.

Très vite, François Mitterrand réussira à s'imposer dans ce capharnaüm qu'est la gauche. Pour deux raisons. Il y a,

1. *Paris-Presse*, 2 octobre 1965.

d'abord, sa volonté d'être candidat. Il a une revanche à prendre sur la politique. S'il veut se frotter à de Gaulle, ce n'est pas pour accéder au pouvoir : parce qu'il sait que le régime en a pour longtemps (c'est en tout cas ce qu'il dit), il part perdant d'avance. En réalité, cet homme seul, bafoué et conspué, est à la recherche d'une légitimité et la meilleure légitimité est celle du suffrage universel.

Sans l'affaire de l'Observatoire, sans le discrédit qui l'a frappé ensuite, François Mitterrand n'eût probablement pas été candidat. Mais après tant d'années de déconvenues, il lui fallait se prouver qu'il n'était pas un « fantôme », comme le lui avait dit un jour, dans un moment de colère, le Premier ministre, Georges Pompidou. De tous les candidats à la candidature, il était à coup sûr le plus « motivé ». La méfiance de l'intelligentsia de la gauche à son encontre n'a abouti qu'à renforcer sa détermination.

L'autre raison du décollage de Mitterrand : son habileté politique, un savant amalgame de ruse et de séduction, qui lui donnera, en vingt-quatre heures, les clefs de la candidature. Le 8 septembre, il rencontre Gaston Defferre, Daniel Mayer et, le 9, Maurice Faure et Guy Mollet. Il leur annonce, d'entrée de jeu, qu'il compte se présenter à l'élection présidentielle, mais il oublie de leur dire qu'il l'annoncera dans les heures qui suivent. Cela, il ne le confiera qu'au secrétaire général de la SFIO avec lequel il a voulu s'entretenir juste avant de se déclarer. « Non, ne prenez pas votre décision trop rapidement, lui conseille Mollet. Réfléchissez encore quelques jours. » Mitterrand promet seulement de réfléchir encore quelques heures.

Bref, François Mitterrand cherche à prendre la classe politique par surprise. A midi, chez lui, il ne se dévoile pas non plus devant les hommes politiques qui, comme Georges Bérard-Quélin, l'un des chefs du parti radical, sont venus l'encourager à se présenter. Seul, Alain Savary apporte une fausse note : « Votre candidature, dit-il, provoquera fatalement une série d'attaques personnelles. — De toute façon, coupe froidement Mitterrand, je ne vais pas me déclarer aujourd'hui. » C'est faux. Mais le député de la Nièvre veut à tout prix empêcher qu'un autre candidat potentiel ne se déclare avant lui. Il ne dira la vérité qu'au carré des fidèles, quelques instants plus tard, lorsque ses visiteurs seront partis.

Les fidèles ? Toujours les mêmes : Georges Dayan, Georges Beauchamp, André Rousselet, Roland Dumas et Robert Mitterrand, son frère industriel, celui dont il est le plus proche. Il faut ajouter aussi les deux nouvelles recrues de la Convention des institutions républicaines, Charles Hernu et Claude Estier. Seule cette petite équipe est (avec Mollet) dans le secret.

Est-elle dans le coup ? Il n'y a pas eu d'élaboration collective de la décision. C'est Mitterrand qui a choisi de se présenter. Il a consulté son entourage, ce jour-là, alors que sa volonté était arrêtée et que l'heure de sa déclaration à la presse (16 heures) l'était aussi. On peut croire son frère aîné, le général Jacques Mitterrand, celui dont il est le moins proche, quand il dit, non sans malice : « François a un sentiment profond de ses responsabilités. Il ne lui est jamais venu à l'idée qu'elles puissent être partagées. »

François Mitterrand met volontiers ses amis et ses partenaires devant le fait accompli. On dirait qu'il s'efforce de suivre les conseils du plus grand politologue de tous les temps, Machiavel : « L'Empereur est homme fort secret, ne communiquant ses desseins à personne et ne prenant avis de nul. De là vient que ce qu'il fait un jour, il le défait l'autre et qu'on n'entend jamais ce qu'il veut ou délibère de faire, et que l'on ne peut se fonder sur ses décisions. »

Antigaulliste militant, François Mitterrand est déjà, d'une certaine façon, gaullien : Charles de Gaulle, lui aussi, se comporte comme l'Empereur. Et le 9, lors de sa conférence, le Général n'annonce pas encore qu'il se présentera à l'élection du 5 décembre : « Vous le saurez, je vous le promets, avant deux mois d'ici. »

Et voilà qu'entre deux extraits de la conférence de presse du Général qui s'en prend, à coup de formules sonores, à l'Europe et à « l'aréopage technocratique apatride et irresponsable » de la CEE, le nom d'un nouveau candidat à la présidence tombe sur les téléscripteurs de l'agence France-Presse : celui d'un ex-ministre de la IVe connu pour ses philippiques antigaullistes et pour beaucoup discrédité. Tout le monde ou presque hausse les épaules.

Mitterrand ? Mais il n'a ni rayonnement ni parti. Au surplus, il se présente sans plate-forme politique : « Il s'agit essentiellement pour moi, dit-il dans sa déclaration de candidature, d'opposer à l'arbitraire du pouvoir personnel, au nationalisme chauvin et au conservatisme social, le respect des lois et des libertés, la volonté de saisir toutes les chances de l'Europe, et le dynamisme de l'expansion ordonné par la mise en œuvre d'un plan démocratique. » Ce n'est pas un programme mais un cri du cœur. Le texte est si flou que *Le Figaro* écrira que Mitterrand va « faire appel aux formations du centre devant lesquelles il se présente... ».

L'accueil fait à François Mitterrand est froid. En dix ans, comme le rappelle Pierre Viansson-Ponté, n'a-t-il pas été « de toutes les combinaisons, de tous les cabinets ou presque[1] » ? En raison de son passé, la nouvelle gauche ne lui est-elle pas « hostile », comme le rappelle Gilles Martinet[2] ? Finalement, ne risque-t-il pas, comme le prédit Jean-Jacques Servan-Schreiber, d'obtenir le total de voix « le plus faible que la " gauche ", communistes et socialistes compris, aura jamais représenté depuis le second Empire[3] » ? C'est ce que pensent, avec le directeur de *L'Express,* les deux principaux analystes de la gauche et de la droite, Maurice Duverger et Raymond Aron.

Même chez ceux qui souhaitent le succès du député de la Nièvre, on sent sourdre un malaise. Dans sa chronique royale du gaullisme — « la Cour » — que publie *Le Canard enchaîné,* André Ribaud écrit, avec sa belle langue d'Ancien Régime, que Mitterrand « avait fort de l'esprit, mais manégé et parfois si labyrinthé qu'il se perdait dans ses détours et se laissait alors piéger en terrain coupé et raboteux, dans des taillis d'intrigues romanesques, dont il ne sortait qu'avec embarras, quoi qu'il eût, d'ailleurs, la tête froide et fort capable de contenir tout le soin de l'État[4] ».

On retrouve le même ton chez Serge Groussard qui

1. *Le Monde,* 11 septembre 1965.
2. *Tribune socialiste,* 15 septembre 1965.
3. *L'Express,* 25 octobre 1965.
4. *Le Canard enchaîné,* 29 septembre 1965.

suivra pour *L'Aurore* (mais avec sympathie) la campagne électorale de Mitterrand. Dans un portrait superbe et un peu cruel, il imagine notre député de la Nièvre en seigneur de Florence sous les Médicis : « Impérieux et cambré, portant pourpoint à crevés et togaline à grandes manches, négligemment jetée sur l'épaule, les mollets bien tournés dans les chausses de soie, la main sur la poignée de l'épée longue, on le verrait bien, avec les plissements de ses paupières ourlées et la moue un peu insolente de ses lèvres, en train de se préparer, la nuit tombée, à rejoindre selon la conjoncture quelque épique chevauchée, quelque complot, quelque nouvelle aventure [1]. » Avec ses équivoques et ses mystères, François Mitterrand n'inspire pas tout à fait confiance. Il est perçu par la presse, par les partis — par les Français ? —, comme un personnage de roman, un maraudeur de la politique, un chevalier errant de la IVe.

Il y a, bien entendu, quelques exceptions. D'abord, François Mauriac qui, malgré son gaullisme, ne peut s'empêcher de conseiller paternellement le nouveau candidat dans *Le Figaro littéraire :* « De son point de vue, François Mitterrand n'a pas tort de poser sa candidature. Non qu'il ait une chance de l'emporter, il n'est pas si naïf que de le croire. Mais dans cette faillite des anciens partis, dans ce vide sinistre dont au fond nous souffrons tous, l'intelligence, le courage, le talent d'un homme, cela compte et peut lui assigner demain ou après-demain une place éminente, mais à une condition : c'est de ne pas jouer les roquets. »

Ensuite, une petite fraction de la direction de la SFIO, avec Gérard Jaquet, Albert Gazier et Pierre Mauroy, s'est tout de suite mise au service de Mitterrand qu'elle appuie sans nuance. Dernière exception, enfin : Waldeck Rochet qu'il a connu à Londres, en 1943, est sûr de François Mitterrand. Il est tout disposé à se reposer sur lui. Mais son parti a mis un préalable au soutien d'un candidat unique : la mise sur pied d'un programme commun entre les forces de gauche. Pour le député de la Nièvre, il ne peut en être question. D'abord, Mollet lui a interdit toutes tractations

1. *L'Aurore,* 3 octobre 1965.

avec le PCF ; ensuite, il est persuadé que son intérêt est de se tenir à distance des communistes. Il ne fait même pas ouvertement appel à eux : « Je dirai à tous, et sans exclusive, déclare-t-il, lors d'une conférence de presse, le 21 septembre, qu'il est bien temps de se lancer dans la bataille. » C'est ce qu'il répond à la lettre que lui a adressée le secrétaire général du parti communiste, la veille. Apparement, Waldeck Rochet n'en demandait pas plus. A ceci près : pour balayer les dernières réserves de certains camarades du bureau politique, comme Étienne Fajon ou François Billoux, il souhaiterait que Mitterrand fasse un petit geste de bonne volonté. Il lui demande d'accepter une brève rencontre avec lui, un simple « contact physique », le 22, juste avant la réunion du comité central du Parti.

Mais un tête-à-tête et une poignée de main Mitterrand-Rochet seraient du plus mauvais effet. Ils risqueraient de fâcher Guy Mollet et aussi d'effrayer les « républicains de progrès ». Mitterrand trouve un subterfuge pour décliner l'invitation de Waldeck. Une dépêche de l'AFP annonce son départ précipité pour Bruxelles, en voyage privé. On s'interroge alors : qu'est-il allé faire en Belgique ? Certains expliquent qu'il est parti chercher des fonds, d'autres révèlent qu'il est allé rencontrer Jacques Soustelle. En réalité, Mitterrand n'a pas quitté son appartement de la rue Guynemer. Le 22 au soir, c'est Roland Dumas qui s'est rendu à sa place au siège du PCF. Accueilli par le bureau politique au complet, il a remis à Waldeck Rochet le texte de la conférence de presse du candidat, avec une courte lettre d'accompagnement. Il n'en faut pas plus. Le lendemain, le comité central décide de soutenir la candidature d' « union démocratique » de François Mitterrand : ses options fondamentales « concordent en de nombreux points essentiels avec les suggestions et les propositions soumises par notre parti depuis longtemps ». C'est ici que commence le roman de l'Union de la gauche...

QUATRIÈME PARTIE

L'Union est un tourment

1. L'Ascension

Le voici devant le peuple qui l'observe. Comme de Gaulle à la télévision, il dit : « De vous à moi. » Mais François Mitterrand, lui, ne dialogue pas avec l'Histoire. Si, pour certains, il parle aux Français comme un candidat radical au conseil général, pour d'autres, il exprime clairement des vérités toutes simples. En fait, il se contente souvent d'effleurer les thèmes qu'il aborde. On ne voit pas, il est vrai, comment il aurait pu faire autrement. S'il est soutenu à la fois par la SFIO et le PCF, c'est parce qu'il a su profiter d'ambiguïtés, d'arrière-pensées. Un seul faux pas, un mot de trop, son défi serait perdu et il n'aurait plus qu'à retourner dans sa mairie de Château-Chinon.

Mitterrand n'a pas le choix : il doit éluder les questions capitales et les renvoyer à l'éventuelle majorité qui le soutiendrait après la dissolution de l'Assemblée nationale, s'il était élu à la présidence. Mais, pour montrer qu'il est un homme d'État, il lui faut aussi développer quelques éléments de programme. Ce dilemme, le député de la Nièvre l'affronte chaque jour.

Le « candidat des républicains » joue serré. Mais il s'en tire bien. Peut-être parce qu'il est bien conseillé. Autour de lui, pourtant, il n'y a pas de professionnels du marketing politique et pratiquement pas de spécialistes des questions électorales. Ce sont surtout des amis qui se rendent chaque matin rue Guynemer avant d'aller travailler au siège de la Convention, 25, rue du Louvre, un petit local exigu. Des amis qui ont des sensibilités politiques différentes.

Ils se partagent en trois camps. Ceux qui, tel Claude Estier, estiment que seul Mitterrand peut relancer une union de la gauche à laquelle, selon eux, il adhère sincèrement. Ceux qui, comme Gérard Jaquet, croient que le courant populaire qui l'appuie peut balayer les années d'errements et d'erreurs de la gauche non communiste. Ceux, enfin, qui, comme Robert Fabre, pensent qu'il est, après la tentative ratée de Defferre, l'unique chance d'ébranler le régime.

Quelques hommes politiques qui ne sont pas issus du « clan » collaborent à la campagne[1]. Mais ce sont évidemment les fidèles qui forment le vrai *brain-trust* du député de la Nièvre, tellement celui-ci est soucieux de garder son autonomie à l'égard des partis de gauche.

Ils sont dix. Georges Dayan, le vieil ami, menhir prudent et caustique, qui utilise tout son sens de la diplomatie pour rallier à la bonne cause les personnalités influentes. Il accompagne partout le candidat, il le conseille, il le critique aussi (c'est un des rares à le faire). Autre intime de toujours, Georges Beauchamp met sur pied des comités de soutien avec Louis Mermaz, jeune professeur d'histoire qui a fait ses classes à l'UDSR, et qu'on surnomme alors le « Petit Chose ». Roland Dumas, avocat fringant et député de la Haute-Vienne sous la IVe République, est chargé des contacts avec les partis. Paul Legatte, compagnon de route de Mendès et maître des requêtes au Conseil d'État, prépare les dossiers. C'est l'archiviste. Claude Estier, journaliste au *Nouvel Observateur,* s'occupe des relations avec la presse tandis que Marc Paillet, rédacteur en chef à l'AFP, rédige les documents de propagande. André Rousselet, ex-sous-préfet qui dirige les taxis G. 7, va, avec l'industriel Roger Chipot, tenir les finances.

Le dernier homme joue un rôle capital auprès de Mitterrand. C'est Charles Hernu, qui a l'air d'un rugbyman égaré dans la politique. Il vient du mendésisme. Pierre Mendès France l'a remarqué à Lyon en 1951, au congrès du parti radical alors qu'il venait de dénoncer les féodalités qui, selon lui, détournaient le plus vieux parti de France de ses objectifs. A son palmarès : député du Front républi-

1. Ont participé, souvent activement, aux travaux de l'équipe : Gérard Jaquet, Albert Gazier et Pierre Mauroy pour la SFIO, Jacques Maroselli, Robert Fabre et Michel Soulié pour le parti radical.

cain, il refusa, en 1956, de voter la confiance au gouvernement Guy Mollet. Tacticien aux éclats imprévisibles, capitaine coloré, Hernu est partout : il organise la campagne, met sur pied les meetings, ragaillardit les militantss, convainc les journalistes. Ce qui fait alors son originalité dans la gauche française, c'est sans doute qu'il est le seul expert en relations publiques. Il sait faire des « coups », des « coups » à l'américaine.

Voilà pour les dix personnes clefs de l'équipe. Il y a aussi les autres, qui, comme Marie-Thérèse Eyquem, inspectrice générale des Sports et présidente du Mouvement démocratique féminin, ou Ludovic Tron, sénateur des Basses-Alpes et président de la BNCI, se joignent de leur propre chef à la première vague. Dans cette brigade spontanée, on retrouve des technocrates, comme Pierre Soudet, maître des requêtes au Conseil d'État ; Paul Bordier, inspecteur des Finances. Et des hommes politiques, comme Georges Brutelle, secrétaire général adjoint de la SFIO.

Mitterrand a donc un état-major. Mais pas un vrai. Son *brain-trust* ne comprend ni syndicaliste ni économiste de premier plan : tandis qu'Eugène Descamps, André Jeanson et Albert Detraz, dirigeants de la CFTC (future CFDT), prennent leurs distances avec le candidat de la gauche, François Perroux rallie de Gaulle. On chercherait en vain dans son équipe des hommes qui, comme Bertrand de Jouvenel, Michel Crozier ou Serge Mallet, ont contribué à bouleverser les idées reçues sur la société française. L'incompatibilité d'humeur entre le député de la Nièvre et ce qu'on appelle les « forces vives » n'empêche pourtant pas la plupart des courants novateurs de la gauche de se prononcer clairement pour lui : ainsi la fédération Force ouvrière de la chimie, dirigée par Maurice Labi, ou le groupe Reconstruction, minorité importante de la CFTC, animée notamment par Paul Vignaux et Edmond Maire. Du bout des lèvres parfois, tel le Club Citoyen 60 de Roger Jacques (pseudonyme de Jacques Delors) ou le Groupe d'Action municipale d'Hubert Dubedout, maire de Grenoble. Parfois aussi, à contrecœur, des hommes de gauche, qui avaient d'abord manifesté leur désaccord avec sa candidature, finissent par se rallier à Mitterrand.

Ils se plient, en fait, aux règles d'un nouveau jeu qui se dessine clairement avec l'élection du président de la République au suffrage universel : la bipolarisation. Qu'ils le veuillent ou non, les hommes de gauche les plus hostiles à Mitterrand sont contraints de rejoindre la vague de fond qui s'est mise en mouvement contre le « pouvoir personnel ». Les dirigeants du PSU par exemple. Mis à part Daniel Mayer qui s'est prononcé, dès le 25 septembre, pour le candidat des républicains, les chefs de file du PSU sont pour une fois d'accord sur un point : le maire de Château-Chinon n'est pas l'homme qu'il faut. Quand Marc Heurgon, secrétaire du PSU, demande de refuser ce faux dilemme : « Ou bien le monarque de la Ve, ou bien les vieux partis de la IVe République », chacun opine. Quand il dit : « La droite ne présente pas Pesquet, la gauche n'est pas obligée de choisir Mitterrand », il donne, en raccourci, l'opinion moyenne de l'état-major de l'organisation. Mais les dirigeants s'aperçoivent vite que leur parti ne peut rester absent de la bataille.

Sa position, le comité national politique du PSU va la définir, le 17 octobre. En adoptant une motion qui, tout en choisissant Mitterrand contre de Gaulle, affirme : « Les coalitions électorales qui, dans le passé, ont été réalisées sans accord sur le fond et sans engagement sont demeurées sans lendemain. » On trouve sur un total de 544 suffrages : 300 voix pour ce texte, 67 voix contre, 11 abstentions, 166 refus de vote. Attitude ambiguë, mais qui n'étonne pas : pour éviter de se « salir » dans la politique politicienne, le PSU joue alternativement du purisme et de la surenchère.

Dernier ralliement contraint : le parti radical. Le 23 octobre, les radicaux n'ont pas failli à leur tradition. Tel l'âne de Buridan, le parti républicain radical et radical socialiste — c'est son nom — a longuement tergiversé entre l'union de la gauche et le centrisme. Et, finalement, il a choisi. Mais il n'a pas tranché. La motion du 62e congrès du plus vieux parti de France mêle savamment le nègre et le blanc : le congrès « apprécie [...] la valeur de la candidature de Jean Lecanuet mais, fidèle à sa tradition de parti de gauche, il recommande à ses militants de soutenir la candidature de François Mitterrand ». Bref, tout le monde est content. Maurice Faure, le « lecanuettiste », et Robert Fabre, le « mitterrandiste ». Ils peuvent défendre tranquillement leurs candidats respectifs. Et, du coup, leur parti ne rompt ni avec la SFIO ni avec le MRP.

Ainsi des soutiens partagés et amers sont-ils tombés, un à un, jusqu'au 5 décembre, dans l'escarcelle du candidat de la gauche. Une époustouflante opération de résurrection politique, à coups de déclarations ambiguës et de stratagèmes réussis, a mis les Français devant le fait accompli : François Mitterrand existe. Et, pour la première fois depuis longtemps, la gauche aussi.

L'homme que des affiches jaunâtres appellent en anticipant : « Un président jeune pour une France moderne », fait consciencieusement campagne. François Mitterrand boit du bordeaux avec Guy Mollet à Arras, signe des autographes pour les ouvriers de Sochaux, donne la bise aux reines de village. Partout, il promène son sourire crispé, un sourire de commande qui ne convainc personne. Même quand il se frotte au peuple, disent ses adversaires, il ne peut s'empêcher d'avoir un masque hautain. Ils s'emparent de son visage, ils décryptent ses rêves secrets, ses mauvaises pensées. Tandis que quelques-uns glosent sur son menton impérieux, d'autres soulignent son « faciès lourd aux maxillaires musclés comme des statues de gouverneurs romains du Bas-Empire[1] ». Les traits du visage ne peuvent faire illusion, ils dénoncent toujours les tempéraments dominateurs — regardez Mussolini... — et la démonstration est faite : le député de la Nièvre est un aventurier aux desseins diaboliques.

Contre ce politicien maléfique, le général de Gaulle use de son arme favorite : le silence. Mais les dignitaires du régime vont s'efforcer — et pas toujours brillamment — de remettre ce blasphémateur à sa place. Citons-les : Christian Fouchet : « Voter pour Mitterrand, c'est voter pour le

1. *Paris-Presse*, 22 septembre 1965.

néant. » Pierre Messmer : « Mitterrand est un aventurier de la guerre. » André Malraux : « Candidat des républicains, laissez dormir la République ! »

Charles de Gaulle s'est muré dans son bureau de l'Élysée où il médite. Il ne se bat pas, il attend. Et il intrigue tout le monde. S'il a tant tardé à faire connaître son intention de faire acte, ce n'est pas seulement qu'il a voulu jouer de la surprise, sa vieille recette. C'est qu'il a hésité. Le voici maintenant qui se tait alors qu'il faudrait répliquer aux tenants de « la République des partis » qui ont monopolisé le petit écran.

Le plus souvent, on explique les silences du Général par sa répugnance à mêler son nom à ceux d'autres candidats : un géant de l'Histoire ne se mesure pas à des « petites gens » de l'opposition comme Mitterrand. Mais n'a-t-il pas aussi un peu peur ? Tant de gens lui en veulent. L'antigaullisme ne se fonde pas seulement sur un bilan froid et raisonné de sept ans de pouvoir, il se nourrit aussi des nostalgies de Vichy et de l'OAS. De tout cela, Mitterrand peut tirer parti. Et le Général l'appréhende. Il sent que le pays, lassé de ses phrases historiques, regrette M. Queuille.

De tous les hommes du régime, c'est sans doute de Gaulle qui a le moins sous-estimé les difficultés qu'il allait rencontrer dans la campagne présidentielle. La longue litanie de réflexions désabusées, voire méprisantes, qu'il a énoncées sur le peuple français, en témoigne bien. Son amertume est extrême. « J'ai essayé de tirer la France du bourbier, explique-t-il[1]. Elle retournera à ses errements, à ses vomissements. Je ne puis empêcher les Français d'être français. On n'échappe pas à ses démons. Les Français consentent à l'effacement. Ils sont ingouvernables. » Sur le « mal » français, comme il dit, de Gaulle est intarissable.

Si le président redoute le scrutin du 5 décembre, il fait quand même semblant d'ignorer ses adversaires. Quand il

1. Jugement rapporté par Jean-Raymond Tournoux dans son livre *La Tragédie du Général,* Plon, 1967.

fait acte de candidature, le 4 novembre, il dit : « Que l'adhésion franche et massive des citoyens m'engage à rester en fonctions, l'avenir de la République nouvelle sera décidément assuré. Sinon, personne ne peut douter qu'elle s'écroulera aussitôt et que la France devra subir — mais cette fois sans recours possible — une confusion de l'État plus désastreuse encore que celle qu'elle connut autrefois. » A 20 h 09, lorsque l'allocution télévisée du Général s'achève, les Français s'interrogent. Malgré la verve, l'alchimie gaullienne n'a pas porté ce soir-là. L'âge, peut-être...

Tandis que beaucoup traduisent le discours présidentiel ainsi : « Moi ou le chaos », d'autres disent : « De Gaulle veut un plébiscite. » Seuls, les fidèles du Général l'ont trouvé bon. Réflexe pavlovien. Ce 4 novembre, il y a une ride de trop sur le visage goguenard du président. Pis, une petite phrase malencontreuse s'est glissée dans l'allocution. Quand un septuagénaire annonce qu'après son départ, ce sera l'apocalypse, c'est qu'il vieillit mal.

Les sondages sont encore favorables à de Gaulle, le 4. Selon l'IFOP et la SOFRES, 66 % des Français sont prêts à voter pour le Général. Mais, au fil de la campagne électorale, beaucoup vont se détacher du vieillard acariâtre et capricieux qui refuse d'admettre l'existence de ses concurrents. Ne sont-ils pas jeunes, assurés et, tout compte fait, séduisants, Jean Lecanuet et François Mitterrand ? Ne sont-ils pas plus qualifiés pour frayer à la France les voies de l'avenir qu'un vieux monsieur né dans une famille monarchiste, le 22 novembre 1890 ? Les Français commencent à se le demander.

La grande révélation de la campagne, c'est Jean Lecanuet. Le président du MRP, qui s'est déclaré le 19 octobre, s'adresse aux gaullistes déçus. Son apparition à la télévision est une véritable provocation pour le régime : voilà, en effet, un benjamin portant beau, toujours souriant, qui conteste respectueusement le président. C'est le fils contre le père, l'avenir contre le passé. Et, surtout, le changement dans la continuité. La France modérée ne peut qu'être séduite par ce démocrate-chrétien un peu professoral, certes, mais autrement fringant que le Général.

Mitterrand ne peut aligner les mêmes atouts. Pour une raison toute simple : le député de la Nièvre représente la gauche traditionnelle ou, plus précisément, ce qu'on appelle « la France républicaine » ; cette France, elle, vénère Jean Jaurès, chérit la « démocratie », exalte les grandes victoires ouvrières du Front populaire, exècre les monopoles et le « grand capital ». De belles images, mais vieillottes, et qui ne peuvent séduire les gaullistes, insensibles aux incantations ou aux nostalgies du « candidat des républicains ».

Difficile pourtant d'accuser Mitterrand d'être un homme du passé quand on est soi-même un vieillard. « Un homme de soixante-quinze ans n'est pas en mesure d'assumer toutes les responsabilités qu'il réclame », dit Mitterrand, acide. « Puisque je combats pour le progrès, déclare-t-il encore, je combattrai celui qui reste le porte-parole du siècle de sa naissance, le XIXe siècle. » A quoi les corps francs du Général répondent en énumérant les onze ministères auxquels participa le député de la Nièvre sous la IVe République.

Curieusement, les gaullistes centrent leurs attaques sur l'homme et non sur la coalition qui le soutient. Pas d'anticommunisme ni de diatribes contre le Front populaire. Et si, par hasard, un gaulliste se laisse aller à mettre en garde les Français contre le « péril communiste », il déclenche aussitôt une violente colère à l'Élysée. Roger Frey, ministre de l'Intérieur, en a fait l'expérience. De Gaulle ne veut pas perdre les voix de gauche qu'il recueille à chaque élection. La France des notaires, des rentiers et des boutiquiers, ce n'est pas la sienne. Mitterrand rêve d'un bel affrontement entre la gauche et la droite ; le président est décidé à ne pas lui donner ce plaisir.

« Mitterrand dit qu'il est de gauche, lance le Général en Conseil des ministres. Mais quand il s'agit du Plan ou de la diplomatie, la gauche, c'est moi ! »

Le 9 décembre, dans la salle Colbert de l'Assemblée nationale, Georges Pompidou donne ses consignes : d'abord, ne pas ressortir l'épouvantail du « Front popu ». « Il faut, dit-il, montrer que, Mitterrand, c'est l'aventure. » Et le Premier ministre de De Gaulle explique : « Une biographie, même impartiale, le montre bien. C'est quelqu'un qui a successivement pris tous les risques et a participé à pratiquement tout ce qui pouvait amener la France à la faillite. Il a un tempérament d'aventurier, voilà d'abord ce qu'il faut montrer. Ensuite, il faut dire que c'est l'aventure parce qu'il ne peut pas gouverner. Il est bien incapable de réunir une majorité de rechange. Enfin, c'est l'aventure étrangère. Il peut abdiquer devant nos partenaires de Bruxelles, il peut abdiquer dans le cadre de l'Alliance atlantique ou abdiquer vis-à-vis de la Russie. Tout cela vous paraît peut-être difficile à combiner, mais les abdications successives sont toujours possibles, vous savez. Et Mitterrand est le type même des hommes qui en sont capables[1]. »

C'est clair : pour Pompidou, François Mitterrand est un « homme de la IVe ». Irresponsable, sauteur, ambitieux, mais habile, très habile. L'argumentation développée ici après la secousse du premier tour de l'élection présidentielle, lorsque le Général et le député se sont retrouvés face à face, avait déjà cours dans les première semaines de la campagne.

Les gaullistes ne finassent pas. Certes, André Malraux fait mouche quand il dit : « Le gouvernement que nous promet M. Mitterrand, c'est de l'histoire-fiction, comme il y a de la science-fiction. » Mais Pierre Messmer (Armées) fait sourire lorsqu'il affirme : « L'opposition vit dans le désastre intellectuel. »

1. Cf. *Pompidou*, de Pierre Rouanet, Grasset.

compagnie, [illegible] les autres États. C'est qu'il [illegible] qu'un [illegible] les risques [illegible] principalement [illegible] qu'ils avaient [illegible] à la [illegible] [illegible] et [illegible]. [illegible] que [illegible] souvent. [illegible] [illegible]

[illegible]

Cependant [illegible]

[illegible]

[illegible]

2. Le saint sacrement

C'est un de ces psychodrames dont la France politique a le secret qui se joue, en décembre 1965, devant une nation fatiguée. L'objet : un duel mythologique qui paraît sorti d'un autre siècle. Les acteurs : un vieil empereur républicain, sacré par l'Histoire mais élu du peuple, et un sénéchal romantique et ténébreux aux dents de squale.

Voilà le décor planté. Un homme qui fait autorité à gauche dira, après la campagne[1] : « Le pays s'est bien amusé : il a vu des vedettes à la télé, mais il n'a rien appris [...]. Il n'y a pas eu de véritable éducation civique. Le Français moyen n'a pas enrichi son bagage politique et économique. Il connaît des hommes, il n'est pas politiquement mieux formé » (Pierre Mendès France).

Dès le départ, il est vrai, la confrontation paraît truquée. L'un est au pouvoir. Il a un bilan et une équipe. L'autre n'a ni majorité de rechange ni programme. Juste un état-major et quelques idées. Mais Mitterrand s'échine à créer l'illusion, et semble y parvenir. Le 21 septembre, il fait connaître ses sept options (sur les libertés publiques, les institutions, l'éducation, la politique économique, la justice sociale, la politique étrangère et l'Europe) ; le 17 novembre, sa plate-forme. Du réformisme, une pointe de socialisme et un peu de démagogie, beaucoup de banalités relevées par quelques propositions originales et intelligentes, et le tour est joué. A lire aujourd'hui ses déclarations qui mêlent savamment rigueur et lyrisme, on est surpris qu'elles aient parfois pu faire illusion. Il n'y a pas de

1. Cité par Jacques Derogy et Jean-François Kahn dans *Les Secrets du ballottage,* Fayard.

programme mitterrandien — comme il n'y a pas de programme gaullien —, mais une panoplie floue et hétéroclite de grands principes. De peur de ranimer les vieilles disputes de la gauche, le député de la Nièvre contourne sagement les obstacles, et s'en tient aux généralités.

La Constitution, par exemple. Il n'y a pas cent solutions. Ou bien une manière de retour à la IVe République, rêve de la SFIO, ou bien une accentuation du présidentialisme : ce que souhaite sans doute la majorité du pays qui a voté, en 1962, pour l'élection du président de la République au suffrage universel. Le choix est clair. On ne peut s'en sortir par une voie médiane : quels que soient les garde-fous juridiques, la pratique fera toujours pencher le système d'un côté ou de l'autre. Pourtant, dans ce débat capital, Mitterrand refuse de trancher.

« L'heure est venue de la synthèse et de l'harmonie, dit-il. Contre l'anarchie de la IVe, contre le pouvoir personnel de la Ve, il est possible de bâtir une République harmonieuse. » Comment ? Mitterrand ne le dit pas. Bien sûr, il propose un contrat de gouvernement ; l'Assemblée nationale sera dissoute « si la future majorité n'a pas la sagesse de rester unie ». Bien sûr, il annonce qu'il fera abroger l'article 16 (sur les pleins pouvoirs) et l'article 11 (sur le référendum). Mais l'évidence est là : Mitterrand ne propose pas de régime de rechange. Sans doute a-t-il des conceptions constitutionnelles précises. Il évite soigneusement de les faire connaître.

Un exemple frappant : la définition du rôle du président de la République qu'il a donnée pourrait être contresignée par tout le monde, des communistes à l'extrême droite. Le chef de l'État doit, selon lui, appliquer et veiller au respect de la Constitution, purgée des interprétations abusives et des pratiques arbitraires, « tout en incitant les futures majorités à mettre en œuvre les options fondamentales approuvées par le suffrage universel lors de l'élection présidentielle ». Ce qui ne veut rien dire.

François Mitterrand a, comme de Gaulle, l'art d'être sibyllin. Mais tandis que l'autre s'amuse quand il lâche quelques mots obscurs que ses exégètes vont disséquer avec gourmandise, le député de la Nièvre, lui, a mauvaise conscience lorsqu'il élude, à coups de lieu commun, la question institutionnelle ou tout autre problème délicat. Il est gêné : ça se voit.

Emmanuel Berl : « Il croit certainement tout ce qu'il dit, mais de tout près, il n'en a plus l'air. »

Il est souvent sincère, pourtant. Quand il parle des libertés, par exemple. Son radicalisme assaisonné de romantisme rappelle invinciblement les professions de foi des républicains sous Napoléon III. La même intransigeance. Mais qui lui fait commettre une erreur : il confond le général de Gaulle et le prince-président. Or, les deux hommes ne sont pas de la même race. L'un, militaire chrétien, nourri de Péguy et nostalgique de Richelieu, croit représenter la France entière, la gauche comprise. Ses adversaires, il les méprise. L'autre n'hésitait pas à procéder à 27 000 arrestations et à 10 000 déportations pour écraser l'opposition.

Même si elle est outrancière, l'analyse de Mitterrand met cependant le doigt sur l'une des tares de la République gaullienne : l'arbitraire. L'État, investi par les barons de la Ve, est devenu tout-puissant. Ce n'est pas une dictature : les Français peuvent dire impunément tout le mal qu'ils pensent du régime. Mais c'est l'appropriation de tous les pouvoirs par un clan qui tient tout en laisse, l'ORTF comme le Parlement. Jusqu'à la Justice.

« L'indépendance de la Justice n'est plus garantie, dit le député de la Nièvre. Il existait autrefois un Conseil supérieur de la magistrature au nom duquel les magistrats recevaient avancement et sécurité pour leur carrière. Aujourd'hui, le sort des magistrats dépend strictement du président de la République. » Voilà un bon exemple d'entrave aux « grands principes » de la démocratie sous la Ve République. Il y en a bien d'autres[1].

Mitterrand : « Que devient le droit à l'information (aussi sacré que le droit à l'instruction) depuis que la Radio-Télévision n'est plus que l'instrument de la propagande

1. Par exemple, les juridictions d'exception et notamment la Cour de Sûreté de l'État dont Mitterrand demande l'abrogation. « On n'a pas le droit, dit-il, de fabriquer des tribunaux politiques pour frapper particulièrement ses adversaires. »

gouvernementale ? Où sont les libertés syndicales quand les lois restreignent le droit de grève et quand les syndicats ne peuvent exercer leur droit de contestation au niveau de l'entreprise ? Que reste-t-il des libertés locales quand nos communes, qui sont, avec l'école, les cellules mères de la démocratie, sont d'une part écrasées par les charges nouvelles que l'État leur impose et d'autre part privées des ressources fiscales que l'État s'adjuge ? »

Le député de la Nièvre morigène, mais ses conceptions économiques, imprégnées d'un anticapitalisme pragmatique, sont trop floues pour qu'il puisse définir un nouveau modèle de société. Pas d'audace, donc : Mitterrand est à la fois évasif et sinueux. Quand il parle des nationalisations, par exemple. Le 22 novembre, à la Mutualité, il proclame : « Je suis de ceux qui estiment que, chaque fois qu'une fraction de notre économie, un secteur est détenu soit par un seul, soit par plusieurs, unis par des liens communs, je dis que lorsqu'un monopole — c'est bien ainsi sa définition — s'est créé, il faut le détruire. » Trois jours plus tard, il brouille les pistes : « Lorsque les raisons politiques de leur intégration dans les activités nationales ont cessé d'être décisives, il peut y avoir intérêt pour rétablir la concurrence, la recherche du profit et le rendement fiscal, à dénationaliser certaines entreprises publiques[1]. »

Ses développements économiques, Mitterrand les saupoudre de déclarations et de propositions en rase-mottes, en faveur de toutes les catégories sociales ou presque. Aux agriculteurs, il promet le relèvement des prestations familiales et sociales. Aux médecins, une réorganisation modérée de la profession. Aux anciens combattants, une indexation des pensions sur le coût de la vie. Il cajole les commerçants : « Le devoir de l'État consiste à aider le commerçant à remplir sa mission et non à le traquer. »

Pourtant, malgré sa volonté de concilier et de réconcilier, malgré le désir qu'il a de raccommoder la gauche, Mitterrand ne louvoie pas toujours. Le 23 octobre, à Nevers, il ouvre le dossier du contrôle des naissances. Dans les halles du marché Saint-Alix, devant les jeunes ouvrières

1. Interview aux *Échos*, le 25 novembre 1965.

de l'Usine nivernaise de confection, il laisse tomber négligemment : « Vous devez avoir le droit, si bon vous semble, d'avoir un, deux, trois ou six enfants ou pas du tout. » Et il demande l'abrogation de la loi de 1920 qui rend pratiquement impossible la diffusion en France des procédés anticonceptionnels. Ainsi est lancée l'affaire de la pilule. Toute la France en parle ; tous les hommes politiques seront bientôt contraints de prendre position.

Un exemple qui prouve que Mitterrand n'élude pas systématiquement toutes les questions difficiles. Curieusement, c'est peut-être en politique étrangère que le candidat de la gauche est le plus intransigeant et le moins circonspect. Dans ce domaine, où le PC et la SFIO s'accusent mutuellement d'être, l'un le parti de Moscou, et l'autre, la voix de l'Amérique, sur ce terrain où les désaveux le guettent partout, le député de la Nièvre prend des risques. Et modèle une diplomatie.

Le gaullisme diplomatique pourrait pourtant séduire : il cherche à ébranler la toute-puissance des États-Unis et de l'Union soviétique, il lance des amarres dans le tiers monde, à Pékin comme au Caire, à Pnom Penh comme à La Havane. Mais, si elle a du panache, la politique étrangère du général de Gaulle cherche avant tout à donner à une France idéale, la sienne, une vocation mondiale qu'elle n'a plus.

Cette politique, le député de la Nièvre la fustige avec quelques bonnes formules. « La diplomatie gaulliste, tranche-t-il, est une diplomatie d'humeurs. » Elle est changeante, aventureuse. Pourquoi ? « Parce que, dit-il, elle poursuit la chimère d'une grandeur inspirée par les ombres d'un passé révolu et qui nous condamne à l'isolement. »

Même s'il n'est pas, comme il l'assure, « l'ultra de M. Jean Monnet », même s'il stigmatise à la fois « l'Europe des monopoles » et « l'Europe des technocrates » — déjà... —, le candidat de la gauche est un Européen de réflexe. Tout ce qui contient ou fait reculer le nationalisme est, selon lui, bon en soi. De même, « tout ce qui accroît les chances d'une vie meilleure pour ceux qui vivent sur le sol de l'Europe ».

Logiquement, devant des convictions européennes si tranchées, les communistes devraient rechigner. Mais non. Pourtant, c'est évident : dans la stratégie mondiale communiste, de Gaulle au pouvoir est plus utile que ne le serait Mitterrand. Le Général n'a-t-il pas cassé le front diplomatique occidental ? N'a-t-il pas donné un coup d'arrêt à l'œuvre européenne ? D'ailleurs, le Parti ne perd pas une occasion de rappeler que s'il rejette le « régime des monopoles », la diplomatie gaullienne a « certains aspects positifs ».

D'où le dilemme de Waldeck Rochet : ou bien son parti se rapproche de la SFIO et met par conséquent une sourdine à son anti-atlantisme ; ou bien, parce qu'il approuve la politique étrangère de De Gaulle, le PCF s'efforce de ne pas faire le jeu d'une opposition généralement européenne et atlantiste, et reste ainsi cantonné dans son ghetto. Entre les intérêts stratégiques du communisme international et ses propres aspirations unitaires, le secrétaire général du PCF a sans doute balancé longtemps mais, apparemment, il a tranché. Dès le 3 septembre, René Andrieu, rédacteur en chef de *L'Humanité*, a écrit que si certains aspects de la diplomatie du Général « peuvent convenir non seulement aux communistes mais à l'ensemble des démocrates, l'orientation fondamentale de celle-ci reste réactionnaire ».

C'est clair, le Parti a fait l'impasse sur la politique étrangère : c'est le prix qu'il lui faut payer pour être réintégré dans la gauche et dans le pays. Le voici donc qui écoute sans sourciller Mitterrand expliquer qu'il est partisan de l'Europe politique (tout en ajoutant qu'il n'est pas intégrationniste, mais fédéraliste) et de l'Alliance atlantique (tout en précisant qu'il est favorable à une réforme de l'OTAN).

Comme le chef de l'État, le député de la Nièvre estime qu'il faut substituer un ordre nouveau à l'ordre de Yalta. Mais, pour lui, ni les bravades nationalistes ni l'autarcie ne peuvent mettre fin à la domination du couple soviéto-américain. « La construction d'une Europe indépendante » est essentielle. Et il affirme : « Je ne crois pas qu'il soit nécessaire d'opter pour l'Europe contre le socialisme ou pour le socialisme contre l'Europe. » Mais, pour socialiste et européen qu'il soit, Mitterrand n'estime pas que la France doit quitter l'Alliance atlantique au plus vite. Il la supporte. « Quelle garantie la Russie peut-elle nous consentir si nous quittons le pacte qui nous lie ? demande-t-il. Et quelle sera la garantie de cette garantie ? » Rêvant à l'éclatement des empires et à la disparition simultanée des blocs militaires, il préfère, en attendant, l'aile protectrice de Washington au gardiennage de Moscou.

Aujourd'hui, ses conceptions n'ont pas changé. Il n'est qu'un point sur lequel il a dû revoir les positions défendues en 1965 : la force de frappe. Que dit-il pendant la campagne électorale ? Que la politique militaire française est ruineuse et inefficace. « Je suis contre la bombe atomique et l'armement nucléaire », martèle-t-il. L'équilibre de la terreur est un leurre ; le jour où chaque pays aura sa bombe, le monde ira tout droit à la catastrophe. Seule parade au danger d'un conflit universel : le désarmement atomique. Miterrand va plus loin : s'il est élu, annonce-t-il, il interdira la force de frappe française et refusera son transfert au niveau européen[1]. C'est une faute : Mitterrand a été obligé d'opérer un rétablissement délicat ; il reconnaîtra plus tard que la bombe française est une « réalité irréversible ».

Que retenir du programme développé par François Mitterrand ? Quelques refrains nostalgiques habillés de modernisme ? Le recours abusif à la mythologie d'un autre siècle avec un assaisonnement réformiste ? Des silences et des torsions ? Oui, mais aussi une incontestable fermeté de vision quand il parle de ce qui lui tient à cœur, des libertés.

De Lens à Clermont-Ferrand, de Marseille à Boulogne-Billancourt, le député de la Nièvre expose les sept options fondamentales de sa candidature et, apparemment, il convainc : les foules qui vont l'applaudir sont de plus en plus nombreuses et enthousiastes. Le grand rassembleur des « républicains », c'est lui. Le voici, sonore et solennel,

1. C'est du moins ce qu'il affirme dans *La Nef* (octobre-décembre 1965), arguant qu'aucun des partenaires de la France n'est partisan d'une force de frappe européenne.

battant le rappel des troupes et invectivant les Cathares de la gauche. « Certains clubs de penseurs suprêmes, comme les cercles marxistes-léninistes, lance-t-il, le 22 novembre, devant plus de cinq mille étudiants réunis à la Mutualité, déchirent mes affiches, pas celles de De Gaulle, et cherchent des candidats, s'appuyant au besoin sur l'aide du ministère de l'Intérieur (mouvements divers dans l'assistance). Ils sont les fondateurs de la gauche nouvelle, à condition de détruire d'abord la gauche réelle. »

Souvent, aussi, sa voix se fait douce. Le voici alors, rêveur et tendre, qui sort son cahier d'écolier et qui improvise un quatrain à l'encre violette... « Quand j'avais vingt-cinq ans, dit-il, à la télévision, le 3 décembre, je me suis évadé d'Allemagne ; j'aime la liberté. J'ai rejoint le général de Gaulle à Londres et à Alger ; j'aime la liberté. Je suis revenu dans la France occupée pour reprendre une place au combat ; j'aime la liberté. Mais qu'est-ce que la gauche sinon le parti de la liberté, encore et toujours ? »

Jour après jour, François Mitterrand marque des points. Et la cote du Général dégringole. Le 24 novembre, la nouvelle se répand dans Paris qu'un sondage en cours de l'IFOP prévoit le ballottage. Le président obtient 46 %, Mitterrand 28 %, et Lecanuet 18 %. Le lendemain, en Conseil des ministres, le chef de l'État se ressaisit : « S'il faut mordre, je mordrai », grogne-t-il. Le 26, il annonce qu'il va parler à la télévision et il lâche les chiens. De l'infanterie du gaullisme à la cavalerie légère, tout le monde est mobilisé : MM. Sanguinetti, Baumel, Peyreffite, Habib-Deloncle, Fey et Marette. Même M. Couve de Murville qui devra exhiber sa mine désabusée dans quelques réunions électorales. Peine perdue : les représentants sur terre du Général ont beau tonner, ils ne remontent pas le courant. De Gaulle lui-même n'est pas bon à la télévision, le 30 novembre. Toujours les mêmes mots, le même visage fripé. Le 3 décembre, le président retrouve sa vigueur, mais il est trop tard : les jeux sont faits.

Le 5 décembre, de Gaulle obtient environ 11 millions de voix (44,6 % des suffrages) et Mitterrand plus de 7 millions et demi (31,7 %). Jean Lecanuet, le troisième larron, frôle les 4 millions de voix (15,56 %). Les Français ont donc mis le vieux monarque en ballottage. Mais tout en ébranlant l'homme du 18 Juin, ils ont aussi donné au député de la Nièvre, son challenger, une seconde dimension. Le scrutin présidentiel fut son saint sacrement. Tout à coup, François Mitterrand a pris des airs d'homme d'État : quand il s'exprime maintenant, il semble investi d'une nouvelle autorité.

C'est là que le miracle se produit. Bien sûr, Mitterrand ne se pique pas au jeu et ne croit pas une seule seconde à sa victoire : « Je ne suis pas assez insensé pour penser que je pourrai battre de Gaulle, dit-il à son état-major. Je veux démontrer que quelque chose est possible à gauche. » Certes, il n'y a pas de majorité gouvernementale derrière lui. Pourtant, après le sacre du suffrage universel, il paraît avoir reçu ce « don de grâce » dont parle le sociologue Max Weber. C'est un autre homme qui s'adresse aux Français.

Tandis que l'un s'élève, l'autre descend de son socle. Le 8 décembre, au Conseil des ministres, après avoir entendu le ministre de l'Intérieur commenter les résultats, de Gaulle confie : « Je me suis trompé et je mentirais si je disais que je ne suis pas atteint. »

Atteint, mais non désemparé, le général de Gaulle passe à l'attaque. Sans solennité ni littérature. C'est un nouveau de Gaulle qui rend visite à la France. Gouailleur et bouffon, il singe « celui qui saute sur sa chaise comme un cabri en criant : l'Europe ! l'Europe ! ». Il s'amuse aussi à se plagier lui-même : « Pour que la France existe, dit-il, il faut que les Français existent. Pour que la France soit forte, il faut que les Français soient prospères. »

La croisade a commencé. Le 14 décembre, au Palais des Sports, André Malraux ébauche, de sa voix frémissante, une fresque baroque et mystique où, pour mieux confondre Mitterrand, il fait surgir devant un public fasciné quelques ombres de l'histoire : les morts du Vercors, les républicains de la guerre d'Espagne, les zouaves de Sébastopol, Jeanne d'Arc, tous sont là pour témoigner contre le député de la Nièvre, condamné sans circonstances atténuantes. Et quand les gaullistes délaissent les envolées épiques, c'est pour ramasser leurs arguments par terre : *France-Avenir*, journal électoral qui tire à 15 millions d'exemplaires, représente le candidat des « républicains » en train de sauter la grille de l'Observatoire.

Face à l'énorme arsenal gouvernemental, François Mitterrand a de petits moyens. Pour sa campagne, il avance un chiffre précis : 970 000 francs lourds. On peut le discuter, mais il est peu probable que le candidat de la gauche ait dépensé plus de 2 millions ; les fidèles du Général ont mis en jeu plus de 20 millions.

Même s'il n'a pas de gros moyens financiers, Mitterrand réussit à percer. Il y a, entre le 5 et le 19 décembre, beaucoup d'entrevues secrètes et de va-et-vient discrets. Et, chaque jour, de nouveaux disciples viennent s'agglomérer autour de la coalition qui l'a poussé ; les inconsolables de la IVe, les veufs de l'Algérie française, les professionnels de l'atlantisme et les croisés de l'Europe n'hésitent pas à apporter leur soutien au candidat de la gauche. En même temps que les cautions de Jean Monnet et de Paul Reynaud, d'autres renforts arrivent, souvent compromettants : Jean-Louis Tixier-Vignancour, avocat goguenard d'une extrême droite en quête de respectabilité ; le capitaine Sergent, ancien chef de l'OAS en métropole.

« Je n'ai pas à trier les bulletins de vote qui se porteront sur moi », dit François Mitterrand, le 6 décembre au matin, à son état-major réuni chez lui, rue Guynemer. Mais il ajoute aussitôt : « Je maintiens mes positions. Il est plus important pour l'avenir d'obtenir de bons résultats aux législatives que de noyer le poisson et de décevoir la gauche pour gagner des voix à droite. Je ne veux pas d'élection à tout prix. » Le député de la Nièvre résiste donc bravement aux appels du pied de Jean Lecanuet, et reste de glace devant le ballet de séduction des centristes. Le soir, alors que des intermédiaires cherchent à favoriser un rapprochement avec le leader du MRP, le candidat des « républicains » est cassant. A Jean-Jacques Servan-Schreiber qui lui demande « de faire un pas vers le centre », il dit : « Finalement, vous avez été un de mes principaux adversaires. *L'Express* a systématiquement publié des sondages qui démoralisaient la gauche et qui, d'ailleurs, étaient inexacts. » « Ne rêvons pas, poursuit-il en toisant Jacques Duhamel, radical de droite, je n'ai aucune chance sérieuse de battre de Gaulle. Plutôt que de donner des gages aux centristes, je préfère rester un homme de gauche intransigeant. »

Il le reste. Ce qui n'empêche pas Jean Lecanuet de déclarer sans s'avancer davantage que les idées de François Mitterrand sont « très proches » des siennes — comprenne qui voudra ; ce qui n'empêche pas non plus la plupart des enfants perdus de la bipolarisation de se mettre, tel Maurice Faure, dans le sillage du député de la Nièvre.

Trois images. C'est Nantes, d'abord, où le candidat est accueilli à l'hôtel de ville par le sénateur-maire, André Morice, un modéré. Affirmant que « la gauche généreuse au pouvoir peut concevoir une amnistie », Mitterrand soulève les applaudissements dans l'immense palais du Champs-de-Mars où il y a 15 000 personnes, selon les organisateurs, et 20 000... d'après les Renseignements généraux. A Nice, ensuite, où il est reçu par Raoul Bosio, ancien délégué du PPF de Doriot et adjoint du maire Jean Médecin, mourant, le député de la Nièvre clame, ivre de fatigue : « Je ne suis pas communiste, mais je préfère avoir avec moi un ouvrier agricole qui vote communiste qu'un Rothschild. » Dans le palais des Expositions de Toulouse, enfin, où les mineurs de Carmaux en casque blanc lui font une haie d'honneur, c'est l'apothéose. Toutes les sommités du radicalisme sont là, Gaston Monnerville en tête. Et la foule lui fait un triomphe quand il jette : « Est-ce que l'avenir c'est de Gaulle, et moi le passé ? Est-ce que j'en ai l'air ? »

Le 19 décembre, dans la nuit, de Gaulle a vaincu Mitterrand. Mais son idée de la France est celle de 55,2 % des Français. Et, apparemment, le député de la Nièvre (44,8 % des voix) a remporté un succès incontestable en recueillant environ 3 millions de voix supplémentaires d'un tour à l'autre. Où les a-t-il trouvées ? Beaucoup viennent de la droite. A Lyon et à Neuilly, deux hauts lieux de la France modérée, le candidat des « républicains » marque des points.

Si l'on quitte les chiffres bruts pour l'analyse politique, on s'aperçoit que la gauche n'a pas, après l'élection présidentielle, de quoi crier victoire : comme l'a montré Jacques Fauvet qui a étudié minutieusement les résultats du premier tour, Mitterrand n'a pas fait le plein de ses suffrages. « Le manque à gagner, estime-t-il, est d'environ 3 millions, et se situe plus dans les régions ouvrières que dans les régions rurales[1]. » Alors que la gauche est largement majoritaire dans ce qu'on appelle la « ceinture rouge » de Paris, le député de la Nièvre n'y obtient que 40 % des voix. Dans les citadelles de la social-démocratie, il plafonne : ainsi dans le Nord et le Pas-de-Calais n'a-t-il guère dépassé, au second tour, les suffrages réunis par les partis de gauche trois ans auparavant ; et cela malgré l'apoint du centre et de l'extrême droite. La gauche unitaire de 1965 a donc fait moins bien, finalement, que la gauche désunie de 1962. « Indépendamment même du fait que de Gaulle continue à mordre sur une minorité d'électeurs de gauche, constatent deux historiens, François Furet et Jacques Ozouf, il est clair une fois de plus que l'alliance PCF-SFIO-radicaux, est minoritaire et qu'elle ne possède plus de pouvoir multiplicateur[2]. » Malgré les chiffres, la gauche n'est pas sortie battue et abattue des élections présidentielles : Mitterrand, élu président de la FGDS, le 9 décembre, l'a enfin tirée de sa somnolence.

Après avoir tâté le pouls de la France électorale et goûté la saveur d'un grand duel contre Charles de Gaulle, le député de la Nièvre peut maintenant prétendre au commandement d'une gauche qui commence à nouveau à croire en elle-même. Et pour plagier la plus gaullienne des formules, il pense que, s'il a perdu une bataille, il n'a pas perdu la guerre : la victoire, pour lui, c'est simplement une question de temps.

1. *Le Monde,* 10 décembre 1965.
2. *Le Nouvel Observateur,* 22 décembre 1965.

3. La FGDS

A peine née, la Fédération de la gauche démocrate et socialiste est déjà une vieille lune. Il rôde autour d'elle un fumet de cuisine pas très ragoûtant : dans les locaux qu'occupait *Le Populaire,* quotidien socialiste, au 8 de la rue de Lille, les membres du comité exécutif de la FGDS tiennent des réunions mouvementées qui dépassent souvent l'horaire prévu. L'élection présidentielle passée, les appareils de la gauche non communiste sont retournés à leurs habitudes, à leurs souvenirs. Mitterrand doit maintenant affronter Guy Mollet et René Billères, deux pères tranquilles qui préfèrent les eaux mortes au bouillonnement.

Ce mur de méfiance qu'ont dressé autour de lui le secrétaire général de la SFIO et (dans une moindre mesure) le président du parti radical, François Mitterrand va chercher à l'abattre. En vain. Contre des caciques habiles et jaloux de leurs prérogatives, il se brise les dents. Mais il leur mène la vie dure.

C'est le 8 mars 1966 que Mitterrand, glacial et impérieux, livre ses premiers assauts contre la gauche établie. Ce jour-là, à la réunion du comité exécutif de la FGDS, le président de la Convention tape sur la table, et aligne ses griefs. « On murmure que la CIR distribue des cartes gratuitement pour faire nombre, dit-il, toisant Ernest Cazelles, secrétaire général-adjoint de la SFIO, qui a répandu le bruit. Eh bien, c'est faux, archi-faux. J'exige une enquête. Vous verrez ce qu'il en est. » Et il ajoute : « Tout cela est d'autant plus inacceptable que l'on cherche à nous étouffer. »

La Fédération de la gauche est composée de la SFIO, du parti radical et des clubs. Ces derniers se retrouvent pour la plupart dans la Convention — qu'on appelle la « bande à Mitterrand » — qui a essaimé dans une cinquantaine de départements. Elle chasse directement sur les terres du parti socialiste. Celui-ci réagit mal. Le président de la CIR avait demandé une vingtaine de circonscriptions sur 480 pour ses fidèles ; les socialistes ne veulent pas lui en accorder de bonnes. Pis, Guy Mollet enjoint aux responsables socialistes de créer des organisations concurrentes, les clubs Jean-Jaurès. La direction du parti radical a la même préoccupation. Et elle demande à ses cadres de tout faire pour maintenir à son niveau de départ (7 sièges sur 51) la place de la Convention dans les organismes régionaux de la Fédération.

Initiatives où la mesquinerie le dispute à l'inconscience : quelques semaines après le semi-échec du 5 décembre 1965, la gauche non communiste, prisonnière d'appareils vermoulus et de rivalités mal rentrées, ne trouve rien de mieux à faire que de se quereller sur d'absurdes questions de dosages. « Je ne veux pas discuter là-dessus, tranche Mitterrand. Si nous n'avons pas dans la Fédération la place qui nous revient, nous la quitterons. »

Quelques jours s'écoulent. Le 11 mars, le député de la Nièvre s'explique longuement, en tête à tête, avec Guy Mollet. Et il lui annonce que le surlendemain, à la IVe session de la Convention au palais des Congrès de Lyon, il demandera la fusion rapide des organisations membres de la FGDS. En attendant, dira-t-il, il faut renforcer d'urgence les pouvoirs de la Fédération. L'autre a un haut-le-corps. Mitterrand n'hésite pas : le jour dit, comme prévu, dans un discours, il pose les jalons d'un « grand rassemblement travailliste [1] ».

L'appel de Lyon, la plupart des chefs de la gauche traditionnelle l'ont entendu comme une déclaration de guerre. Avec juste raison. L'ambition de Mitterrand c'est de renouveler la social-démocratie, tout bonnement. En prônant pour la Fédération « l'apport de forces neuves qui

1. L'expression a été employée par l'éditorialiste de *Combat,* le 14 mars. « Ce que nous propose M. Mitterrand, ajoutait-il, suppose un bouleversement des mœurs traditionnelles des partis. »

existent incontestablement dans ce pays », en multipliant les ouvertures en direction des républicains dits de progrès (« Est-ce que tout ce qui est à notre droite est à droite ? »), bref, en faisant de l'œcuménisme, François Mitterrand cherche à déclencher une opération attrape-tout : elle doit, dans son esprit, balayer Guy Mollet et les gestionnaires déphasés de la social-démocratie.

Face à un condottiere qui multiplie les défis parce qu'il n'a rien à perdre mais tout à gagner, Guy Mollet ruse et attend. C'est sa méthode. Depuis le 38e congrès de la SFIO, le 29 août 1946, où il fit la conquête du parti socialiste, sur une base de gauche, il cherche à le préserver de toutes les évolutions, de toutes les audaces. Il le laissera à ses héritiers tel qu'il lui fut donné. « Si je suis conservateur, dit-il, c'est du socialisme. » Quand on rappelle à Guy Mollet ses erreurs (la guerre d'Algérie, l'expédition de Suez, etc.), il répond : « Le prêtre qui aurait failli n'entache en rien la religion au nom de laquelle il parle. Si je me suis trompé, cela ne doit en rien détacher les gens du socialisme. »

Guy Mollet tient le parti, il est le parti. Son fauteuil de secrétaire général, cité Malesherbes, voilà ce qu'il a de plus cher. C'est là qu'il se sent bien. C'est de là qu'il guette la débâcle dans laquelle va bientôt sombrer, inéluctablement, l'empire gaullien, une débâcle qu'il a souvent prédite. Si la FGDS était pour la SFIO un moyen de récupérer les derniers débris du parti radical et les idées nouvelles des hommes des clubs, alors, oui, il serait favorable à l'expérience. Seulement voilà : Mollet se rend vite compte que Mitterrand est en train de prendre en main une gauche qui vieillit mal. Il se décide donc à contre-attaquer. Mais, prudemment, en coulisses : le secrétaire général de la SFIO ne peut plus, aujourd'hui, prendre la responsabilité de faire échouer toute opération de rénovation politique.

Et pourtant, s'il s'emploie à le contrer, rien de fondamental ne sépare Mollet du député de la Nièvre. Comme Mitterrand, Mollet croit maintenant qu'en s'alliant avec le centre, la social-démocratie ne ferait que renforcer le poids des communistes. Conversion récente mais imposée par les faits : le socialisme moderniste se battant sur le même terrain que la droite, c'est le PC qui alors brandirait seul le flambeau du changement radical et de la Terre promise ; les gestionnaires de la social-démocratie ne pouvant plus revendiquer l'héritage de la gauche, c'est le parti communiste encore qui s'approprierait ce capital mythologique où les grandes heures de la Commune voisinent avec l'âge d'or du Front populaire. Bref, l'union de la gauche est nécessaire. Question de logique...

François Mitterrand et Guy Mollet pensent tous deux que la FGDS doit donner un contenu à l'union avec le PC. Mais sans cultiver d'illusions. Ils n'oublient pas les heures noires de la guerre froide qui les a, tous deux, marqués. Ils se souviennent aussi que, pendant longtemps, il fut impossible à gauche d'émettre des réserves sur la politique de Joseph Staline sans recevoir aussitôt une bordée d'injures dans *L'Humanité*.

Tout n'a pas complètement changé. Et durant ces années-là, les relents du stalinisme, qu'exhale par intermittence le parti communiste, contribuent à nourrir les vieilles méfiances. Mitterrand n'a pourtant cure des anathèmes ou des mauvais procès du PCF. En incluant les communistes dans son projet, pense-t-il, il facilitera et accélérera leur évolution. Mollet, lui, n'a pas de projet. Et « les méthodes du PC », il les connaît. Il en a même souffert. C'est contre lui que fut fabriqué, à Prague, un procès où dix anciens gardiens de camp affirmèrent qu'en août 1941, il avait, lui, dénoncé vingt-sept de ses camarades de détention en Allemagne, qui furent fusillés ; à cette calomnie, le quotidien communiste consacra deux pages entières. Si le secrétaire général de la SFIO, résistant au demeurant très courageux, ne fut pas éclaboussé par le scandale, c'est que la machination avait été mal montée : à l'époque, en effet, Mollet n'était pas en déportation mais se trouvait à Vire, dans le Calvados.

Cette affaire et quelques autres ont entamé la carapace du secrétaire général de la SFIO ; elles lui ont laissé quelques blessures, encore saignantes. Tout cela ne l'empêche pas « d'essayer de faire l'unité », comme il dit. Tactiquement, il n'est pas très éloigné de Mitterrand. Sa principale divergence avec le député de la Nièvre est qu'il s'obstine à conserver tel quel un appareil socialiste que l'autre veut rénover.

Si Mitterrand est amené à ferrailler aussi avec René Billères, c'est que, comme Guy Mollet, le président du parti radical redoute les bouleversements. Pas du tout parce qu'il craint de perdre son fauteuil de patron du radicalisme, place de Valois — il s'en soucie comme d'une guigne ; non, c'est parce qu'il a peur qu'en changeant son mouvement vole en éclats. Ce petit homme au visage basané et plissé de pêcheur à la ligne béarnais est le roi du compromis. Radical, fondamentalement radical, cet ex-ministre de l'Éducation nationale de la IVe s'est toujours senti un irrésistible penchant pour la nuance. Catholique pratiquant, il est, en politique, un laïc convaincu. Tout en affirmant à ses ouailles bedonnantes et nonchalantes : « L'enfer ne passe pas à notre droite », il cherche à les tirer à gauche. Pour ne pas les effaroucher, il oscille et concilie. Mais même quand il donne un coup de barre à droite après en avoir donné un à gauche, le chef de file du plus vieux parti de France reste loyal. Assumer ses contradictions comme il le fait, avec ses va-et-vient et ses reculades, c'est sa façon d'être loyal.

Au sein de la Fédération où barbotent les notables de la « République des partis », on rencontre aussi quelques muscadins décidés à casser les féodalités : la plupart viennent de la Convention, comme on l'a dit, mais d'autres, tels Jean-Pierre Chevènement ou Dominique Taddéi, de la SFIO. Mitterrand, lui, y joue le rôle de maire du palais à la merci du bon plaisir de ses princes. Ceux-ci aimeraient bien se débarrasser de lui, d'ailleurs. Il tient quand même le coup : dramaturge excellant à créer l'événement, il met Guy Mollet et René Billères devant le fait accompli ou utilise adroitement la menace de démission pour obtenir satisfaction. Vieille tactique gaullienne. Soucieux de ne pas apparaître comme les fossoyeurs du renouveau de la gauche, le secrétaire général de la SFIO et le président du parti radical finissent toujours par céder.

L'histoire de la Fédération est une longue suite de coups de poker. Quand il veut accélérer le processus de fusion des partis ou constituer un contre-gouvernement à la mode britannique contre l'avis des caciques, Mitterrand met son poste en jeu. Mais il a parfois vraiment envie de partir. Quand, par exemple, Guy Mollet sort quelques photocopies de sa serviette et déclare, avec son ton glacial des mauvais jours : « Eh bien, messieurs, je dois vous faire part de ma stupéfaction devant les rapports de table d'écoute sur le téléphone de Charles Hernu que l'on m'a fait parvenir », ou quand le député de la Nièvre s'aperçoit que son bureau a été fouillé par des militants curieux. Ses confidents (Charles Hernu, Georges Dayan, etc.) se souviennent : « Je n'aime pas cette cuisine, disait-il, leurs combines me dégoûtent. Je vais m'en aller. »

Il ne s'en va pas. Au contraire, il s'incruste. Mais, en 1966, sa marge de manœuvre est mince. Il doit louvoyer. Et pas toujours avec élégance.

Raymond Barrillon a abondamment décrit[1] le jeu de bascule qui finit par aboutir, le 20 décembre 1966, nous le verrons, à la signature d'un accord électoral entre le PC et la FGDS. A lire aujourd'hui la série de déclarations contradictoires qu'il fit alors, on s'aperçoit que François Mitterrand a dit à peu près tout et son contraire. Après avoir affirmé : « On n'a pas le droit d'exclure des républicains d'où qu'ils viennent et quels qu'ils soient » (le 25 mars), il soutient que Jean Lecanuet est un homme de droite (le 12 juin), pour tancer ensuite le parti communiste qui pratique « une politique de terre brûlée » (le 30 octobre) et assurer : « Ce que je souhaite, c'est que la gauche, débarrassée de ses chapelles inutiles et de ses sectarismes, sache tendre la main à tous ceux qui voudront la rejoindre pour abattre le pouvoir personnel » (le 28 novembre). Après avoir juré qu'il était prêt à entamer la discussion du « Programme commun » (le 10 février), il dit : « Cette mythification du " Programme commun " constitue une approche politique un peu difficile ; arrêtons-en la poursuite chimérique » (le 13 mars). Ce qui ne l'empêche pas de

1. Dans *La Gauche française en mouvement,* Plon, 1967.

lancer, quelques mois plus tard : « Oui, nous sommes pour le “ Programme ”. Je considère que c'est la clef de l'accord de la gauche. Donc, priorité au Programme. Le moment est venu » (le 12 juin), avant de fermer, une nouvelle fois, la porte : « Un programme commun se concevrait mal sans candidature unique. Comment voulez-vous que l'opinion s'y reconnaisse si elle a à choisir entre deux candidats liés par un même programme, et cependant concurrents » (le 28 septembre).

Beaucoup de tergiversations et de faux-fuyants en somme, qui ont sans doute entamé le crédit que Mitterrand avait acquis au cours de la campagne présidentielle. Ce funambulisme étonne. Il s'explique. François Mitterrand vise deux objectifs ; il ne peut les atteindre en même temps. Il lui faut d'abord élargir l'assiette de la gauche socialiste en faisant venir à elle les « républicains de progrès », ensuite préparer l'union avec le PC. Desseins difficilement compatibles. Les communistes redoutent un éventuel renforcement de la social-démocratie qui risquerait de leur ravir le *leadership* de la gauche et craignent que la FGDS ne retourne aux vieux démons de la « troisième force ». D'où les mises en garde répétées de René Andrieu, le porte-parole du Parti, dans les colonnes de *L'Humanité*. D'où les apostrophes des dirigeants communistes qui tirent à boulets rouges sur la Fédération, et stigmatisent les « chevaux de retour », les alliances contre nature avec la droite et la collusion avec « Lecanuet et autres fieffés réactionnaires ». Étienne Fajon et François Billoux, durs parmi les durs, vont même jusqu'à menacer les socialistes de maintenir contre eux des candidats du PC au second tour des élections législatives.

Waldeck Rochet, pourtant, ne s'émeut guère : « Mitterrand, dit-il en privé, il fait comme Defferre. Il sourit aux bons MRP mais rien ne prouve qu'il ne trouvera pas, dans quelques mois, les MRP bons. » Il est content de sa formule, le secrétaire général du PC, et il la répète souvent. Mais il incline plutôt à l'optimisme. D'autant que, malgré les bavures et les polémiques, François Mitterrand s'emploie toujours à éviter, chaque fois que le risque s'en fait sentir, une rupture définitive avec les communistes.

Comme, par exemple, lors de l'affaire de la motion de censure.

C'est Guy Mollet qui a monté le piège. Le 30 mars 1966, le comité directeur de la SFIO décide de prendre l'initiative d'une motion de censure que le maire d'Arras dépose benoîtement, à l'ouverture de la session parlementaire, et qui dénonce le retrait de la France de l'OTAN annoncé, comme ça, à l'improviste, par Charles de Gaulle, le 21 février. C'est à l'évidence une provocation. Elle tracasse Mitterrand qui sait que les communistes refuseront toujours de censurer la politique anti-américaine du Général. Quant aux radicaux, ils rechigneront à signer un texte que le Centre démocrate n'a pas ratifié. Le député de la Nièvre choisit de rassurer le Parti : pour prouver au PC que la Fédération ne glisse pas à droite, il décide d'empêcher les centristes de signer la motion. Il y parvient. Le pire est évité.

En quarante-huit heures, le temps qu'il lui fallut pour dénouer la crise, le député de la Nièvre a ainsi montré qu'il pouvait imposer sa loi aux vieux appareils. Quelques semaines plus tard, pourtant, il fait exactement la démonstration inverse. Lorsqu'il rend publique, après plusieurs contretemps, l'« équipe formatrice du contre-gouvernement », François Mitterrand paraît avoir perdu toute audace. Comme il l'explique alors, il y a des réalités qu'on n'efface pas : la vie politique française est toujours dominée par les partis, lesquels dépendent de quelques hommes. Il faut en passer par là.

Résultat : Guy Mollet se voit confier les Affaires extérieures et la Défense nationale. Gaston Defferre est chargé des Affaires sociales et administratives, Ludovic Tron des Affaires économiques, et Michel Soulié des Droits de l'homme et du citoyen[1]. Bref, tous les caciques de la gauche non communiste se côtoient dans ce « shadow-cabinet », ce qui paraît donner raison à Mauriac qui note alors dans *Le Figaro littéraire :* « La gauche, même quand

1. Les responsables des grands secteurs sont assistés de Pierre Mauroy (Jeunesse), Christian Labrousse (Recherche scientifique), Marie-Thérèse Eyquem (Promotion de la femme), Georges Guille (Collectivités locales) et Robert Fabre (Aménagement du territoire).

ses chefs ont l'âge de Mitterrand, c'est vraiment une collection de vieux illustrés, ils racontent une histoire finie. »

« La République des citoyens », tant annoncée par l'homme du 5 décembre, la voilà donc. Partout ce ne sont que déceptions, railleries, ricanements. Tandis que *Le Figaro* s'exclame : « On se croirait en 1956 ! », Jean Daniel écrit dans *Le Nouvel Observateur :* « Oublions ce contre-gouvernement. Il n'existe pas. » Alors que le colloque de Grenoble a cherché, autour de Pierre Mendès France, les moyens de rénover la gauche, alors que les clubs se sont employés à sortir du conformisme parlementaire où elle s'enfonçait, Mitterrand ne propose qu'un ministère savamment dosé, comme sous la IVe, où figurent, glorieuses ou pathétiques, quelques figures d'une République révolue. Un ministère qui, comme dit Étienne Fajon, est « un fantôme qui ne troublera guère les nuits du général de Gaulle et de sa suite ». Il n'y manque plus qu'André Marie, ancien président du Conseil radical rescapé de l'Algérie française, homme de toutes les combinaisons, qui demande l'investiture de la FGDS — il ne l'obtiendra tout de même pas — dans la 4e circonscription de la Seine-Maritime.

Après la déception du contre-gouvernement, François Mitterrand va tout de suite s'employer à effacer ce mauvais souvenir. Travail difficile. Même si, malgré toutes ses allées et venues, il sait bien où il va. Même si ses équivoques sont au service d'un seul projet : la mise sur pied d'un grand mouvement social-démocrate.

Pour accomplir ce dessein, le député de la Nièvre doit utiliser toutes ses réserves de diplomatie. Tout en donnant des gages au PC, il s'emploie à rassurer les orphelins de la « troisième force ». Du coup, les communistes s'inquiètent et rappellent qu'ils ne figureront jamais dans une « alliance avec les partis de droite ». Ce sont eux qu'il faut tranquilliser alors. Et ainsi de suite. Ce subtil mouvement de balancier, François Mitterrand en a usé jusqu'au 12 juin où, lors d'une session de la Convention, il clame : « Rien, à mes yeux, ne passe avant l'union de la gauche, dans laquelle je comprends évidemment le parti communiste. » Dès lors, le président de la Fédération s'en tient là et n'en démord plus.

Ce coup de barre à gauche s'accompagne — coïncidence ? — d'un effort de maturation doctrinale au sein de la FGDS. D'abord elle publie, le 15 juillet, un programme [1]. Ensuite elle organise sur ses options de grands débats publics à la Mutualité, débats auxquels participent notamment Jean Rostand, René Bonety, l'économiste de la CFDT, Claude Bourdet, responsable du PSU, Maurice Duverger et André Hauriou, deux des meilleurs constitutionnalistes français.

Ainsi la FGDS prend-elle corps peu à peu. D'autant que, le 1er décembre, lors d'un comité exécutif, Guy Mollet a sommé les radicaux de choisir, une fois pour toutes, entre leurs dilections centristes et leurs pesanteurs unitaires. A René Billères, qui suggère que la Fédération rencontre le Centre démocrate, Guy Mollet répond, indigné : « Discuter avec les centristes risque de nous mettre en état de rupture avec le PC. Pas question. Si vous voulez quitter la FGDS, partez, mais je vous préviens que tous les candidats du parti radical aux législatives trouveront alors devant eux un adversaire socialiste. »

Colère historique qui va faire plier le parti radical et permettre ainsi à la Fédération de sortir de l'impasse où elle s'était engagée sur la question des alliances. Quand il s'agit des relations avec le PC, le secrétaire général de la SFIO finit toujours par se retrouver avec Mitterrand. Le député de la Nièvre le reconnaît : « Mollet fait, sur dix kilomètres, neuf kilomètres d'anticommunisme de façade et de pourparlers secrets, puis dans les cinq cents derniers mètres, il est obligé, à cause des pourparlers et malgré l'anticommunisme, de s'aligner sur mes positions [2]. »

1. Les rédacteurs du « programme du 14 juillet », comme on l'a appelé, furent, entre autres, François Mitterrand, Guy Mollet, Charles Hernu, Pierre Lavau, Pierre Uri, Gabriel Bergougnoux, Michel Soulié, Paul Legatte et Jacques Piette.

2. Réflexion recueillie par P. Viansson-Ponté le 11 septembre 1967 et citée dans son livre *Histoire de la République gaulienne*, tome II.

Après une année de louvoiements et de manœuvres, la Fédération signe donc, le 20 décembre 1966, un accord électoral avec le PC pour les élections législatives à venir. Vilipendant le « pouvoir personnel » et annonçant des « perspectives positives au peuple français », alignant les points d'accord et recensant les convergences, les deux formations font serment dans leur texte d'« assurer le succès du candidat de gauche le mieux placé ». Tout cela n'est certes pas hardi : c'est une déclaration commune, et non un programme.

Qu'importe. Jamais depuis le pacte d'unité entre communistes et socialistes conclu le 27 juillet 1934, en prologue au Front populaire, la gauche n'avait été si loin pour tenter d'effacer 1920, c'est-à-dire la grande scission. Elles sont désormais liquidées, les vieilles préventions : François Mitterrand n'hésite pas à parapher le même texte que le secrétaire général du PC. Mieux, il ne craint pas de discourir avec lui, au siège du Parti, sur les bienfaits de l'accord : « Nous voulons fonder une vraie démocratie moderne dans laquelle le peuple se retrouvera. »

Il y a des bavures, bien sûr. Jean Montalat, député SFIO de la Corrèze et vice-président de l'Assemblée nationale, refuse d'avance le désistement communiste en sa faveur. Ce qui ne va pas l'empêcher d'être réélu aux législatives de 1967. Maurice Faure annonce dans une lettre à ses électeurs du Lot qu'il condamne l'orientation unitaire de la Fédération et qu'il se présente sous l'étiquette radicale avec l'appui du Centre démocrate. Ce qui va le conduire à une extraordinaire volte-face entre les deux tours : devancé au premier par un adversaire UD-V^{e} qui le menace sérieusement, Maurice Faure rejoint alors à grand fracas la FGDS pour avoir droit aux voix communistes. Et il est réélu.

Maintenant, François Mitterrand ne transige pas et ne se cantonne point dans l'entre-deux. Le langage qu'il tient aux « républicains de progrès » est simple et, somme toute, rigoureux : c'est à eux de rejoindre la Fédération qu'il s'est alliée avec le PC ; qu'ils ne comptent pas sur la FGDS pour lâcher son nouvel associé et courir les retrouver. Les chinoiseries balayées et la stratégie éclaircie, tout est en place, désormais, pour ce que les politologues appellent le « troisième tour » de l'élection présidentielle, c'est-à-dire les législatives.

Alors, Mitterrand prend sa serviette et son écharpe, et il part en campagne. D'un meeting à l'autre, il pourfend la politique sociale de la Ve, vilipende la pratique des institutions, foule aux pieds la diplomatie gaullienne, et en appelle à la République. La bataille qu'il livre contre le régime se trouve parfaitement résumée dans la joute qui l'oppose, le 22 février, à Georges Pompidou. Ce soir-là, au palais des Expositions de Nevers, devant une salle où les « barbouzes » de Paul Comiti, patron du Service d'action civique, sont plus nombreuses que les paysans du bas Berry, le député de Château-Chinon a bien du mal à faire entendre sa voix. Après que Pompidou eut dit, jovial et ferme à la fois, que les oppositions conduisent la France « non seulement vers le désordre mais dans le noir », Mitterrand affirme : « La Constitution est tombée du côté où elle penchait, du côté du pouvoir personnel. »

Du grand spectacle, donc, mais un débat académique et abstrait où fourmillent les formules à l'emporte-pièce : voici qui illustre bien la campagne électorale. Ainsi la grande question, évoquée par tous les leaders politiques, n'est-elle pas de savoir qui propose quoi, mais ce que fera le général de Gaulle en cas de victoire de la gauche. Pas ou peu de controverses sur les programmes : la discussion porte sur le problème institutionnel. François Mitterrand, qui connaît aussi bien son droit constitutionnel que sa carte électorale, glisse volontiers sur ce terrain où il excelle. Mais quand il assure : « La constitution de 1958 n'a jamais été appliquée », il ne parvient, malgré tout, à passionner personne. La France s'ennuie un peu.

Après une campagne haute en couleur mais guère féconde en idées nouvelles, le premier tour des élections législatives, le 5 mars 1967, révèle que les Français gardent leurs habitudes. Rien ne change vraiment : le parti communiste tient bon, l'UNR se consolide et la gauche non communiste se tasse un peu[1]. Mitterrand a-t-il perdu son pari ? Son demi-échec du 5 a en fait été effacé par ses victoires du 12 mars.

Ses victoires ? D'abord, la Fédération a une bonne vingtaine d'élus de plus. Et la plupart des proches du député de la Nièvre ont été élus : Georges Dayan à Nîmes, Louis Mermaz à Vienne, Georges Fillioud à Romans et André Rousselet à Toulouse. Mieux, deux de ses hommes ont dévoré un ministre au passage : Roland Dumas qui enlève son siège à Jean Charbonnel, secrétaire d'État, à Brive, et Claude Estier, qui bat sur le fil Alexandre Sanguinetti, ministre des Anciens Combattants, dans le XVIIIe arrondissement de Paris. Ensuite, la dynamique unitaire a joué parfaitement. Partout ou presque, les électeurs du PC ou de la FGDS ont reporté massivement leurs voix au second tour sur « le candidat de la gauche le mieux placé ». Enfin, dans la nouvelle assemblée, la coalition gouvernementale ne dispose de la majorité qu'à une voix près.

S'il fut le principal artisan du redressement de la gauche, Mitterrand, homme seul et sans militants, n'a pas profité de la force d'entraînement que pouvait être le résultat du scrutin du 12 mars. A cause du sectarisme, de l'engourdissement et de la peur des appareils traditionnels, devant les mutations nécessaires. Quelques jours après les élections, Charles Hernu, coadjuteur de Mitterrand, peut affirmer : « La Fédération est morte. »

Malgré sa demi-victoire, la FGDS s'est éteinte, le 16 mars. Ce jour-là, au siège de la SFIO, cité Malesherbes, le comité exécutif tient sa première réunion depuis les législatives. On est content, On se congratule. Jusqu'à l'intervention de Pierre Mauroy, secrétaire général adjoint du parti socialiste. C'est un militant modèle et consciencieux, ce Mauroy. Il est considéré par tout le monde comme le dauphin de Guy Mollet. Et voilà qu'il propose que la Fédération prenne immédiatement l'engagement de

1. Même si, par le jeu des désistements, la gauche non communiste va augmenter le nombre de ses sièges, elle enregistre une baisse sensible du pourcentage de ses voix. En 1962, SFIO + parti radical : 20,1 % ; en 1967 : 18,7 %.

se transformer rapidement en un grand parti socialiste. Pour répondre à l'attente des millions de Français qui ont voté « fédéré » aux élections. Guy Mollet se penche alors vers Mitterrand et lui glisse à l'oreille : « Il ne faut pas le prendre au sérieux. C'est un jeune. Il n'est pas mandaté pour dire ça. »

Après un silence pesant, Louis Mermaz vient à la rescousse de Pierre Mauroy. Un ange passe et le comité exécutif, embarrassé, passe bientôt à autre chose. En cet instant, la FGDS, avorton sorti de l'imagination de quelques hommes politiques, a trépassé. Et Mitterrand, après une courte ascension, va entamer une nouvelle traversée du désert.

4. Le salaire de la peur

1968. De son appartement de la rue Guynemer, en face des marronniers des jardins du Luxembourg, François Mitterrand peut entendre, depuis le 3 mai, le brouhaha des émeutes qui se multiplient, à quelques pas de chez lui. Chaque fois qu'il se rend à son domicile, il voit, à tous les carrefours, des CRS bardés de casques et de matraques. Le 6 mai au matin, tout le quartier Latin, son quartier, est en état de siège. L'après-midi, on verra les premiers vrais affrontements entre les étudiants et les policiers. Les premières barricades aussi...

Le 7 mai, le mouvement étudiant franchit encore une nouvelle étape. En fin d'après-midi, une foule de 20 000 personnes quitte la place Denfert-Rochereau, à l'appel de l'UNEF. Quelques heures plus tard, à l'Étoile, elle a doublé, triplé peut-être. Le cortège regagne la rive gauche mais des gardes mobiles et des CRS lui barrent l'accès du quartier Latin. Les manifestants harcèlent, alors, les forces de l'ordre par petits groupes. Les pavés volent. Les coups de matraque aussi, et les grenades lacrymogènes. C'est ce soir-là que jaillira de la multitude étudiante le grand cri de Mai 68 : « Le pouvoir est dans la rue. » Un cri scandé, pour la première fois, lors de cette manifestation, par des milliers et des milliers de bouches. Un cri et un *credo*.

Mais pour François Mitterrand, le pouvoir est (ou doit être) à l'Assemblée nationale. Et le voici qui, à la tribune du Palais-Bourbon, le 14 mai, demande une amnistie générale pour les étudiants et dénonce avec force les brutalités policières. A Christian Fouchet qui s'étonne qu'un ancien ministre de l'Intérieur ose mettre en question les forces de l'ordre, le député de la Nièvre répond : « Il y a beaucoup de ministres de l'Intérieur qui ne confondent pas l'ordre et la brutalité, la sécurité des citoyens et la provocation. » Et, toisant Georges Pompidou, Premier ministre, sur le banc du gouvernement, il jette : « Il est temps, il est grand temps que le gouvernement s'en aille. »

C'est avec une éloquence parlementaire et dans l'enceinte du Palais-Bourbon que François Mitterrand entend nouer intelligence avec le mouvement qui déferle sur la France. En vain. Il est hors jeu et il s'en rend un peu compte. Un petit fait met au jour sa crispation devant cette révolte étudiante qu'il comprend mal.

A l'ouverture de la séance, de 14 mai, Roger Souchal, député UD-Ve de Meurthe-et-Moselle, s'est levé de son banc et a dit : « Une infime minorité d'étudiants, sous la conduite de M. Cohn-Bendit, ont profané la tombe du Soldat inconnu. Permettez au plus jeune déporté de la Résistance [...] de vous demander de vous lever et de respecter une minute de silence (interruptions sur les bancs de la FGDS et du PC) en hommage aux combattants des guerres de 1914-1918 et 1939-1945 qui ont lutté contre les amis de M. Cohn-Bendit (applaudissements sur les bancs de l'UD-V^e^ et des républicains indépendants). »

Roger Souchal s'est livré à une provocation. La seule profanation du tombeau du Soldat inconnu, le 7 mai, consista, semble-t-il, à éteindre les projecteurs qui illuminaient le monument et à chanter *L'Internationale* devant l'Arc de Triomphe. N'importe, Souchal a fait son effet et, dans l'hémicycle, c'est la tempête. Gaullistes, indépendants et centristes se lèvent de leurs bancs en criant : « Debout, debout. » les députés de gauche qui restent assis, leur répondent, en écho : « Diversion, diversion. »

Et le président de l'Assemblée nationale ? Jacques Chaban-Delmas se tient, durant quelques instants, dans une position très inconfortable : à demi levé. Visiblement, il est très gêné. Quant à François Mitterrand, il s'exclame d'une voix blanche : « C'est une honte ! » Michel Boscher et Gabriel Kaspereit, députés UD-V^e^, se précipitent alors dans sa direction pour en découdre. Mais le socialiste Arthur Notebart, solide gaillard comme le Nord sait les faire, leur barre le chemin.

Alors Chaban : « Je constate que l'Assemblée n'est pas unanime (interruptions). Je vous demande donc de vous rasseoir » (mêmes mouvements).

Après la séance, dans la salle des pas perdus, François Mitterrand croise Chaban qui se rend à l'hôtel de Lassay, la présidence de l'Assemblée nationale. Il fonce sur lui et dit : « Tu étais tout prêt à l'accorder cette minute de silence. Tu as eu un comportement fasciste. » Fasciste, Chaban ? Il se contente de hausser les épaules : « Pourquoi te mets-tu dans cet état, François ? » On se le demande...

Mitterrand n'a pas forcément perdu son sang-froid, ce jour-là. On doit plutôt expliquer sa susceptibilité par le dépit extrême qu'il éprouve devant la situation qui lui échappe. Il piétine, il trépigne, il a peur de perdre pied. Il sait que toutes les révolutions (ou presque) portent leur mort en elles. Et si c'était une révolution ? Et si elle allait l'emporter ? Et si elle allait pulvériser la gauche ? Toutes ces interrogations sont en lui, à ce moment-là. Il n'est d'ailleurs pas besoin d'être grand clerc pour se les poser.

La veille du débat à l'Assemblée nationale, François Mitterrand avait en effet pu réaliser qu'un fossé s'était creusé entre la jeunesse et les partis traditionnels. Il le réalisa lors de la grande manifestation du 13 mai qui a peut-être réuni un million de personnes. En tête du cortège, il y avait ceux que l'on peut appeler les trois chefs de Mai 68, Daniel Cohn-Bendit, Jacques Sauvageot et Alain Geismar. A leurs côtés, les secrétaires généraux de la CGT et de la CFDT. Et, loin derrière, très loin, dans la foule, Waldeck Rochet, René Billères, Guy Mollet et François Mitterrand. Les « jeunes » faisaient souvent la grimace quand ils apercevaient Mitterrand. Quelques-uns lui expédièrent même des quolibets ou des sifflets qui laissèrent sur lui de fortes meurtrissures.

Le président de la FGDS put sentir l'hostilité sourdre autour de lui. Au milieu des slogans habituels (« Dix ans, ça suffit » ou « Charlot des sous »), il entendit aussi, assez nettement, des formules qui ne pouvaient que le hérisser : « La victoire est dans la rue. » Il était clair que la gauche lui échappait, en partie...

Deux clichés. Le soir du 13 mai, au meeting lugubre et accablant organisé par la FGDS, salle Pleyel, sur le thème : « Treize mai, dix ans après », le député de la Nièvre exhorta tristement la gauche à être « plus qu'une sorte de musée pour grands souvenirs ». Au même moment, à une réunion du PSU à la Mutualité, Daniel Cohn-Bendit, hilare, faisait conspuer le nom de la plupart des hommes politiques, Mitterrand compris. « Mais celui-là, dit-il, peut à la rigueur nous servir. »

Il peut servir ? Le « réalisme », la prudence qui caractérisent l'homme politique Mitterrand, le puritanisme qu'a laissé sur lui une éducation chrétienne, tout se lie pour qu'il se mette à l'écart de ce mouvement trop libertaire, trop extravagant, où il ne se sent pas à son aise.

En plein cœur du « Printemps des enragés », François Mitterrand stationne en effet devant la révolte — la révolution ? — perplexe, hésitant à courir au feu, comme frappé d'impotence. Tout le monde est dépassé, il est vrai. A commencer par le général de Gaulle et Georges Pompidou. Et la classe politique soliloque devant son miroir.

Dans leur récit très complet des « événements » de 1968, comme on dira plus tard pudiquement, *L'Explosion de Mai*[1], Lucien Rioux et René Backmann citent un mot de Léon Blum (« Je connais peu de spectacles plus affligeants que le détail de la vie parlementaire ») avant de se gausser de cette classe politique « en porte à faux » qui poursuit fiévreusement, FGDS en tête, ses petits jeux parlementaires. Tout le monde a glosé là-dessus. On hésitera cependant à ranger François Mitterrand dans cette classe-là, tant il paraît absent durant cette période.

Car Mitterrand se tait. Et quand il parle, c'est pour apostropher le gouvernement du haut de la tribune du Palais-Bourbon (ainsi, lors du débat de censure, le 21 mai : « Vous avez tout perdu. Il faut que vous partiez »). Mais il faut ajouter que, quand il discourt (et c'est rare), sa voix a

1. Robert Laffont.

tendance à se perdre dans le brouhaha des rumeurs de la rue, comme celles de Waldeck Rochet ou de Guy Mollet...

Le président de la FGDS est alors, d'après son entourage, exaspéré par cette « stratégie de l'autodestruction » qu'il décèle dans le comportement de la direction du mouvement étudiant. Il peste devant « le mirage de l'action directe, le trompe-l'œil des attitudes, le contre-plaqué des idéologies » qu'il dénoncera quelques mois plus tard, avec une rage glacée, dans *Ma part de vérité.* Il observe le séisme qui secoue Paris et la France avec les haussements d'épaules un peu dédaigneux du provincial qu'il est toujours resté. Dédaigneux, mais pas hostile.

A Pierre Bénichou qui demandait à François Mitterrand, quelques mois plus tard, pour une interview inédite du *Nouvel Observateur,* si ses deux fils étaient dans le mouvement, il a répondu : « Oui, bien sûr. » Et, s'ils avaient été contre, aurait-il été déçu ? « Évidemment. D'ailleurs je n'ai jamais été contre. Si j'ai été indigné par certaines fautes de direction des chefs étudiants, je n'ai jamais songé à être contre la jeunesse avec les autres, avec la droite. »

Même s'il n'a pas su (ou pas pu) canaliser ce courant pour balayer la République gaullienne, à bout de souffle, François Mitterrand a en effet sympathisé avec ces étudiants et ces ouvriers qui ouvraient un « grand schisme » au cœur de la France. Mais il a sympathisé de loin. Voilà longtemps qu'il s'enflammait avec des évocations — ou des invocations — de 1789 ou 1848. Et maintenant la révolution était peut-être là, devant lui. Pourquoi s'est-il dérobé ? Georges Beauchamp, son ancien compagnon de Résistance, son ancien chef de cabinet sous la IVe, son ami enfin, a une explication : « François perçoit très vite les choses. Sur ce plan, il est même fulgurant. Mais quand il se trouve devant une situation très mobile, très changeante, il lui arrive souvent — je l'ai vu dans la clandestinité — de laisser traîner. Comme s'il attendait que ça se décante. »

Et ça se décante, en effet. Peu à peu, un large consensus se dégage en faveur de Pierre Mendès France. Au PSU, son parti, à la CFDT, à la FEN ou chez les Jeunes Agriculteurs, mais aussi dans les états-majors politiques traditionnels. Pierre Abelin, secrétaire général du Centre démocrate, déclare que le général de Gaulle « devrait confier la direction du gouvernement à une personnalité politique ayant manifesté beaucoup de courage ». Tout le monde a compris qu'il s'agit, pour lui, de P.M.F. Jacques Isorni, ex-avocat de Philippe Pétain, est également favorable à une expérience Mendès, de même qu'Alfred Fabre-Luce. Le 25 mai, au bureau de la FGDS, René Billères lui-même suggère benoîtement de faire appel à « un homme de tout premier plan ». « Allez, ça va, coupe avec agacement Guy Mollet. Dites Mendès tout de suite. »

Les regards, à ce moment-là, se tournent vers Mendès France plutôt que vers Mitterrand. La droite est prête à s'accommoder de l'ancien président du Conseil : pour elle, il est moins lié au PCF que François Mitterrand. L'extrême gauche et la gauche moderniste le préfèrent aussi : pour elles, il est moins marqué par la IVe que le président de la FGDS. Il faut citer, pour comprendre le climat de l'époque, les propos que tiendra, lors d'une conférence de presse, Maurice Labi, secrétaire général de la Fédération de la chimie FO, « forte tête du syndicat », qui passera, plus tard, à la CFDT : « La situation est révolutionnaire. On peut désormais déborder les vieux appareils, faire sauter une CGT sclérosée, éliminer les personnages comme François Mitterrand, homme de la IVe République, sans idées, opportuniste. » Et pour conclure, Labi fait appel à l'« un des rares hommes capables de donner naissance à la société future : Pierre Mendès France[1] ».

Inutile de chercher très loin, après cela, la nature du différend qui s'aiguisera tout au long du printemps entre François Mitterrand et Pierre Mendès France. L'un et l'autre ne se jugent dignes, non sans raison, que de figurer à la première place. Et Mitterrand n'entend pas abandonner le *leadership* de la gauche à P. M. F. Au surplus, même s'ils sont d'accord sur presque tout, politiquement, même s'ils ont en commun des années de compagnonnage, les deux hommes ont accumulé un contentieux au fil des ans, nous l'avons vu. Sans être brouillés, ils ne parviennent quasiment pas à communiquer.

1. *L'Explosion de Mai.*

Un exemple résume mieux que tout le type de relations qu'ils entretiennent, au crépuscule de la République gaullienne : en 1965, au soir du premier tour de l'élection présidentielle, deux journalistes, Jean Daniel et Hector de Galard, décident d'organiser une rencontre Mendès-Mitterrand au domicile de Georges Dayan, rue de Rivoli. « Je ne peux pas venir, je suis en pyjama », dit d'abord P. M. F. à Hector de Galard. Mais il se laisse finalement convaincre, et vient. Mitterrand, arrivé en retard, suggère à Mendès de tenir des réunions publiques pour le soutenir. Silence. Puis l'autre répond, embarrassé : « Cela ne me paraît pas possible, malheureusement. J'ai un agenda très chargé, ces temps-ci. » Après quoi, Pierre Mendès France devait se tenir soigneusement à distance de la FGDS. Pourquoi cette réserve que l'on a tôt fait de qualifier de réticence ? Parce que Mendès, homme de dossiers, se méfie de Mitterrand, bretteur mal à l'aise dans les statistiques ? Parce qu'il en veut au député de la Nièvre de lui avoir ravi la conduite de la gauche ? Les deux explications sont plausibles. C'est en tout cas un conflit tout en nuances et en clair-obscur qui oppose Mendès et Mitterrand durant les grandes heures de Mai 68. Un conflit qui n'éclatera jamais...

Le 21 mai, Pierre Mendès France dîne chez Charles Hernu, mendésien passé au mitterrandisme, avec quelques responsables de la FGDS. Depuis le début du repas, le lieutenant de Mitterrand répète : « Ce mouvement se développe sans nous. Il faut que la gauche prenne une initiative, et vite. » Au moment du dessert et alors que la radio annonce de nouvelles échauffourées au quartier Latin, Mendès dit : « Bon, allons voir Mitterrand. »

Bon, on va le voir — et on bavarde. Le dialogue entre les deux hommes, rue Guynemer, sombre vite dans les banalités : comme d'habitude, ils n'ont rien à se dire. On leur suggère d'aller au quartier Latin, de se mêler aux étudiants, de leur dire que la gauche est solidaire. Mitterrand hésite. « On est à la merci d'une provocation », dit-il. Et puis pourquoi pas, après tout ? Le président de la FGDS va chercher son imperméable. Mais Mendès l'arrête : « Ne le faites pas. Songez que vous êtes un homme d'État. Ce n'est pas la place d'un futur président de la République. Et vous risqueriez de ranimer la manifestation alors qu'elle est en train de se tasser. Non, ce serait déraisonnable. »

Mitterrand se laisse convaincre. Avant de prendre congé, Pierre Mendès France lui dit : « Il faut que nous nous concertions davantage, maintenant. Restons en rapport. » Résultat : le lendemain, Mendès France est dans la rue. « Pour être témoin », dit-il. Il se rend rue Soufflot, au siège de l'UNEF et assiste tard dans la nuit à quelques échauffourées, au quartier Latin. Il n'a pas prévenu Mitterrand qui, bien sûr, a le sentiment que P. M. F. a voulu le « doubler » — et le mot est faible. Explication de Pierre Mendès France : « Mais si François était venu, je ne sais pas comment il aurait été accueilli. » On peut toujours se le demander, en effet.

Mitterrand et Mendès s'enfoncent dans leur discorde, les Français dans la grève générale et le pays dans la crise. Une crise de régime. Le 24 mai, Charles de Gaulle a annoncé aux Français un référendum sur la participation. Dans son allocution télévisée, le chef de l'État a donné l'image d'un homme abattu, sans ressources. Le doute n'est plus permis : l'apocalypse annoncée régulièrement par les chefs de la gauche, la voilà.

Parce que le gouvernement n'a plus prise sur rien, parce que le président de la République paraît se résigner à l'abandon, François Mitterrand croit alors, comme tout le monde ou presque, que le pouvoir est à ramasser. C'est la première erreur d'analyse qu'il commet depuis longtemps, une erreur qui lui coûtera cher.

Politique, Charles de Gaulle est aussi militaire. Et s'il avait simulé une retraite pour frapper d'un seul coup ses adversaires et profiter de la surprise pour les mettre en déroute ? C'est un stratagème bien connu, que Machiavel résume ainsi, dans *De l'art de la guerre :* « Un capitaine doit examiner s'il ne peut tirer parti de sa défaite, surtout quand il lui reste quelques résidus de ses troupes. On peut profiter alors de la négligence de l'ennemi qui, très souvent, après la victoire, tombe dans une confiance aveugle qui donne moyen de l'attaquer avec succès. »

François Mitterrand est-il tombé dans une « confiance aveugle » ? Le 26 mai, devant 8000 personnes, à Château-Chinon, le président de la FGDS dit, le buste jeté en avant : « Nous avons contre nous un pouvoir chancelant, suppliant, qui a bienheureusement capitulé devant la force montante du peuple en colère. » Et il ajoute : « La République est devant nous. » Le président de la FGDS a longtemps douté de l'impact du mouvement, mais maintenant que la France vit la plus grande grève de son histoire, il entend montrer que l'Union de la gauche peut prendre la relève. Ce grand bouillonnement qu'il n'a pas déclenché et qu'il ne peut s'arroger, il entend l'assumer.

Le mouvement de Mai lui-même est-il tombé dans « une confiance aveugle » ? Le 27 mai, avec Jacques Sauvageot pour l'UNEF, Fredo Krumnov pour la CFDT, Michel Rocard et Pierre Mendès France pour le PSU, 40000 personnes se réunissent au stade Charlety, au milieu des drapeaux rouges et noirs, pour célébrer la « révolution ». « Un nouveau parti a vu le jour, notera Jean Ferniot dans *France-Soir*. Il ne s'agit pas d'un parti comme les autres... Il n'a pas de nom... Mais il a la jeunesse. » Et il conclut : « Ce parti veut le pouvoir. »

Le 28 mai, alors que le pouvoir semble à portée de la main, pour la gauche, établie ou non, François Mitterrand lit, devant le bureau de la FGDS au complet (Mollet, Defferre, Billères, Gaillard, etc.), la déclaration qu'il va bientôt faire à la presse. Pas d'objections ? Il regarde autour de lui. Tout le monde est d'accord avec sa formulation. A 11 h 30, sous les lambris de l'hôtel Continental, il dit, tendu : « Il n'y a plus d'État et ce qui en tient lieu ne dispose même pas des apparences du pouvoir. »

Toute la suite repose sur ce constat. Le raisonnement qu'il développe alors est d'une logique implacable. Le général de Gaulle a dit aux Français qu'il allait les appeler à voter sur un référendum concernant la participation ? C'est un « plébiscite ». Et il faut s'attendre à un échec du chef de l'État qui sera amené, alors, à démissionner.

Pour qu'il n'y ait pas vacance du pouvoir, le soir du scrutin ou avant, Mitterrand prend les devants en proposant de mettre en place, après le départ du général de Gaulle, « un gouvernement provisoire de gestion », gouvernement « composé de dix hommes choisis sans exclusive et sans dosage périmé ». Qui formera le gouvernement provisoire ? « Je pense d'abord à Pierre Mendès France. » Et qui sera président de la République ? « Le suffrage universel le dira. Mais d'ores et déjà, je vous l'annonce, parce que le terme éventuel n'est qu'à dix-huit jours : je suis candidat. »

François Mitterrand s'est ressaisi. Lui qui était si sage, si précautionneux, devant le mouvement de Mai, le voici, soudain, qui prend des risques, et qui fonce. Il déclenche ce jour-là le processus qui, croit-il, portera la gauche au pouvoir. Il deviendra bientôt clair que le président de la FGDS a commis une bévvue. Elle est certes excusable : qui pouvait prévoir, à cette date-là, la formidable résurrection de Charles de Gaulle, quelques jours plus tard ? Mais cet impair révèle en tout cas que François Mitterrand n'a pas toujours ce regard pénétrant qui lui permet d'ordinaire de peser sans se tromper le poids des forces politiques, et de mesurer très vite les périls d'une situation. Il lui sera arrivé, au moins une fois, de sous-estimer l'adversaire.

C'est sa seule erreur. On ne peut trouver convaincant le reproche de Pierre Mendès France qui estime que le tort de François Mitterrand fut de mettre la classe politique devant le fait accompli : « C'était tard et improvisé. Ni préparé ni concerté. J'ai été surpris car je n'avais pas été averti[1]. » Affirmation qui, soit dit en passant, a surpris Claude Estier. Il se souvient être passé le matin du 28 mai au domicile de Mendès, rue du Conseiller-Collignon, dans le XVIe, pour lui donner connaissance de la déclaration qu'allait lire, quelques heures plus tard, François Mitterrand.

En fait, même s'il s'est exprimé dans un style gaullien, au-dessus des cadres traditionnels, la conférence de presse

1. Pierre Mendès France, *Choisir,* Stock.

de François Mitterrand a généralement été bien reçue par la classe politique. L'état-major de la FGDS l'applaudit. Jean Lecanuet l'approuve, Antoine Pinay aussi. Quelques gaullistes lui font, en coulisses, des appels du pied. Bref, tout le monde ou presque prend son gouvernement au sérieux.

Quand il arrive à l'Assemblée nationale en compagnie de Georges Dayan, au début de l'après-midi du 28 mai, deux députés gaullistes, Robert-André Vivien et Lucien Neuwirth, l'accostent. Et, gravement : « Alors, qui mettez-vous dans votre gouvernement ? » Mitterrand ne répond pas. Il ne sait pas. Il faut d'abord voir les communistes. Et ils sont réservés. Très. Lorsque les représentants du Parti arrivent cet après-midi-là au siège de la Fédération, rue de Lille, ils sont d'humeur maussade. « Vous ne nous avez pas tenus au courant de vos initiatives, dit Waldeck Rochet. Nous avons appris vos propositions par la presse. Cela n'est pas admissible. » Et il ajoute : « Tout ça irait encore s'il n'y avait pas Mendès France. Pourquoi l'avoir choisi ? »

Les communistes ne pardonnent pas à P. M. F. sa participation à la manifestation du stade Charlety où « les jeunes qui ont réveillé la France » bravèrent le Parti et la CGT. Georges Marchais, membre du bureau politique et coadjuteur de Waldeck Rochet, jette le blâme sur l'ancien président du Conseil. L'antigauchisme est, pour lui, une croisade. Le 3 mai, il a publié dans *L'Humanité* un article où il taxait d'infamie les « faux révolutionnaires » et autres « fils de bourgeois » qui « servent les intérêts du pouvoir gaulliste et des grands monopoles capitalistes ». Il s'en est pris, un autre jour, à l'« anarchiste allemand Cohn-Bendit ». (« C'est un langage nationaliste et raciste », lui a dit Guy Mollet.)

Après avoir expliqué qu'il préférerait que le gouvernement soit dirigé par Mitterrand lui-même et non par Pierre Mendès France, Waldeck Rochet demande combien il y aura de ministres communistes dans l'exécutif provisoire :

François Mitterrand : « Au moins un. »

Waldeck Rochet (surpris) : « C'est peu, tout de même. »

François Mitterrand : « Écoutez, il y a vingt ans que vous êtes absents des affaires du pays. Il faut que les Français s'habituent à vous revoir au gouvernement... »

François Billoux : « Si je comprends bien, vous voulez obtenir notre soutien en nous octroyant un secrétariat d'État, les PTT, par exemple. »

Waldeck Rochet (facétieux) : « Pourquoi pas de ministre communiste du tout ? »

François Mitterrand : « L'importance de votre participation, il faudra voir cela plus tard. Aujourd'hui, la situation est exceptionnelle et il s'agit d'un gouvernement provisoire. »

Waldeck Rochet : « N'oubliez pas que notre parti s'appuie sur 25 % des Français et qu'ils ont droit à une forte représentation. »

Les communistes ne ferment pas complètement la porte. Mieux, ils semblent prêtss à entériner, même si c'est la mort dans l'âme, la solution Mendès. Mais Mitterrand, lui, commence à se demander s'il n'a pas commis une erreur en lançant le nom de l'ancien président du Conseil.

Le 29 mai, alors que Charles de Gaulle, qui a brusquement quitté Paris, paraît démuni, prêt à se démettre, Mendès et Mitterrand se retrouvent au domicile de Georges Dayan. Ils parlent de la composition d'un gouvernement de transition. P. M. F. soutient qu'il faut l'ouvrir aux « forces vives des usines et des universités », c'est-à-dire à la fraction raisonnable du gauchisme ; le député de la Nièvre s'emploie à le convaincre que les communistes n'accepteront jamais. L'ancien président du Conseil passe outre, et dans une déclaration qu'il a faite à la presse, quelques heures plus tard, il dit qu'il ne faudra pas exclure les hommes de Mai. Du coup, la position du PC se durcit davantage. Dans l'éditorial qu'il écrit pour *L'Humanité,* René Andrieu assure que, pour le Parti, il n'est pas question « de trouver un homme providentiel ni de constituer un gouvernement de salut public où la droite offrirait ses bons offices ».

Maintenant, François Mitterrand est saisi par le doute. « Il aurait fallu que le PC mette tout son poids dans la balance », confie-t-il alors à Claude Estier. Et il ajoute : « Ses réticences ont laissé à de Gaulle le temps de se ressaisir. Sans doute est-il déjà trop tard[1]. » Tout, pourtant, semble encore possible, le 29 mai. La France est au fond du gouffre. Et quand Pierre Mendès France déclare gravement : « Je ne refuserai pas les responsabilités qui pourraient m'être confiées par toute la gauche réunie », il est pris au sérieux.

Mais voilà, le lendemain, c'est un autre vent qui souffle. Georges Dayan, qui est allé tâter le pouls de la province, dans sa circonscription du Gard, en revient alarmé. Il a encore en tête la harangue d'un paysan socialiste qui a vu le compte rendu de la conférence de presse de Mitterrand à la télévision : « Pour qui se prend-il, votre ami ? C'est le Führer, ma parole. » Et les députés de la FGDS l'entendront souvent, ce refrain : c'est que la présentation télévisée de sa déclaration a été « travaillée ». Grâce à un savant montage, il apparaît, comme il l'écrira dans *Ma part de vérité,* « sous les traits d'un apprenti dictateur, mal rasé, fanatique, menton levé et bras tendus à la manière de… ».

Finalement, en voulant combler le vide et proposer un gouvernement de rechange, François Mitterrand n'a fait qu'affoler davantage les villages, les bourgs et les sous-préfectures. Il a fait frissonner le petit peuple des concierges, des boutiquiers et des chefs de bureau, tous ceux qui redoutent que la gauche ne leur retire cette petite parcelle de pouvoir dont ils croient disposer. Il a surtout alarmé la grande masse des nantis qui se met toujours au créneau, et tire à vue dès que ses privilèges sont menacés.

C'est à cette France-là que s'adresse Charles de Gaulle (retour de Baden-Baden où il a conféré avec le général Massu), le 30 mai, à 16 h 30, avec une autorité retrouvée. Il annonce l'ajournement du référendum et l'organisation d'élections législatives anticipées. Une déclaration choc. Elle redonne confiance à ses troupes qui manifestent, en fin d'après-midi, dans plusieurs villes de province et à Paris surtout où un million de personnes défilent de la Concorde à l'Étoile, sous la conduite de Michel Debré, André

1. Réflexion rapportée par Claude Estier dans *Journal d'un fédéré,* Fayard, p. 235. Ce livre, qui fourmille d'anecdotes et de documents, est une source précieuse d'informations sur la FGDS, de 1965 à 1969.

Malraux et Alexandre Sanguinetti. Une marée humaine, avec des drapeaux tricolores, des rosettes de la Légion d'honneur et des bérets basques. Et quelques slogans, au hasard : « De Gaulle n'est pas seul... » « Mitterrand, c'est raté... » « Mitterrand, fous-le-camp... » « Mitterrand au poteau... »

Le député de la Nièvre, abattu, n'a plus qu'à s'écarter. Il le fait, mais après avoir déclaré : « La voix que nous venons d'entendre, elle vient de loin dans notre histoire. C'est la voix du 18 Brumaire, c'est la voix du 2 Décembre, c'est la voix du 13 Mai. C'est celle qui annonce la marche du pouvoir minoritaire et insolent contre le peuple, c'est celle de la dictature. » Bravade outrée. Mais qui est beau joueur quand il a perdu ? Pourquoi Mitterrand accepterait-il de bon gré le fiasco ? Car c'en est un.

C'est que Mai 68 n'a pas seulement été la crise d'une France gaulliste qui marchait allégrement vers la société d'abondance et qui brusquement a vacillé, s'est immobilisée dans une immense grève, pour se remettre ensuite en route. Ce fut aussi la crise d'une gauche officielle dont les appareils, la Fédération de la gauche et le parti communiste, sont sortis fortement ébranlés. Bureaucratiques et assoupis, ils ont ignoré le flux qui s'est déchaîné sans eux, contre eux, et auquel ils n'ont pas su donner leur visage. Lors de cette énorme déflagration, nul n'aurait jamais eu l'idée saugrenue de crier : « Mitterrand, au pouvoir ! » Le député de la Nièvre en a bien sûr tiré la leçon : après cela, il savait qu'il était devenu urgent pour les partis « d'apprendre un nouveau langage s'ils souhaitaient décrypter le code des valeurs dont s'enchantait la jeunesse qui, en voulant changer la vie, avait pris, sur eux, l'avance d'une époque [1] ».

Mais d'abord, il lui fallait survivre. Expliquer qu'il était victime d'un malentendu, et qu'il n'avait pas bafoué la légalité en lançant l'idée d'un gouvernement provisoire.

1. *La Rose au poing*, p. 27.

Tâche difficile. D'autant que la grande terreur qui courait sur la France, a saisi aussi son Morvan.

Candidat de la majorité, le « gaulliste de gauche » Jean-Claude Servan-Schreiber est arrivé dans la troisième circonscription de la Nièvre pour estourbir Mitterrand. Il est soutenu par le cancérologue Georges Mathé qui affirme : « Tout ce que j'ai obtenu, les titres, les succès, les réussites professionnelles, les irradiés yougoslaves sauvés, les leucémiques guéris, tout cela ne me laissera qu'amertume et tristesse, si, me désavouant, moi, le fils de votre terre, l'enfant de Sermages, l'homme du Morvan, vous roulez à l'abîme avec les politiciens au rancart. » Le soir, des commandos du SAC casqués et armés de barres de fer font des raids dans les villages de la région. Un jour, le drapeau tricolore qui est traditionnellement planté sur le clocher de la collégiale à Clamecy, est remplacé par un drapeau rouge. C'est une provocation grossière. Une équipe du PC monte sur la flèche, et remet les choses en place.

Durant la campagne, Mitterrand s'est échiné à expliquer aux Morvandiaux qu'il n'avait rien à voir avec Cohn-Bendit, mais il ne les a pas tous convaincus : sur ses terres, dans cette circonscription dont il connaît tous les recoins et tous les secrets, il doit attendre le second tour, le 30 juin, pour être élu. Quant à la gauche qu'il incarnait, à défaut de la maîtriser, elle enregistre ce jour-là une défaite cuisante. La FGDS a 57 députés au lieu de 118, le PC 33 contre 73. Le salaire de la peur...

Une nouvelle fois, neuf ans après l'Observatoire, il doit quitter la scène. Le voici demi-solde, payé de rancunes et de dédains. A la rentrée parlementaire, des députés socialistes ne veulent pas s'asseoir à côté de lui. En juillet, Gaston Defferre qui l'avait chaudement félicité après sa conférence de presse du 28 mai lui demande d'abandonner la présidence de la Fédération. « Il faudra attendre comme tout le monde jusqu'à l'automne », répond-il. Désormais, le nom de François Mitterrand paraît s'écrire avec un point final.

Point final ? A la journaliste Michèle Cotta venue le voir rue Guynemer, il dit alors, rêveur et pénétré : « Oui, je suis aujourd'hui l'homme le plus haï de France. Cela me donne, n'est-ce pas, une petite chance d'être un jour le plus aimé. »

5. Opération résurrection

Surpris par Mai 68 puis par le raz de marée UDR au Parlement, Mitterrand l'a été aussi par l'empressement qu'ont mis ses amis d'hier à le proscrire. Après la déroute électorale du 30 juin 1968, les appareils rouillés de la SFIO et du parti radical savent qu'ils peuvent lui régler son compte : des hommes comme Arthur Notebart, député du Nord, ne le saluent même plus. Il est trop compromettant. Et si le bureau de la FGDS, réuni le 4 juillet, dit dans un communiqué : « Le renforcement de l'unité de la Fédération est plus que jamais nécessaire en vue de constituer dans les délais les plus rapides le parti de la démocratie socialiste », c'est que, justement, le vieux rêve s'est évanoui : tout le monde s'apprête à reprendre sa liberté.

Lorsqu'une nuit d'août les chars soviétiques entrent en Tchécoslovaquie pour mettre fin à l'expérience d'Alexandre Dubcek, Mitterrand paraît bel et bien liquidé, fini. En quelques heures, tous les efforts déployés par les communistes français pour rassurer la France libérale sont anéantis, et une vieile cicatrice s'est ouverte à nouveau à gauche, béante. Même s'il n'y est pour rien, même s'il a désapprouvé, mais pas condamné, l'intervention militaire de l'URSS à Prague, le PCF est voué à en subir le contrecoup. L'élan unitaire aussi, qui s'est brisé.

Que dit alors Mitterrand, de sa demi-retraite ? L'essentiel ou à peu près : après avoir condamné « sans réserve » l'invasion soviétique (« contraire à la morale, au droit commun, aux intérêts évidents du socialisme dans le monde »), il déclare que « ce tragique événement souligne la nécessité où se trouve notre pays de hâter l'avènement d'une France indépendante, seul moyen de contenir puis d'éliminer la domination des deux empires qui assurent actuellement la police du monde[1] ». Mais c'est un homme délaissé par les siens qui le dit, un politicien dévalué. Sa voix, sans écho, se perd. Mitterrand bivouaque sur une plaine vide.

Et maintenant, la curée. Le 7 novembre, Mitterrand fait ses adieux à la Fédération. Au comité exécutif réuni pour la dernière fois, après qu'il a lu une courte déclaration où il fait des vœux pour que le parti socialiste « poursuive et réalise ses objectifs essentiels », (« Il y parviendra s'il reste fidèle aux principes que nous avons ensemble définis et si les organisations et les personnes qui en prendront l'initiative l'ouvrent largement, sans réticence et sans procédure inutile à la génération nouvelle »), pas un applaudissement, rien. Le silence. Seuls, Pierre Mauroy et Robert Fabre, gênés, viennent lui serrer la main en sortant. A son ami l'avocat Robert Badinter, Mitterrand, pas très clairvoyant ce jour-là, souffle : « On la regrettera, la Fédération. » Mais non...

Ulcéré mais pas accablé — l'est-il jamais ? —, François Mitterrand prend le large. Il se mure dans sa propriété du Vieux Boucau et, entre deux marches dans les Landes, au bord de l'océan, il lit, médite, écrit des pages vives, colorées, qu'il polit ou affûte : son prochain livre.

Ce n'est pas tout. Il multiplie aussi les réunions publiques : à Quimper, à Caen, à Nice, devant les foules compactes qui viennent l'applaudir, il peut constater qu'il garde, malgré tout, une certaine audience. Aussi, quand Charles de Gaulle abandonne le pouvoir après son référendum raté sur la régionalisation, le 27 avril 1969, Mitterrand peut croire qu'il refera surface et reconstituera, une nouvelle fois, l'unité sur son nom à l'élection présidentielle.

Mais la direction de la SFIO est décidée à lui barrer la route, coûte que coûte. Le 28 avril, les communistes font savoir à Mitterrand qu'ils souhaitent sa candidature. Dans

1. *Le Monde,* 23 août 1968.

le même temps, Guy Mollet dépêche des émissaires au PC : le parti socialiste, expliquent-ils, opposent un veto à la candidature du député de la Nièvre. Aussitôt, la Convention, qui a été prévenue de la démarche, réagit en proposant que « les formations politiques de la gauche se concertent immédiatement dans le cadre d'une réunion commune » pour mettre au point de grandes options et désigner un candidat unique à l'Élysée. Peine perdue...

A la même heure, devant le bureau politique de la SFIO, Guy Mollet ébauche le portrait du candidat parfait, un portrait où tout le monde reconnaît Christian Pineau, ministre des Affaires étrangères au moment de l'affaire de Suez, homme sans couleur et sans lustre que tout le monde aime bien, cité Malesherbes. Pourquoi le maire d'Arras propose-t-il Pineau pour porter les couleurs de son parti à l'élection présidentielle ? Parce qu'il veut laisser la voie libre au président du Sénat, Alain Poher, et à la « troisième force » qui s'enfle dans son sillage ? Sans doute. Parce que, conscient de la fragilité du courant centriste, il nourrit secrètement l'espoir d'être le candidat unique de la gauche et veut, avec un candidat potiche, garder les coudées franches jusqu'au dernier moment ? Peut-être. Si machiavélien qu'on le croie, l'ancien président du Conseil l'est plus encore. Il est homme à mener de front deux stratégies contradictoires pour voir laquelle est la bonne. L'essentiel, n'est-ce pas, est d'abattre le régime en place. La solution Pineau lui permet au moins d'attendre, et de laisser les choses se décanter.

Seulement voilà : le 29 avril, Gaston Defferre se lance dans la bataille sans crier gare. Defferre, c'est l'apostat, pour Mollet. Mais il est populaire dans le parti et il n'est pas douteux que les militants socialistes préféreront l'investir, lui, plutôt que le candidat falot du secrétaire général. Guy Mollet, pris de court, dit à son entourage : « Si Defferre est désigné, je me retire. » Cela fait déjà quelques mois qu'il annonce sa retraite mais, cette fois, il a l'air sérieux.

Gaston Defferre expliquera plus tard sa candidature par sa volonté de faire abdiquer Mollet : « En me présentant, dit-il, je savais que je n'avais aucune chance. Oh ! certes, je ne pensais pas recevoir la gifle que le corps électoral m'a infligée. Mais mon objectif, en avançant ma candidature, était avant tout de faire sauter Mollet du secrétariat général[1]. » Possible.

Le 4 mai, le congrès du parti socialiste donne l'investiture à Gaston Defferre et non à Alain Savary, candidat unitaire de dernière heure, soutenu par Guy Mollet. Sa désignation est faite sans discussion préalable avec les autres partis de gauche, unilatéralement. Dès lors, plus question d'Union de la gauche : le PSU aligne Michel Rocard et le PC Jacques Duclos. La gauche a, encore une fois, l'allure d'une pétaudière.

Quand il évoque ces heures difficiles pour la gauche et pour lui — Alain Savary n'a-t-il pas risqué de devenir, à sa place, l'homme de l'Union de la gauche ? —, François Mitterrand note, acide : « Jamais la gauche n'avait été aussi près de s'entendre sur une politique et sur un homme qu'en ce matin du 28 avril, lendemain du référendum. Mais un petit groupe d'hommes de brigue et d'intrigue prit la responsabilité de briser les espérances populaires[2]. »

Interprétation fallacieuse : Si Guy Mollet et les siens refusent alors de renouveler avec le leader de la Convention l'opération de 1965, ce n'est pas seulement parce qu'ils ont accumulé contre lui de solides rancunes, et qu'ils veulent l'empêcher de refaire surface. C'est aussi parce qu'ils cherchent le meilleur moyen de battre Georges Pompidou et que, contre l'ancien Premier ministre, François Mitterrand ne paraît pas avoir la moindre chance.

Les sondages le confirment, cruellement. A la question : « Supposez que vous ayez à choisir entre les trois candidats suivants, pour lequel voteriez-vous[3] ? », les Français répondent : Pompidou, 42 % ; Poher, 40 % ; Mitterrand, 18 %. Calomnié, dévalué, frappé de plein fouet par la déroute de Mai avant de l'être à nouveau par le drame de Prague, le député de la Nièvre paraît hors jeu. Le parti

1. Entretien de l'auteur avec Gaston Defferre, juin 1975.
2. *Ma part de vérité.*
3. Sondage *le Figaro*-SOFRES, 8 mai 1969.

communiste aussi, dira-t-on : au début de la campagne, les instituts de sondage révèlent que 11 % seulement des électeurs se disent prêts à voter pour Jacques Duclos. Quelques semaines plus tard, ils seront près du double à déposer dans l'urne un bulletin au nom du candidat du PCF.

Mais alors, tandis que le courant se détourne de la gauche et de ses partis, vaisseaux à la dérive, la vague qui porte Alain Poher grandit chaque jour, Gaston Defferre ne croit pas un seul instant qu'il peut l'emporter. Il veut simplement obtenir plus de voix que le PC et changer ainsi le rapport de forces entre socialistes et communistes. Avec Pierre Mendès France qui sera son Premier ministre, s'il est élu, il relance l'opération qu'il a ratée en 1965. Pas question pour lui d'unité de la gauche, encore moins de réconciliation entre le PC et le parti socialiste. La « démocratie socialiste » qu'il prône, sans messianisme, il faut qu'elle ne doive rien au parti communiste. Son projet, en fait, n'a rien à voir avec ce que François Mitterrand défend depuis sa campagne présidentielle : c'est une stratégie « social-démocrate » contre une stratégie « Union de la gauche ».

Le candidat socialiste, en tout cas, n'est pas parvenu à ensorceler le centre qui se croit doté d'un homme « providentiel » — en fait ce sera celui de Pompidou —, Alain Poher. Ni même à conserver l'électorat de la FGDS. Le 1er juin, Gaston Defferre obtient 5,01 % des voix et Jacques Duclos 21,52 %. Au parti socialiste, c'est l'effarement, l'accablement, la débandade. Tous les adeptes de la « troisième force », de Max Lejeune à André Chandernagor, accusent le coup. La « vieille maison » est sérieusement ébranlée. Pierre Mauroy, secrétaire général adjoint du parti, en est le vrai patron depuis le départ de Guy Mollet (« Débrouille-toi », lui avait dit ce dernier après la désignation de Defferre). Écoutons-le raconter la nuit de la défaite : « La salle où Gaston recevait ses invités était presque vide. J'étais un des seuls responsables politiques à être venu le saluer. Il était à bout, comme hébété, et répétait à la cantonade : “ Oh, j'ai l'habitude, je fais des courses de bateau. Là, on gagne ou on perd. Bah ! ce coup-ci, j'ai perdu, voilà tout. " J'avais le sentiment d'assister à la fin de quelque chose[1]. »

Ce qui expirait, ce soir-là ? Les vestiges « centristes » de socialistes qui, comme Gaston Defferre précisément, allaient se livrer à une spectaculaire reconversion politique et lorgner en direction de l'homme seul de Château-Chinon.

Que reste-t-il à faire, dès lors? Survivre, d'abord. Reconstruire la gauche, ensuite. Et qui, mieux que Mitterrand, peut assumer cette charge ? L'effondrement du parti socialiste, c'est finalement son triomphe à lui. La « vieille maison » est presque vide : Mollet est parti en ronchonnant, Defferre est dévalué, Savary inconnu et Mauroy ne songe déjà qu'à remettre ce parti socialiste moribond entre les mains du député de la Nièvre.

Mitterrand le sait. Après s'être tu d'un bout à l'autre de la campagne présidentielle, le voici qui resurgit pour entamer un tour de France. Il y prêche « la réconciliation et le rassemblement à la base » des démocrates socialistes. Dans les préaux d'école, dans les salles de fêtes, dans les théâtres, partout, il va porter la bonne parole. Quelques jours après le second tour de l'élection présidentielle, il publie aussi *Ma part de vérité,* ouvrage où il définit ses objectifs politiques et où, sur fond de morceaux de bravoure et de méditations mélancoliques, il se fait l'artisan de sa propre légende.

Le personnage prend corps. Le Mitterrand de 1969 était encore perçu par l'ensemble de l'opinion (et même par un grand nombre de ses partisans) comme un politicien insaisissable, mystérieux, incompréhensible. Avec savoir-faire, il a, dans *Ma part de vérité,* cherché à donner un autre visage de lui-même. La silhouette qu'il s'est modelée dans ses entretiens avec le journaliste Alain Duhamel, est panachée : « quarante-huitarde », comme en 1965, mais moins bavarde ; « démocrate », toujours, mais autogestionnaire ; « romantique », oui, mais réaliste.

1. Entretien de l'auteur avec Pierre Mauroy, avril 1974.

C'est un nouveau Mitterrand qui commence à apparaître, le Mitterrand d'Épinay, du « Programme commun », du renouveau socialiste. Il reste un ancien ministre centre gauche de la IVe République avec les pieds dans la glaise et de la paille plein les sabots, bref un homme de terroir. Mais il devient aussi un socialiste. Un socialiste qui a assimilé quelques leçons de Mai 68 et qui écrit que la gauche a été surprise par le mouvement étudiant — et qu'il « accepte sa part de responsabilité ». Un socialiste qui cite René Char : « Ce qui vient au monde pour ne rien troubler ne mérite ni égards ni patience. »

A Alain Duhamel qui lui demande : « Qu'est-ce que la gauche ? », François Mitterrand répond par une manière d'autocritique : « J'ai pensé qu'il était possible d'obtenir de la société capitaliste qu'elle se réformât elle-même [...]. Mais à force de la regarder sans la voir, j'ai fini par rencontrer une certaine vérité. » Et, en guise de conclusion : « La gauche, c'est le socialisme maintenant. »

« Maintenant »... Par ce mot, il concède — comment pourrait-il le nier ? — que sa conversion est récente. Mais cela ne l'empêche pas de se présenter en homme capable de réveiller ce socialisme qui s'éteint à petit feu dans les décombres de la SFIO. Il le fait en consacrant à lui-même et avec une bonne plume l'essentiel de l'ouvrage. Pour la première fois, depuis longtemps, un homme politique se raconte en détail. C'est un genre dans lequel Mitterrand excelle. En attendant *La Paille et le Grain*, le plus accompli dans le genre, il y a déjà une petite flamme qui court tout au long de *Ma part de vérité* que l'auteur commence en chantant « les rencontres et les apaisements du cœur au rythme d'une province dont les quatre saisons allaient au pas de notre vieux cheval », et qu'il achève en exaltant l'alpinisme, « le grand vent de l'effort, la halte de l'amitié, l'unité de l'esprit ».

Il faut encore ajouter que, politiquement, Mitterrand prend une nouvelle densité avec *Ma part de vérité*. Sa « doctrine » affleure. D'abord, il se prononce clairement pour l'appropriation collective des grands moyens de production, et préconise ainsi de nationaliser l'armement, l'espace, les produits pharmaceutiques, l'énergie, l'informatique, les aciers spéciaux, les banques d'affaires, etc. Ensuite, il déclare que l'autogestion est un « objectif désirable », une « donnée de la réalité prévisible ».

En même temps que son langage, son comportement politique se durcit (« Quand je dis gauche, écrit-il, je dis socialisme. La gauche libérale rejoint de trop près le capitalisme et représente une politique que je souhaite combattre »). S'il préconise l'unité socialiste qui, seule, peut rééquilibrer une gauche occupée avant tout par le PC, s'il continue à lancer des appels aux « démocrates sincères », il n'a pas pour objectif de reconstituer la Fédération de la gauche. Au sein de la Convention, il soutient d'ailleurs sa gauche (Claude Estier, Pierre Joxe, etc.), favorable à l'unification de la CIR avec les seuls socialistes contre ses « droitiers » qui, comme Charles Hernu, prônent un regroupement plus large englobant le parti radical.

François Mitterrand a gardé un mauvais souvenir des radicaux et de leurs hésitations durant l'âge d'or de la FGDS. Et aujourd'hui il se méfie de Jean-Jacques Servan-Schreiber, cet ex-ami passé d'un seul coup du mendésisme au « shreibérisme », J.-J. S.-S. a été chargé en 1969 par Maurice Faure, nouveau président du parti radical, d'organiser le sauvetage d'une formation en perdition. Il a des idées et il sait les présenter avec lyrisme. C'est avec intérêt que Mitterrand lit le « manifeste radical » intitulé *Ciel et Terre,* une coproduction Jean-Jacques Servan-Schreiber et Michel Albert, inspecteur des Finances surdoué. Lors d'une réunion des cadres de la Convention des institutions républicaines à Lyon, le député de la Nièvre aurait même tenu ces propos, rapportés par Louis Mermaz : « C'est un événement politique de première grandeur, la parution de ce manifeste. Il nous faudra travailler avec ces nouveaux radicaux qui apparaissent. »

Il ne faut pas en conclure pour autant que Mitterrand ait adhéré à l'idéologie du manifeste de J.-J. S.-S. Bien au contraire : la critique charpentée qu'il en fait est même assez proche de celle du PSU. Selon lui, en effet, le programme du parti radical « propose le pouvoir et offre une ligne de conduite à la nouvelle bourgeoisie de droit divin pour dominer la société. Certes, comme sa devancière de 1789, la nouvelle bourgeoisie recherche l'adhésion populaire et tend à exprimer ses besoins. Mais elle ne s'identifie pas aux masses, à leurs besoins et à leurs volontés. Il y a dans cette démarche une sorte d'orléanisme pressé d'en finir avec le légitimisme et de libérer les énergies et les compétences d'une classe capable de gouverner et qui le veut. Cela risque de n'être pas suffisant pour répondre aux mouvements profonds de notre époque ». Et de conclure : « Entre cette nouvelle classe bourgeoise et la gauche existera pendant longtemps, au-delà des ambitions concurrentes légitimes et en dépit des finalités différentes, une alliance positive. »

Une alliance ? Pas exactement. Mitterrand sait que, si le parti radical peut apporter à la droite des voix de gauche, il peut aussi apporter à la gauche des voix de droite, toujours bonnes à prendre. Il lui ouvre donc bien grande la porte de l'Union de la gauche. Mais sans trop d'illusions. Il ne s'attend pas, par exemple, que Servan-Schreiber le rejoigne. Surtout depuis un épisode qu'il aime à raconter. Cela s'est passé, paraît-il, durant l'été de 1970, au moment où Jean-Jacques Servan-Schreiber avait décidé, à peine élu à Nancy, de se présenter contre le Premier ministre, Jacques Chaban-Delmas, lors d'une élection législative partielle à Bordeaux. Brigitte Gros, la sœur du directeur de *L'Express,* serait venue voir le député de la Nièvre pour lui transmettre ce message de Jean-Jacques : « Ne nous chamaillons pas. Nous ne sommes pas concurrents. Moi, c'est la présidence de l'Europe qui m'intéresse. Je vous laisse la France. »

La France aime les hommes politiques dès lors qu'ils ont l'air d'avoir perdu la partie. Très vite, le grand vaincu de Mai 68 revient en grâce. Alors que sa popularité grandit peu à peu, que son image s'apure aux yeux de l'opinion, le Mitterrand-qui-prêche-dans-toute-la-France-l'Union-de-la-gauche paraît étranger aux intrigues qui s'échafaudent dans l'ombre des appareils de la gauche non communiste. Il ne l'est pas tout à fait, pourtant. Quand il propose, le

8 novembre 1970, l'unification sans délai de la Convention et du parti socialiste, il s'engage dans une opération redoutable : la conquête d'une formation qui lui est étrangère et qui subit encore, bon gré mal gré, l'influence du meilleur tacticien de la politique française, Guy Mollet.

Longtemps auparavant, avant même qu'Alain Savary ne succède à Guy Mollet, François Mitterrand avait confié son dessein au maire d'Arras. Il le fit en février 1969, lors d'un dîner chez lui, avec Mollet, Mauroy et Dayan. Ce soir-là entre la poire et le fromage, Mitterrand dit sans ambages : « Parlons sérieusement. Je crois que la relance du parti socialiste n'a de chance d'aboutir que s'il y a un changement de secrétaire général. » Mollet en reste coi. Depuis quelques mois déjà, il dit qu'il va bientôt prendre sa retraite. Mais il n'admet pas qu'on veuille le pousser dehors. Dans une lettre incendiaire qu'il fait parvenir la semaine suivante au député de la Nièvre, il proteste contre l'injonction et rappelle ses « états de service » pour le socialisme. Après cet incident, Mollet sait à quoi s'en tenir. Il ne peut plus ignorer que Mitterrand a décidé de l'abattre.

Bien qu'il sache d'ordinaire tenir sa langue, François Mitterrand est capable de lâcher parfois, comme ça, de formidables confidences. Pour se compliquer la tâche ? Il n'a pas le goût du suicide. Non : il aime simplement se dévoiler de temps en temps, avec une innocence feinte ou sincère. Une façon, peut-être, de se libérer la conscience avant d'engager l'assaut.

L'assaut ? Le sien sera feutré, souterrain. Pour tout dire, c'est à coups de rendez-vous clandestins et de contacts furtifs que commence le processus qui va le porter à la tête du parti socialiste. Et, curieusement, ce n'est pas Mitterrand qui le déclenche. Ce sont les minoritaires socialistes qui goûtent mal la direction d'Alain Savary, premier secrétaire depuis 1969. Pour des raisons différentes, ils souhaitent tous l'écarter. Si le député de la Nièvre a dévoré ce compagnon de la Libération grain à grain, comme un épi de maïs, en trois jours de congrès d'Épinay, c'est grâce à eux.

Présentons-les. Le premier d'entre eux, homme prudent et patient, va s'employer à rassembler tous les anti-molletistes et tous les anti-savarystes sous la bannière de Mitterrand. Son rôle est capital. C'est Pierre Mauroy, secrétaire national des Jeunesses socialistes sous la IVe République, ancien professeur de collège technique ; il dirige, avec Augustin Laurent, alors maire de Lille, la très puissante fédération du Nord. Il est considéré comme un « droitier ». Sans doute parce qu'il entretient dans son fief des rapports de force avec le PCF. (« Dans le Nord, dit-il, on les aime bien, les communistes. Et on les châtie bien. ») Mais c'est un unitaire et il est séduit — fasciné ? — par le député de la Nièvre. Trop : cela lui a valu la disgrâce de Guy Mollet qui en avait fait son dauphin et qui, au congrès d'Issy-les-Moulineaux (1969), lui préféra finalement Alain Savary. Depuis, il a décidé de prendre sa revanche.

Très vite, il se rapproche de Gaston Defferre, chef de file d'une autre fédération importante du parti, celle des Bouches-du-Rhône. Au départ, le maire de Marseille était assez bien disposé à l'égard d'Alain Savary qui avait combattu, comme lui, la politique algérienne de Lacoste dans le gouvernement Mollet. Dès que Savary avait été porté à la tête du parti, Defferre lui avait rendu visite pour lui tenir à peu près ce langage : « Ou bien tu te débarrasses de Mollet et de ses hommes de main, et je te soutiens. Ou bien tu continues à travailler avec eux, et je te combats. » Savary aurait répondu : « Je ferai les choses en douceur. Donne-moi du temps. Dans six mois, tu auras satisfaction. » Six mois, un an, avaient passé et, à l'automne de 1970, Gaston Defferre avait décidé à son tour de faire tomber Alain Savary.

Troisième homme de l'opération : Gérard Jaquet, grande figure de la Résistance, qui n'a pas excessivement brillé par sa lucidité dans le gouvernement Mollet en 1956. C'est un homme discret, apparemment sans relief, mais il a eu le mérite historique d'être le premier responsable important de la SFIO à se prononcer publiquement pour l'Union de la gauche, à l'aube de la Ve. Partisan de la rénovation du PS, il est proche de Gaston Defferre dont il a soutenu la candidature, contre Mollet, en 1965. Il est également très lié à Pierre Mauroy, « unitaire-moderniste » comme lui. Il est, enfin, du meilleur bien avec François Mitterrand — jusqu'à ce que la double appartenance soit interdite par le parti socialiste, il fut membre du comité directeur de la Convention des institutions républicaines.

Jaquet est l'agent de liaison. Il rencontre souvent le député de la Nièvre, parfois plusieurs fois par semaine, pour lui rendre compte de la manœuvre. Tous les quinze jours environ, les deux hommes font le point avec la " camarilla " (Mauroy, Defferre, Pontillon, Dayan). L'objectif de la conjuration : d'abord, regrouper les mauroyistes et les defferristes ; ensuite, les convaincre que le parti socialiste et la Convention des institutions républicaines doivent fusionner. Mais on ne leur dit pas que l'opération d'unification se fera sous la houlette de François Mitterrand — que les anciens de la SFIO ne prisent guère. On ne leur dit pas non plus que tous les antimolletistes, les unitaires comme les « droitiers », devront se regrouper *in extremis* pour abattre Alain Savary. Bref, on les « mène en bateau »...

Reste maintenant à devenir majoritaire, dans le parti. Le courant novateur et celui de la « vieille maison » sur lesquels s'appuie Alain Savary représentent environ la moitié des mandats. La coalition Defferre-Mauroy nettement moins. Il ne faut pas compter sur les renforts de la Convention pour faire la différence, lors du congrès d'unification. C'est un grand groupuscule, rien de plus.

L'appoint, en fait, se trouve entre les mains de trois hommes : Jean-Pierre Chevènement, ancien élève de l'ENA, l'œil vif, l'ironie grinçante et l'ambition robuste ; Didier Motchane, « énarque » lui aussi, théoricien parfois pénétrant, mais esprit agité ; Georges Sarre, enfin, syndicaliste FO des Postes et organisateur-né. Ce sont les « gauchistes » du PS. Ils dirigent le CERES[1], petit laboratoire d'idées qui essaime à travers la France socialiste. Après avoir commencé leur carrière sous le parrainage de Guy

1. Centre d'études, de recherches et d'éducation socialistes.

Mollet qui reste le président d'honneur de leur club, ils se sont détachés du « molletisme » et s'en prennent maintenant avec véhémence, dans leurs discours, à la « socialmédiocratie[1] ». « Tel qu'il est, le parti socialiste n'est pas viable », dit un jour, non sans raison, Jean-Pierre Chevènement. A la suite de cette déclaration, ses relations avec Alain Savary se dégradent brusquement. Au point que le premier secrétaire se décide à prendre des sanctions : quelques semaines avant le congrès d'unification, il désigne une commission d'enquête qui, vraisemblablement, dissoudra la place forte du CERES, la fédération de Paris.

C'est le moment que choisit le tandem Mauroy-Jaquet pour tendre la main au CERES qui, évidemment, la prend. Tout est en place, alors, pour l'opération. Tout, sauf les motions que la « camarilla » présentera au congrès d'Épinay. L'une, signée par Louis Mermaz et Robert Pontillon, sera d'inspiration très unitaire. L'autre, présentée par les fédérations du Nord et des Bouches-du-Rhône, sera assez nettement « droitière ». A l'évidence, elles sont politiquement contradictoires.

Seulement voilà : ce sont les mêmes hommes qui ont rédigé le même jour les deux motions. Confectionnées entre autres par Jaquet et Fajardie, elles portent chacune la griffe de Mitterrand qui les a soigneusement relues et amendées. On est là dans un des sommets de la « cuisine » politicienne : les conjurés cherchent à marquer les différences entre les deux textes, pour que leur manœuvre n'apparaisse pas. Mais point trop, pour que la conciliation reste possible. Et au dernier moment, ils se rendent compte qu'ils ont laissé passer la même phrase dans les motions...

On peut évidemment se demander pourquoi François Mitterrand et ses alliés usent de tant de machiavélisme contre Alain Savary qui, lui, en est notoirement dépourvu. Leur attitude est d'autant plus surprenante que leur ligne politique est, à quelques détails près, la même que celle du premier secrétaire. Même si leurs troupes ne le sont pas

1. C'est le titre d'un pamphlet brillant mais léger, écrit par Jean-Pierre Chevènement et Didier Motchane sous le pseudonyme de Jacques Mandrin.

encore, ils sont tous acquis, bon gré mal gré, à l'Union de la gauche. Au surplus, Savary a entrepris de rénover — n'est-ce pas ce qu'ils souhaitent ? — le vieux parti. Il a changé les hommes. Pas tous. Mais enfin, derrière lui, avec Jean-Pierre Cot, Jacques-Antoine Gau ou Dominique Taddéi, une génération neuve se lève. La moitié des fédérations portent à leur tête un nouveau secrétaire.

Où sont les failles alors ? D'abord, Alain Savary accomplit sa tâche avec une trop grande discrétion, presque en catimini. Avec son style « pépère » et consciencieux, il ne sait faire vibrer d'enthousiasme ni une foule ni même un groupe de militants. Ensuite, pour mener à bien la mue du parti, il s'appuie sur... Guy Mollet. Bien sûr, il compte l'écarter quand il pourra. Question de patience. Mais pour l'heure, il est là. Ernest Cazelles, homme de confiance du maire d'Arras, est toujours au poste clef de l'appareil, le secrétariat aux fédérations. Et tous les soirs, en sortant de son bureau de la cité Malesherbes, il va rendre compte de sa journée à Mollet.

C'est seulement contre Mollet et ses hommes (Cazelles, Fuzier, etc.) qu'en ont Mauroy et Defferre. Mais pour ce qui concerne Mitterrand, on ne peut en dire autant. Il a sans doute aussi un compte à régler avec Alain Savary. C'est que Savary est l'un des rares socialistes à être sorti les mains propres de la IVe République : en 1956, on l'a vu, il a démissionné de son secrétariat d'État pour protester contre la politique algérienne de Guy Mollet. Mitterrand, lui, est resté.

Mitterrand a-t-il souffert d'être mal aimé par l'intelligentsia qui, à cause de ses erreurs sur l'Algérie, lui préféra longtemps d'autres hommes de gauche, Pierre Mendès France ou Alain Savary ? C'est l'évidence, même s'il le dément. Mais P. M. F. lui a toujours fourni sa caution et l'a parfois même « couvert ». Ce n'est pas le cas d'Alain Savary qui nourrissait à son encontre les mêmes préventions que la « gauche nouvelle ». Lors de l'affaire de l'Observatoire, il s'est ostensiblement tenu à distance de Mitterrand. Fondateur du PSA (Parti socialiste autonome) avec Édouard Depreux et quelques autres, il fut de ceux qui étaient le plus résolument contre l'adhésion du président de l'UDSR à leur formation. De quoi laisser quelques traces, tout de même.

Elles n'ont pas été effacées par le temps : Mitterrand n'a apparemment pas de considération pour Alain Savary qu'il qualifie alors volontiers de « rêveur ». Cela, Savary le sait. Ce qu'il ne sait pas, c'est qu'un complot est ourdi contre lui. Quelques jours encore avant le congrès d'Épinay, une douce sérénité est, comme à l'ordinaire, peinte sur son visage.

Alain Savary ne se doute de rien. Écoutons sa version : « Je fonctionnais sur l'hypothèse d'un accord avec Mitterrand puisque nous étions sur la même longueur d'ondes, politiquement. Quand je le rencontrais lors des réunions préparatoires, il ne me paraissait pas avoir de hautes prétentions. Un jour, quand je lui demandai d'accepter d'être au moins membre du bureau exécutif du parti, il m'a répondu qu'il verrait[1]. »

Il aurait pourtant dû s'inquiéter, Savary. Surtout après avoir cherché — en vain, bien sûr — à faire signer sa motion par François Mitterrand. Une semaine durant, il s'emploie à joindre au téléphone le député de la Nièvre, à son domicile, à l'Assemblée nationale. Pas de réponse. Rien. Mais quand Mollet ou Cazelles, fines mouches, le préviennent qu'il doit se tenir sur ses gardes, il continue de hausser les épaules. Pourquoi donc serait-il menacé ? Logiquement, en effet, l'hypothèse d'un ralliement de Gaston Defferre, social-démocrate déclaré, à François Mitterrand, pionnier de l'Union de la gauche, paraît complètement absurde. Apparemment, le député de la Nièvre ne peut avoir de majorité au congrès.

Erreur... Du 11 au 13 juin, un vent de fronde va souffler dans la salle des sports d'Épinay-sur-Seine où sont rassemblés les 3 000 congressistes du nouveau parti. C'est d'abord une petite brise, à peine perceptible : elle enflera d'heure en heure, jusqu'à la tornade finale.

Tout de suite, une bataille décisive s'engage sur le mode de désignation de la direction du parti. D'un côté, la « majorité » du PS, derrière Savary et Mollet. De l'autre,

1. Entretien d'Alain Savary avec l'auteur, juin 1972.

les « minorités » avec, en renfort, les « conventionnels » de François Mitterrand. Alors que les savarystes proposent un type de scrutin proportionnel modulé et bâtard (pour dégager, disent-ils, une majorité de gouvernement ; pour écarter, en fait, toutes les minorités), les autres préconisent la proportionnelle intégrale (parce que, affirment-ils, toutes les tendances doivent être représentées au comité directeur). Le congrès s'enfonce alors dans une logorrhée d'arguties, de sophismes. Mais si le débat qui se déroule est dérisoire et assommant, il lève le voile sur la lutte sans merci qui oppose Alain Savary et François Mitterrand.

Tout le monde ou presque comprend, ce samedi-là, qu'il n'y a pas de place pour les deux hommes à la direction du parti, et que le congrès devra en écarter un. D'entrée de jeu, l'avantage est au député de la Nièvre. Alain Savary, surpris, a été désarçonné à la première estocade : la proportionnelle intégrale est adoptée et la coalition Mitterrand-Defferre-Mauroy-Chevènement obtient la majorité des sièges au comité directeur. Dès lors, tout s'accélère. Dans la nuit du samedi au dimanche, dans un hôtel de Montmorency, une longue réunion jette les bases d'une majorité de rechange : autour de Mitterrand, ce soir-là, Defferre, Mauroy, Chevènement, Motchane, Joxe, Dayan et quelques autres préparent en secret l'offensive finale et déjà l'après-congrès...

Le dimanche, avec son intervention, Mitterrand marque encore quelques points. C'est un beau discours dans la tradition vétuste et colorée des caciques de la SFIO qui ont toujours cherché à compenser leur pratique quotidienne « pragmatique » par de grandes envolées révolutionnaires. Les bras jetés en avant, la voix rauque, le député de la Nièvre dénonce avec force le capitalisme : « Celui qu'il faut déloger, c'est le monopole [...], c'est l'argent qui tue, qui achète, qui ruine, qui pourrit jusqu'à la conscience des hommes. » Et il jette son nouveau mot de passe qui fleure bon le marxisme : « Notre base, c'est le front de classe. »

Le congrès est subjugué. La comparaison est effrayante pour Guy Mollet que les militants entendent ensuite stigmatiser platement l'hydre capitaliste et déclarer froidement, en visionnaire hors du coup : « C'est la marche au fascisme qui s'annonce et pas seulement en France. » Le courant ne passe plus, pour la première fois. Le maire d'Arras a l'air d'ânonner une vieille litanie. Il devient très difficile, en l'écoutant débiter son homélie, d'oublier que, sous son règne, le parti socialiste est tombé en ruine ; qu'avec lui, le socialisme, devenu un recueil de mots démodés, est entré dans le musée de l'Histoire. Un climat d'hallali rôde dans la salle : nombre de militants socialistes se décident à en finir avec lui, une fois pour toutes. Mitterrand se propose de le remplacer ? Va pour Mitterrand...

En fait, c'est en voulant terrasser Guy Mollet que le congrès a foudroyé, au passage, Alain Savary, son allié. Tout le monde aimait bien le premier secrétaire du parti socialiste au fond. Que lui reprochait-on, au juste, sinon de n'avoir pas su réveiller cette Belle au Bois dormant qu'était la gauche socialiste, et de s'appuyer sur Mollet ? Pour le reste, c'est-à-dire l'essentiel (la ligne politique), rien ne le séparait de la coalition qui le combattait. Comme l'a noté très justement l'historien Jacques Julliard, « de même que la Grande-Bretagne et les États-Unis sont deux pays séparés par une langue commune, savarystes et mitterrandistes sont deux tendances divisées par une commune orientation : l'alliance à gauche, la recherche prioritaire d'une entente avec le parti communiste [1] ».

C'est pourquoi on ne trouvera dans ce congrès nul écho de débat politique. Au contraire : sous le voile des discours et des effets de tribune, ce n'est qu'un grouillement de règlements de comptes cauteleux et de coups fourrés. Les mitterrandistes, sur ce point, ne sont pas en reste. Mais quoi, si Savary est dénué de ruse, Mollet n'est pas un modèle de candeur politique, loin de là. A la commission des résolutions, juste avant le vote des motions, dernier acte de ce ballet que fut Épinay, il faillit d'ailleurs porter le coup fatal en faisant cette proposition au député de la Nièvre : « Vous êtes comme nous pour l'Union de la gauche, n'est-ce pas ? Eh bien, signez un texte unitaire avec nous. Le Nord et les Bouches-du-Rhône se débrouilleront de leur côté. »

1. *Le Nouvel Observateur*, 21 juin 1971.

C'est une proposition de bon sens. Sans arguments, embarrassé, François Mitterrand se contente de répondre : « Non, je ne signerai pas. — Ce n'est pas logique ! », fait Mollet. Alors, Mitterrand : « Le problème est de changer le parti. Pas de faire des opérations de style. » Langage peu convaincant. De retour dans la salle du congrès, le député de la Nièvre se rend compte que le congrès est en train de basculer. « Unité ! Unité ! », scandent les délégués. Il reprend la situation en main au dernier moment quand il propose avec Defferre une motion de synthèse à Savary qui la refuse. Le « diviseur », maintenant, c'est le premier secrétaire sortant.

Tout n'est pas encore gagné, pourtant. Quelques minutes avant le vote final, les mitterrandistes redoutent un retournement d'Augustin Laurent. Voilà le dernier atout des savarystes. Guy Mollet peut encore faire jouer les sentiments et convaincre le maire de Lille, qui tient (avec Mauroy) la fédération du Nord, de voter pour Alain Savary. Entre ces deux potentats de la SFIO, il y a des années de souvenirs, de complicités. Augustin Laurent risque de « flancher ». S'il s'en va, c'est Mauroy qui détiendra les mandats. Plus de risque. On pousse donc « Augustin » à rentrer chez lui, et il se laisse convaincre. Avant de s'en retourner à Lille, il dit à Mauroy : « Allez, ça va, Pierre, j'ai compris. Tu prends les commandes de la fédé. Moi, je rentre. Il faut que je me rendre à un enterrement tôt demain matin. » Gaston Defferre le raccompagne jusqu'à sa voiture (« J'avais peur qu'il revienne », explique-t-il). *Exit* Laurent.

Par 43 926 mandats, François Mitterrand, soutenu par les « droitiers » comme par les « gauchistes » du parti, l'emporte sur le premier secrétaire sortant appuyé par Mollet, Poperen et quelques novateurs (41 757 mandats). « L'homme providentiel », adossé sur des courants disparates, symbole aussi du renouveau dans l'opinion, a donc battu le réformateur rigoureux et réservé. L'enfant de Jarnac a réussi un beau coup. Le vendredi 11 juin, il n'avait pas sa carte du parti et siégeait encore au banc des non-inscrits à l'Assemblée nationale. Le mercredi suivant, il est élu premier secrétaire du PS et emménage avec son équipe dans le bureaux de la cité Malesherbes.

Que tous les moyens employés par le mitterrandistes pour déloger Alain Savary de la cité Malesherbes n'aient pas été absolument irréprochables, c'est l'évidence. L'opération de Mitterrand a-t-elle été médiocre pour autant ? On peut apprécier de cent manières, pour la plupart féroces, son entrée au parti socialiste. On peut stigmatiser sa duplicité. On peut dénoncer ses mauvais tours. Mais ce qu'il ne faut pas perdre de vue, c'est que, si l'on excepte Savary et Poperen, le député de la Nièvre avait en face de lui, à Épinay, la « vieille garde » la plus rance de l'ex-SFIO avec Guy Mollet, Arthur Notebart, etc.

Il est à peu près certain que, sans stratagèmes, il ne serait pas venu à bout des potentats « historiques » du socialisme français. D'où son amertume, devant tous ceux (assez nombreux, à gauche) qui font la fine bouche, après le congrès. A Marcelle Padovani, journaliste politique au *Nouvel Observateur,* il adresse cette lettre frémissante, le 21 juin : « “ Main basse sur la cité ” donne bien le ton des articles que *Le Nouvel Observateur* consacre au congrès d'Épinay et à ses suites. On imagine le brigand que je suis, homme de jeu face à l'homme de rigueur, le vice face à la vertu, accomplissant son hold-up. “ Comment, en trois jours, François Mitterrand a conquis la direction du parti socialiste ” : êtes-vous sûre que ce soit là la vérité historique, que trois jours pouvaient suffire à qui que ce soit, que tout ait commencé l'autre vendredi, cette année, il y a même deux ans ? Il est vraiment commode de s'en tenir aux caricatures. Peut-être n'ai-je pas montré assez de “ rigueur ” en luttant comme je l'ai fait depuis 1958, peut-être suis-je l'image de l'opportunisme en portant avec moi l'héritage de la IVe République que j'ai servie sous Mendès France et Guy Mollet, tandis que d'autres, sinon les mêmes, poussaient l'habitude jusqu'à servir aussi la Ve, ou ne la combattaient qu'à l'abri de partis endormis. Peut-être ai-je oublié de rester à Londres ou à Alger tandis que je m'évadais d'Allemagne et que je rentrais de Londres dans la France occupée ? » Et il conclut : « Ce préambule traduit un peu de lassitude devant l'excès d'une sourde critique, qui me blesse. Pardonnez-le. »

Blessé, Mitterrand ? Il l'est face à une partie de la gauche qui se voile la face ou se détourne de lui avec haut-le-cœur. Il l'est devant les sarcasmes qui fusent d'un peu partout. Il l'est peut-être plus encore par le scepticisme assez général qui accueille son arrivée, cité Malesherbes : apparemment, les Français n'en ont cure. Lui ou un autre...

Plus que le climat de coup d'État qui a plané sur Épinay, c'est sans doute la composition hétéroclite de la nouvelle direction qui a choqué. Voilà qui a tout l'air d'une combinaison, voilà qui rappelle irrésistiblement les alliances contre nature de la IVe République : le social-centrisme d'André Chandernagor voisine avec le « techno-progressisme » de Jean-Pierre Chevènement, le socialisme « rose » de Gaston Defferre avec le marxisme jacobin de Pierre Joxe

On dira qu'en s'appuyant sur les ailes du parti, François Mitterrand n'avait fait que reprendre une méthode de gouvernement employée avant lui par les deux grands chefs de file du socialisme français, Jean Jaurès et Léon Blum. Vrai. Mais au terme d'une carrière politique plutôt chantournée, après pas mal de revirements et une conversion tardive au socialisme, pouvait-il être Jaurès ou Blum ?

6. Le « Programme commun »

Après le congrès d'Épinay, il s'en est fallu de peu que François Mitterrand ne soit pas premier secrétaire du parti socialiste : en principe, le poste devait revenir à Pierre Mauroy. A la vérité, le député de la Nièvre n'était pas alléché par la perspective de devenir l'*apparatchik* numéro un. Il doutait, non sans raison, de ses capacités de chef de parti, si accoutumé qu'il est à chahuter ses emplois du temps, pour lire ou flâner. Il redoutait aussi les assemblées de militants ou de secrétaires fédéraux, avec leurs débats idéologico-procéduriers si caractéristiques de la gauche socialiste française. Bref, il n'était pas sûr d'être à la hauteur — ou assez terre-à-terre ? — et il se serait contenté d'être un leader lointain, inspiré — Blum, en somme (et en toute simplicité). Mieux valait donc que la direction du parti revienne à Pierre Mauroy.

Quand celui-ci, de retour à Lille, annonce la nouvelle, Augustin Laurent sursaute : « Pas question, mon petit. Tu seras mon successeur à la mairie de Lille. Il te faut choisir. » Entre les courées du Nord et les salons de la capitale où il ne se sent jamais à l'aise, entre les « chtimis » et les journalistes parisiens à la mode qu'il ne parvient pas à séduire, Pierre Mauroy, socialiste de terroir, ne peut hésiter un moment. Il adresse aussitôt à Mitterrand un télégramme laconique : « Le premier dans le parti doit être le premier secrétaire. »

Et voilà le « premier dans le parti » catapulté, malgré lui, aux commandes de l'appareil. Pas seul... Au secrétariat national, il s'entoure, dosage oblige, d'une équipe où il compte seulement quelques compagnons des mauvais jours (Claude Estier, Georges Fillioud, Pierre Joxe) au milieu d'une légion d'anciens de la SFIO (Pierre Mauroy, justement, Gérard Jaquet, Charles-Émile Loo, Robert Pontillon, Jean-Pierre Chevènement, Georges Sarre). Curieux état-major en vérité. Comment cet équipage fait d'un Marseillais rigolo (Loo), d'un doctrinaire sévère (Joxe), d'un directeur de société (Pontillon) et d'un énarque gourmé (Chevènement), comment donc a-t-il bien pu coexister sans casser au premier obstacle ? Sans doute parce que tout le monde est d'accord, à quelques nuances près, sur la stratégie de Mitterrand pour remettre à flot le PS.

Cette stratégie, Mitterrand l'a explicitée souvent, et notamment lors d'une conférence de presse, le 1er juillet 1971 : « Le PS sera présent sur tous les terrains de lutte où se livre un combat contre l'exploitation capitaliste [et] s'efforcera de traduire en termes politiques la prépondérance de fait des salariés dans la nation et le développement du front de classe qui unit les salariés à de larges couches de la paysannerie et aux classes moyennes. » Qu'y a-t-il derrière ce b.a.ba marxiste ? L'intuition que le parti socialiste ne se développe qu'à gauche, la volonté, manifeste, d'aller « marauder » sur les fonds de terre du PC...

Marauder ? Le mot est peut-être faible. Dans un texte fondamental et à coup sûr imprudent — un tacticien avisé peut-il dévoiler, à ce point, son objectif ? —, le premier secrétaire du PS a même dit sans ambages qu'il entendait faire main basse sur une partie de l'électorat communiste. Il l'a dit à Vienne, en Autriche, devant les chefs de la social-démocratie européenne, Pietro Nenni, Bruno Pittermann, Harold Wilson, etc., au congrès de l'Internationale socialiste, le 28 juin 1972.

« Lorsque, dit Mitterrand à Vienne, presque trente ans après 1936, le PS apparaît moins puissant que le PC pour défendre les intérêts légitimes des travailleurs, il faut refaire un grand parti socialiste français. Il faut être présent. Il faut que, dans un pays comme la France, le PS retrouve son authenticité auprès des masses. »

Comment compte-t-il s'y prendre ? Le développement qui suit ramasse, en quelques lignes, toutes les circonvolutions oratoires auxquelles il a pu se livrer autour du sujet : « Notre objectif fondamental, c'est de refaire un grand parti socialiste sur le terrain occupé par le PC lui-même, afin de faire la démonstration que, sur les cinq millions d'électeurs communistes, trois millions peuvent voter socialiste. » Il précise, ensuite, qu'en développant avec le PC « l'affrontement sur le terrain par l'analyse et l'action », le parti socialiste pourra reconstituer le « bloc historique » de la gauche en échappant au *leadership* communiste. Bref, il ne ruse pas : s'il faut s'en tenir aux mots, Mitterrand, retournant une célèbre formule, annonce *in fine* que son parti compte « plumer » dans les prochaines années, « la volaille » communiste.

Il n'est évidemment pas fortuit que François Mitterrand ait attendu la signature du « Programme commun », paraphé le même jour, quelques heures plus tôt, pour se trahir ainsi. A ce moment-là, l'accord était scellé, le devoir accompli — en un mot, le PCF était amarré, et pour longtemps, à son parti.

La réaction du parti communiste, par *Humanité* interposée, ne fut qu'un haussement d'épaules dédaigneux : « Ce vœu [...] nous paraît relever davantage de l'utopie que de la réalité[1]. » Les communistes n'étaient pas glacés d'effroi par le dessein de Mitterrand qu'ils avaient, d'ailleurs, percé depuis le congrès d'Épinay : libre à lui de le trompeter si ça lui chantait. Ils avaient fait, eux, le pari contraire et ils le gagneraient parce que leur parti qui utilise « une méthode scientifique d'analyse et d'action[2] » est dans le sens de l'Histoire. C'est presque mécaniquement qu'ils manifestaient leur agacement devant la volonté du PS de se placer sur leurs possessions.

Certes, durant l'année qui sépare le congrès d'Épinay (juin 1971) et la signature du « Programme commun » (juin 1972), les chefs du PC ont adressé quelques bons coups de

1. 30 juin 1972.

2. L'expression qui revient souvent dans les textes du PCF se retrouve notamment dans le rapport Kanapa pour le XXIIe Congrès (1976).

griffe aux socialistes. Roland Leroy est même allé jusqu'à déclarer que l'état-major du PS, qui refuse d'abandonner la politique de collaboration de classe, est un obstacle à l'union populaire.

Mais les admonestations communistes ont visé la direction du PS et non le parti dans son ensemble. Le PCF fait, alors, de l'antimitterrandisme, pas de l'antisocialisme — pas encore. A l'évidence, il a la nostalgie d'Alain Savary, socialiste « rassurant » avec lequel on sait où l'on va, et qu'il aimerait tant voir revenir à la tête du parti socialiste.

Mais dans ses tentatives pour ébranler l'autorité de Mitterrand, le parti communiste n'est pas toujours très heureux. Un cas. Le 16 mars 1972, lors d'une conférence de presse, Georges Pompidou annonce son référendum sur l'entrée de la Grande-Bretagne dans le Marché commun, qui était conçu pour casser la gauche, mais qui cassera, en fait, sa crédibilité personnelle. Aussitôt, Georges Marchais échafaude une opération rocambolesque qui paraît sortie de la tête d'une sorte de Graham Greene politiqueur. On ne doit pas négliger l'hypothèse qu'elle ait eu pour objectif de discréditer Mitterrand auprès de sa direction — on a même du mal à imaginer une autre explication. Marchais demande à voir Mitterrand, en voyage en Israël. « D'urgence, à titre personnel, dans le plus grand secret. » Rendez-vous est pris pour le 20 mars, à 9 h 30. Le premier secrétaire est intrigué. Il avait coutume de rencontrer souvent, et très discrètement, Waldeck Rochet, qui était pour lui davantage qu'une relation politique : un coéquipier, un ami. Mais Marchais…

La rencontre « privée » a lieu dans un des quartiers cossus de Paris, 4, rue Saint-Louis-en-l'Isle, dans la maison de l'avocat communiste Charles Lederman, au cinquième étage, dans la chambre de bonne très exactement. Dès que Mitterrand arrive, Marchais en ferme la porte à clef. Ce que lui dit alors le secrétaire général adjoint du PC ? Qu'*a priori* son parti incline à préconiser le « non » au référendum de Pompidou. Le premier secrétaire du PS lui explique que les socialistes penchent, eux, pour l'abstention. « Il faut qu'on se mette d'accord », dit Marchais. Soudain, on frappe. Marchais ouvre, prend dans l'entrebâillement le plateau de cafés chauds que lui tend Mme Lederman et donne à nouveau un tour de clef. En buvant, les deux hommes poursuivent leur discussion, mais rien d'important ne se dit pendant l'entretien qui dure une heure et quart. Au point qu'en sortant Mitterrand se demande ce que pouvait bien lui vouloir Georges Marchais.

Le 22 mars, il peut être fixé. Alors que la vingtaine de participants de la rencontre au sommet PC-PS s'assoient autour de deux grandes tables ovales, place du Colonel-Fabien, Georges Marchais dit, en ouvrant le débat : « Bon, Mitterrand, on s'est mis d'accord lors de notre rencontre de lundi, plus de problème entre nous ? » Réponse de Mitterrand, désarçonné : « Je vous ai exposé, le 20 mars, la position de notre parti en faveur de l'abstention. Vous m'aviez cependant spécifié que cette rencontre devait rester secrète. »

Mais Mitterrand n'est pas tombé dans le traquenard que lui a, semble-t-il, tendu le secrétaire général adjoint du PC. Sans doute pour mettre au jour son « penchant » pour l'intrigue, les conciliabules, les rendez-vous clandestins, et le déconsidérer ainsi auprès des principaux chefs du PS. Depuis l'affaire de l'Observatoire, le député de la Nièvre a appris à prendre des précautions. Avant de se rendre à la rencontre avec Marchais, il avait mis dans la confidence à peu près tout l'état-major du PS (Mauroy, Defferre, Estier, Joxe, etc.). La manœuvre a échoué.

Voilà pour le niveau de l'Union, en ce printemps un peu frais de 1972. Quant à son contenu, il est tout aussi consternant et c'est avec deux mots d'ordre différents que la gauche affronte le premier et le dernier référendum de Georges Pompidou, le 23 avril : les uns appellent les « démocrates et les patriotes » à voter « non » ; les autres demandent aux Français de s'abstenir. Le piège présidentiel est donc refermé.

Pourtant, c'est seulement quelques semaines plus tard qu'est signé le « Programme commun de gouvernement ». Tout s'est fait très — trop ? — vite : en deux mois exactement. Le 27 avril, les délégations du PC et du PS se rencontraient pour mettre sur pied des groupes de travail.

Le 27 juin, elles avalisaient un texte de quatre-vingt-dix pages, compromis entre les héritiers de Cachin et de Blum, cinquante-deux ans après le congrès de Tours.

Pourquoi tant de célérité ? Depuis le manifeste de Champigny de Waldeck Rochet (1968), le PCF lance périodiquement des appels au PS pour qu'il prépare avec lui un programme commun. Il lui permettrait, plus que tout accord électoral, de sortir du ghetto dans lequel il est confiné depuis 1947 : en signant le même texte que lui, le PS lui apporterait un label « démocratique ». Il est prêt, pour cela, à de larges concessions.

Même chose pour Mitterrand et son état-major — pas pour les mêmes raisons, on s'en doute. Certes, le député de la Nièvre n'était pas, dès son arrivée à la direction du PS, impatient d'entamer la négociation avec les communistes. C'est qu'il fallait continuer, après Alain Savary, de ravaler la façade, bien branlante, du vieux parti socialiste. C'est qu'il fallait aussi lui donner une charpente idéologique — et ce fut un programme d'inspiration autogestionnaire (avec un beau titre : « Changer la vie ») qui aurait pu, à quelques nuances (de sensibilité) près, être signé par la CFDT. Mais après cela, Mitterrand était décidé, malgré les apparences à conclure un accord avec les communistes. Pourquoi ? Notamment parce que le PS recevrait, alors, la caution d'un parti dit « révolutionnaire » et retrouverait, du coup, la confiance d'une partie de la classe ouvrière. Pour Mitterrand, en fait, le « Programme commun » n'est rien d'autre que la clef qui ouvrira aux socialistes de nouvelles terres de conquête. Intuition, on le verra, clairvoyante.

Mais outre leurs motifs propres d'aboutir à un pacte, Mitterrand et Marchais en ont un en commun, qui est manifeste : donner à leur parti un débouché politique. Le PCF, harcelé par les kamikazes du gauchisme dans les entreprises, compte rétablir sa crédibilité auprès de la classe ouvrière en lui offrant la perspective d'une participation au pouvoir — on remarquera, au passage, que c'était bien vu : historiquement, l'extrême gauche, qui proliférait depuis Mai 68, s'est brusquement rabougrie, à partir du 27 juin 1972.

Le « parti des travailleurs » était d'une certaine façon

acculé, par la montée des « maos » et des « établis », à signer le « Programme commun ». Mais Mitterrand ? En dépit des apparences, malgré son détachement de composition, le premier secrétaire du PS était tout aussi condamné que Georges Marchais à donner son sceau. Parce qu'il avait exclu toute stratégie de « troisième force », il rompait logiquement, le 19 mai, avec le parti radical de Jean-Jacques Servan-Schreiber. Ce jour-là, aux amabilités de J.-J. S.-S. (« Mon cher François »...) il coupait, dans un claquement de mâchoires : « Il s'agit pour nous, Jean-Jacques, d'entraîner le centrisme vers la gauche. Vous, vous voulez le contraire. » En fermant comme prévu à son parti la voie « centriste », il ne lui laissait pas d'autre solution que l'alliance avec les communistes.

Contraint de pactiser avec le PCF, Mitterrand l'était aussi, par la force des choses, de transiger. Qu'a-t-il cédé, au juste ? Inutile de mettre les concessions socialistes sur le compte des négociateurs du PS (Mauroy, Jaquet, Joxe, Chevènement, Bérégovoy, etc.). Ils étaient tous sous l'autorité de leur premier secrétaire qui, conscient de sa responsabilité historique, conduisait lui-même les opérations en coulisses. Les « capitulations » du PS dans le « Programme commun », en fait, ce sont les siennes.

Et il y en a. Mais ce qui est sûr, c'est que, dans l'ensemble, Mitterrand n'a pas plié. D'abord il est intraitable en ce qui concerne les institutions. Là, pas question de lâcher prise. On ne négligera pas, dans cette attitude, sa prédilection pour ces questions. Il est homme à porter davantage intérêt à la suppression de l'article 16 qu'à la réforme de la politique du crédit. Et il est capable de parler d'un texte constitutionnel avec la même passion que Victor Hugo de la France — on l'a vu, dans *Le Coup d'État permanent.*

Mais on ne peut manquer de relever que, durant toute la négociation, Mitterrand cherche avant tout à dresser des garde-fous constitutionnels contre le PC — et notamment contre sa propension à soutenir les gouvernements tout en ébranlant leurs fondations. Les exemples du Front populaire avec Léon Blum et de l'après-Libération avec Paul Ramadier sont, à cet égard, éloquents, et Mitterrand les a médités. A Pierre Joxe, chargé de négocier le chapitre des institutions avec les communistes et venu prendre les consignes, il dit, en mai : « Dans une alliance, on est toujours à la merci du partenaire. Pas d'échappatoire. » Il en a trouvé une, pourtant.

Le PC demande qu'en cas de rupture du contrat de législature entre socialistes et communistes, constatée par l'adoption d'une motion de censure, la dissolution de l'Assemblée nationale soit automatique. Son arrière-pensée tombe sous le sens : le parti communiste pourrait mettre fin à l'Union de la gauche et retourner devant ses électeurs à l'heure qu'il choisirait ; il pourrait également peser d'un poids décisif avant toutes les décisions en laissant planer, chaque fois, la menace de se désolidariser du gouvernement.

Mitterrand est contre l'automatisme de la dissolution : pour lui, en cas de désaveu du gouvernement par l'Assemblée nationale, le chef de l'État doit pouvoir nommer un nouveau Premier ministre qui posera aussitôt la question de confiance devant le Parlement. L'arrière-pensée, là aussi, tombe sous le sens : en cas de défection du PCF, le PS pourrait alors le mettre devant ses responsabilités et changer, à l'extrême limite, de majorité. Les communistes ont compris, par Pierre Joxe interposé, que Mitterrand n'entendait pas céder sur ce point. Il a eu gain de cause. Et ce gain n'était pas dérisoire, loin de là : dans cet immense labyrinthe qu'est le « Programme commun », le député de la Nièvre s'est ainsi ménagé une sortie de secours. La seule...

Sur la politique étrangère ou la Défense nationale, le PS tient bon, sur l'essentiel. C'est en fait sur le chapitre économique, où la négociation est conduite, côté PS, par Jean-Pierre Chevènement, que les socialistes fléchissent un peu les genoux.

Il est vrai que les questions économiques, en ce temps-là, le député de la Nièvre n'y entend guère, et s'en soucie moins encore — ce qui changera bientôt, heureusement. Il est vrai aussi que l'économiste numéro un du PCF, André Jourdain, a une vision bureaucratique, pour tout dire « soviétique » de l'économie — par bonheur, il sera

« remplacé » peu après. Il est vrai enfin que si les socialistes ont cru bon de transiger, sur le plan économique, c'est après quelques concessions importantes du PCF en matière de diplomatie ou de politique militaire. Tout cela est vrai.

Il reste que, pris à la lettre, le « Programme commun » peut faire évoluer la France vers un type d'économie administrative, comme celui que l'URSS cherche, précisément, à corriger. C'est un risque. Il s'est sérieusement estompé, plus tard, avec la nouvelle sensibilité (moins centralisatrice et relativement plus « autogestionnaire ») des communistes français. En 1972, il était grand...

Mitterrand l'a senti. Il s'est même laissé obnubiler, semble-t-il, par la question, assez secondaire finalement, des nationalisations. Pour lui, d'ailleurs, Pierre Mauroy, chargé « d'écluser » les dernières difficultés de la négociation avec Roland Leroy, alors « bras droit » de Georges Marchais, avant la pavane finale du 26-27 juin, a trop composé et accepté plus de nationalisations qu'il n'en fallait. C'est, en tout cas, ce qu'il pense sur le coup. Et il le gourmande alors assez vertement.

Écoutons Pierre Mauroy : « Pour François Mitterrand, les négociateurs socialistes devaient être des soldats aux avant-postes, prêts à se faire tuer plutôt que de céder du terrain. Seulement, les communistes avaient des pages et des pages de nationalisations à nous proposer ! Pour qu'ils cèdent sur la force de frappe ou sur l'Europe, nous en avons donc accepté neuf dans le secteur industriel[1]. Donnant, donnant. Mais en allant rendre compte des résultats de nos pourparlers à François Mitterrand, j'avoue que je n'en menais pas large. J'étais content, pourtant : l'essentiel, n'est-ce pas, était d'avoir abouti à un compromis[2]. »

Le 26 juin au soir, malgré l'accord Mauroy-Leroy, le climat est assez tendu entre socialistes et communistes, au

1. Elles demeureront dans la version finale du « Programme commun » : Dassault, Roussel-Uclaf, Rhône-Poulenc, ITT France, Thomson-Brandt, Honeywell-Bull, Pechiney-Ugine-Kuhlmann, Saint-Gobain-Pont-à-Mousson, Compagnie générale d'Électricité.

2. Entretien de Pierre Mauroy avec l'auteur, décembre 1975.

cinquième étage du siège du PCF, place du Colonel-Fabien, où se déroule la négociation finale du « Programme commun ». D'un côté, Marchais, Leroy, Laurent, Ansart, Kanapa, etc. ; de l'autre, Mitterrand, Mauroy, Defferre, Estier, Joxe, Chevènement, etc. Les hommes qui sont face à face autour de la même table, cette nuit-là, ont le sentiment d'être les acteurs d'un événement historique. Et l'Histoire, ça impressionne toujours. Même Mitterrand.

A 22 h 15, après le dîner offert par la direction du PC, François Mitterrand avec son regard le plus appuyé et sa voix sombre des grandes occasions, met tout de suite en pièces l'accord qui prévoit de nationaliser, outre les neuf groupes industriels, une partie du secteur sidérurgique : « C'est trop pour la sensibilité de l'électorat socialiste qui ne l'acceptera pas sans de grandes difficultés. C'est trop pour notre économie qui court le risque de la bureaucratisation : dans un environnement européen et capitaliste, ce serait dangereux. Bref, c'est trop pour une première étape. »

Alors, Marchais : « Je ne peux retenir l'argument électoral. L'essentiel, pour nous, doit être de mettre sur pied un programme crédible, et de se donner les moyens de le réaliser. Pour cela, il faut procéder à un certain nombre de nationalisations. Où voyez-vous de la bureaucratisation là-dedans ? »

Gaston Defferre, avec ses gros sabots et son bon sens qui ne l'est pas moins, se lance ensuite dans une critique assez virulente des propositions communistes (et aussi du « Programme » dans son ensemble) : « Pour n'importe quel observateur extérieur, ce programme est vieux. Nous ne sommes plus en 1936, figurez-vous ! Les nouvelles générations attendent quelque chose de neuf de nous. Le PS l'apporte avec l'autogestion. Le PC n'en veut pas. Bon. Mais que propose-t-il à la place ? Rien, sinon des recettes éculées comme l'étatisation des transports maritimes ou des chantiers navals. Des activités qui, comme vous le savez sûrement, sont déficitaires... » En face, les visages se ferment. Mitterrand en rajoute : « Quant à l'étatisation de la sidérurgie, elle ne se justifie aucunement. »

Georges Marchais, abasourdi : « Vous revenez en

arrière ! Vous remettez en question les discussions précédentes ! Mais vous voulez notre chemise, ma parole ! »

Mitterrand : « Écoutez, sur les nationalisations, vous pourrez toujours faire de la surenchère après. Nous, les socialistes, nous sommes des gens sérieux, soucieux de lier nationalisation, autogestion et politique économique. Vous, vous serez toujours tentés par le débordement. »

Ce coup-ci, Marchais s'étouffe. Plus indigné que jamais, il répond que son parti est toujours loyal. Il acceptera, cependant, de transiger[1]. C'est un des moments dont les témoins ont gardé un souvenir très dense. Ce n'est pas le seul. On ne peut d'ailleurs pas résumer la nuit du 26-27 juin à cette petite passe d'armes au cours de laquelle le secrétaire général du PCF fut, une fois de plus, froissé par l'ironie sèche et cassante de François Mitterrand. En d'autres occasions, c'est Georges Marchais, fidèle à son personnage, goguenard, sémillant et spontané, qui mène la danse. Et il arrive aussi à Mitterrand de se faire tout à coup grave, voire solennel. Ainsi quand il s'inscrit en faux contre les conceptions des communistes en matière d'indépendance nationale. Le PC demande-t-il que la destruction des stocks atomiques et le départ de la France de l'Alliance atlantique soient inscrits dans le « Programme commun » ? « Je ne prendrai jamais la responsabilité historique, dit le premier secrétaire du PS au terme d'une envolée véhémente, de laisser la France désarmée dans un monde qui ne l'est pas. » Là encore, le PC cédera (« Allez, nous accepterons le pari », dit Marchais).

Vient la question des NMPP (Nouvelles Messageries de la presse parisienne), filiale d'Hachette, qui a le monopole de fait de la distribution des journaux en France. Lors des négociations préparatoires, le PC avait demandé la nationalisation d'Hachette. Mitterrand est contre. Il redoute, à tort ou à raison, que le groupe de presse de la maison Hachette ne tombe, en cas de nationalisation, sous l'influence dominante du PC.

1. Le « Programme commun » ne parle pas de nationalisation de la sidérurgie ou du pétrole, mais simplement de « prises de participation financière pouvant aller jusqu'à des participations majoritaires. »

Pour la négociation finale, le PC ne propose plus que l'étatisation des seules Messageries. Mitterrand est également contre : « Impossible, tranche-t-il. La grande presse hurlera et dira que la gauche au pouvoir mettra la main sur elle ! » Sans doute Mitterrand songe-t-il qu'elle n'aurait pas tort, la grande presse. Mais il ne le dit pas. Et là aussi, Georges Marchais finira par s'incliner : le « Programme commun » indiquera, dans sa version définitive, que « le statut des NMPP sera modifié de manière à les soustraire à l'emprise du groupe Hachette et à assurer des garanties démocratiques à la distribution de la presse ». Pas question de nationalisation.

Sur la plupart des litiges qui l'opposent au PS, le PC a finalement lâché prise. Le voici acquis à l'alternance, au Marché commun, à l'Alliance atlantique, etc. Reste l'autogestion. Après toutes les concessions des communistes, les socialistes ne vont-ils pas accepter de la remiser au grenier des utopies inutiles ? On peut se le demander. D'autant plus que François Mitterrand n'a pas été saisi, comme d'autres chrétiens venus à la gauche, par la mystique autogestionnaire. Il est même intraitable devant ce qu'on peut appeler le « totémisme » d'une fraction non négligeable de socialistes, qui, dans son parti comme à la CFDT, ont tendance à penser qu'il suffit de décréter un beau matin le contrôle des travailleurs partout, jusque dans la plus petite métairie, pour retrouver alors le Paradis perdu. Quelques années plus tard, au PS, les hommes les plus proches de Mitterrand (Mermaz, Joxe, Poperen, etc.) se colletteront d'ailleurs volontiers — pour son compte ? — avec les chefs de file du courant autogestionnaire du parti (Rocard, Martinet, Chapuis, etc.).

Comme souvent avec lui, les apparences sont trompeuses : François Mitterrand appartient, en fait, à la catégorie des socialistes autogestionnaires. Pourquoi ? Parce qu'il pense que si les salariés n'interviennent pas dans les affaires économiques (dans la gestion de leur entreprise mais aussi dans l'élaboration de la planification), l'État socialiste s'ankylosera très vite pour sombrer dans le social-technocratisme. Dans une interview très éclairante qu'il accorde à ce moment-là à Roger Priouret pour le mensuel

L'Expansion[1], Mitterrand déclare d'ailleurs qu'après avoir abattu la domination économique du capitalisme, il faudra « ne pas oublier de poser, face au nouveau pouvoir économique, des garanties et des limitations pour éviter la renaissance d'une autre forme de domination ». L'autogestion, en somme, est l'antidote de la « soviétisation » qui menace la société socialiste.

Dans *La Rose au poing*[2], livre dans lequel Mitterrand survole à très vive allure les grands problèmes du moment et qu'il a d'évidence écrit pour faire le point sur lui-même, juste après la signature du « Programme commun », il est plus net encore dans cet appel en faveur de l'autogestion qui conclut son ouvrage : « Parti unique, bureaustructure, plan étatique, pensée dogmatique, voilà ce que les socialistes abominent [...]. Mais l'autogestion ne se décrète pas. Elle s'inscrit dans une évolution qui tend à l'abolition du salariat et à l'extinction des luttes de classes. Aspiration de nature et de portée révolutionnaires, elle n'a pas encore rencontré les structures qui feront d'elle une réalité. Raison de plus pour avancer. »

Durant la nuit du 26-27 juin, malgré les renonciations de Georges Marchais, François Mitterrand n'a donc rien lâché sur la question de l'autogestion — mot qui, à l'époque, fait frémir les communistes et pas mal de socialistes. Et c'est la seule divergence qui demeure dans la version finale du « Programme commun » : « L'intervention des travailleurs dans la gestion et la direction de l'entreprise prendra des formes nouvelles — que le PS inscrit dans la perspective de l'autogestion et le PCF dans le développement permanent de la gestion démocratique. »

Ne feignons pas de croire que, cette nuit-là, Georges Marchais ait cédé tout, et François Mitterrand rien. Ce n'est pas si simple. Le « Programme commun » alourdit, plus que ne l'auraient voulu les socialistes, les dépenses de l'État. Mais il est probable que, dans la négociation, ils n'aient pas voulu paraître moins « sociaux » que les communistes...

1. Numéro de juillet-août 1972.
2. Flammarion.

Au surplus, le « Programme commun » risque de remettre en question la logique de l'économie de marché, alors que, jusqu'à présent, le PS n'a jamais préconisé son démantèlement. Un observateur honnête qui n'est pas un adversaire acharné de François Mitterrand, loin de là (n'a-t-il pas appelé à voter pour lui, en 1974 ?), n'a pas hésité à écrire qu'en cas d'application du « Programme commun », « les entreprises privées et même les entreprises concurrentielles auraient perdu le choix de leur ligne de développement dans la mesure où leurs moyens d'investir leur seraient donnés, d'une part, par les hommes politiques, les techniciens et les syndicalistes qui feraient le Plan, et d'autre part, par des banquiers bridés par des instructions rigides[1] ».

Allons donc, dira Mitterrand. Pour l'application du « Programme commun », expliquera-t-il, tout dépendra du rapport de forces (syndicales, militantes, idéologiques, électorales) à gauche. Tout dépendra aussi des aspirations des Français qui, communistes en tête, refuseront toujours la perspective d'une « société de caserne ». Rien à craindre donc.

C'est le pari de Mitterrand, et il peut le gagner. C'est que le « Programme commun » qui fourmille d'approximations plus ou moins démagogiques et de vœux pieux (du genre : « une attention spéciale sera apportée à la modernisation de la pêche maritime artisanale ») n'est pas un document excessivement contraignant. Il sera ce que sera la gauche — et ce qu'elle en fera.

François Mitterrand est donc content, comme soulagé, le 27 juin 1972, à 5 heures du matin, lorsque l'accord PC-PS est conclu. Il a certes dû transiger. Mais pas trop. Et la gauche dispose maintenant d'un programme qui définit des perspectives crédibles de changement, et qui oppose la logique socialiste à l'autre, celle du libéralisme économique. Cela valait bien quelques petites concessions.

Autour de lui, pourtant, les critiques fusent. Les uns, comme Max Lejeune, député socialiste de la Somme, de la tendance des anticommunistes thyroïdaux, s'en prennent

1. Roger Priouret, *Les Français mystifiés,* Grasset.

moins au contenu du « Programme commun » qu'à l'alliance qu'il concrétise avec le PCF. Leur départ est reçu comme un soulagement. Les autres, comme Jean-François Revel, éditorialiste à *L'Express* et ancien compagnon de Mitterrand à la FGDS (il fut même candidat aux législatives de 1967, à Neuilly, sous les couleurs de la Fédération), pourfendent, eux, la société « bureaucratique » qui serait esquissée dans le « Programme commun » : cinquante-deux ans après le congrès de Tours, écrit par exemple, Jean-François Revel, « les partisans de Blum se sont alignés sur ceux de Cachin et de Frossard, et le socialisme républicain sur le centralisme bureaucratique ». A quoi Mitterrand répondra, d'évidence blessé : « Revel ne sera pas des nôtres. Dommage[1]. »

Mais très vite, malgré quelques défections sur les lisières du socialisme, une réalité s'impose, que tous les sondages attestent : s'il n'est pas encore un grand parti, le PS dispose, depuis la signature du « Programme commun », d'un électorat croissant. Et d'une influence grandissante aussi. Après avoir pris ouvertement parti pour l'Union de la gauche, *Le Nouvel Observateur* s'engage ainsi à ses côtés tout en préconisant un vaste rassemblement socialiste ouvert à la CFDT et au PSU. La stratégie de François Mitterrand serait-elle donc payante ? Il devient impossible de le contester, le 12 mars, devant les résultats du second tour des élections législatives. Le PCF est toujours le premier parti de la gauche, pour quelques mois encore, mais comme le note Jacques Ozouf[2], « un chiffre met dans une exacte perspective les 19,3 % du PS : aux élections du Front populaire, la SFIO obtenait aussi 19 % ».

Encore les statistiques ne disent-elles pas l'essentiel, c'est-à-dire que le PS allait symboliser toute une nouvelle génération politique avec l'arrivée à l'Assemblée nationale d'hommes comme Louis Besson, Jean-Pierre Chevènement, Jean-Pierre Cot, Raymond Forni, Charles Josselin, Pierre Joxe, Louis Le Pensec, Claude Michel, Alain Vivien, etc. Désormais, Mitterrand

1. *La Paille et le Grain.*
2. *Le Nouvel Observateur,* 13 mars 1973.

a donc à la fois des électeurs et des « notables » neufs, généralement plus militants que leurs aînés. Il ne lui reste plus maintenant qu'à faire un parti socialiste, un vrai, aussi présent dans les entreprises que dans les conseils généraux...

7. Candidat commun

Le 2 avril 1974, à 21 heures, Georges Pompidou s'éteint dans son appartement du quai de Béthune, emporté par une septicémie. Le culte du secret, sacralisé par la Ve République, n'avait pas empêché une sourde rumeur de courir, depuis un an : à regarder le chef de l'État, avec son faciès bouffi, sa démarche empesée, parfois brusquement tassé sur lui-même comme s'il était en proie à une douleur lancinante, à observer aussi son « style » de gouvernement des vingt derniers mois, haché, irritable, il sautait aux yeux que le président était atteint d'une grave affection. La France, confusément, l'avait compris. La plupart des sommités médicales avaient décelé sur lui les symptômes de la maladie de Kälher. Dans la classe politique, tout le monde en parlait.

Tout le monde, sauf Mitterrand. Le 22 mars, dix jours avant la mort du chef de l'État, il nous déclarait alors que le contraire était évident : « Pompidou annule ses rendez-vous ? Et après ? Tout le monde peut avoir des grippes difficiles. Moi aussi. »

A coup sûr, il n'en croyait rien. Mais sa pudeur le fait toujours fermer les yeux, invinciblement, sur le domaine privé des hommes publics. Ce n'est pas qu'il soit magnanime avec ses adversaires politiques, loin de là : dans ses « Bloc-notes » de *L'Unité,* l'hebdomadaire du PS, il a parfois des traits cruels, impitoyables. A la vérité, Mitterrand a simplement le sens des convenances. Georges Pompidou lui en sut gré, d'ailleurs, qui déclara à pas mal de dignitaires du régime, dont Edgar Faure : « Un des seuls qui soient corrects, dans cette affaire, c'est Mitterrand. »

Quand il apprend la disparition de Georges Pompidou, à

la brasserie Lipp où il dîne seul, pour préparer un discours, cet homme « correct » n'est pourtant pas pris au dépourvu. Pas tout à fait. Cela fait déjà longtemps qu'il songe à l'élection présidentielle. Depuis quelques mois, il tentait de redonner au PS — et à lui-même — une « crédibilité économique » qui, d'après lui, manquait aux socialistes. Il avait bûché des manuels et lâchait parfois, ébahi : « Maintenant, je comprends l'économie. » Le 28 août 1973, dans *France-Soir*, il avait même laissé entendre à Alain Strang quel serait son plan de campagne : avoir les mains libres. Le tout maintenant est de les garder déliées. D'où le ballet qu'il va jouer, durant quelques jours, pour échapper aux états-majors parisiens, et qui tient de la partie de cache-cache.

Après la mort de Pompidou, la plupart des chefs de la gauche, de Maire à Marchais, cherchent à le joindre au téléphone. En vain. Il n'est jamais au bout du fil. Mitterrand attend, alors, que les organisations de gauche se prononcent pour lui. Pas question de négocier, avec ses alliés, l'esquisse d'une plate-forme électorale, encore moins d'aller à leur devant en sollicitant leur soutien. Ils doivent venir à lui.

Et ils viennent. D'abord, le bureau national des radicaux de gauche qui préconise sa candidature, parce qu'il « représentera les traditions humanistes et généreuses de la gauche française ». Et aussi le comité central du PCF qui propose une candidature « commune » qui, bien sûr, pourrait être la sienne. Seulement voilà : les communistes souhaitent que sa désignation soit faite, avec solennité, par les trois partis de gauche. Georges Marchais l'écrit, d'ailleurs, dans une lettre qu'il remet, en main propre, à Mitterrand, le 4 avril. L'échange est bref, cinglant. Au secrétaire général du parti communiste qui lui demande d'entamer des « conversations » pour mettre au point un plan de campagne, Mitterrand répond : « Pas question. De toute façon, vous n'avez pas le choix. Soit vous me faites confiance : vous avez alors des chances de gagner votre pari et nous le nôtre. Soit vous ne me faites pas confiance et nous perdons tout. »

C'est Pierre Mauroy qui apporte, le lendemain, la

réponse officielle, poliment évasive, elle, du PS à la missive du PCF. « Comment ? Vous ne répondez pas à ma lettre, s'enquiert Marchais. — Non, fait Mauroy, mais on te remercie. » Alors Marchais : « C'est inadmissible. Nous voulons une réponse tout de suite. »

Chez les communistes, le formalisme a toujours tenu une grande place. Mitterrand et Mauroy décident de satisfaire leur goût du rituel et, peu après, le député-maire de Lille revient place du Colonel-Fabien, porteur d'une lettre qu'il a signée. Après l'avoir lue, Marchais l'observe, lugubre : « Pierre, je ne te sous-estime pas. Mais c'est Marchais qui a écrit à Mitterrand et c'est Mauroy qui répond. Il y a quelque chose qui cloche. — Mitterrand sera bientôt le candidat commun de la gauche, répond Mauroy. Il est déjà virtuellement en congé de notre parti. — C'est intolérable », conclut Marchais. Ce fut, avec les communistes, le premier accroc d'une campagne qui allait en compter peu.

L'affaire est exemplaire. Elle met au jour la désinvolture de Mitterrand avec des alliés déjà très susceptibles. D'entrée de jeu, il n'entend pas s'embarrasser d'eux. A la vérité, il n'entend s'embarrasser de personne. Sauf de la France, pardi…

Le samedi 6 avril, il va la retrouver, comme tous les week-ends, à Château-Chinon. Le matin, en mémoire de Georges Pompidou, il dépose une gerbe devant le monument aux Morts et observe une minute de silence. Ensuite, avec ses conseillers municipaux, il prépare l'organisation des championnats de France cyclistes qui se dérouleront dans sa ville, le 23 juin. Déjeunant avec lui, il nous est impossible de le faire parler de l'élection présidentielle. Il époussette toutes nos interrogations avec agacement, une lueur glacée dans le regard. Tout juste dit-il à l'auteur, comme on donne l'aumône : « Chaban est refait. Il aurait pu être la continuité. Pompidou, qui l'a cassé, aura été le fossoyeur du gaulisme. » Aussitôt, il passe à un autre sujet, anodin.

Toute la journée, il ne se consacre qu'à son Morvan. Le soir, après avoir visité ses chantiers et fait la tournée de quelques communes, il dîne avec les conseillers généraux socialistes de la Nièvre et leur raconte, par le menu, jusqu'à une heure avancée de la nuit, tous ses déboires en avion. Tant de détachement aurait de quoi exaspérer s'il n'était pas faux. Or, il l'est, à l'évidence. Comme tous les anxieux, Mitterrand se met toujours en train au dernier moment. Il prépare son article, son grand discours politique ou sa conférence de presse, à l'ultime instant. Il n'allait donc pas échafauder son plan de campagne alors qu'il n'était même pas officiellement candidat.

Ce jour-là, malgré les apparences, Mitterrand n'est pas impassible ; bien au contraire. Alors que, pour la première fois depuis longtemps, la victoire est à la portée de la gauche, un doute le tenaille à coup sûr, celui de ne pas être à la hauteur. C'est pour oublier ses affres qu'il parle d'abondance de tout, sauf de l'élection, et qu'il traîne à table avec ses élus socialistes.

Il redoute, en fait, de se retrouver face à l'Histoire et tout est bon pour reculer l'échéance. Le Mitterrand écrivain a toujours mille choses à faire avant de s'en aller affronter le blanc de la page à écrire. Le Mitterrand politique a toujours des obligations à remplir — des alibis ? — avant de se lancer enfin dans l'action.

Il y aurait bien sûr une explication proprement politicienne à son attitude : parce qu'il est le meilleur candidat de la gauche, qu'il est donc en position de force, Mitterrand entend imposer toutes ses conditions à ses partenaires. Alors, il feint le détachement pour obtenir « carte blanche » des partis et se lancer sans entraves, comme n'importe quel notable, « sous la pression de ses amis ». Mais l'explication ne peut être suffisante. Il y a aussi la peur et elle perce, parfois. Ainsi, lorsque le 4 avril, dans le bureau de Gaston Defferre, à l'Assemblée nationale, devant Robert Fabre, Maurice Faure et François Loncle, il lâche cette métaphore, tout à fait révélatrice de son état d'esprit : « C'est comme si j'étais au bord du précipice et qu'il fallait que je saute. »

Ce n'est pas un hasard si, le 9 avril, lendemain de l'annonce officielle de sa candidature, il préside le conseil général de la Nièvre. C'est une occasion pour lui de s'étourdir de petites choses de la vie et de perdre de vue, un moment, l'immense mission que lui a confiée la gauche.

Immense ? En effet, cette fois, parce que la droite a volé en éclats, la gauche peut gagner. Jacques Chaban-Delmas, vif-argent du gaullisme, s'est le premier lancé dans la bataille, le 4 avril. Edgar Faure (à qui Mitterrand confiait, quelques semaines plus tôt, lors d'un dîner : « Tu serais le candidat le plus dangereux pour la gauche, mais la droite ne voudra pas de toi, tu verras »), Edgar Faure, donc, après un triste tour de piste, devra laisser la place à Valéry Giscard d'Estaing qui se déclare le 8 avril. Paraît, enfin, le 11 avril, Jean Royer, prophète solennel des boutiquiers et des dames de piété. Bref, dans la majorité, c'est le trop-plein.

Retournement saisissant : en 1965, face à Charles de Gaulle, Mitterrand faisait figure de « diviseur ». Aujourd'hui, face à ses « challengers », c'est lui le « rassembleur ». La cohérence, pour une fois, est à gauche et le désordre à droite. Voilà l'atout, peut-être le seul, mais il est de taille, du candidat « commun »...

Quels sont les handicaps de Mitterrand alors qu'il s'avance paisiblement dans le tohu-bohu électoral ? L'incompétence technique qui caractérise la gauche traditionnelle (et notamment le PS) n'est pas le moindre — surtout à l'heure où la crise, pointant à l'horizon, les Français attendent de leur futur président qu'il ait l'omniscience. Mitterrand, qui fut longtemps marqué par une carence pathologique en matière économique, par indifférence plutôt que par inaptitude, sent tout de suite la faille.

Voici peu encore, il s'abandonnait volontiers, en guise d'analyse économique, à une espèce de logomachie redondante qui emportait tout, les courbes et les chiffres. Désormais, cornaqué par quelques « grosses têtes », il s'appliquera consciencieusement à établir des plans et à contredire, point par point, les prédictions des candidats de la droite.

Aussi, l'état-major de campagne qu'il met en place sur un étage de la tour Montparnasse — une tour qu'il « ne déteste pas » — comporte pas mal de « têtes d'œuf ».

Certes, sa petite « tribu » a toujours la part belle : Georges Dayan, l'ami des jours anciens, dirige le cabinet politique ; Louis Mermaz, le « fils spirituel », coordonne avec Charles Hernu les actions en province ; Georges Fillioud, l'ex-conventionnel est chargé des relations avec la presse aux côtés de Maurice Séveno, l'ancien présentateur du journal télévisé ; Claude Manceron, l'historien-poète, s'occupe des questions culturelles avec Maurice Benassayag ; Pierre Joxe, l'« enfant terrible », des finances de la campagne ; André Rousselet, enfin, l'ancien chef adjoint de cabinet sous la IVe République qui a bien réussi dans les affaires (aux taxis G. 7. notamment), « coordonne » les activités du *brain-trust.* Bref, la confrérie des mitterrandistes — avec aussi Georges Beauchamp et Jean-Claude Colliard — tient en main les principaux leviers de commande. Mais pas tous...

Le Mitterrand de 1974 n'est plus un marginal aux aguets. Il est à nouveau capable, pour la première fois depuis l'avènement de la Ve République, de s'en remettre à des hommes qu'il puise dans d'autres cercles que le sien, parfois sans bien les connaître, pour leurs seules compétences techniques —, on verra là le signe d'une confiance en soi retrouvée : en politique, ce sont d'ordinaire les tempéraments « fragiles » qui ne s'entourent que de « copains » pour se rassurer.

Même dans son équipe strictement politique, tout le monde ne fait pas partie de la « bande » : ainsi Jean-Pierre Cot (groupe des experts) ou Pierre Guidoni (conseil d'analyse politique). Mitterrand fait aussi appel à Claude Perdriel, polytechnicien, directeur général du *Nouvel Observateur* qui prend en charge « la conception et l'animation » de la campagne, c'est-à-dire, en fait sa direction. Autre nouveau venu, dans la « tribu », Joseph Franceschi, député-maire socialiste d'Alfortville, docteur ès sciences politiques, organisateur hors pair et tacticien péremptoire. Il a pour mission de préparer les meetings — et aussi de recruter quelques « gros bras » pour le service d'ordre.

Mais ce qui est le plus nouveau, c'est évidemment l'irruption dans l'état-major de Mitterrand d'une nuée d'« experts » bardés de diplômes qui arrivent, souvent clandestinement, avec leurs dossiers, leurs statistiques et leurs marottes. A leur tête, Jacques Attali, auditeur au Conseil d'État et professeur, qui a conduit les opérations, en matière économique. Mitterrand ne le connaît que depuis le mois de janvier 1974 : lui qui est si long à accorder sa confiance, il l'a déjà investie, en bloc, dans ce surdoué qui sait si bien présenter les idées, les siennes — ou celles des autres...

Jacques Attali est un phénomène : non seulement ce fils d'un parfumeur d'Alger a empilé diplômes et premiers prix (à Sciences-po, à l'École des mines, à l'ENA et à Polytechnique), mais il joue du piano, fort bien, peut réciter des pans entiers du théâtre de Shakespeare, et écrit, le soir, des romans qu'il laisse dans ses tiroirs. Bref, la panoplie du jeune homme surdoué que la gloire saisira tôt ou tard.

C'est lui que Mitterrand envoie en RFA négocier, dans le plus grand secret, avec le secrétaire d'État allemand aux Finances, les conséquences d'une arrivée de la gauche française au pouvoir et demander la garantie du Mark en cas de spéculation contre la France. C'est lui aussi qui coordonne avec Michel Rocard, venu en renfort du PSU où il s'ennuie, et Christian Goux, conjoncturiste, le programme économique du candidat.

Dans l'essaim de hauts fonctionnaires ou d'universitaires qui tourbillonne autour de Mitterrand, en ce printemps-là, tout le monde n'est pas du même acabit que Jacques Attali. Sans doute doit-on dauber sur les ambitions boursouflées qu'exhalaient alors pas mal d'« experts » à gilet rayé — et pas mal de « copains » également — au QG du candidat, à la tour Montparnasse : le pouvoir n'était pas si loin et il attire toujours les lèche-plats. Sans doute doit-on aussi émettre quelques réserves sur « l'expertocratie » qui menaçait la campagne, techniquement au point cette fois, du député de la Nièvre : c'était le revers de la médaille.

Il n'empêche que le « plan économique », établi avec toutes ces « têtes d'œuf », plus ou moins pontifiantes, et présenté par le candidat « commun », le 18 avril, a restitué à la gauche une aptitude qui lui manquait depuis longtemps — depuis l'ère Mendès France exactement — en matière financière. Lors d'une conférence de presse austère à l'extrême, Mitterrand joue les « pères la rigueur », préconise « une politique systématique de revalorisation du Franc », et donne la priorité à la lutte contre l'inflation.

Jusqu'alors, la gauche c'était l'inflation — et, historiquement, l'inflation conduit, à la longue, à la bureaucratie, voire au totalitarisme. A ce sujet, le « Programme commun » de 1972 où les dépenses nouvelles sont très approximativement chiffrées, est, on l'a vu, l'exemple de ce qu'il ne faut pas faire. Deux ans plus tard, Mitterrand doit à coup sûr en avoir conscience : son plan très précis, et qui se garde de toute démagogie, tend à dépasser le « Programme commun », soulignant par exemple qu'à la croissance à tout prix, créatrice d'inflation, il faudra substituer (ô Mansholt !) « une croissance plus consciente ».

La compétence économique a-t-elle changé de camp ? Pas encore, sans doute, mais une évolution s'amorce. C'est en tout cas un « nouveau Mitterrand » qui transparaît, ce 18 avril, « mendésien » et appliqué : le candidat « commun » n'a plus rien à voir avec le « quarante-huitard », lyrique et pétaradant de l'élection présidentielle de 1965. Il ne parvient pourtant pas à supplanter, en crédibilité, le personnage émincé qui distance, de sondage en sondage, Jacques Chaban-Delmas.

Sur quelques murs de France, son nom se détache sur une affiche, comme un défi : « Giscard d'Estaing, un vrai président. » Les autres seraient-ils faux ? Pour ce qui est de Chaban, ça en a tout l'air. Mal à l'aise et maladroit, abandonné par le Premier ministre Pierre Messmer et combattu par Jacques Chirac, ministre de l'Intérieur, le maire de Bordeaux coule à pic. Il est à peu près sûr que Mitterrand n'a pas vu son naufrage sans déplaisir. Au cours d'un duel radiodiffusé sur Europe n° 1, le 17 avril, c'est d'ailleurs courtoisement, avec même une pointe d'attendrissement, qu'il a dominé le candidat de l'UDR, abattu et sans ressources.

A la sortie du studio, tandis que Mitterrand était accaparé par la presse, Chaban s'approche de François de Grossouvre, l'ombre discrète de Mitterrand durant toute la campagne, et lui dit, dans un sourire un peu triste, à peine ébauché : « Vous direz à François que ça m'a fait plaisir de l'entendre parler comme ça de la France. J'espère que tout ira bien pour lui. »

Pour Jacques Chaban-Delmas, en tout cas, tout ira de plus en plus mal. Michel Poniatowski, virtuose de l'insinuation, lui porte le coup fatal, le 21 avril, en soulignant sa « fragilité[1] ». C'est en quelque sorte l'aboutissement de la campagne de calomnies rondement menée — par qui, diable ? — à coups de dizaines de milliers de prospectus qui accusent l'ancien Premier ministre, avec une bassesse rarement égalée depuis *Gringoire*[2], d'avoir, entre autres vilenies, « tué sa seconde femme », « d'être juif » et aussi « homosexuel ». *Exit* Chaban...

Et voilà maintenant Mitterrand et Giscard face à face. Deux semaines avant le premier tour, c'est déjà entre eux que se déroule le débat essentiel. Cet affrontement, cela fait longtemps que le député de la Nièvre en rêvait, secrètement. Mieux, il le souhaitait : avec cet homme de la « droite classique », comme l'a dit justement Olivier Guichard, avec ce nouveau Pinay qui, en estoquant le général de Gaulle au référendum du 27 avril 1969, « ne fit qu'exécuter le verdict prononcé jadis à Vichy », comme l'a écrit un jour Mitterrand, ce serait forcément un beau duel romantique. Le peuple contre la bourgeoisie, en somme. Soit. Mais ce que Mitterrand n'avait sans doute pas mesuré assez, c'est que Giscard allait parler de réformes lui aussi, et qu'avec sa superbe vaguement dédaigneuse, il le dominerait, et de haut, sur les questions économiques. Non pas que Mitterrand soit ignare en la matière — surtout maintenant qu'il a digéré les fiches confectionnées pour lui, et les ouvrages d'économie générale recommandés par le professeur Attali. Mais lorsque Giscard assène des chiffres, même faux, de sa voix altière, les Français ont tendance à

1. Il faut, a-t-il dit, opposer un candidat « sans fragilité » à François Mitterrand.

2. Titre de la feuille d'extrême droite qui se distingua notamment en diffamant le socialiste Roger Salengro qui, en 1936, finit par se suicider.

le croire, lui. Et pas Mitterrand. Une question de ton, sans doute. Valéry Giscard d'Estaing est péremptoire, le candidat « commun » moins assuré. Il n'a pas l'aisance technocratique de V. G. E., ni sa paisible impudence.

Un trait. Lors d'un face-à-face radiodiffusé, Giscard estourbit Mitterrand en rappelant un discours, à l'Assemblée nationale, du député socialiste André Boulloche qui, en matière de TVA, aurait très exactement contredit le candidat « commun ». Il le cite même avec une précision confondante, ce qui est une nouvelle occasion de s'émerveiller sur sa mémoire. Un point pour Giscard donc : sur le coup, Mitterrand est déconfit. Renseignement pris, tout était faux : André Boulloche avait dit le contraire des propos « rappportés » par le ministre des Finances.

Si brillant qu'il soit parfois (c'est tout de même rare) dans ses exposés économiques, François Mitterrand ne se bat pas, sur ce plan-là, à armes égales, avec Valéry Giscard d'Estaing. Ce n'est pas seulement une affaire de vocabulaire ou d'érudition. Pour la France assise, apparemment majoritaire, en ce printemps-là, le ministre des Finances cristallise, avec sa manière d'être, les « capacités » économiques d'une droite qui, de Poincaré à Pinay, a su « gérer », mieux évidemment que la gauche qui, par définition, cherche à « refaire » le pays — même si elle ne le refait jamais. Pour cette France-là, Mitterrand, qui s'est modelé un profil d'homme d'État fait pour les grands vents, est tout sauf un « technicien ». Et comme elle ne discerne pas de tempêtes à l'horizon…

Mais là n'est pas le seul handicap de Mitterrand. Il y a aussi la question du PCF : pour couper court aux couplets traditionnels qui, entre deux apostrophes anticommunistes, le présentent comme l'« otage » du Parti, pour se poser également en maître du jeu, il annonce, le 16 avril, qu'il choisira, s'il est élu, un Premier ministre socialiste. A l'auteur qui lui demandait s'il en avait avisé auparavant les communistes, François Mitterrand répondit alors en confidence : « Non, mais je ne les ai pas pris en traître. Ils ont encore jusqu'à minuit, dernier délai, pour déposer une candidature devant le Conseil constitutionnel. »

Curieuse confidence, sur le mode ironique qui met en

évidence, une fois de plus, sa conception du rôle de candidat — et de président. Mitterrand n'entend pas s'en laisser imposer par ses alliés, ni même parlementer sur quoi que ce soit avec eux. Bien sûr, le PCF s'indigne d'être mis si abruptement devant le fait accompli : Roland Leroy et Paul Laurent s'en vont demander des explications à Pierre Mauroy, le lendemain, au siège du PS : « Pourquoi Mitterrand ne nous a-t-il pas seulement prévenus ? dit Paul Laurent. Figure-toi qu'on en avait discuté avec Georges [Marchais], de cette affaire de Premier ministre, et qu'on pensait comme Mitterrand. On avait décidé que c'est Georges qui l'annoncerait... »

Le courroux du PCF pourtant ne dure pas longtemps. Pour peu que Mitterrand n'éclipse pas le « Programme commun » — même s'il l'avait voulu, ses adversaires l'en auraient empêché —, les communistes acceptent, bon gré mal gré, d'être ses subordonnés. Et même des subordonnés très rassurants. Le 26 avril, Georges Marchais déclare ainsi que les nationalisations prévues par le « Programme commun » ne représentent guère que 1 %, c'est-à-dire pas grand-chose, de l'ensemble des entreprises françaises (« Est-ce la fin du monde ? »). Le 3 mai, le secrétaire général du parti communiste va plus loin encore, en déclarant sur son ton le plus badin : « Pour fixer les idées, et sans entrer dans des détails prématurés, si, par exemple, le gouvernement comptait vingt ou vingt et un ministres, il y en aurait six ou sept communistes. »

Bref, si le candidat « commun » n'obtient que 43 % des suffrages au premier tour, le 5 mai (contre 32 % à Giscard, 15 % à Chaban et 3 % à Royer), les communistes, partenaires modèles, n'y sont pour rien. C'est que la France hésite, tout bonnement. Devant le gouvernement, ou devant l'homme qui l'incarne...

évidence, une fois de plus, [illegible] rôle de candidat — et de président, Mitterrand [illegible] pas s'y laisser [illegible] par [illegible], ni même publiquement sur [illegible] [illegible] sur [illegible] d'être [illegible] [illegible] devant le fait accompli. Roland Leroy [illegible] [illegible] une démarche des communistes à [illegible] [illegible] les [illegible] [illegible] Paul [illegible] avec Georges [illegible] de cette affaire [illegible] et [illegible] [illegible] Mitterrand. On avait décidé que [illegible] [illegible] »

Le [illegible] du PC [illegible] Mitterrand n'ait pas le « Programme commun » — [illegible] avait [illegible] — les communistes [illegible]. Le 26 avril, Georges Marchais [illegible] ainsi [illegible] par le « Programme commun » [illegible] que [illegible] c'est-à-dire pas grand-chose. [illegible] Le 3 mai, le secrétaire général du parti [illegible] encore, en [illegible] le plus [illegible] « Pour [illegible] les [illegible] le [illegible], si [illegible] le gouvernement comptait vingt ou vingt et un ministres, il y en aurait six ou sept communistes. »

[illegible] 15 % [illegible] 20 % [illegible] les communistes [illegible], il y sont [illegible]. C'est que la France [illegible]. Devant le gouvernement [illegible] l'homme qui [illegible].

CINQUIÈME PARTIE

Soixante ans pour faire un homme

1. Quarante-neuf pour cent

Le 5 mai 1974, tandis qu'il écoute les résultats du premier tour à la radio dans la voiture qui le ramène de Château-Chinon à Paris, le rictus de François Mitterrand s'assombrit de chiffre en chiffre. 43 % : il s'attendait à plus. Sa lèvre inférieure, si tranchante et qui trouble tant l'inconscient collectif des Français, s'affaisse à ses deux extrémités — signe chez lui d'une grande lassitude. « Je suis déçu, dit-il à François de Grossouvre qui l'accompagne. Mais si on savait se battre, ça pourrait marcher : après tout, je suis dans la même position que de Gaulle en 1965. »

De Gaulle... Tout est inversé : après s'être frotté au Général, pas toujours avec bonheur et souvent, on l'a vu, avec une acrimonie un brin parricide, Mitterrand fait maintenant sans cesse référence à de Gaulle. Il se l'est annexé. Durant la campagne du premier tour, déjà, il était le seul (mais Chaban n'était plus Chaban...) à retrouver, par éclairs, les grands rythmes gaulliens — pour parler de l'indépendance nationale, de l'aide au tiers monde, et surtout de la France.

« Moi qui n'ai jamais été gaulliste, j'ai toujours refusé d'être anti », a-t-il écrit[1]. S'il le fut pourtant, et même sans s'encombrer de nuances, s'il a combattu du début à la fin le fondateur de la Ve République, il le provoqua trop pour ne pas l'admirer, à moins qu'il ne l'aimât un peu. Un psychanalyste aurait sans doute pu nous éclairer utilement sur ce que Charles de Gaulle signifiait pour lui : dans ce domaine, en tout cas, l'explication strictement politique ne suffit pas.

1. *La Paille et le Grain.*

Est-ce à force de se mesurer à de Gaulle qu'il a fini par lui ressembler vaguement, au moins dans le style ? C'est en s'opposant qu'on se pose : l'immense figure de la France libre était son « faire-valoir » au sens littéral du mot et Mitterrand fut ainsi, onze ans durant, « l'homme-qui-dit-non-à-de-Gaulle ». Leurs univers socioculturels n'étaient cependant pas antinomiques : François Mitterrand aussi était né au milieu de la France catholique, provinciale et cocardière. Il avait également gardé de sa mère, mystique nationaliste comme on en faisait à la fin du siècle dernier, un penchant certain pour Maurice Barrès ou Charles Péguy, auteurs de prédilection du général de Gaulle. En 1965, face au Général qui résumait si bien cette sensibilité-là et devant une gauche qui le mettait à l'épreuve, Mitterrand n'avait osé s'affirmer comme il allait le faire neuf ans plus tard devant Giscard, en multipliant les références à la France.

Dans sa profession de foi du second tour, François Mitterrand écrit, par exemple que « développer le sens et donner les moyens de la responsabilité partout où les hommes vivent et travaillent, défendre la liberté, c'est aussi servir la grandeur de la France ». Il parle, plus loin, d' « affermir l'unité nationale » et de « proposer au monde l'exemple d'une société moderne qui portera plus loin, comme dans les grands moments de notre histoire, le rayonnement de la France ». Bref, un langage gaullien. L'Histoire a de ces tours...

Mais regardons derrière les mots. Il est clair que le programme de Mitterrand, en politique étrangère notamment, est devenu acceptable pour bien des gaullistes. En dépit des pesanteurs que traîne la gauche, en dépit de la lettre même du « Programme commun » qui prévoit « la renonciation à la force de frappe nucléaire stratégique sous quelque forme que ce soit », le « candidat commun » s'oriente assez nettement vers la reconnaissance et le maintien, faute de mieux, de ce que socialistes ou communistes appelaient par dérision, voici peu, la « bombinette ».

Il le dit presque : « Mon premier soin sera d'engager une discussion au sein de la conférence internationale avec les détenteurs de bombes atomiques pour examiner les conditions possibles d'un désengagement et d'un désarmement. Si cette conférence ne devait aboutir à rien [...], il conviendrait de fonder les bases de notre défense à partir d'une étude nouvelle[1]. » On peut donc être à peu près sûr qu'il aurait continué, à quelques détails près, la politique militaire des deux premiers présidents de la Ve République.

Les gaullistes s'en sont rendu compte. Le mur qui les séparait de Mitterrand s'est brisé d'un coup : la plupart sont restés de l'autre côté, mais quelques-uns ont commencé à le rejoindre, par petites escouades. Il y a d'abord Jean-Marcel Jeanneney, ancien ministre, et aussi Jacques Debû-Bridel, membre fondateur du Conseil national de la Résistance, et encore Romain Gary, compagnon de la Libération et résistant-né, qui n'hésite pas à déclarer : « Je suis contre le chantage à la menace communiste. C'est une technique de Vichy qui fait partie d'une longue tradition fumigène, et sert à cacher les vraies trahisons qui se préparent. »

Mais le plus important est sans doute moins dans le ralliement de quelques gaullistes marginaux que dans le soutien assez général que lui apporte la Résistance. Bien entendu, la gauche du CNR est à ses côtés, comme d'habitude, de Claude Bourdet à Daniel Mayer. Mais, chose nouvelle, on voit aussi des hommes comme le colonel Passy (de son vrai nom, André Dewavrin), ancien directeur du Bureau de contre-espionnage de la France libre, ou encore Philippe Viannay, fondateur de l'important réseau Défense de la France, surmonter leurs réticences devant le « Programme commun » et se mettre, après le premier tour, dans le sillage de François Mitterrand. Ce coup-ci, l'héritier de Londres et d'Alger, de la France libre et de la France combattante, c'est lui. Quand on a été, des années durant, brocardé par tout le monde pour avoir reçu la Francisque du Maréchal, quelle revanche !

Ce n'est certes pas la seule satisfaction que lui apporte la campagne électorale. Il savoure aussi, par exemple, sa popularité, qu'il sent monter de meeting en meeting, à

1. *Le Monde,* 14-15 avril 1974.

Marseille, La Rochelle, Nantes, Grenoble, etc. Mitterrand aime physiquement se colleter avec la foule depuis une tribune (pas de tout près) pour la conquérir. Et il la conquiert : son numéro, plus mordant et moins atrabilaire qu'en 1965, est au point. Il fait rire, comme n'importe quel amuseur populaire. Il use (et abuse) des mêmes petits « trucs ». Quand il parle du Premier ministre, il s'arrête chaque fois et demande : « Comment s'appelle-t-il déjà, celui-là ? J'ai oublié son nom. » Rires. Ou bien encore, toujours à propos du même : « Quand il ouvre la bouche, il le fait après réflexion, j'imagine — c'est en tout cas le processus normal. » Rires.

Quant à son jeu de scène, il ne change guère d'une ville à l'autre. Ses mains entrelacées montent et redescendent entre deux crescendo. Elles se posent parfois, un moment, sur les rebords du pupitre dans la position de la prière. Mitterrand prie-t-il ? Mais non, déjà il pointe un index vengeur en direction d'on ne sait quoi, l'Argent-Roi peut-être. Son discours s'élance à nouveau par rafales. Jusqu'à la pause suivante : courbé, tassé sur son micro, la voix cassée, il murmure quelques mots qui souvent font rire aux dépens d'un mécréant quelconque, Messmer, par exemple, avant de déclamer une de ces improvisations haletantes qui déclenchent des salves d'applaudissements : « Travailleurs sans droit et sans pouvoir, je vous appelle à nous, nous travaillons pour vous. »

Ce n'est pas tout. Mitterrand savoure, enfin, de se trouver en face de Valéry Giscard d'Estaing. Avec cet aristocrate haut perché, aux airs de grand oiseau et à l'œil de laser, Mitterrand n'a aucun point commun. S'il s'était trouvé devant Jacques Chaban-Delmas ou Edgar Faure, c'eût été différent. Ce sont des « réformistes » qui prétendent sincèrement, semble-t-il, changer la société française. Ce sont aussi des « amis » qu'il a côtoyés, souvent de très près, sous la IVe République, et qu'il tutoie. Face à ces deux hommes, le débat eût forcément été compliqué, alambiqué.

Avec Giscard, qu'il connaît à peine, et qui incarne pour lui la France féodale, tout est simple, apparemment. A ceci près : comme tout le monde, François Mitterrand ne hait que ceux qu'il pourrait aimer — ou qu'il a aimés. C'est pourquoi il put combattre Charles de Gaulle avec tant de véhémence. Mais parce qu'il n'a aucun lien sentimental avec le ministre des Finances, le « candidat commun » ne parvient pas à l'abhorrer. Et c'est, semble-t-il, ce qui l'a perdu. S'il s'est laissé dominer lors de son face-à-face télévisé, le 10 mai, avec Valéry Giscard d'Estaing — un échec qui compta sans doute pour beaucoup dans sa défaite finale, au second tour —, on peut se demander si ce n'est pas, comme il le dira d'ailleurs, par indifférence...

Ce jour-là, Valéry Giscard d'Estaing est tendu. Trop. Le croquis qu'en trace dans *Le Monde*[1] Pierre Viansson-Ponté, zoologiste de notre faune politique, le souligne nettement. Giscard affiche, d'après lui, « cette assurance hautaine du premier de la classe qui sait tout, ne peut s'empêcher de donner des leçons et même de rapporter ». Exemple type de dialogue, entre les deux hommes :

Mitterrand : « Le SMIC qui était de 64 % du salaire moyen en 1950 n'est plus aujourd'hui que de 53 %. »

Giscard : « En quelle année, monsieur Mitterrand ? »

Mitterrand : « En 1950. »

Giscard : « Il n'existait pas. »

Mitterrand : « C'était le SMIG. »

Giscard : « Cela n'a aucun rapport. »

Mitterrand : « Je vous en prie, ne vous abaissez pas à cela. Nous savons très bien de quoi nous parlons. »

Giscard : « Il faut parler de choses précises. Le SMIC existe depuis 1969. »

Tout le reste ou presque est de cette eau-là. Mais chaque fois que Giscard fonce sur lui, les sourcils froncés et en corrigeant un chiffre, Mitterrand le fixe avec un détachement qui frise l'ennui — à moins que ce ne soit de la désinvolture. Dans son compte rendu du *Monde*, Pierre Viansson-Ponté ébauche François Mitterrand en paysan : « Bien appuyé sur les mancherons de sa charrue, il trace profond son sillon [...]. Et puis soudain il se retourne pour quelque cri du cœur. » Convenons que le « candidat

1. 12-13 mai 1974.

commun » dut s'entraîner avant de les pousser : quelques-uns sont perçants.

Un des meilleurs moments : quand Mitterrand dit qu'il faut lever l'interdit qui pèse sur le PCF, le réintégrer dans la vie nationale, et cite à ce sujet la lettre adressée par le général de Gaulle au fils de Maurice Thorez, après la mort de celui-ci : « Pour ma part, je n'oublie pas qu'à une époque décisive pour la France, le président Maurice Thorez [...] a, à mon appel, comme membre du gouvernement, contribué à maintenir l'unité nationale. »

Mais Mitterrand n'a pas le dessus, pourtant. Loin de là. Pourquoi ? Parce qu'il se laisse enfermer par Giscard dans une présentation d'homme du passé. A trois reprises, le ministre des Finances revient à l'assaut : « Vous êtes un homme qui êtes lié au passé par toutes vos fibres, et lorsqu'on parle de l'avenir, on ne peut pas vous intéresser [...]. On a l'impression que vous ne voulez pas regarder l'avenir de la France. » Chaque fois, pas de réplique, rien : François Mitterrand laisse dire ce long garçon chauve au ton péremptoire assis en face de lui.

Dans *La Paille et le Grain*, François Mitterrand explique ainsi son attitude : « J'écoutais, je regardais du fond d'un détachement intérieur dont j'ai mesuré par la suite l'imprudence [...]. On me voulait boxeur sur le ring, et j'esquivais le corps à corps. Crainte des coups ? Allons donc ! L'adversaire était de taille, mais qui doutera qu'à ce jeu j'aurai manqué des armes et du métier requis ? Je pense, voilà tout, que j'étais là pour autre chose. » C'est une version. Il reste que, d'ordinaire, la mécanique intellectuelle de Mitterrand, virtuose de l'ironie et du tac au tac, fonctionne mieux. Et que, ce soir-là, il paraît souvent sans ressources, absent, comme inhibé devant le savoir-faire de l'ordinateur bipède qui le rabroue à plaisir. En clair, il laisse faire.

L'échec du face-à-face ne stoppe cependant pas le courant en sa faveur. Mieux encore, il n'a aucun effet sur les sondages qui, trois jours plus tard, mettent Mitterrand à égalité avec Giscard : 50-50. « Le flot monte », comme il dit.

De partout les soutiens pleuvent. Dans de grands placards publicitaires publiés par *Le Monde* et quelques autres journaux, une multitude de personnalités invitent à voter pour lui. On ne trouvera pas, dans ces pétitions, la signature de Jean-Jacques Servan-Schreiber : après avoir cherché (en vain) à rencontrer François Mitterrand, le député de Nancy s'est prononcé pour Valéry Giscard d'Estaing. Mais on y notera les noms de Marcel Amont, Hervé Bazin, Guy Bedos, Costa-Gavras, Dalida, Marie Dubois, Marguerite Duras. Giscard n'est pas en reste, il est vrai. Il aligne, lui, Charles Aznavour, Bernard Buffet, Guy des Cars, Louis de Funès, Serge Gainsbourg, Johnny Hallyday, Marcel Jouhandeau, Sylvie Vartan, Stone et Charden. Mais Mitterrand riposte avec Vladimir Jankelevitch, Auguste Le Breton, Georges Moustaki, Michel Piccoli, Serge Reggiani, Françoise Sagan, Jean-Louis Trintignant, François Truffaut, etc. Bref, au music-hall ou au café de Flore, le « candidat commun » est probablement majoritaire. Reste la France…

La France ? Elle balance. Et Mitterrand commence à se défaire de son scepticisme des premiers jours. La preuve en est qu'il prépare l'« après 19-Mai ». Certes, il aime à dire, par coquetterie sans doute, qu'il ne fait toujours qu'une seule chose à la fois : durant la campagne présidentielle, il expliquait par exemple qu'il ne savait pas quelle serait la composition du futur gouvernement de la gauche, qu'il n'y avait pas encore réfléchi, et qu'il n'en aurait pas le temps jusqu'au soir du second tour. Mais il ne fallait pas le croire…

François Mitterrand a demandé à Gaston Defferre de préparer avec Louis Mermaz la liste d'un éventuel gouvernement pour le cas où. C'est le maire de Marseille qui serait son Premier ministre, s'il est élu. Pourquoi Defferre ? Mitterrand a expliqué pourquoi, en ces termes, à quelques-uns de ses proches, comme François de Grossouvre : « Il faut, à la tête du gouvernement, un homme rassurant, solide, connaissant bien tous les détails du pouvoir. Bref, quelqu'un qui soit capable de mener la gauche à la victoire aux élections législatives. Après, on mettra un non-politique à Matignon. »

Il serait vain de chercher à savoir quels noms Gaston Defferre et Louis Mermaz ont inscrits sur leur petite feuille de papier qu'ils ont d'ailleurs brûlée au soir du second tour.

Ce qui est sûr, c'est que Mitterrand avait la liste de son gouvernement dans la tête, au moins pour les grands ministères, et qu'on y aurait probablement trouvé Pierre Mendès France (au Quai d'Orsay), Pierre Mauroy (à l'Intérieur), Pierre Marcilhacy (à la Justice), Claude Alphandéry (aux Finances ?). Et encore sans doute, André Chandernagor, Jean-Pierre Chevènement, Jean-Pierre Cot, André Boulloche, Claude Cheysson, Michel Crépeau, Pierre Dreyfus, Robert Fabre, Jacques-Antoine Gau, Pierre Juquin, Pierre Joxe, Paul Laurent, Georges Marchais, Louis Mermaz, Michel Rocard, etc. Ce n'est pas la liste exacte, bien sûr, mais elle donne un aperçu de ce qu'aurait été, s'il avait gagné, le gouvernement de la France.

« Le flot monte... » Sur la fin, alors qu'un vent de panique souffle sur l'état-major de Valéry Giscard d'Estaing, François Mitterrand est quasiment convaincu, contrairement à ce qu'il a souvent laissé entendre[1], que la France le portera à la présidence de la République. Il a, pour cela, de très bonnes raisons : la moindre n'est pas le pronostic d'Alain Poher, président de la République par intérim, à qui il rend visite le 17 mai, et qui lui dit que toutes les indications en sa possession, à commencer par les rapports des préfets, le donnent vainqueur le 19 mai. En sortant de l'Élysée, François Mitterrand, visiblement impressionné par les prévisions de Poher, parle comme quelqu'un qui a de grandes chances de devenir chef de l'État. Au dire de tous ses proches, de Georges Dayan à François de Grossouvre, il est alors très préoccupé, comme un homme qui sera bientôt investi d'une immense responsabilité. Sentiment qui n'ira qu'en grandissant, au fil des heures.

Le jour du scrutin, quelques minutes seulement avant que les radios ne donnent leurs premières estimations, un fait malencontreux le confortera même dans sa conviction.

1. Notamment dans *La Paille et le Grain.*

Le 19 mai, François Mitterrand décide de rendre visite à un de ses amis, Fernand Dussert, marchand de cochons, sénateur de la Nièvre, victime l'avant-veille d'un accident d'automobile. C'est François de Grossouvre qui le conduit en voiture de Château-Chinon à Arleuf, à une quinzaine de kilomètres, chez les Dussert. A 20 heures, autour de la grande table de ferme, ils écoutent les résultats, à la radio. On annonce qu'à Autun, en Saône-et-Loire, le candidat de la gauche devance Giscard de 101 voix. Alors, Mitterrand : « Autun, ville de droite, vote comme la France... »

Mais non, ce n'était qu'un rêve : le 19 mai, François Mitterrand n'a obtenu que 49,33 % des voix contre 50,66 % à Valéry Giscard d'Estaing. Le réveil fut probablement difficile pour le « candidat commun ». Le soir du second tour, à l'hôtel du Vieux-Morvan de Château-Chinon où il a attendu les résultats, il fait d'ailleurs grise mine en lisant tard dans la nuit et d'une voix sourde une courte déclaration, pour les radios et les télévisions : « Une formidable coalition du pouvoir en place et des forces de l'argent a contenu d'extrême justesse le mouvement populaire. Amis de France et d'outre-mer, je vous demande de rester unis et de partager ma résolution. Notre combat continue. Parce que vous représentez le monde de la jeunesse et du travail, votre victoire est inéluctable. »

13 millions de voix : c'est pour la gauche un formidable bond en avant. Il faut remonter aux premières élections de la Libération (1945) pour retrouver un tel courant. L'immense découragement qui saisit la gauche et un moment François Mitterrand, ce soir-là, n'est donc pas de mise.

Il y a trois façons d'expliquer la défaite, à 300 000 voix près, du « candidat commun ». Commençons d'abord par la moins pertinente. C'est celle de quelques indécrottables songe-creux de la gauche socialiste qui, au CERES ou ailleurs, n'ont pas hésité à mettre sur le compte de la campagne, trop « droitière », trop « rassurante » à leur goût, l'échec du « candidat commun ». En préconisant le « contrôle populaire » dans les villes et les campagnes, en s'engageant à tout nationaliser, y compris les PME, Mitterrand aurait-il réussi à enthousiasmer la France ? C'est ce que croient ces nouveaux « extravagants ».

La seconde explication, plus sérieuse mais non concluante, consiste à imputer l'échec du 19 mai à l'affaissement d'une partie des notables de l'ex-SFIO. François Mitterrand, dans un premier mouvement, n'a pu y résister. On notera cependant que c'est dans des départements à vieille implantation socialiste, à savoir l'Ariège, l'Aude, la Nièvre et la Haute-Vienne, que le « candidat commun » a dépassé la barre des 60 %. L'ex-SFIO a bon dos. Et l'incurie de quelques-uns de ses potentats, à Cambrai ou ailleurs, n'a rien à envier à celle de plusieurs municipalités communistes dans le Gard ou dans la région parisienne. Autant de défections qui n'ont sans doute pas changé le cours des choses : dans toute bataille, il y a toujours des ailes qui se laissent enfoncer.

C'est probablement la dernière explication qui est la bonne : la peur du vide, de l'inconnu, a détourné de la gauche une marge décisive d'électeurs que rebutait l'alliance des socialistes avec les communistes. Michel Poniatowski a su l'attiser en déclarant, le 15 mai : « Georges Marchais se donne la silhouette d'un démocrate, mais il est, et sera toujours, le dirigeant d'un mouvement soumis à une tutelle étrangère [...]. Tous les pays européens qui ont un gouvernement communiste sont actuellement occupés par les troupes russes. » Mieux encore, le 17 mai une lettre envoyée — devinez par qui ? — à tous les maires de France, entonne le grand air de la calomnie : « François Mitterrand est trop vulnérable... Il a détourné 130 millions d'anciens francs en Suisse quelques jours après la mort de Pompidou... Les communistes le savent... Ce qui le rendra totalement vulnérable aux exigences de ses alliés communistes s'il accède à la présidence de la République... »

Ce ne sont évidemment pas quelques cancans qui ont fait battre François Mitterrand. Il est clair que la France, finalement, a redouté le changement. Mais l'écart entre Giscard et Mitterrand est trop faible pour qu'elle n'ait pas hésité, un moment. La preuve est faite, désormais, que la gauche n'est plus condamnée à l'échec. Mitterrand le sait.

Le 20 mai au matin, Mitterrand, qui a réuni à la tour Montparnasse son état-major de campagne (Mermaz, Rousselet, Badinter, Benassayag, etc.), tient à peu près ce langage : « Je me sentais prêt à diriger ce pays. Cet échec n'est pas grave, pourtant. Nous pouvons être sûrs, maintenant, que la gauche gagnera très bientôt. Mais la prochaine fois, ce ne sera pas moi qui conduirai la gauche au pouvoir, ce sera une nouvelle génération, ce sera vous. »

Mitterrand a-t-il renoncé ?

A Jean Daniel qui lui demande le 23 mai, dans une interview inédite, s'il s'imagine encore candidat à la prochaine élection présidentielle, François Mitterrand répond : « Soyons lucide. Je ne retrouverai jamais des circonstances semblables. J'étais en mesure de gouverner, j'en avais la pleine capacité physique : elle peut diminuer, maintenant. Et puis, franchement, ça ne m'excite plus beaucoup. Regardez-moi. Croyez-vous que je rêve tant que ça à la présidence de la République ? Bien sûr, j'ai le goût du pouvoir, et ça m'aurait fait plaisir d'être chef de l'État, mais ce n'est pas fondamental pour moi, pas du tout. Je trouve plus important de renverser l'ordre des choses. Pour être candidat, vous remarquerez que je ne me suis pas précipité, loin de là. C'est la mort de Pompidou qui m'a jeté dans la campagne électorale d'une façon qui m'a d'ailleurs déplu. »

Jean Daniel : « Parce que la gauche n'était pas prête ? »

François Mitterrand : « Disons que c'était trop tôt. Au départ, je ne pensais pas que la victoire serait possible. Il aurait fallu que les choses mûrissent encore, et que les nouvelles générations aient le temps d'arriver. Si l'élection présidentielle avait eu lieu normalement, en 1976, je crois que j'aurais été élu sans trop me casser la tête. Mais là, j'ai été pris de plein fouet, comme ça, et il m'était impossible de me dérober : j'étais dans la situation d'être candidat. »

Jean Daniel : « Maintenant, cet échec ne vous donne-t-il pas envie de vous battre davantage encore à la tête du PS ? »

François Mitterrand : « Non, j'ai plutôt envie de faire autre chose. Seulement, j'ai des devoirs, vis-à-vis de mon parti et aussi vis-à-vis de tous ces gens qui ont voté pour moi. Il y a cependant des tas de choses qui me plairaient davantage que de discuter avec Giscard d'Estaing et ses hommes : c'est sûrement quelqu'un de valeur, mais il me paraît moins intéressant que trois chênes dans un champ, ou un bon roman. Je me demande parfois pourquoi je resterais enfermé jusqu'à la fin dans cet univers-là. Je ne dis pas ça par lassitude : simplement dix-sept ans à ramer comme ça, cela commence à faire long... »

Jean Daniel : « Mais il n'est pas inconcevable que vous deveniez Premier ministre ? »

François Mitterrand : « Après les élections législatives, ce n'est pas inconcevable, non. Beaucoup de gens hurlent : " Ce serait une trahison. " De Matignon, on pourrait mener la vie dure à la droite. Supposons que je sois Premier ministre. Bon. Très vite, je peux imposer notre loi au président de la République. Comme la majorité de l'Assemblée nationale est derrière moi, je ne démissionne pas : la Constitution me le permet. Qui est coincé, alors ? Pas moi, apparemment. Cela dit, à mon avis, la gauche accepterait difficilement ce jeu-là : dans une perspective totalement cynique de prise de pouvoir, la droite est à l'aise, pas la gauche qui risque de se casser au passage. Parce qu'elle est plus morale que politique... »

2. « L'union est un combat »

A l'été de 1974, on aurait pu croire que François Mitterrand avait enfin domestiqué le PCF. Durant toute la campagne présidentielle, en effet, les communistes se sont tenus sagement dans le sillage du « candidat commun », en chevaliers servants, effacés — et contents de l'être à première vue. Le 3 mai, Georges Marchais a même écrit à François Mitterrand une lettre personnelle — et inédite — dans laquelle il l'encensait en écrivant entre autres : « Nous nous félicitons de ce que votre exposé des solutions politiques, qui nous sont communes et qui fondent votre candidature, se place normalement dans le rôle propre dévolu au président de la République tel que nous l'avons défini ensemble dans le " Programme commun ". »

Content de la campagne présidentielle de Mitterrand, Marchais n'a d'ailleurs pas lésiné sur les concessions pour faciliter la victoire du « candidat commun ». Ainsi est-il allé jusqu'à déclarer, le 15 mai, que son parti ne revendiquait pas les « ministères importants », c'est-à-dire ni l'Intérieur, ni les Finances, ni la Défense nationale (« Non, ce qui nous intéresse, expliquait-il, ce n'est pas d'occuper à tout prix tel ou tel fauteuil ministériel, mais de voir appliquer l'ensemble de la politique nouvelle voulue par le pays »). Le ton très conciliant de Georges Marchais troublait, à coup sûr, une fraction du PCF, celle qui, autour de Roland Leroy, continuait de se référer frileusement aux dogmes anciens : elle redoutait, en fait, que la ligne du secrétaire général n'aboutisse à « brader » le Parti au profit du PS. Sitôt après l'échec de Mitterrand, elle a commencé à relever la tête, mais en ne rencontrant, au départ, guère d'écho dans les cellules.

Roland Leroy est un personnage plus complexe qu'il n'y paraît, au premier abord, et il faut tout de suite lui retirer le couteau que quelques commentateurs malavisés lui ont mis entre les dents. Cet esthète, au profil et au discours tranchant, n'est pas, à proprement parler, un « stalinien ». Pour avoir passé quelques mois en convalescence en URSS, après un grave accident de voiture, il est même rebuté par le « socialisme » soviétique qui le lui rend bien : avant le XIXe Congrès, en 1970, celui de la succession de Waldeck Rochet, Moscou fit expressément campagne contre lui, dans le Parti. Pourquoi, alors, ce communiste « avancé » prône-t-il un durcissement de la ligne du PCF ? A l'évidence, parce qu'il songe qu'il est grand temps de ressaisir les militants qui perdent peu à peu leur identité, et de les galvaniser, sur des mots d'ordre proprement communistes ; sans doute aussi parce qu'il estime qu'il faut décrocher le Parti d'une Union de la gauche qui, en définitive, est surtout rentable pour les socialistes ; peut-être, enfin, parce qu'il déteste depuis longtemps Mitterrand, sans qu'on puisse expliquer pourquoi — à moins qu'il n'ait été le premier de tous les communistes à déceler le projet du député de la Nièvre...

Durant quelques semaines, Roland Leroy ronge son frein. Jusqu'au 29 septembre 1974, date à laquelle ont lieu une série de six élections législatives partielles : tous les candidats du PC, sauf un, y perdent des suffrages. Pire, alors que l'électorat communiste se tasse nettement, le PS, lui, prend son envol. Pour Roland Leroy, c'est l'occasion. Il fait prendre au bureau politique un « tournant » très important.

Le « tournant » ? Un an durant, la direction du PC va canonner les socialistes. L'enjeu, pour les communistes, est clair. Ils veulent défaire ce qu'ils ont contribué à mettre au jour. C'est-à-dire un parti socialiste à vocation majoritaire. C'est-à-dire aussi son chef de file, François Mitterrand, qu'ils ont accepté de placer à la tête de la gauche en 1965 et en 1974. Mais il est trop tard.

Rien n'y fait. Oh ! Les communistes ne finassent pas. Roland Leroy n'hésite pas à déclarer, le 13 octobre, que la direction du PS a « une attitude qui vise à affaiblir les positions du PCF et qui rejoint, il faut bien le constater, les hommes du grand capital qui, voyant se rapprocher les perspectives de victoire de la gauche, considèrent comme leur objectif prioritaire d'affaiblir le PCF ». Georges Marchais, mis lui-même à contribution, ira jusqu'à dire, le 10 février 1975, au cours d'une conférence de presse, que François Mitterrand lui paraît de plus en plus « sûr de lui et dominateur ». Quant à Paul Laurent, il décrétera, le 25 février, que Rocard dit « beaucoup de bêtises et des bêtises réactionnaires ». Quelques mois durant, l'Union de la gauche racle les fonds.

Il se trouve évidemment quelques « socialistes », chrétiens ou non, pour se précipiter, toutes soutanes retroussées, devant la Sainte Église — le PC, s'entend — et accepter sa bastonnade avec délectation. Ils sont cependant moins nombreux qu'on aurait pu le penser. Les communistes ne réussissent pas à semer durablement le trouble au sein du PS, encore moins à casser cette union si peu rentable. Pourquoi cet échec ? Parce que François Mitterrand fait décider tout de suite, dès octobre, par le bureau exécutif de son parti, que le PS répondra par le silence aux attaques du PC ; parce que, de bout en bout, l'ex-« candidat commun » époussette avec une pointe de dédain les anathèmes de ses partenaires ; bref, parce qu'il ne donne jamais prise à la « polémique ». Et les communistes ont bientôt l'air d'admonester des fantômes dans le désert...

Pourquoi Mitterrand a-t-il choisi cette attitude ? C'est qu'il s'est dit que les communistes cherchaient, avec leur prétendu « débat », à se faufiler dare-dare hors de l'Union de la gauche. Pour lui, le meilleur moyen de les y maintenir était encore de leur faire face, sans desserrer les dents. Quelle était l'alternative, en effet ? Ou bien la direction répondait aux communistes, sur le même ton acrimonieux, et alors s'enclenchait ce que Mitterrand a souvent appelé la « dialectique de la désunion » — traduisez : aux apostrophes des uns succèdent les objurgations des autres, et au PC qui se « stalinise », le PS répond en se « droitisant ». Ou bien le PS laissait dire, et alors le PC ne pouvait risquer de rompre le pacte unitaire, comme ça, sans se déshonorer (et pour longtemps) aux yeux des Français.

François Mitterrand, sûr de sa tactique, ne s'est jamais affolé, même lorsque le tintamarre communiste atteignait son paroxysme. Plus que par les anathèmes du PCF qui ne l'émouvaient guère, il fut en fait fâché par l'attitude de ceux qui, autour de lui, avaient tendance (non sans raison parfois) à juger recevables les critiques communistes. Après la parution d'un article dans *Le Monde* qui émettait certaines réserves sur l'une de ses formules, particulièrement grinçante, en direction du PC, le premier secrétaire du PS raconta cette fable d'un humour acide en janvier 1975, lors de la réunion du mercredi du secrétariat national du parti : « Un jour, dans une notule en bas de page, *L'Humanité* accuse Pierre Mauroy d'avoir violé une petite fille dans une rue de Lille. Pierre Mauroy hausse les épaules. Il trouve cette histoire ridicule. Le lendemain *L'Humanité* remet ça, sur trois colonnes cette fois. Le journal donne des détails, le nom de la petite fille, la date, l'heure et le lieu exact du crime. Quand il lit cet article, Pierre Mauroy hoche la tête : décidément, cette histoire est absurde. Au moment du viol, il se trouvait en Pologne où il donnait une conférence devant trois mille personnes. On ne saurait trouver de meilleur alibi. Notre ami décide de garder le silence : c'est, dit-il, tout ce que mérite aussi sotte calomnie. Mal lui en prend. le lendemain *L'Humanité* récidive avec un titre énorme qui barre toute la première page : “ Le viol de Lille : Mauroy se cache honteusement au lieu de reconnaître les faits. ” Alors là, Pierre Mauroy se fâche. Il réunit aussitôt une conférence de presse où il réfute point par point les affirmations de *L'Humanité* et condamne, avec force, “ des procédés indignes [je cite] de l'Union de la gauche ”. Le jour suivant, un journaliste du *Monde* écrit : “ Pierre Mauroy relance la polémique. ” »

Fable éloquente : elle en dit long, notamment sur l'impatience de François Mitterrand à l'égard de ceux qui restent, selon lui, vulnérables au terrorisme idéologique du parti communiste. Ce coup-ci, sa causticité a pris pour cible un article du *Monde,* journal qu'il affectionne au demeurant. Elle vise, plus généralement, les hommes de son propre parti.

Devant l'intimidation psychologique déployée par le PC, il arrive en effet souvent que des socialistes courbent l'échine. Chez certains, c'est même un réflexe : la vertu étant par définition l'apanage des communistes, ils acceptent toutes leurs récriminations, admettent l'« infamie » des social-démocraties européennes, même la suédoise, derrière le Kanapa de service ; ressassent avec une délectation morbide tous les crimes de la SFIO (et il y en eut) durant les guerres coloniales : c'est tout juste si, pour terminer, ils ne s'agenouillent pas devant les diacres du parti communiste pour battre leur coulpe et demander l'absolution. Ceux-là sont socialistes par masochisme et savourent leur péché avec ravissement dans cet Enfer qu'est le PS. Ils se recrutent généralement dans la bourgeoisie « avancée », politiquement innocente et idéologiquement vierge, qui a souvent mauvaise conscience de n'être pas en « bleu de chauffe ». Ils sont souvent membres du CERES ou anciens de la Convention des institutions républicaines. Ils sont légion au PS et il leur arrive même d'être très proches de François Mitterrand.

Mitterrand n'est pas proche d'eux. Un de ses soucis permanents, depuis le congrès d'Épinay, a été d'établir une identité socialiste. Ce n'est pas facile. Son parti est traversé d'une multitude de strates « idéologiques ». On y trouve, tout à la fois, des social-démocrates, des autogestionnaires, des « gauchistes », des carriéristes, des technocrates, etc. Le bric-à-brac socialiste se serait peut-être éparpillé depuis longtemps dans la nature si François Mitterrand ne s'était employé patiemment, consciencieusement, à malaxer tous les courants de son parti. Et s'il n'avait sans cesse combattu le sentimentalisme de ceux qui, autour de lui, sont prêts à tout sacrifier, même le PS, sur l'autel de l'Union, et qui reprennent mécaniquement, avec un temps de retard, les thèses du PCF — sur l'Europe, par exemple.

A l'adresse du CERES, qui, selon lui, a parfois tendance à se laisser hypnotiser par le parti communiste, François Mitterrand a d'ailleurs expédié quelques formules piquantes. Il s'en est pris à ces « vrais petits bourgeois » qui rêvent de faire « un faux PC ». Il a condamné ces Gribouilles qui cherchent à promouvoir « un État soviétique présidé par Proudhon ». Il a daubé aussi sur le « pot-pourri communo-gauchiste » qui, d'après lui, leur tient lieu d'idéologie. En toute occasion, il a livré bataille contre ceux qu'il suspecte, à tort ou à raison, de subir trop l'influence du parti allié.

L'Union de la gauche, pour lui, n'est pas l'ablution qui efface tout, les mauvais souvenirs comme les clivages idéologiques. Au contraire, il ne manque jamais une occasion d'affirmer la personnalité socialiste. Le 16 mai 1976, lors du congrès extraordinaire de Dijon, un congrès très unitaire où il suffisait de glorifier l'Union, même niaisement, pour faire un tabac, François Mitterrand a ainsi clos les débats avec un discours un peu provocateur mais exemplaire : « C'est seulement l'affirmation idéologique, stratégique, tactique, militante, du parti socialiste qui assurera la victoire et l'épanouissement de l'Union de la gauche [applaudissements]. Trop de confusions ont été répandues ici même [...]. Vous n'allez quand même pas supposer, chers camarades, qu'aujourd'hui socialisme et communisme, c'est la même chose ! [applaudissements]. Tous nos efforts tendent à effacer cette différence, mais on ne l'effacera pas en renonçant à nous-mêmes. D'ailleurs, le parti communiste, dans son évolution, reconnaît que nos anciens avaient raison : après tant de débats, tant d'insultes, il considère maintenant que la liberté [...] est un élément intégré dans la définition du socialisme. »

On pourrait multiplier les exemples de cette sorte, dans les grands discours publics de François Mitterrand. Mais que dit-il, à huis clos, à la direction de son parti ? La même chose, à cette différence près qu'il se montre plus fièrement socialiste et plus ouvertement soupçonneux des desseins du PCF. Il faut citer, à ce sujet, l'analyse cruelle qu'il fit devant le bureau exécutif du PS, le 14 janvier 1976, au moment où le parti communiste entamait son virage « à l'italienne », à l'occasion de son XXIIe Congrès : « Les dirigeants communistes sont contraints de nous avoir pour alliés. L'histoire les y oblige. Mais ils n'y tiennent pas. A l'Union de la gauche, ils préféreraient un magma, une sorte de front national, bref, une alliance plus large où nous serions noyés dans la droite. Dans leur mot d'ordre d'union du peuple de France, il y a cette volonté[1]. Ils veulent à l'évidence éviter le dialogue PC-PS qui ne leur est pas favorable. A nous, par nos initiatives, de les empêcher de le rompre. »

François Mitterrand vit l'Union comme un « corps à corps » de chaque instant avec le PCF. Dans une analyse assez pénétrante qui prolonge la précédente et qu'il a faite à huis clos devant la direction du PS réunie en séminaire à Seillac, près de Blois, le 28 avril de la même année, il va plus loin encore : « Ne vous illusionnez pas. La meilleure voie pour les PC occidentaux d'accéder au pouvoir est celle du " compromis historique ". Mais, en France, cette voie est bouchée, et le PCF n'a pas le choix. Il est condamné, pour l'heure, à une union de la gauche avec un parti socialiste fort. C'est le seul moyen, pour lui, de parvenir au gouvernement. Mais dès qu'ils le pourront, les responsables communistes français chercheront à promouvoir le " compromis historique " dans notre pays, un compromis avec la droite nationaliste qui lui permettra de rapprocher la France de l'orbite soviétique. Voilà ce qu'il faut les empêcher de mettre à exécution : en un sens, ce sont nos adversaires. »

Ce Mitterrand qui s'est rapproché des communistes en 1958, les a sortis du ghetto en 1965, les a même intégrés dans la vie nationale en signant le même programme qu'eux en 1972, ce n'est pas parce qu'il s'apprête à gouverner un jour avec eux qu'il leur fait confiance, bien au contraire. Une phrase résume, mieux que tout, sa conception de l'alliance avec le PCF : « Je n'ai pas à me préoccuper de savoir si les communistes sont sincères. Je dois veiller à ce que tout se passe comme s'ils l'étaient[2]. »

Pour Mitterrand, tout, en politique, est rapport de forces. Il croit à la sincérité et à la loyauté des hommes, on l'a vu. Pas à celle des appareils. Il faut donc, sans discontinuer, se tenir en garde et, surtout, ne pas se laisser assoupir dans l'Union de la gauche si « confortable » et si

1. Thèse que l'on retrouve dans le rapport de Lionel Jospin sur les relations PC-PS publié à l'époque.

2. Entretien de François Mitterrand avec Jean-François Revel, *L'Express*, 1er janvier 1973.

« rentable » qu'elle soit pour le PS. C'est ce qu'il cherche à inculquer à la direction de son parti. Témoin, cet épisode inédit.

Le vendredi 19 septembre 1975, à Chantilly où l'état-major du PS tenait un « séminaire », là encore, Albert Gazier, ancien ministre de Guy Mollet et malgré tout honnête homme, déclare tout à trac, visant on ne sait qui : « Ceux qui s'imaginent que l'on peut gouverner sans les communistes commettent une lourde erreur. Le soutien sans participation gouvernementale est un système diabolique. On pourrait compter alors sur le PCF et la CGT pour faire de la surenchère. » Quelques instants plus tard, Pierre Joxe, député de Saône-et-Loire et longtemps lieutenant de Mitterrand, embraye sur le même thème : « Ne pas faire participer le PC à un gouvernement de gauche, ce serait scier la branche sur laquelle nous sommes assis. » Alors, Mitterrand : « Je suis en désaccord total avec Pierre Joxe. Nous devons avoir une stratégie de rechange. On ne peut accepter de rester dépendant d'un partenaire qui cherche, de son côté, à reprendre sa liberté. »

Le dimanche, lors du même « séminaire », François Mitterrand précise sa pensée : « Dire au PC que nous pouvons nous passer de lui, une fois au pouvoir, ne constituerait pas un changement stratégique. Ce ne serait qu'un changement tactique. Pour faire pression sur lui, pour le rendre moins rétif. » Le PC, en somme, est un élément capital du jeu politique de Mitterrand, mais un élément qu'il faut discipliner, faire plier. Un PC, croit-il, ça se dompte. Sans doute pourrait-il reprendre à son compte l'excellente formule d'Étienne Fajon : « L'union est un combat. » Un combat entre partenaires, s'entend.

On commettrait une erreur, cependant, en s'arrêtant seulement à ce Mitterrand qui suspecte de tout, même du pire, le PCF. Il est capable aussi de chaleur, de générosité avec les communistes. Il ne faut pas négliger en lui l'homme qui a voulu — et non subi, comme tant d'autres — l'Union de la gauche. Celui qui a cherché des années durant à rassembler sous le même drapeau — le sien ? — le monde du travail qui s'était cassé en deux à Tours, en 1920. Celui qui a fraternisé avec pas mal de communistes durant la Résistance, et qui a même noué amitié (une amitié vraie) avec Waldeck Rochet.

Longtemps, en effet, une affection discrète, presque clandestine (et d'ailleurs ignorée du monde politique), a uni les deux hommes. Elle a pris naissance à Londres, un jour de février 1944. Waldeck Rochet, délégué du PC auprès de la France libre, demanda à François Mitterrand de lui transmettre, après son retour en France occupée, des nouvelles de sa mère qui vivait à Louhans, en Saône-et-Loire. Mitterrand-Morland s'acquitta de sa tâche. Bien sûr, avec les grands combats de mots de la guerre froide, en 1947, les liens entre nos deux camarades se sont distendus : sous la IVe, quand ils se croisaient par hasard dans les couloirs du Palais-Bourbon, ils se serraient la main sans effusion. Mais quand ils se retrouvèrent ensemble dans la même bataille, lors de l'élection présidentielle de 1965, ils n'eurent pas besoin de faire connaissance.

Tout de suite, il y eut entre eux une connivence qu'ils s'efforcèrent prudemment de dissimuler. François Mitterrand, on l'a vu, usa de mille artifices durant la campagne 1965 pour n'avoir pas à se rendre au siège du PCF — ou encore pour ne pas échanger une poignée de main avec Waldeck, devant les photographes. Au même moment, il arrivait de temps en temps au candidat unique de la gauche de déjeuner dans le plus grand secret (il a d'ailleurs été bien gardé) avec son ami le secrétaire général du PCF.

De cet « ami », François Mitterrand dit aujourd'hui, avec nostalgie : « C'était un paysan lent, réfléchi, mais mille fois plus imaginatif qu'il n'en avait l'air. Il était dans la ligne du Parti, mais tout en cherchant à la briser. Une sorte de Jean XXIII[1]. »

On peut voir dans le couple qu'ils ont formé de 1965 à 1968, à l'insu de tout le monde ou presque, celui d'un honnête prélat tenté par l'hérésie (Waldeck se sentait abusé par son Église) et d'un condottiere qui cherchait à conquérir la gauche pour la refaire. Faut-il parler pour autant de complicité politique ? Sans aller jusque-là, on notera que les deux hommes se sont enflammés, chacun à

1. Entretien de François Mitterrand avec l'auteur, mars 1974.

leur façon, pour l'expérience du « Printemps » de Prague. Comme point d'accord, ce n'était pas rien...

L'attachement sentimental entre eux est, en tout état de cause, indéniable. Un trait. Sur la fin, avant que Waldeck Rochet ne quitte la direction du parti communiste, frappé par un mal incurable et brisé de douleur après l'invasion soviétique en Tchécoslovaquie, il arrivait à François Mitterrand de le conduire lui-même chez un de ses amis médecins qui soignait ses rhumatismes articulaires. Cela va tout de même plus loin que les relations qu'entretiennent généralement les chefs de deux partis alliés...

Avec Georges Marchais, le successeur de Waldeck Rochet, les choses sont apparemment moins simples. Même si François Mitterrand estime que Marchais s'est toujours placé (« au bout du compte ») dans la même perspective politique que son prédécesseur, celle de « l'ouverture » du Parti, même s'il le considère depuis longtemps comme l'un des éléments les plus unitaires de la direction du PCF, le premier secrétaire du PS a toujours gardé une certaine réserve à son égard.

Georges Marchais, pourtant, y a mis du sien. En décembre 1972, quelques mois après la signature du « Programme commun », le secrétaire général du PCF rendit visite à l'improviste à François Mitterrand, chez lui. Et il lui proposa : « François, devenons amis. » Mais l'amitié, ça ne se décrète pas, surtout avec Mitterrand. Elle ne vint donc pas au jour, malgré les multiples invites de Georges Marchais.

Car Marchais chercha bel et bien à devenir l'ami de Mitterrand. Durant les années 1973-1974, il lui arriva souvent de passer inopinément rue de Bièvre, chez Mitterrand. On l'y recevait bien, en copain. On lui servait à boire. Il devisait un peu avec le premier secrétaire entre deux de ses rendez-vous et il regardait, parfois, la télévision en compagnie de Danielle. Bref, d'une certaine façon, il faisait partie de la famille.

Cela dura jusqu'à un certain jour d'octobre 1974. Le PCF venait à peine d'entamer son « débat » avec le PS, c'est-à-dire sa campagne antisocialiste. Georges Marchais s'en va trouver François Mitterrand chez lui pour lui demander de se rendre au XXIe Congrès du PCF, à Ivry. « Venez, on vous fera un accueil du tonnerre », dit Marchais. « Impossible, répond Mitterrand. A cette date, je serai en voyage à Cuba, à l'invitation de Fidel Castro. » Marchais suggère alors : « Reportez-le. » Mais Mitterrand ne le reporte point. Il est bien inspiré. Peu après, le PC hausse le ton. En quelques jours, la gauche s'enfonce dans une polémique absurde. En quelques phrases, la méfiance s'installe. Et Marchais renoncera à faire la conquête d'un homme si distant...

Au seuil de 1976, l'année de ses soixante ans, François Mitterrand est satisfait. Les socialistes sont en flèche et les communistes sur la défensive. Pour regagner le terrain perdu, le PCF a employé, en l'espace de quelques mois, deux tactiques contradictoires. D'abord, avec cette ligne sectaire qui l'amena à jeter l'anathème contre tous ceux qui ne se comportaient pas en dévots du national-soviétisme. Alexandre Dubcek, coupable de condamner la « normalisation » en Tchécoslovaquie, fut quasiment voué au bûcher. Quant à Jean Daniel, qui se permit d'émettre quelques réserves, dans *Le Nouvel Observateur,* sur la tentative de prise de contrôle de l'appareil d'État par les communistes portugais, il fut tout simplement accusé d'inciter aux « pogroms ». Mais François Mitterrand ne cessa, durant cette période, de soutenir que l'évolution historique condamnait le PCF à suivre, un jour ou l'autre, la voie tracée par le parti communiste italien.

C'est effectivement ce qui arriva, à la fin de l'année 1975 : soudain, à l'inspiration de Georges Marchais, le parti communiste a entrepris de se « désoviétiser ». Il a même décidé de tourner le dos au stalinisme qui habitait encore, ici ou là, son organisation, son idéologie, son comportement. François Mitterrand doit-il s'en réjouir ? On dira que cette « évolution » n'est pas la première et que le PCF avait déjà fait naître des espoirs, vite déçus, sous le Front populaire en 1936, puis sous le secrétariat général de Waldeck Rochet, de 1965 à 1969. Vrai. Il reste qu'avec cette « mue » tardive des communistes français, Mitterrand a au moins tenu un de ses paris. Il a toujours soutenu que l'Union de la gauche amènerait fatalement le PCF à se « libéraliser ». Les faits lui donnèrent, apparemment, raison.

Encore n'est-ce pas le seul pari tenu. Car, comme il l'a toujours soutenu aussi, l'Union paraît ne profiter qu'au PS. Pas au PCF, sous quelque habillage qu'il se présente. Qu'il soit sectaire (façon XXIe Congrès) ou qu'il soit « ouvert » (façon XXIIe Congrès), il marque le pas.

On peut comprendre, alors, les préventions de plus en plus fortes, amères souvent, que nourrissent à l'encontre de Mitterrand les principaux chefs du PCF. Elles tournent autour de deux grands thèmes. D'abord, comme l'a souvent dit Georges Marchais, la stratégie de François Mitterrand serait de développer le PS au détriment du parti communiste. Convenons que ce premier reproche n'est pas sans fondement. Le premier secrétaire du PS entend déployer son parti sur les terres que la SFIO avait abandonnées aux communistes. Il l'a même dit, on l'a vu, en 1972, à Vienne (Autriche).

Depuis son arrivée à la tête du PS, en 1971, François Mitterrand a cherché en effet à reconquérir les ex-possessions socialistes, les usines et les chantiers, bref, la classe ouvrière sur laquelle le PC régnait jusqu'alors sans partage. Il n'accepte pas le schéma des communistes selon lequel le PS serait le parti de la moyenne bourgeoisie, des employés, des artisans, des commerçants, et le PC celui de la classe ouvrière. Son parti socialiste à lui est « attrape-tout » ou il n'est pas…

Le bureau politique du PCF a ouvert les yeux, à l'automne de 1974, pour découvrir avec effroi cette atroce vérité : l'ambition de François Mitterrand est de bâtir un grand parti socialiste capable de franchir tout seul, à plus ou moins longue échéance, la barre des 50 %. Le chef d'accusation du PCF est recevable : c'est en effet, à coup sûr, le projet de Mitterrand. Affaire jugée. Mais son ambition est-elle de nature si différente de celle de Georges Marchais qui prétend, lui, devenir majoritaire en agglomérant la poussière des chrétiens, des patriotes ou des petits paysans autour de cet axe qu'est le « parti de la classe ouvrière » et sur la base de l'« union du peuple de France » ? Évidemment non. La seule différence entre ces deux ambitions est que l'une paraît alors réalisable, à vue d'homme, l'autre non. D'où, sans doute, la riposte courroucée du PCF.

Second thème développé par Georges Marchais et son équipe : le PS par sa nature « réformiste » serait sensible aux appels du pied de la droite au pouvoir. Il brûlerait de trahir son pacte avec le PCF pour gouverner avec Valéry Giscard d'Estaing. Le 5 décembre 1974, Georges Marchais n'y va pas par quatre chemins : « Michel Rocard, dit-il, joint une fois de plus sa voix au chœur des prophètes de malheur pour préconiser, comme le gouvernement, des mesures d'austérité frappant les masses populaires. » L'année suivante, Roland Leroy rappellera à plaisir que François Mitterrand fut ministre d'un gouvernement sous lequel *L'Humanité* fut saisie quatre fois. Et ce ne sont là que deux petits exemples, au milieu de mille autres.

On ne doit cependant pas repousser d'un geste cette sorte d'objurgations ou de rappels historiques. Le bilan du socialisme français, notamment sous la IVe, est là pour nous montrer qu'ils ne sont pas dépourvus de bon sens. Même et surtout quand les socialistes tiennent un langage de gauche, comme les molletistes ou leurs fils adultérins...

[illegible] alors [illegible] de la classe [illegible] l'union de [illegible] La seule différence entre ces [illegible] irréductible à une d'homme, l'autre non. [illegible], sans doute, se trouve [illegible]

[illegible] par Georges Marchais et son [illegible] au gouvernement avec [illegible] Georges Marchais [illegible] Michel Rocard [illegible] au cœur des [illegible] de [illegible] le gouvernement des [illegible] sur les grandes [illegible] appuient [illegible] ou gouvernement sous lequel [illegible] ne serait que deux [illegible]

[illegible] d'un grand [illegible] sous le PS [illegible] leurs [illegible]

3. Le flâneur entre deux rives

François Mitterrand s'est finalement évadé du roman — un roman bourgeois — que sa vie avait commencé d'écrire, quarante ans auparavant, pour tenter d'entrer dans l'Histoire. Après avoir appris la méditation solitaire à Jarnac, la fraternité sous l'Occupation, le pouvoir (ou plutôt son reflet) sous la IVe République et enfin le socialisme au PS, il sait qu'il a quelques chances de ne pas être un homme politique sans postérité. Il peut rester celui qui a refait — pour longtemps ? — le socialisme français après Guy Mollet.

Ce ne serait pas rien. Mais ce n'est pas sûr. Pas encore. D'où, peut-être, les perpétuelles interrogations et remises en question de soi qui font de lui, malgré les apparences, le plus inquiet, le plus anxieux des hommes politiques. Il sait que le parti qu'il a bâti, depuis 1971, et dont il est le « grand synthétiseur », reste encore fragile. Avec ses fausses ailes gauches et ses vrais sectaires, avec ses « gestionnaires » sans foi et ses « révolutionnaires » sans loi, le PS est criblé de contradictions.

Ces contradictions, François Mitterrand a pu les occulter, jusqu'à présent. Mais elles peuvent éclater demain, après-demain, quand il se sera retiré de la direction du PS. Un grand reflux risquerait de recommencer, alors, pour le socialisme français.

L'obsession qui habite alors Mitterrand est donc de faire l'unité de ce parti disparate, de cimenter sa doctrine, et d'agglomérer tous les courants de pensée — et d'arrière-pensées — du PS. L'intolérance politique — celle de ses lieutenants aussi ? — l'exaspère. Il lui est souvent arrivé de la condamner : ainsi, au « séminaire » de Seillac, le 28 avril

1976, quand il s'en prenait, devant son état-major, au « petit terrorisme que font régner, dans de plus en plus de sections, des médiocres dogmatiques ».

La précarité de ce parti qui vaut moins que son apparence (le mot est de lui), il la ressent comme un vertige. Si tout s'effondrait bientôt, n'aurait-il pas vécu pour rien ? Alors, il s'emploie, de réunions publiques en assemblées de militants, à forger l'alliage de toutes les sensibilités du PS — autour de lui, de son langage. Il le fait fébrilement, avec rage parfois, comme si ses jours étaient comptés.

A des militants contestataires de Châtellerault, le 12 septembre 1975, lors d'une réunion de section assez houleuse qui suivait un meeting de soutien à Édith Cresson, candidate du PS à une élection législative partielle, nous l'avons entendu déclarer : « Nous ne sommes pas grand-chose, nous les socialistes. Notre parti n'est qu'une addition d'individus, avec pas mal d'amateurs qui viennent du secteur tertiaire. Il importe donc de préserver l'unité du parti et permettez-moi de penser que je suis encore un facteur de cohésion. Voulez-vous que je m'en aille ? Franchement, sans coquetterie, j'y aspire. » Il y avait de la lassitude dans l'homme qui parlait ainsi.

Depuis le congrès d'Épinay (1971), il est souvent arrivé à François Mitterrand de dire qu'il avait du déplaisir à conduire le PS. On aurait tort d'ironiser et de ne voir là que de l'affectation. A soixante ans, il éprouve un agacement grandissant devant le temps perdu à écouter ces phraseurs idéolâtres qui verbalisent (au double sens du mot) à plaisir, au bureau exécutif ou au comité directeur du parti. La preuve ? Il « sèche » fréquemment les réunions des instances du PS. Il préférera toujours aller regarder un film interprété par Peter Sellers, deviser avec une jolie femme ou même peiner sur la rédaction d'une interview pour un journal (il les écrit presque toutes) que d'écouter jargonner les « idéologues » du parti, comme Didier Motchane...

François Mitterrand n'est pas, en somme, un premier secrétaire très content de l'être. L'action politique quotidienne l'assomme, avec ces discours qu'il faut préparer pour répondre à Giscard, ces manœuvres du pouvoir qu'il faut déjouer, ces coups du PCF qu'il faut sans cesse parer, ces muscadins du CERES qu'il faut toujours remettre dans le droit chemin.

Pourquoi, alors, s'est-il maintenu à la tête du PS après l'élection présidentielle de 1974 ? D'abord, il ne dédaigne probablement pas, quoi qu'il dise, l'exercice du pouvoir. Surtout quand celui-ci est sans partage ou presque. Homme d'État en panne d'État, François Mitterrand se console peut-être un peu en gouvernant le premier parti de France.

Ensuite, il entend mettre en place, avant sa retraite, une équipe. Il s'est entouré d'hommes venus de tous les horizons et qu'il n'aime pas tous : ainsi ces ex-frères ennemis du PSU que sont Michel Rocard, Gilles Martinet ou Jean Poperen (qu'il appelle « Poprin ») et qui, naguère, lui donnaient volontiers des leçons — mais Mitterrand sait faire fi de ses propres rancunes.

Il a déniché aussi quelques nouvelles personnalités qui commencent à s'imposer dans son sillage : tel Lionel Jospin, ancien élève de l'ENA, passé dans l'enseignement économique et qu'il repéra dans les commissions d'experts du parti. François Mitterrand mise beaucoup, non sans raison, sur ce théoricien imperméable aux modes et aux intrigues. Il y a aussi Édith Cresson : cette piquante économiste, qui fut, des années durant, une militante de base qui venait donner un coup de main au secrétariat de Mitterrand, lors des campagnes électorales, à la CIR puis au PS (« Voulez-vous vous occuper du secrétariat ? », lui demanda Mitterrand, à l'improviste, lors du congrès de Pau, en 1975. Elle comprit seulement qu'il fallait prendre des notes pour la réunion des principaux responsables du parti qui commençait, et hocha naturellement la tête avant de s'exécuter, consciencieusement, comme toujours. C'est alors qu'elle entendit Mitterrand annoncer qu'elle entrait au secrétariat national et, dans le même temps, au comité directeur du parti).

Ce n'est pas tout que d'avoir des socialistes de tous les acabits à la direction, il faut aussi des chefs. Le souci principal de Mitterrand est sans doute de préparer et d'installer les continuateurs qui récolteront le parti qu'il a semé.

Pierre Mauroy ? C'est à cette époque le dauphin officiel.

Mitterrand l'a souvent présenté comme celui qui lui succédera quand il s'en ira. Il est assez impressionné par la solidité politique de cet homme du Nord (« Un futur président de la République », a-t-il dit un jour), mais il est parfois irrité par sa lenteur, sa nonchalance, marque d'un esprit qui, jusque-là, n'a guère subi la tentation du pouvoir — du pouvoir au plus haut niveau, s'entend. Se sous-estime-t-il ? Mitterrand, en tout cas, l'estime. Et la France ? « La France, dira Mitterrand, elle peut l'aimer, parce qu'elle aime les hommes du peuple. Et plus encore parce que avec sa tête, sa manière d'être, il fait confiance. » Il n'est pas sûr, pourtant, que Pierre Mauroy ait la confiance de l'ensemble du parti socialiste. Certes, il est unitaire depuis longtemps. Certes, il a monté — contre la plus grande partie de la direction du PS — l'opération des Assises du socialisme (1974) qui a permis l'arrivée dans le parti de syndicalistes de la CFDT ou de militants du PSU, donc de sang frais. Il reste qu'on le classe, à tort, à la droite du PS. Or c'est un parti qui, on le sait, se prend sur la gauche...

Michel Rocard ? C'est alors le successeur probable. Il agace François Mitterrand. Pour comprendre pourquoi, on peut avancer une hypothèse élémentaire : comme tous les rois devant leurs princes héritiers, le premier secrétaire du PS ne peut probablement s'empêcher de se demander, en regardant l'ex-chef du PSU, si la grande faux de la mort n'est pas camouflée derrière lui. Mais cette explication n'est pas suffisante. Il faut ajouter que Michel Rocard est un esprit très vif, jamais en repos. Il ne marche pas, il court. Il ne convainc pas, il conquiert. Devant l'impatience de cet homme surdoué qui s'avance par saccades et haut-le-corps, François Mitterrand, devenu réfléchi avec l'âge, peste souvent. Entré à l'occasion des Assises du socialisme et chaperonné tout de suite par Pierre Mauroy, qu'il connaît depuis une vingtaine d'années, Michel Rocard fut d'abord accueilli assez fraîchement par le premier secrétaire (« Cet homme a des talents, disait-il. Je ne suis pas sûr qu'il ait des qualités »). Mitterrand a, depuis, appris à apprécier ce personnage zélé — trop zélé (n'a-t-il pas écrit une lettre à Rocard, début 1976, pour lui signifier qu'il devait moins parler à tort et à travers sur les antennes de radio ou de télévision ?). Mais, s'il lui reconnaît des mérites, il estime aussi qu'il faudra que Rocard se débarrasse de son « langage » et de son « système de références » de « secrétaire d'État au Budget » pour prétendre, un jour, à un destin national. Et il ne l'aime toujours pas beaucoup.

Louis Mermaz ? C'est, pendant ces années-là, le successeur de rêve — un rêve impossible. « Homme complet » selon Mitterrand qui l'a déniché du temps du l'UDSR, puis couvé longtemps, cet agrégé d'histoire, très cultivé, est surtout un bon tacticien politique. Il a l'air sec, mais il est spirituel, volontiers moqueur. Il a l'air d'un dévot mitterrandiste, mais c'est un esprit lucide et indépendant. Les apparences sont trompeuses, chez Louis Mermaz. Au point qu'il a l'air d'un homme politique important alors qu'il est, en fait, un intellectuel égaré dans l'appareil de direction d'un parti.

Mais derrière ces hommes clefs mis en place (ou acceptés) par Mitterrand, quelques jouvenceaux émergent : ainsi Pierre Joxe, unitaire de choc, et, bien sûr, Jean-Pierre Chevènement, esprit complet qui a compris, après d'autres, que la doctrine pouvait être une arme tactique. Ils ont de l'étoffe.

Bref, en plus d'un parti, François Mitterrand entend au moins laisser derrière lui une nouvelle génération politique — une génération qu'il a souvent contribué à former. Mais l'homme qui a ressuscité le parti socialiste laissera-t-il aussi, à son départ, quelques codicilles doctrinaux ? Probablement pas. S'il a quitté l'Église de son enfance, ce n'est pas pour contribuer à en fabriquer une autre à partir de nouvelles saintes Écritures. Mitterrand n'aime pas jongler avec les concepts, les principes abstraits. Non par inaptitude. Dans *La Rose au poing*, ouvrage de réflexion, il montre qu'il peut théoriser, lui aussi, sur l'autogestion ou sur la lutte des classes. Mais pour lui, le socialisme est une éthique plutôt qu'une idéologie. Il n'est en tout cas pas une vérité scientifique. Relativiste comme tous les réformistes, Mitterrand, s'il se sert des schémas d'analyse marxistes, trouve cocasse qu'on puisse assimiler une philosophie (le matérialisme dialectique) à une démarche scientifique. En ce sens, comme il l'a souvent dit, non sans volonté de provocation, il n'est pas « marxiste ».

Qu'est-il donc s'il n'est pas marxiste ? A Roger Priouret, François Mitterrand déclarait, en 1972 : « Je n'aime pas Proudhon, pas plus l'homme que l'écrivain, mais je me sens proche de son explication. Cependant, je ne donne pas aux idées de Proudhon un aspect dogmatique. Je ne retrouve pas davantage Hegel et Marx dans la méthode toute scolastique de certains de leurs disciples. Je trouve que beaucoup de marxistes ne sont pas marxistes, en ce sens que Marx était spontanéité et richesse de pensée, alors qu'eux s'emploient à la stériliser [...]. Je suis très irrité du dogmatisme de tous les communistes et du dogmatisme de certains socialistes. Je n'y retrouve pas cette liberté d'esprit qui est, pour moi, la première des libérations et qui doit entraîner toutes les autres. Dites-vous bien que je mourrai libéral sur tous les plans, notamment celui de la démarche intellectuelle. Je ne crois pas qu'il existe de vérité révélée dans la vie des hommes[1]. »

Même s'il a lu quelques textes de Marx sur le tard, François Mitterrand se place, quoi qu'il en ait, parmi les moins marxistes de tous les hommes politiques de la gauche française, radicaux exceptés. Il est aussi un des plus rétifs aux abstractions idéologiques sur la « rupture avec le capitalisme » ou la « transition au socialisme » qui nourrissent, depuis des générations, les congrès socialistes. Il est ouvert, pragmatique, donc social-démocrate.

Social-démocrate, Mitterrand ? Oui, dans la mesure où, comme l'a dit Trotski, non sans excès, « la social-démocratie est condamnée à un misérable parasitisme idéologique. Tantôt elle reprend les idées des économistes bourgeois, tantôt elle s'efforce d'utiliser des bribes de marxisme[2] ».

1. *L'Expansion,* juillet-août 1972.

2. Léon Trotski, *Comment vaincre le fascisme,* Bûchet-Chastel, p. 91.

Le socialisme de Mitterrand se réfère naturellement à Marx (un Marx désacralisé) mais, pour lui, si les facteurs économiques sont à la base des mouvements historiques, ils ne sont pas toujours dominants, et si les « masses » font l'Histoire, elles ne sont pas forcément seules — il y a aussi des individus qui, comme Charles de Gaulle, comme lui-même ont eu une idée (l'appel du 18 Juin) ou une intuition (l'Union de la gauche)...

Ralliée à la solution marxiste de l'appropriation collective des grands moyens de production, François Mitterrand est également conscient du risque bureaucratique et entend le conjurer par une réflexion sur les problèmes du pouvoir — réflexion que les léninistes d'Octobre 1917 ont oublié de faire ; d'où le Goulag. Paraphrasant Thucydide, il dira que « tout homme va toujours jusqu'au bout de son pouvoir » et il ajoutera que toute société, qu'elle soit capitaliste ou qu'elle se dise socialiste, sombre à terme dans la « tyrannie » si elle « n'institutionnalise pas ses propres contre-pouvoirs[1] ». A-marxiste, Mitterrand est depuis Mai 68, on l'a vu, autogestionnaire.

Par la force des choses, il est donc l'incarnation d'un nouveau socialisme — moins parlementaire que celui de Léon Blum et moins gestionnaire que celui de Harold Wilson. Mais il ne l'a pas, à proprement parler, défini. Militant continuellement en campagne (« Voulez-vous toujours aller à ce meeting du PS, après votre émission de télévision ? », lui demande son secrétariat, par note. Et lui de répondre, sur la marge : « Je ne le veux pas, mais il le faut »), François Mitterrand a « agi ». Dévoré par l'action, il n'a eu que le temps d'ébaucher son socialisme à grands traits.

S'il avait, ce temps, préciserait-il sa pensée, sa doctrine ? Ce n'est pas sûr. Mitterrand, en quête de transcendance, ne cherchera pas à atteindre, par le véhicule de l'idéologie, cet absolu vers lequel il tend et qu'il croit, parfois, approcher dans son effort quotidien. Cet homme qui remet toujours tout en question, répugnera aussi à s'enfermer

1. Interview accordée à Jean Daniel, *Le Nouvel Observateur*, 14 juin 1976.

dans un carcan théorique, même si c'est lui qui le construit.

Autant de signes qui, d'une certaine façon, permettent de faire de lui un social-démocrate — un social-démocrate autogestionnaire, bien sûr. Et on ne s'étonnera pas qu'après avoir voté contre l'adhésion du PS à l'Internationale socialiste, lors du congrès d'Épinay, François Mitterrand ait très vite fraternisé avec les principaux chefs de la social-démocratie européenne — sauf Harold Wilson, « opportuniste sans foi ni loi ».

De tous les hommes qu'il a rencontrés sur sa route et si l'on excepte Sékou Touré, son-ami-le-grand-stratège-de-la-Révolution, président de la République guinéenne, « un homme qui a du souffle » (et avec lequel il échange des poèmes), ce sont d'ailleurs des social-démocrates, pas des révolutionnaires, qui l'ont le plus fasciné. Il y a d'abord Willy Brandt, l'ex-militant antinazi dont il nous parlait ainsi, en 1974, avant sa démission de la Chancellerie : « Une grande présence physique et morale. Un homme de conviction aussi, qui n'a rien d'un " social-traître ", comme on dit. Mais ce qui m'étonne, c'est son détachement. Il a tendance à décrocher, par lassitude sans doute, alors que, s'il le voulait, il serait le chef incontesté de l'Europe. »

Il y avait aussi Salvador Allende, président de la République chilienne, à qui il rendit visite en 1971, et dont l'échec et la mort l'ont longtemps tourmenté : son Unité populaire ressemblait, par bien des aspects, à l'Union de la gauche. « Physiquement, dit-il, c'était le docteur Queuille. Politiquement, c'était un notable qui avait été ministre sous le Front populaire chilien de 1938. Mais Allende avait une fermeté de conviction, un goût du risque aussi, qui le transcendait, et il connaissait remarquablement bien l'histoire de son pays et les rouages de son État. » La défaite de cet homme qui l'avait impressionné — parce qu'il lui ressemblait ? —, Mitterrand ne l'a pas mise sur le compte de quelque force obscure, comme ITT ou la CIA avant de s'en retourner paisiblement réciter ses patenôtres, comme une partie de la gauche mondiale. Non, il l'a souvent méditée.

De l'expérience Allende, Enrico Berlinguer a tiré

l'enseignement que la gauche devait élargir sa majorité pour gouverner et il a imaginé le « compromis historique ». Mitterrand, lui, a conclu de l'exemple chilien que l'impérialisme et la bourgeoisie seraient sans pitié (il le savait déjà), mais surtout que le danger pouvait venir de la gauche, de son propre parti même (« Salvador Allende fut contré par le PS marxiste. Pas par le PC qui lui apporta, d'un bout à l'autre, un soutien loyal »).

Et si une fraction de socialistes allait saboter une expérience de gauche par les tentatives de débordement, les mots d'ordre « basistes » et l'inflation verbale ? Mitterrand est conscient du danger. Mais il est difficile de trier les bons et les mauvais militants. D'autant plus que les meilleurs sont souvent les plus « jusqu'au-boutistes ».

Et si, au contraire, l'ensemble du parti allait s'assoupir, après la conquête du pouvoir, dans la gestion au jour le jour du capitalisme, comme la plupart des social-démocraties européennes ? Possible. Au lieu de chercher à affirmer une identité socialiste (ce serait forcément sur des bases réformistes), une grande partie du PS se contente de déclamer le dictionnaire des idées reçues révolutionnaires et de diviniser l'unité parce qu'elle est censée délivrer le parti socialiste de toutes ses mauvaises tentations. Cette vacuité idéologique peut mener à tout.

C'est probablement à cause de ces risques que François Mitterrand observe avec tant de réserve, parfois, la perspective du pouvoir. Mais ce n'est pas la seule raison. Mitterrand, à la différence de beaucoup d'hommes politiques, n'est pas unidimensionnel. On ne peut pas le résumer à son combat politique — il s'en affranchit volontiers. On ne peut pas l'expliquer seulement par la volonté de pouvoir.

Ses actes l'ont placé, après des années d'errements, au même niveau, peut-être, que ce Léon Blum qu'il admire. Il ne se sent pourtant pas accompli. Il y a, en lui, un Mitterrand inachevé, à peine esquissé, qu'il aimerait bien réaliser. Comme l'a écrit Georges Suffert, dans un beau trait : « Lorsqu'il parle à des salles qui l'acclament, il passe son temps à rattraper dans sa tête l'autre Mitterrand qui est déjà parti, sous les pins, se réciter du Lamartine : “ J'écris à nouveau cet aveu : ma tendresse pour Lamartine a résisté à tout "[1]. »

Cet autre Mitterrand, c'est ce mystique qui ne va plus à la messe mais lit à peu près tout ce qui s'écrit sur Dieu, d'André Frossard à Jean-François Six, ou dit à son ami François de Grossouvre, un jour de juillet 1976 : « Il ne se passe pas de jour où je ne pense pas à mes parents morts. »

Cet autre Mitterrand, c'est cet écrivain rentré qui entretenait une correspondance avec Saint-John Perse, jusqu'à la mort du prix Nobel, qui avale tous les derniers romans français, de J. M. G. Le Clézio à Maurice Genevoix en passant par Marie Chaix, et qui écrit, en secret, des poèmes. En voici quelques-uns, tous inédits comme les précédents. Le premier date du 19 août 1952, les autres de la fin des années 1950 ou du début des années 1960 :

UN SAMEDI

C'est un samedi soir pour grands magasins
laqué de bouches de métro
où l'on a planté les tréteaux forains
d'Anvers, mon ange, à Sébasto.

Un singe, et voilà que tu ris, mon ange !
qui veut vaincre la pesanteur ?
On appelle en vain le joli lutteur :
il apprivoise une mésange.

Ce garçon qui vise l'œil de colombe
n'aura pas de sang sur les mains
mon ange, la mort, un tendre gamin,
s'est attardé aux catacombes.

Le géant, les nains, les gras et les gros
jouent aux osselets sur un toit.
A Saint-Marc, mon ange, rappelle-toi.
le lion dormait comme un agneau.

L'homme-serpent, la femme-tronc, mon ange
ont le moyen de se distraire

1. Dans un article du *Point,* « Les secrets de Mitterrand », 15 avril 1974.

l'Égyptien champion des poids et haltères
supporte moins qu'on le dérange.

Les arquebusiers du roi Corentin
se sont accoudés au comptoir.
Un verre de blanc pour le Prince Noir
la paix, mon ange, est un bon vin.

Le bourreau sérieux, pour gagner du temps,
guillotine saint Sébastien
mon ange, une fille aux doigts de carmin
brode son mouchoir en chantant.

Les chevaux de bois, mon ange, ça mange
des ritournelles mécaniques
le bel Andalou qui siffle un cantique
à chaque orteil pèle une orange

Boxeurs, lutteurs, tombeurs, allons messieurs,
allons les amateurs, c'est moi,
le gars le plus fort sous le mât des cieux.
Ici, mon ange, on est chez soi.

Le plaisir du monde a pris la figure
d'une foule qui bouge à peine
suspendue au rythme, au mot, à l'allure
d'un jour, mon ange, sans semaine.

C'est un samedi soir pour grands magasins
laqué de bouches de métro
où l'on a planté les tréteaux forains
d'Anvers, mon ange, à Sébasto.

ANTINEA

Ton visage
voilà des siècles
que je pars à sa découverte
j'y parviendrai
mais je mourrai.

Est-ce une voile ou la forêt
qui sur ton front flambe et retombe
comme une mèche noire avec un pli doré ?

Est-ce Tristan qui va mourir ?
Les vaisseaux ont pris feu dès qu'ils ont touché tes rivages.

Le soleil noir a basculé
laissant à l'horizon la trace d'une gerbe éclatée,
dispersée en points de lumière autour de tes prunelles
Ton visage, mon île, au beau milieu des continents
brûle
Si c'est le feu qui vient du centre de la terre
j'en connaîtrai le chemin
J'y parviendrai
mais je mourrai.

Ton visage voilà des siècles
que je le touche de la main
Étrange absence en toi de moi-même
Comme l'eau dans le désert à la grande chaleur
Celui qui se penche n'y voit pas ses traits
Le sable qui passe entre mes doigts
a la douceur d'un fleuve inépuisable.
Cette fois-ci
nul n'atteindra sa source
répartie à travers tous les déserts du monde.

Et pourtant j'y parviendrai
dussé-je y casser mes ongles,
mais je mourrai.

La bête qui guette
quand elle bondira
je ne lâcherai pas.
Voilà des siècles que je cherche
qui est la proie :
Toi, elle ou moi ?
Quand je mourrai
tu souriras.

LA TERRE EST RONDE

Nous ne savons pas nous dire au revoir
demain, c'est un pays qu'on n'ose imaginer

demain, lointain demain, quotidien désespoir
la mer n'a pas d'escale où t'attendre et t'aimer.

Où chercherai-je ton regard
parmi tant de routes profondes ?
Chaque jour un grand départ
te reconduit au bout du monde

Cela ressemble à quoi ?
Au navire peuplé de mains qui se débattent
contre le lent déchirement
des quais aux cargaisons de tendresses perdues ?
A la peine de cet enfant
dans la ville inconnue
quand il se hâte
de piquer comme un papillon
sur un carton
le dernier souvenir des courses d'autrefois ?

Ce doit être plutôt comme un apprentissage
pour un jour sans lendemain
Est-ce la mort ce grand voyage
qui ne ressemble à rien ?
Je ne sais pas dire au-revoir à tout le monde.
Heureusement la terre est ronde.

SAHARA

A dos de chameau j'ai vu le désert
Blanc comme le plat de ma main
Le goût du printemps c'est qu'il est amer
J'aime l'odeur du romarin.

Je ne ferai rien pour le retenir
Cet oiseau noir annonciateur
L'eau pure du puits dit ton avenir
D'elle, sûrement, j'aurais peur.

Boire c'est mentir à l'immensité
Est-ce un repos, la trahison ?
Sur le sable on jette les quatre dés
Et le rêve avec la raison.

Le pas de ma bête emporte la nuit
Pour que jamais vienne le jour
Celui qui l'entend le voilà qui fuit.
Vivre vaut l'ennui du détour.

Depuis fort longtemps mes yeux ont séché
Le souvenir des océans
Coquillages clairs au grain pétrifié
On ne trouvera rien dedans

FRUIT

Pêche qui craque sous la dent
Je t'ai prise au rival heureux
    jusqu'à ce jour
Qui te guettait dès le printemps
pour que l'été fût glorieux
    à ses amours.

L'attente a mûri tes couleurs,
sous l'œil bleu d'un ciel qu'obscurcit
    d'âpres colères.
Comme avec l'oiseau l'oiseleur
Je savais venant par ici
    comment te plaire.

Je fus si tendre à te cueillir
si vif à mordre en pleine chair
    que le soleil
n'eut pas le temps de s'assouvir
que le voisin dit qu'un fruit vert
    est sans pareil.

L'an prochain la belle saison
Ramènera d'autres cortèges
    en cet endroit
mais j'aurais perdu la raison
si j'oubliais le privilège
    que je te dois.

Comme Victor Hugo dans ses cahiers, François Mitterrand aurait pu écrire, dans l'un de ses Blocs-notes : « Je suis un homme qui pense à tout autre chose. » C'est qu'il y a souvent dichotomie entre son « moi » et la personnalité politique en représentation, avec ses tics et ses trucs.

Faut-il avoir, comme le romancier Paul Guimard, devenu son ami, « la conviction que François Mitterrand est un grand écrivain » ? Non, mais il faut convenir qu'il en avait peut-être la capacité. Il n'eût jamais été un génie bavard et tumultueux, parce que l'écriture est pour lui un acte grave, angoissant. Au point qu'il paraît parfois comme paralysé devant la feuille blanche et remet cent fois ses phrases sur le métier (l'auteur se souvient avoir attendu jusqu'à 5 heures du matin un texte qu'il donna au *Nouvel Observateur,* en 1975, sur Franco).

S'il avait davantage exploré ses arrière-plans, François Mitterrand eût été plutôt un écrivain provincial aux traits aigus, aux phrases effilées et stridentes. Ce qui représente la perfection littéraire, pour lui ? « La forme du récit du Chateaubriand des *Mémoires d'outre-tombe* et les pointes cursives du meilleur Pascal. » Quant au souffle, il irait le chercher chez Tolstoï, la « nature » qui s'exprime avec « le plus de force », à ses yeux. Mitterrand n'eût-il pas été un grand prosateur s'il avait eu tous ces dons ?

Mais Mitterrand a choisi d'être un homme politique. Tout son désarroi intérieur vient de là. Il le tenaille. Depuis le temps qu'il cherche à porter la gauche très haut, c'est-à-dire au pouvoir, depuis le temps qu'elle retombe chaque fois, à la première saute de vent, Mitterrand-Sisyphe a pris quelques rides. Il persévère. Question de conviction. Question de morale aussi. Mais le temps presse, maintenant...

Épilogue

Il a voulu faire une carrière ; il s'est fait une morale. Il a voulu se hisser au sommet des hiérarchies ; il a acquis un sens certain de l'illusoire. Depuis soixante ans que François Mitterrand fréquente François Mitterrand, cet homme a souvent changé de destin. Il a même connu quelques avatars, au vrai sens du mot.

Et si les portes du pouvoir s'ouvraient demain devant lui, changerait-il une nouvelle fois de personnage ?

S'il y a toujours dans le personnage de Mitterrand quelque chose de crépusculaire, s'il a l'air ténébreux et fugace, c'est qu'il reste fidèle à ses incarnations successives qui se mêlent toutes en lui. Les stigmates du chrétien, du résistant ou du ministre de la IVe sont encore visibles sur le socialiste d'aujourd'hui.

Le garçon catholique de Jarnac ? Comme le dit sans malveillance, mais fraternellement, un de ses anciens camarades de collège, Pierre Guillain de Bénouville, homme de droite, « ses longues méditations solitaires sont probablement des prières ». Probablement. Pour qui a vu Mitterrand se promener, le nez au vent, la respiration puissante, humer chaque fleur, s'arrêter devant chaque arbre, attentif au moindre rougeoiement du ciel, pour qui l'a vu marcher des heures et des heures, grisé de forêt, ivre de futaie, exalté, il ne fait guère de doute qu'il est alors en état d'oraison mentale avec Dieu. Si ce n'était pas le cas, il médite trop intensément devant les cathédrales, il lit trop abondamment ce qui se publie sur les questions religieuses pour n'être parfois tenté par la foi.

Et comment expliquer son aversion pour l'argent autrement que par ses origines chrétiennes ? Il dépense tout de suite, et sans compter, l'argent qu'il reçoit. « L'argent corrompt, dit-il. Le goût de la possession me paraît très redoutable et finalement très méprisable. Je crois que le siècle que nous vivons, qui a fait de l'usure et de l'intérêt de l'argent un Dieu moderne, est une société perdue[1]. » On dirait qu'il voudrait paraphraser l'apôtre saint Jacques (« Votre richesse est pourrie »). Ou encore le prophète Isaïe (« Malheur à ceux qui ajoutent maison à maison et joignent champ à champ ! »).

Cette répugnance envers l'argent n'est pas récente. A la mort de son père, en 1946, la maison familiale était évaluée à 8 millions. Comme ils étaient huit enfants, cela faisait 1 million par héritier. Une coquette somme, pour l'époque. Il refusa l'argent.

Quant au sabreur de la Résistance et de la Libération, la seconde incarnation de Mitterrand, il en reste toujours quelque chose aujourd'hui. En dépit des manières de chanoine paisible qu'il affecte volontiers, François Mitterrand est encore capable de coups d'éclat, parce qu'il est toujours en quête d'aventure. Il est capable, par exemple, de quitter brusquement Paris, un beau jour, pour « fuir, là-bas fuir ». En 1971, il s'est rendu en secret et à l'improviste en Inde, au moment de la guerre avec le Pakistan, pour partager durant quelques jours la vie d'un camp de réfugiés bengalis. « J'ai besoin de reprendre contact avec le vrai malheur », a-t-il écrit au secrétariat national de son parti. Et si cela s'est su, c'est parce qu'il rencontra, là-bas, par hasard, un journaliste français.

Au surplus, François Mitterrand est toujours fidèle (du moins l'est-il redevenu) au rebelle de l'après-guerre, qui écrivait en 1945 : « Patriotes et non nationalistes, défenseurs de la liberté et donc ennemis d'une structure sociale où ce que l'on appelle l'ordre sert de prétexte à l'exploitation des masses laborieuses, nous sommes des milliers d'hommes qui voulons une révolution conforme aux éternelles aspirations du peuple » (*Les Prisonniers de guerre*

1. Propos recueillis par Jean-Claude Héberlé pour son portrait télévisé de François Mitterrand, *Esquisse d'une ébauche,* diffusé sur la première chaîne, en 1976.

devant la politique, un texte qu'il aurait pu signer trente ans plus tard).

Et le ministre assidu, le parlementaire habile, le baronnet de la IVe? Quelles traces ont-ils laissées? D'après René Pleven qui n'est pas précisément de ses amis, le mousquetaire affamé de pouvoir des années 1950 aurait dit, un jour : « N'importe quel imbécile peut être président du Conseil après cinquante ans. Moi, je le serai avant. »

Ce Mitterrand-là a siégé, de 1947 à 1953, dans les mêmes gouvernements que pas mal de conservateurs, éclairés ou non, comme Antoine Pinay, Pierre Pflimlin, Louis Jacquinot, Alain Poher, Roger Duchet, Camille Laurens, Raymond Marcellin, etc. On comprend le jugement d'un homme qui fut son chef de gouvernement et qui a toujours eu un net penchant pour lui, Edgar Faure : « Sous la IVe, il était un radical à la Léon Bourgeois, pas un socialiste. Politiquement, rien ne nous séparait. »

Du « régime des partis », comme disait de Gaulle, Mitterrand a beaucoup appris. C'est là qu'il a mûri son étonnant flair politique qui lui permet de pronostiquer presque toujours sans se tromper les résultats de la gauche aux élections. C'est là que s'est développé son esprit tactique et sa capacité à dominer les appareils de parti.

Entre le Mitterrand de la IVe et celui de la Ve, on peut trouver des convergences. Il y eut, chez l'homme établi de la République des notables, quelques beaux gestes de révolte. Il y a, chez l'homme révolté des années soixante-dix, un respect scrupuleux des valeurs établies et d'institutions comme l'Armée ou l'Université (Mitterrand qualifia ainsi de « turbulences de cancres et de crétins » les petites grèves étudiantes du printemps de 1976).

Un Mitterrand peut souvent en cacher un autre. Cet homme n'aime pas sortir de l'ambivalence. Comme le philosophe Alain, il nie volontiers les idées qu'il a : c'est sa manière de les essayer.

La sagesse relative de Mitterrand est comme un antidote à sa nouvelle ferveur militante. Il est homme à accorder, spontanément, plus d'attention à un vol de corbeaux qu'à des arabesques théoriques sur la conquête — ou l'exercice — du pouvoir. Il sait qu'une victoire électorale du PS ne suspendra pas le temps et qu'elle ne restituera pas, sur terre, le Paradis perdu. Et quand il jette un regard sur l'œuvre de sa vie, ce nouveau parti socialiste, encore si fragile, il se demande s'il a bien fait de tant ahaner en politique. Cet état de doute permanent lui donne ce recul, cette distance de soi qui est sa force.

Sa seule force ? Évidemment pas. Si cet homme a un ressort, c'est bien cette volonté hors du commun qui apparaît dès la petite enfance. L'échec a sur lui un effet tonifiant. Le croit-on abattu, achevé, liquidé ? Quelques mois plus tard, Mitterrand-Phénix resurgit toujours aux premières places.

En défi contre lui-même, sans cesse à la conquête de ce « moi » qui le fuit, il s'agit pour François Mitterrand de se dépasser. Il se surpasse. Et, même s'il aime les palombes, les cèpes et la compagnie des femmes, sa vie est, d'une certaine façon, une ascèse. Du moins l'est-elle devenue. La chambre de l'hôtel de Château-Chinon où il passe la plupart de ses week-ends — Le Vieux-Morvan — a l'humilité d'une cellule de moine. Il ne boit pas (sauf, parfois, un verre de vin à midi). Il ne fume pas (en 1949, il dit à Georges Dayan : « La cigarette, ça fait perdre le souffle et la mémoire. Si on arrêtait ? » Dayan a cessé de fumer un mois. Mitterrand pour la vie). Entré en socialisme comme en dévotion, Mitterrand ne rechigne pas à la tâche. S'usant de conclaves en réunions publiques en passant par les prestations télévisées, il milite jusqu'à la limite de ses forces.

Mais pour l'heure il reste quelque chose sur lequel vient se heurter cette obstination qu'il a fini par consacrer au socialisme et non plus à sa propre personne. C'est la France.

Et le destin de François Mitterrand n'est encore qu'un grand point d'interrogation, que l'Histoire se chargera d'effacer bientôt.

Petite bibliographie

HUIT LIVRES DE FRANÇOIS MITTERRAND :

Aux frontières de l'Union française, Julliard.
Présence française et Abandon, Plon.
La Chine au défi, Julliard.
Le Coup d'État permanent, Plon.
Ma part de vérité, Fayard.
Un socialisme du possible, Le Seuil.
La Rose au poing, Flammarion.
La Paille et le Grain, Flammarion.

TROIS BIOGRAPHIES :

Mitterrand lui-même, de Jean-Marie Borzeix, Stock.
François Mitterrand 1947-1967, de Roland Cayrol, Fondation nationale des Sciences politiques.
Cent Mille Voix par jour pour Mitterrand, de Claude Manceron, Laffont.

UN MÉMOIRE :

La Campagne présidentielle de François Mitterrand en 1974, de Sylvie Colliard, Université de droit, d'économie et de sciences sociales de Paris.

Index des noms cités

Table

IV. L'UNION EST UN TOURMENT

V. SOIXANTE ANS
POUR FAIRE UN HOMME